高职高专经济管理类专业规划教材

市场营销

主　编　王吉方　陈雪梅

副主编　胡若痴　何　方

参　编　于　莉　吴飞虹　朱志勇

机 械 工 业 出 版 社

本书是依照高职高专院校培养高等技能型市场营销人才的要求设计、编写的。本书在大量调研和研讨的基础上，吸收了近年来高职高专院校围绕技能型、应用型市场营销人才培养的教学改革经验，遵循“就业导向、实践主导、案例教学、理论够用”的教学新要求，力图把市场营销的基本理论、主要方法、实践技能传授给学生，使学生能够对市场营销活动有一个比较清晰的认识。本书最突出的特点是“案例引导，习题思考，实训操作”相结合，对传统的市场营销教材做了比较大的结构创新。所采用的案例都是新颖的典型案例，与所讲的知识点、能力点衔接配合得较为紧密，有助于培养学生利用所学的知识分析问题、解决问题的能力。

本书适用于普通高等院校（高职高专、应用性本科）、成人高校市场营销及其他相关专业市场营销课程的教学，也可作为社会从业人员的参考读物。

图书在版编目（CIP）数据

市场营销/王吉方，陈雪梅主编．—北京：机械工业出版社，2010.8（2015.8 重印）
高职高专经济管理类专业规划教材
ISBN 978-7-111-31554-4

Ⅰ．①市… Ⅱ．①王… ②陈… Ⅲ．①市场营销学—高等学校：技术学校—教材 Ⅳ．①F713.50

中国版本图书馆 CIP 数据核字（2010）第 169207 号

机械工业出版社（北京市百万庄大街 22 号 邮政编码 100037）
策划编辑：孔文梅　　责任编辑：张 亮
责任印制：乔 宇
三河市国英印务有限公司印刷
2015 年 8 月第 1 版第 2 次印刷
184mm×260mm · 17.25 印张 · 423 千字
4001—5500 册
标准书号：ISBN 978-7-111-31554-4
定价：36.00 元

凡购本书，如有缺页、倒页、脱页，由本社发行部调换

电话服务
服务咨询热线：010－88379833
读者购书热线：010－88379649

网络服务
机 工 官 网：www.cmpbook.com
机 工 官 博：weibo.com/cmp1952
教育服务网：www.cmpedu.com
金 书 网：www.golden-book.com

高职高专经济管理类专业规划教材编委会

前　言

“学以致用”是大学教育和学习的目的。但“用”的类型或层次很多，有指导人们思想之用，有指导人们行动之用，而行动之用又包括决策、管理、操作三个层面。大学生就业的主体途径是企业，所以学生所学的知识应在决策、管理、操作三个层面上发挥作用，应能够指导学生行动与实践。因此，高等学校学生“基础在操作，重点在管理，提升在决策”的职业生涯成长三部曲必须在教材中有所体现。

本书依据教育部《高职高专教育市场营销专业人才培养目标及基本规格》的要求，借鉴近年来高职教育相关专业技能型人才培养和教学改革经验，吸收市场营销学界最新的理论成果和企业界日新月异的营销实践编写而成。

现在高等职业教育界兴起了教学改革的热潮，提出了“就业导向、能力本位、校企合作、工学结合”的高等职业教育办学模式要求。不少高职高专院校围绕技能型、应用型市场营销人才培养目标进行了不少教学改革尝试，得到不少有益经验，摸索出了较新的案例教学、项目教学、任务教学等教学模式。

本书在编写过程中遵循“理论以必需、够用为度”的原则，按照当前主流教材的框架组织内容，理论与实践相结合，体现工学结合强调案例教学，具有较强的实用性和可操作性。本书力图把市场营销的基本理论、基本方法和基本技能传授给学生，使学生能够对市场营销有一个概括性的认识，为以后进一步的学习打下基础。

本书共十六章，具体分工如下：第一、二、十五、十六章由王吉方编写；第三、六章由陈雪梅编写；第四、五章由朱志勇编写；第七、八章由何方、王吉方编写；第九、十四章由于莉编写；第十、十一章由胡若痴编写；第十二、十三章由吴飞虹编写。全书由王吉方提出图书体例特色和编写要求，制订撰写计划和体例大纲，并总纂定稿。在编写的过程中，本书借鉴和参考了大量的文献资料，也得到了中国市场学会和部分营销公司专家的关心和支持，在此一并予以致谢，也请各位同仁、专家对本书的不足之处多加指正。

为方便教学，本书配备电子课件等教学资源。凡选用本书作为教材的教师均可索取，请发送邮件至 cmpgaozhi@sina.com，咨询电话：010-88379375。

王吉方

目　录

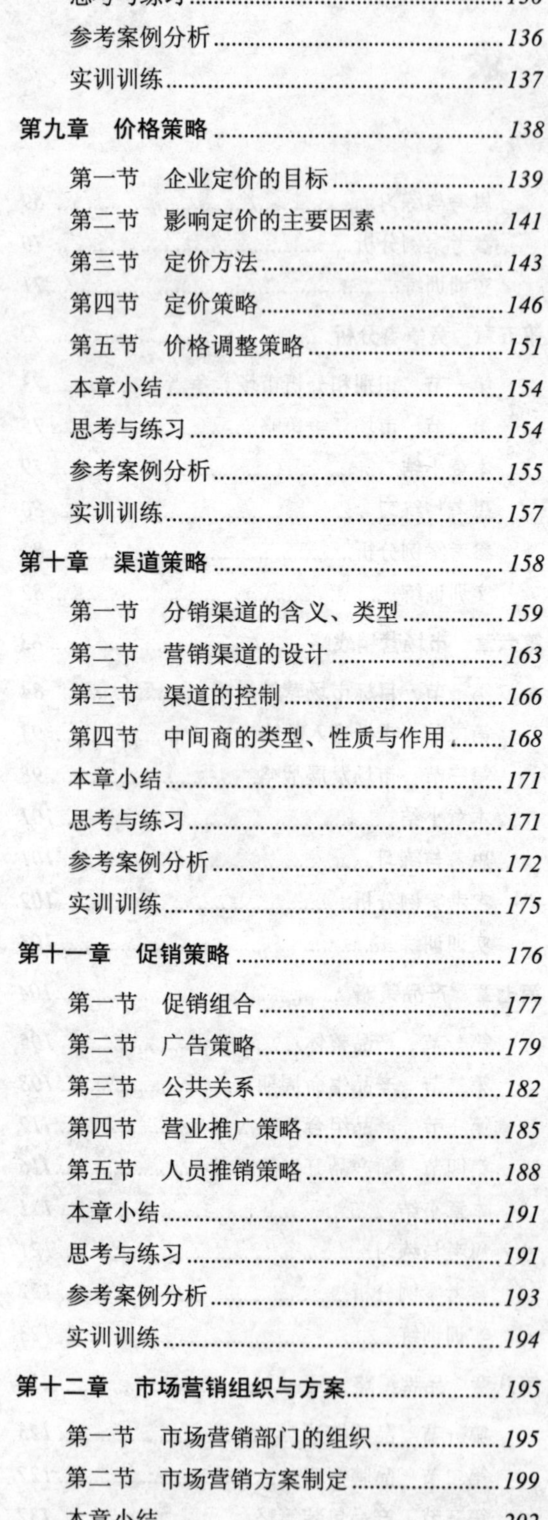

第一章 市场营销概述

学习目标

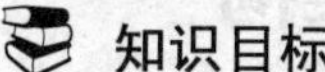

知识目标

- 掌握市场营销的基本概念与原理。
- 了解影响市场营销活动的主要因素，如4P's、4C's、4V's等。
- 了解市场营销的框架结构，总体把握营销的知识组成。
- 熟悉市场的概念和类型。

技能目标

- 会制定企业的营销基本理念。
- 能为企业进行市场类型和特点分析。

引导案例

麦当劳的当地化策略

2009年冬季来临的时候，在麦当劳遍布中国的大约800家分店就餐的顾客注意到，菜单上出现了一个新的品种——米饭汉堡。

米饭汉堡2005年在中国台湾地区推出，是由炸鸡（或牛肉片）、卷心菜（或生菜）夹在两片略加烘烤并进行调味的"米饼"之间制成的。

米饭汉堡在中国台湾地区大获成功，占2005年当地销售增长的6%。这促使麦当劳在2006年把这个概念拓展到中国香港、新加坡、菲律宾、马来西亚等市场。

作为全球最大的快餐连锁店，麦当劳正向中国等新兴市场拓展，设计符合消费者口味的新产品。这表明公司改变了核心战略，目的是解决成熟市场消费者口味和收入趋于多样化的问题。2006年，麦当劳试着在葡萄牙推出4种汤，并计划在澳大利亚推出意大利面食。

对于一家在118个国家开展业务的全球快餐公司而言，在提供炸鸡、汉堡、薯条等核心菜品之外，提供其他符合本地需求的产品，属于正常现象。1971年，麦当劳在荷兰开设了首家欧洲分店，菜品中包括一种裹面包屑的肉丸。在澳大利亚它推出了一款带甜菜心根的汉堡（新西兰款汉堡通常是夹煎蛋）。

麦当劳现在做的不是一次性修改菜单，而是施行系统化的本地化举措，推动着厨房业务到地区性管理的种种变化。

麦当劳的厨师长丹·库德罗表示：世界越来越小，口味变化越来越大，我们将不断努力适应不同地区的口味，以满足不同地区顾客的需求。

本案例体现了以顾客为中心的市场营销理念。提供炸鸡、汉堡、薯条等核心菜品符合全球消费者的共同需求，这是以消费者的共同需求为中心；此外，其他符合各地需求的产品，则符合差异化的本土化战略，是以消费者追求个性化需求为中心。本案例说明，明确消费者的各类需求才是企业市场营销的关键。

资料来源：杰西米．麦当劳的本地化战略[J]．英国金融时报，2006.2.20

第一节　市场营销的核心概念及总体架构

市场营销是由英语 marketing 一词翻译而来，其中包含了多种含义：从理论角度看，它指一门学科，可将其理解为市场营销学（或市场学）；从实践角度看，它指某一项特殊的活动，称之为市场营销（活动）。

美国著名市场营销学家菲利普·科特勒（Philip Kotler）在 1983 年提出的市场营销定义是：市场营销是致力于交换过程以满足人类需要的活动。在交换过程中，卖方主要寻找买方，识别买方的需要，设计适当的产品，进行产品促销、储存、运输和出售等活动。最重要的市场营销活动是产品开发、市场研究、促销、分销、定价和服务。1984 年，他又进一步提出：市场营销是企业的这样一种职能，即识别目前未满足的需要与欲望，估计和确定需求量的大小，选择本企业能最好的为之服务的目标市场，并确定产品计划，以便为目标市场服务。

由此可见，所谓市场营销，就是在变化的市场环境中，企业或其他组织以满足消费者需要为中心进行的一系列营销活动，包括市场调研、市场细分、选择目标市场、市场定位、产品开发、产品定价、渠道选择、产品促销、产品储存和运输、产品销售、提供服务等一系列与市场有关的企业经营活动。可以说，不是满足消费者需要的企业经营活动就不是营销。

当然，上面的说法多体现制造业的营销特征，而我们应从更广的范围考虑市场营销包含的内容，如商业、体育行业、传媒行业、互联网行业等。

市场营销的终极目的是为了获得利益，而企业提供的商品、服务和观念也是为获得利润而设计的在不同时间、空间体现的交换筹码。所以在市场营销里，其核心概念是交换。为了实现交换，企业面对不同的营销环境，设计了不同的营销思想、营销战略、营销系统、营销组合。

一、市场营销思想

市场营销思想是指导企业进行市场营销的观念，其核心问题是面对企业利益、顾客利益和社会利益，企业应以什么为中心来开展生产经营活动。企业经营的成功与否，与企业经营管理的指导思想有着密切的关系。从商品出现开始到今天，从传统制造业到现代的体育产业、文化产业，甚至一些经营模式的变化，充分体现了企业的市场营销思想所经历的漫长演变过程。市场营销思想走过了从以生产观念、销售观念、市场营销观念到社会市场营销观念四个阶段。

二、市场营销系统

市场营销系统是指介入有组织的营销活动场所的相互影响、相互作用的参加者、市场和流程的总和。企业的市场营销系统是指由生产供应者、企业（产品生产者）、销售商（营销中介）、营销协作者、顾客（商品消费者）等参与整个市场营销过程的每一个环节有机组成的系统。它们在相关的市场中，按照规定的流程进行运作，从而发生相互影响和作用。

三、市场营销环境

任何企业都是在一定的社会动态环境中开展企业经营活动的。市场营销环境是指一切影响、制约企业营销活动的最普遍的因素。市场营销环境可以归纳为内部环境因素和外部环境因素两类。企业的内部环境主要是指企业内部的人员素质和组织条件。人员素质包括思想观念、敬业精神、团结协作，以及领导管理、生产技术、产品销售、财务核算等方面。组织条件是企业在一定的市场营销观念指导下建立的必要机构，以及这些机构在正常运行中发挥的作用。企业外部环境主要包括供应商、中间商和竞争对手的活动，以及顾客、社会、相关公众对企业的看法等微观环境部分，还包括人口、经济、自然、技术、政治法律、社会文化等宏观环境部分，宏观环境是企业不可控制的因素，对企业市场营销将产生直接或间接的作用。

四、市场营销组合

市场营销组合是指企业为了满足目标市场需要而对可控制变数加以组合。影响企业市场营销活动的因素很多，概括起来可归纳为四个基本变数：产品（Product）、价格（Price）、地点（Place）和促销（Promotion），简称为4P’s。此外，还有4C’s新营销组合：顾客（Customer）、成本（Cost）、便利（Convenience）、沟通（Communication）。另外，还有4V’s营销组合，即差异化（Variation）、功能化（Versatility）、附加价值（Value）、共鸣（Vibration）等。企业就是通过千方百计地控制这些变数，使企业的营销活动与外部不可控制因素迅速相适应，从而实现企业的经营目标。

五、市场营销发展

（一）形成准备阶段

19世纪末到20世纪30年代是市场营销理论体系的形成准备阶段。在这一时期，由于资本主义经济迅速发展，政府对经济活动干预能力薄弱，以及市场本身调节能力的局限，出现了生产的无限扩大与消费相对不足的状况，销售困难日益突出。一些企业家在经营管理上开始重视产品推销和刺激需求，经济学家也根据企业运行中出现的实际需要，开始从理论上重视研究商品销售问题。这样，以生产为中心的销售活动逐渐地被以刺激需求为中心的各种推销方法所取代，从而开始形成市场营销的基本理念与方法。

（二）基本形成阶段

20世纪的30年代到50年代是现代市场营销观念与技术的基本形成阶段。在这一时期，第一次世界性的资本主义经济危机出现，表现为企业产品大量积压，工厂停工停产，商店倒闭，工人失业，市场萧条。而对严峻的市场考验，许多企业纷纷推出各种各样的销售方式和手段，经济学家和企业管理学家也把更多的精力投入到市场理论研究中。这样，从销售实践中归纳形成的理论在指导企业的销售活动中发挥了前所未有的巨大作用，这一时期也被称为市场营销理论的应用阶段。但以现代市场营销观念来看，这一时期关于市场营销的研究还主要局限于商品流通领域，致力于如何把企业现有的产品推销出去，离现代营销观念还有相当一段距离。

（三）变革与发展阶段

20 世纪 50 年代到 70 年代是市场营销观念变化与发展的重要时期。在这一时期，以美国为代表的发达国家经历了一场广泛而深刻的现代科技革命，并由此导致了劳动生产率的极大提高，社会产品数量急剧增加。同时，消费者收入水平的提高也导致了市场购买能力的增加，并且潜在的社会需求出现了进一步增长的趋势。这些现象为市场营销理论的变革与发展提供了社会条件。在这一社会背景下，市场营销的概念和原理也发生了根本性的变革。市场营销的研究对象突破了流通这一传统领域，进入了企业的生产经营管理领域，实现了传统市场营销向现代市场营销的过渡。

（四）充实与完善阶段

从 20 世纪 70 年代开始，现代市场营销理论一直处在不断完善过程中。在这一阶段，人们对市场营销理论的充实与完善主要表现在两个方面：①市场营销的理论研究与经济学、管理学、心理学、社会学等相关学科的联系更加紧密，这些相关学科的研究成果被越来越多地引进到市场营销理论体系中，使得市场营销成为一门综合性的边缘学科，并在市场营销活动中得到广泛的重视和应用；②信息科学和计算机科学被广泛应用于企业的市场营销管理之中，使得传统的市场营销工作实现了向现代化、系统化和实用化方面的发展。

六、市场营销的总体架构

企业营销者应该把握市场营销的总体架构，在营销过程中全面、协调地利用有关营销的各个要素。市场营销的总体结构主要包括以下内容。

1．营销理论概念

营销理论概念主要包括核心概念、市场营销的主要观念以及市场的影响要素等。

2．营销策略理论

营销策略理论主要包括产品策略、定价策略、分销策略、促销策略等 4P’s 策略，以及从顾客角度考虑的需求、成本、便利、沟通等 4C’s 策略。

3．营销战略理论

营销战略理论主要包括需求分析、市场细分、目标市场、市场定位等新 4P’s 理论。

4．营销管理理论

营销管理理论主要包括营销计划、营销组织、营销控制、营销审计等。

七、市场营销的研究内容与基本原理

市场营销研究的主要内容可以归纳为以下几个方面。

（1）关于市场的质的分析。分析市场的构成及类型，研究影响市场活动的各种可控和不可控因素，对市场消费因素进行分析，并研究消费者的购买行为等。这些内容是研究市场营销活动的理论基础。

（2）关于市场的量的分析。研究市场调查与市场预测的方法、确定市场规模、合理地组织营销力量和制订销售计划的方法等。

（3）关于市场营销的战略及具体策略分析。这方面内容包括市场细分策略、市场营销组合策略、市场进入和发展策略，以及产品策略、定价策略、销售渠道策略和促进销售策略等。这些内容是市场营销理论的应用部分。

市场营销的理论体系涉及其职能、任务、指导思想、管理、策略、方法、技巧及法规等多个方面。

就市场营销的基本原理而言，主要是由目标市场、营销策略、营销环境及其相互之间的联系和作用所组成的。

第二节　市场营销观念的发展

企业的市场营销观念由社会生产力和商品经济发展水平所决定，同时又对生产力和商品经济的发展有着巨大的反作用。回顾市场营销观念的演变过程，迄今为止，大致经历了以下几个阶段。

一、生产导向阶段

生产导向阶段也称为产品导向阶段，它最早可以追溯到工业革命时期。在 20 世纪 30 年代以前，由于社会生产力发展水平的限制，商品市场处于供不应求的状况。在这种情况下，企业生产的产品，只要质量较好、价格合理，即使花色品种单一，也能够在市场上销售出去。这是一种建立在卖方市场基础上的市场营销观念，是一种典型的“以产定销”的思想。这种观念能够得以存在，是以产品供不应求、不愁销路为条件，以大批量、单品种、低成本的生产为前提的。

小资料

生产导向阶段

1. 时间：20 世纪 30 年代前。
2. 生产观念指导思想：以产定销。
3. 存在的市场条件：卖方市场。
4. 社会条件：生产力发展水平不高。
5. 阶段划分：生产观念与产品观念。
6. 企业经营的中心：生产。
7. 适用于：卖方市场。
8. 生产观念的经营手段：降低成本，扩大产量。
9. 生产观念口号：生产能生产的东西，我有你买。

10. 产品观念口号：我好你买。
11. 产品观念的经营手段：重视提高质量、性能、特色。
12. 产品观念的指导思想：产品导向。
13. 公式：产—供—销（产品—资源—市场）。

二、销售导向阶段

销售导向阶段也称为强力推销阶段，从20世纪30年代开始到50年代前。这一阶段，由于社会生产水平的提高，从社会整体来讲，商品总供给超过了市场的总需求，即使商品的质量高、价格合理也不一定能卖出去。这迫使企业开始重视市场销售问题，千方百计实施“企业卖什么、人们就买什么”的销售策略，以销售保生产、保利润，实现企业的市场目标。推销观点产生于卖方市场向买方市场转换的过程之中，这种变化虽然提高了销售工作在企业经营管理中的地位，但这种强调推销的经营观念是从既有的产品出发的，因而从本质上来讲，仍然没有超越“以产定销”的观点。

小资料

销售导向阶段

1. 时间：20世纪30年代至50年代前。
2. 推销观念指导思想：销售导向。
3. 存在的市场条件：局部、有限的买方市场，卖方市场开始向买方市场转化。
4. 社会条件：生产力得到空前发展。
5. 企业经营的中心：以销售保生产。
6. 适用于：局部、有限的买方市场。
7. 社会背景：资本主义的基本矛盾越来越严重（经济危机不断发生）。
8. 推销观念口号：我劝你买。
9. 推销观念的经营手段：重视推销的作用，认为产品是卖出去的。企业会卖，顾客才会买。
10. 公式：产—供—销（产品—资源—市场）。
11. 分析：强调利润，短期行为。

三、市场导向阶段

市场导向阶段也称为用户导向阶段，从20世纪50年代开始到70年代前。这一阶段，科学技术得到了迅速的发展，西方社会的生产力水平发生了深刻变革，社会产品丰富、品种多样，商品供过于求的矛盾更加突出，整个资本主义市场已经由卖方市场完全转变为买方市场。与此相适应，西方先进企业的经营思想也由推销观念发展成为市场营销观念，即企业必须生产能够在市场上卖得出去的商品。为此，企业必须以消费者的需要为中心，组织产品的设计、生产和销售，采取适应消费者消费行为的营销组合措施，才能实现商品交换和企业经营目标。市场营销观念从根本上区别于前两个阶段的“以产定销”观念，它实行“以销定产”，强调按照目标市场顾客的需要与欲望去组织生产和销售，并通过满足顾客的需要，来不断扩大市场销售，获得长期的利益。

小资料

市场导向阶段

1. 时间：20 世纪 50 年代至70 年代前。
2. 市场营销观念指导思想：以需（销）定产、顾客导向。
3. 存在的市场条件：买方市场。
4. 社会条件：生产力发生革命性变化。
5. 企业经营的中心：消费者的需要、市场。
6. 适用于：买方市场。
7. 市场营销观念口号：生产能出售的东西而不是出售能生产的东西。
8. 市场营销观念的经营手段：重视市场，并满足消费者的需求，开展整体市场营销活动。
9. 企业经营的最高目标：让顾客满意。
10. 公式：需（销）—供—产（市场—资源—产品）。
11. 分析：不能过分强调利润和短期行为。已是市场营销学的第一次革命，是现代营销观念，但过分强调顾客了。

四、社会市场导向阶段

社会市场导向阶段也称为生态平衡导向阶段，从 20 世纪 70 年代开始至今。20 世纪 70 年代以来，市场营销观念已经被西方许多发达资本主义国家的企业广泛采用，但有些企业在经营过程中片面地强调市场需求，为了迎合一部分消费者，企业采取各种方式扩大生产和经营，而不顾及对其他消费者和社会整体利益的损害。面对这样的现实，人们开始认识到，单纯的市场营销观念还不能解决消费者个别需求与社会总体利益之间的矛盾。正是在这一背景下，社会市场营销观念应运而生。社会市场营销观念的基本内容是：企业提供的产品不仅要满足消费者的需求与欲望，而且要符合消费者与社会的长远利益，企业要关心和增进社会福利。它强调了企业的市场营销活动应使企业发展、公众需要与社会长期发展协调一致。社会市场营销观念与市场营销观念并没有本质的区别，社会市场营销观念是对市场营销观念的一种补充与完善。

小资料

社会市场导向阶段

1. 时间：20 世纪 70 年代至今。
2. 社会市场营销观念指导思想：以需（销）定产、社会利益导向。
3. 存在的市场条件：买方市场。
4. 社会条件：生产力革命性变化、绿色时代、环保、关爱人类。
5. 企业经营的中心：消费者的需要、市场、社会长远发展的需要。
6. 适用于：买方市场。
7. 社会市场营销观念口号：生产、销售符合社会长远发展需求的产品或服务。
8. 公式：需（销）—供—产（市场—资源—产品）。

9. 分类：公益营销观念，理智营销观念，人性营销观念。
10. 主要观点：寻求消费者、社会、企业利益的平衡点。
11. 社会市场营销观念的经营手段：多层次综合市场营销活动。

五、各种市场营销指导思想的比较

企业市场营销指导思想的发展过程表明，不同发展阶段的营销思想都是在一定的市场环境条件下产生和发展起来的。而且，上述几种营销观念可以归并为两大类：①传统营销思想，包括生产观点和推销观点。②现代营销思想，包括市场营销观念和社会市场营销观念。

上述两类市场营销指导思想存在着根本差别。思想上的出发点不同，决定了企业在营销策略上所要达到的目标等各方面都存在很大的差异。这两类营销思想的主要差异见表 1-1。

表 1-1 传统营销思想与现代营销思想的比较

营销思想		营销出发点	营销策略	营销目标
传统观点	生产导向	既有产品	增加生产或提高产品质量	通过增加产量、降低成本来取得利润
	销售导向	既有产品	提高产品质量或努力促销	通过促销来扩大销量，达到获利
现代观点	市场营销观	消费者需求	整体市场营销活动	通过满足市场需求达到长期获利
	社会市场营销观	消费者需求和社会公众利益	多层次综合市场营销活动	通过满足市场需求、增进社会利益，达到长期获利

从以上对比可以清楚地看出，现代市场营销观念包含三个明显的要素：①以消费者需求为中心；②综合地、全面地组织整体销售活动；③通过满足消费者需求来获得利润，以实现企业的最终目标。

六、大市场营销观念

进入 20 世纪 80 年代以后，由于市场竞争日趋激烈，许多国家和地区政府干预加强，贸易保护主义抬头。在此形势下，科特勒提出了一种新的市场营销观念——大市场营销观念。其基本含义是企业在进行营销活动时，不仅要顺从和适应市场环境，而且还要影响它。对此，企业营销要从 4P’s 发展到 6P’s，即增加权力（Power）和公共关系（Public Relations）。

七、创造市场的观念

对于现代市场营销观念，我们特别要注意的是不能孤立地、绝对地和片面地来认识和倡导。市场营销观念强调的是以消费者的需求为中心，按照市场的需求去组织生产和销售。但近年来有新的观点认为，完全依照消费者的需求来组织生产，可能会抑制产品的创新。例如，发明家、科学家、工程师等给世界带来了电话、电灯、激光、静电印刷、晶体管等，靠的是对科学知识的追求，而不是来自于市场观念的启迪，这些产品并不是根据市场上消费者的需求创造出来的。因此，企业除了顺应市场、发展需求以外，更重要的还在于“创造市场”，以生产诱导消费者。日本著名企业家盛田昭夫在《索尼与我》一书中提出了这样一个观点：“我们的政策是以新产品去引导消费，而不是先调查消费者喜欢什么产品，然后再投其所好。”在这样观念的指导下，索尼也获得了极大的成功。因此，强调市场导向，绝不能忽视技术进步和产品创新，它们是决定企业未来发展的重要因素。

第三节　市场营销的特点和作用

市场营销是一门建立在经济科学、行为科学和现代管理理论基础之上的应用科学。市场营销的研究对象是以满足消费者需求为中心的企业市场营销活动过程及其规律性，即在特定的市场营销环境中，企业以市场营销研究为基础，为满足消费者现实和潜在的需要，所实施的以产品（Product）、定价（Price ）、地点（Place ）、促销（Promotion）为主要内容的经营活动过程及其客观规律性。其内容具有综合性、实践性、应用性的特点。

市场营销要对下列三个问题展开研究：消费者的需求和欲望及其形成条件、影响因素、满足方式等（消费者行为）；供应商如何满足并影响消费者的欲望和购买行为（供应商行为）；辅助完成交易行为从而满足消费者欲望的机构及其活动（市场营销机构行为）。

一、市场营销的特点

1. 市场营销是一门科学

市场营销是什么性质的科学？它是否是一门科学？对此，国内外学术界持有不同的见解。概括起来，大致分为三种观点：①营销是科学；②营销是艺术；③营销既是科学也是行为和艺术。认为市场营销是一门科学，主要因为市场营销是对现代化大生产及商品经济条件下企业营销活动经验的总结和概括，阐明了一系列概念、原理和方法，指导着企业营销活动的实践。

一种观点认为市场营销不是一门科学，而是一门艺术。持有这种观点的人们认为，管理（包括市场营销在内）不是科学而是一种教会人们如何作决策的艺术。

还有一种观点认为，市场营销既是一种科学，又是一种行为和艺术。这种观点认为，管理（包括市场营销）不完全是科学，也不完全是艺术，有时偏向科学，有时偏向艺术。当收集资料时，尽量用科学方法收集和分析，这时科学成分比较大；当资料取得以后，要作出决定时，这时艺术成分就大一点。这种双重性观点，主要问题在于将市场营销同市场营销学区别开来了。市场营销是一种活动过程、一种策略，因而是一种艺术；市场营销学是对市场营销活动规律的概括，因而是一门科学。

2. 市场营销是一门应用科学

市场营销是一门应用科学。市场营销是于20世纪初从经济学的“母体”中脱胎出来的，但经过几十年的演变，它已不是经济科学，而是建立在多种学科基础上的应用科学。

小资料

美国著名市场营销家菲利普·科特勒指出：“市场营销是一门建立在经济科学、行为科学、现代管理理论之上的应用科学。”因为“经济科学提醒我们，市场营销是用有限的资源通过仔细分配来满足竞争的需要；行为科学提醒我们，市场营销涉及谁购买、谁组织，因此，必须了解消费者的需求、动机、态度和行为；管理理论提醒我们，如何组织才能更好地管理其营销活动，以便为顾客、社会及自己创造效用”。

3. 市场营销既包括宏观营销又包括微观营销

美国著名市场营销家麦卡锡在其代表作《基础市场学》中明确指出，任何商品经济社会的市场营销均存在两个方面：①宏观市场营销；②微观市场营销。宏观市场营销是把市场营销活动与社会联系起来，着重阐述市场营销与满足社会需要、提高社会经济福利的关系，它是一种重要的社会过程。宏观市场营销的存在是由于社会化大生产及商品经济社会要求某种宏观市场营销机构及营销系统来组织整个社会所有的生产者与中间商的活动，组织整个社会的生产与流通，以实现社会总供需的平衡及提高社会的福利。微观市场营销是指企业活动或企业职能，是研究如何从顾客需求出发，将产品或劳务从生产者转移到消费者手中，实现企业赢利目标。它是一种企业经济活动的过程。

二、市场营销的功能

市场营销作为一种活动，有如下四项基本功能。

1. 发现和了解消费者的需求

现代市场营销观念强调市场营销应以消费者为中心，企业也只有通过满足消费者的需求，才可能实现企业的目标，因此，发现和了解消费者的需求是市场营销的首要功能。

2. 指导企业决策

企业决策正确与否是企业成败的关键，企业要谋得生存和发展，很重要的一点是作好经营决策。企业通过市场营销活动，分析外部环境，了解消费者的需求和欲望，了解竞争者的现状和发展趋势，结合自身的资源条件，指导企业在产品、定价、分销、促销和服务等方面作出相应的、科学的决策。

3. 开拓市场

企业市场营销活动的另一个功能就是通过对消费者现在需求和潜在需求的调查、了解与分析，充分把握和捕捉市场机会，积极开发产品，建立更多的分销渠道及采用更多的促销形式，开拓市场，增加销售。

4. 满足消费者的需要

满足消费者的需求与欲望是企业市场营销的出发点和中心，也是市场营销的基本功能。企业通过市场营销活动，从消费者的需求出发，并根据不同目标市场的顾客，采取不同的市场营销策略，合理地组织企业的人力、财力、物力等资源，为消费者提供适销对路的产品，搞好销售后的各种服务，让消费者满意。

三、市场营销的作用

1. 市场营销对企业发展的作用

目前，市场营销已成为企业经营活动要考虑的第一任务，这一点在发达市场经济国家显得尤为突出。对美国250家主要公司高级管理人员进行调查后发现，公司的第一任务是发展、改进及执行竞争性的市场营销策略；第二任务是控制成本；第三任务是改善人力资源。大部分企业的高级管理人员来自市场营销部门，如美国克莱斯勒汽车公司总裁艾可卡便来自营销部门。

小资料

国内有几家电冰箱厂同国外某企业合资生产电冰箱。国内消费者对电冰箱的爱好、生产冰箱所耗费的原材料成本以及销售价格差距不大，但个别电冰箱厂销售量下降，经济效益差，另外一些电冰箱厂则销售量日益上升，经济效益好。原因何在？经调研发现，根本差异在于市场营销观念及相应的市场营销组合策略的不同。成功的企业有一套明智的经营原则，即有强烈的顾客意识（持久不懈地接近顾客），强烈的市场意识及推动广大职工为顾客生产优质产品的本领。美国著名的IBM公司是巧妙应用市场营销观念及营销策略的成功典范。IBM总经理罗杰斯说过："在IBM公司，每个员工都在推销……当你走进纽约IBM大厦或世界各地办事处时，你都会留下这种印象。"有人问，IBM销售什么产品？他回答："IBM公司不出售产品，而是出售解决方法。"市场营销虽然不是企业成功的唯一因素，但确是关键因素。美国著名管理学家德鲁克曾指出：市场营销是企业的基础，不能把它看作单独的职能。从营销的最终成果，亦即从顾客的观点看，市场营销就是整个企业……企业经营得成功不是取决于生产者，而是取决于顾客。

2．市场营销对社会经济发展的作用

（1）生产者与消费者在空间上的分离。这是指产品的生产与消费在地域上的距离，它是由诸多因素造成的。比如以农产品为例，农产品的生产与消费在空间上存在着矛盾。一方面农产品由分散在全国广大农村的农民进行生产，另一方面农产品的消费者分散于全国乃至世界各地，因此，农产品生产与消费存在着突出的空间矛盾。这就需要由宏观市场营销机构执行市场营销职能，把产品从产地运往全国乃至世界各地，以便适时适地将产品销售给广大用户。从此意义上讲，市场营销创造了地点效用。地点效用又称场所效用、空间效用，是指有关的社会市场营销机构把产品由产地运到销地，在适当的时间提供给市场，以满足特定地区消费者或用户的需要。其效用的产生是由于供给者和需求者之间往往处于不同的场所，也就是说，供给者和需求者所处的空间位置不同，"物"从供给者到需求者之间有一段空间差。

（2）生产者与消费者在时间上的分离。这是指产品的生产与消费在时间上的差异。它是由工业品及农产品生产周期的特征及消费者的消费特点引起的。产品生产与消费在时间上的差异，要求宏观市场营销机构向工厂或农民收购产品，并对产品进行加工、分级和储存，以不断保证广大用户的需求。

（3）生产者与消费者在信息上的分离。随着商品经济的进一步发展，市场随之不断扩大，生产者与消费者在空间上的分离加深，市场信息的分离也随之扩大。由于市场范围突破了原来狭窄的地区交换，扩大至全国乃至世界范围，生产者与消费者从原来的直接交换变成通过中间商的间接交换，生产者与消费者已不能直接相互了解和掌握自己所需产品的市场信息。这种生产与消费信息的分离，要求宏观市场营销机构进行市场营销调研，并通过广告媒体等传递市场信息。

（4）生产者与消费者在产品估价上的差异。由于生产者与消费者处于不同的地位及追求不同的利益目标，因此对产品的估价截然不同。生产者从事经营活动的目的是追求利润，消费者则多半从产品的经济效用及自己的支付能力对产品估价。这样，生产者与消费者对产品估价的差异较大，存在着生产者对产品估价过高及消费者对产品估价过低的矛盾。因此，除了企业通过改善经营管理，提高技术，降低成本及合理定价外，还需要宏观市场营销机构通过广告媒体宣传，改变消费者的估价观念，缩小生产者与消费者对产品估价的差异。

（5）生产者与消费者在商品所有权上的分离。在商品经济社会中，商品生产者对其产品具有所有权，但他们生产这些产品的目的不是为了获取使用价值，而是为了价值，为了利润；广大消费者需要这些产品，但对这些产品不拥有所有权，这就产生了生产者与消费者对产品所有权的分离。因此，需要特定的宏观市场营销机构组织商品交换，帮助生产者在把产品转移到消费者手中的同时，实现产品所有权的转移。

（6）生产者与消费者在产品供需数量上的差异。大规模企业或企业集团能够充分发挥规模经济效益，即进行大批量生产和销售，降低成本，提高市场占有率。但是，广大消费者均以家庭为单位进行消费，多数小企业也是小批量生产及小批量购买，只有少数大型企业实行大批量生产及大批量集中购买。这样，便产生了生产者大批量生产产品与用户小量消费及零星购买的矛盾。因此，需要特定宏观市场营销机构向企业进行采购、分级及分散地销售产品。

（7）生产者与消费者在产品花色品种供需上的差异。随着市场经济的发展及市场竞争的加剧，许多企业都想方设法实行专业化生产以降低成本，提高经济效益，或通过专业化生产满足某个目标市场顾客的需求，以提高其市场竞争力。然而，广大消费者随着个人收入不断提高，对产品的需求呈多样化趋势。企业实行专业化生产，仅能满足消费者的某种需求。因此，要求特定宏观市场营销机构向各企业广泛采购、分级、加工，并将各种产品销售给广大消费者。

总之，从宏观角度看，市场营销对于适时、适地、以适当价格把产品从生产者传递到消费者手中，求得生产与消费在时间、地区上的平衡，从而促进社会总供需的平衡起着重大的作用。同时，市场营销对实现我国现代化建设，发展我国各领域的经济，起着巨大的作用。

第四节 市场与市场类型

一、市场的基本概念

市场不仅是企业生产经营活动的起点和终点，也是企业与外界建立协作关系、竞争关系的传导与媒介。因此，认识市场、适应市场，并在此基础上引导和驾驭市场，便成为企业市场营销活动的核心和关键。

（一）市场的概念

市场是随着社会分工和商品生产的发展而形成、发展起来的。它是一种以商品交换为内容的经济联系形式。

市场的形成必须具备三个基本条件：①存在着可供交换的产品（包括有形的实物产品和可供出售的无形产品），这是市场的客体；②存在欲出售产品的卖主和具有购买力、购买欲望的买主，这是市场的主体；③具有买卖双方都能够接受的交易价格及其条件。只有满足以上三个基本条件，商品的交换才能成为现实，市场也才有实际意义。

传统的市场是指买卖双方进行商品交换的场所，如商店、集市、商场、批发站、交易所等。这种用地理空间描述的市场概念有很大局限。

还有一种说法，所谓市场就是指商品交易关系的总和，主要包括买方和卖方之间的关系，同时也包括由买卖关系引发出来的卖方与卖方之间的关系以及买方与买方之间的关系，如股票市场、房地产市场、生产资料市场、消费资料市场。

现代市场营销观点认为，市场包括买卖双方现实的和潜在的交换活动，而且主要是买方的活动，即认为市场是由具有现实需求和潜在需求的消费者群所组成。这种“市场就是消费群”的概念，是从商品生产者的角度提出来的。现代市场营销是从卖方的角度来研究买方市场的，其市场构成有三个主要因素：①人口；②购买力（收入）；③购买动机。这就是广义的市场含义，可以概括地用公式表示为

市场=人口+购买力+购买动机

人口因素是构成市场的基本要素，人口越多，现实的和潜在的消费需求就越大；购买力因素是指人们支付货币购买商品或劳务的能力，购买力水平的高低是决定市场容量大小的重要指标；购买动机是引导消费者产生购买行为的动机、愿望和要求，它是消费者将潜在购买力变为现实购买行为的重要条件。

（二）市场的分类

从不同的角度进行分析，市场划分的方法也有所不同。例如，按市场的交换范围和地域性，既可以将市场划分为集贸市场、地区市场、国内市场和国际市场，也可以划分为城市市场和农村市场等；按照市场交换方式，可以将市场划分为易货交易市场、现货交易市场和期货交易市场；从产品的形态角度，可以将市场划分为有形产品市场、无形产品市场和金融市场等。

从市场营销的角度对市场进行分类，有必要突出两种分类标准。

1．按市场出现的先后划分

根据市场出现的先后，可将其划分为现实市场、潜在市场和未来市场。

现实市场（Actual Market）是指对企业经营的某种商品有需要、有支付能力、有购买欲望的现时顾客。

潜在市场（Potential Market）是指有可能转化为现实市场的市场。在构成市场的三要素中，后两个要素（购买力和购买动机）中的任何一个不具备都意味着市场是潜在市场。潜在市场有三类：①对某种产品有购买动机但没有足够支付能力的人或组织机构；②对某种产品有购买力但尚未形成购买动机的人或组织机构；③对某种产品具有潜在需要的人或组织机构。

未来市场（Latent Market）是指暂时尚未形成或只处于萌芽状态，但在一定条件下必将形成并发展成为现实市场的市场。

2．按顾客性质划分

根据顾客的性质，可将市场划分为消费者市场和组织市场。

（1）消费者市场（又称为消费品市场）是指为了个人或家庭消费需要而购买或租用商品或劳务的市场。

（2）组织市场是指购买者由各类组织所组成的市场，其主体是组织，也包括个人。按其盈利与否，组织市场又可分为生产者市场、转卖市场和政府市场。

生产者市场的个体和组织取得货物和劳务的目的是为了生产其他产品和劳务，以便出售、出租或供给他人。换言之，这个市场上购买者的目的，不是为了个人消费，而是为了加工盈利。

转卖市场是指那些采购商品再转卖以获取利润的个人或组织，主要包括批发商、零售商、经销商或代理商。

政府市场是指由政府各级机关、各类社会团体及其他各种盈利性机构所组成的市场。其购买目的是为了保证这些非盈利性机构的正常运转。

由于组织市场的主体是组织机构，因此，在市场营销研究中，又将此类市场统称为集团购买市场。

3．按市场模式划分

（1）纯粹垄断市场。这是一种不存在竞争或基本不存在竞争的市场。在这种市场上，一个行业只有一家企业进行产品的生产和经营，没有或基本没有其他的替代者。这类市场往往存在于一些典型的社会公共事业部门，如电力公司、自来水公司、煤气公司、铁路运输业等，其他行业则极其少见。当一家企业独自拥有制造某种产品的全部或绝大部分原料或材料时，该产品的市场也属于纯粹垄断市场。通过专利取得垄断地位的，同样属于纯粹垄断市场。

在纯粹垄断市场上，企业的营销活动也相对简单，但政府的政策和法律限制通常会多一些，以保障消费者和用户的利益。

（2）寡头垄断市场。这是由少数几家大企业控制的市场。在这种市场上，少数几家大企业控制了一种产品绝大部分的生产量和销售量。该市场往往存在于那些资源有限、技术先进及资本规模大、追求规模经济效益的行业，如汽车、手机等产品的市场。

在寡头垄断市场，控制市场的几家大企业相互依存、相互制约，其中任何一家营销策略的变化都会对其他几家产生重大影响，并引起相关反应。寡头垄断市场的竞争往往采取非价格竞争，且注重树立企业形象。

（3）垄断竞争市场。这是最常见的一种企业市场模式。它是指在一行业中有许多企业生产和销售同一种产品，且每个企业的产量只占总产量的一小部分，有少量较大的企业占有一定份额的市场。在这种市场上，由于同行业企业很多，产品替代性很大，因而竞争激烈。由于都没有价格控制能力，因此企业较容易进出这些行业，竞争的手段主要采取非价格竞争，注重产品质量和营销策略。这种市场大量存在，食品、服装、百货等市场均属此类。

（4）竞争性市场。这是指一个行业中有非常多的独立生产者，每个企业都很小，它们都以相同的方式向市场提供同类的、标准化的产品。由于对产品的需求没有太大差异，每个生产者提供的产量只占总产量的很少一部分，因此，市场竞争主要表现为价格竞争，一般不采用非价格竞争，广告宣传等其他策略并不显得十分重要。

企业的市场模式主要有上述四类。企业应当正确分析自己所处的市场模式，从而实施相适宜的营销策略。

二、市场因素分析

消费者购买商品的行为虽然简单，但却不是一个孤立的行为，而是由一系列相关因素影响的连续行为。

尽管影响消费者行为的因素很多，但人们认为决定消费者购买行为的因素主要是经济因素。现代市场营销研究虽然也十分重视经济因素，但针对消费者市场属于非专家购买及感情色彩显著的特点，非经济因素的重要性越来越受到重视。消费者买什么，为什么买，是由经济因素、社会文化因素和心理因素综合作用的结果。

（一）经济因素

经济学家认为，消费者的购买行为完全是理智的，他们遵循的是“最大边际效用”原则，即希望根据有限的收入和信息，通过购买使自己获得最大的满足。依据这一观点，从经济因素分析消费者购买行为，主要是以下三方面的问题。

1. 产品功能与价格是否统一

这主要指的是产品的性价比问题，如功能相同，价格是否更低；同样价格，功能是否多样或先进；产品价格、功能类似，而服务是否更完善、周到。

2. 边际效用递减

边际效用递减表明，当人们对某种商品的需求逐渐得到满足之后，对这类商品的购买欲望会降低，这类商品提供的效用就会逐渐下降。

3. 产品的价格能否为目标市场的消费者所接受

一个人的可支配收入的水平，在很大程度上制约着个人的购买能力和购买行为。企业以经济因素去分析消费者购买行为，可以通过调查消费者购买某种商品的频率，预测市场需求，同时采取降低价格、延长产品使用寿命等方法，扩大商品销售量。

小资料

对一个缺少鞋子的人来说，第一双鞋子效用最高，有了三五双后，需求不再迫切，对鞋子的需求得到充分满足后，一般来说不会再去购买，市场上推销的鞋子对他的效用趋近于零，因为他还要用自己有限的收入，去购买他需要的效用更大的商品。

（二）社会文化因素

社会文化因素主要包括消费者的文化和亚文化群、社会阶层、相关群体。

1. 文化和亚文化群

文化是决定人们需求和行为的最基本的因素，它是指某个社会或某个国家在一定的物质基础上以一种特定的哲学、宗教或处事方式为中心形成的综合体，生活在其中的人们具有一些共同的价值观、信仰、态度、道德和习俗。每一种社会文化内部都包括若干亚文化群，它们以特定的认同感和社会影响力将各成员联系在一起，形成相对独特的信仰、态度和生活方式。对商品和劳务产生特殊要求的亚文化群大致有四种：民族亚文化群、宗教亚文化群、种族亚文化群、地理亚文化群。

2. 社会阶层

社会阶层是指一个社会按一定的标准将社会成员划分为相对稳定的不同层次，每一层次是由具有相似的社会经济地位、利益和价值观的人所组成的群体。不同社会阶层的人在经济状况、价值取向、生活习惯及兴趣爱好等方面存在较大的差异，由此产生不同的消费模式和购买行为。在我国，各种社会阶层是客观存在的，每个社会阶层的人在受教育程度、职业类型、收入水平和生活方式上是有差别的。

小资料

有人按收入等因素将我国城市居民分成五个消费层次：

（1）富豪型及超富豪型：主要是私营企业和中外合资企业的老板。这类人在经营上获得成功，收入极高。其购买商品以喜欢与否为准，不考虑价格高低、追求形象、讲究名牌。

（2）富余型：主要是中外合资企业的高级管理人员、高级知识分子、演员、有海外富有亲戚者、中小企业主等，他们的经济收入颇为丰富。这类消费者购物以是否喜欢为第一标准，其次再考虑价格高低；消费以豪华时装及名贵精品为主，以显耀自己的经济实力和身份。

（3）小康型：包括中外合资企业中的中层管理人员、有第二职业的知识分子、工商个体户等。他们购物既讲潮流也讲实惠。

（4）温饱型：主要包括企业经营状况良好的工薪阶层。这类人靠工资度日，无额外收入。家中略有存款，购买大件商品要经数年积累，消费讲究价廉物美，以实惠为第一标准。

（5）贫困型：这类人家中基本没有存款，收入只够维持基本生活需要，多见于经营状况不佳的企业职工、多子女家庭。他们一般只限于购买家庭日用品，对商品的牌子、款式、色彩不挑选，只求便宜。

这五大类型，大致是两头小、中间大，以温饱型为多。企业应研究处于不同社会阶层的人的行为特点，实施不同的营销策略。

3. 相关群体

相关群体是指那些影响人们的看法、意见和价值观的团体。相关群体可以分为以下三种基本类型。

（1）首要群体，如家庭、亲密朋友、同事、邻居等。

（2）次要团体，如职业协会、宗教、学生联谊会等。

（3）有共同志趣的团体。这种团体不是正式的社会团体，其成员没有正式的交往，只是有共同的志趣。例如，著名的运动健将、电影明星等在社会上有许多崇拜者和追随者，他们仿效其偶像的一举一动。

（三）心理因素

消费者心理是消费者在满足需要的活动中的思想意识。在影响消费者购买行为的诸因素中，心理因素占有主要的支配性地位。消费者在购买过程中产生消费欲望，形成购买动机、搜集商品信息，比较选择商品，采取购买行动，以及对某种商标、品牌的喜爱或厌恶，对广告宣传的拒绝或接受，在消费态度上是从众还是保持个性，是追求时尚还是注重传统等，无一不是心理因素的体现和作用的结果。消费者的心理过程主要包括动机、感觉、学习、信念、态度、自我观念、个性、生活方式等。

小资料

马斯洛认为，人类的需求可分为五个层次，形成一个级差体系，如图 1-1 所示。

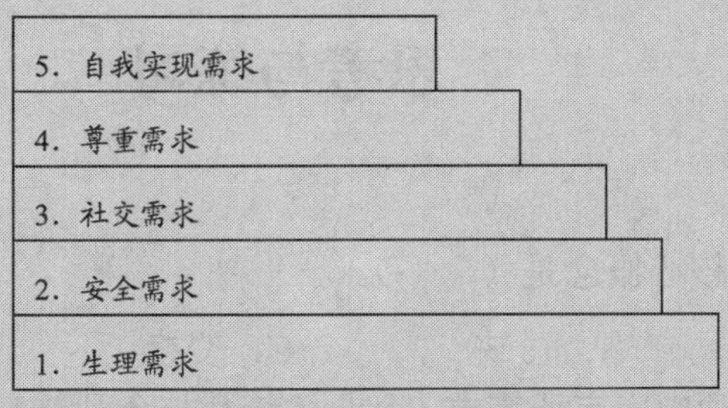

图 1-1 马斯洛需求层次体系

（1）生理需求。这是人类生存的基本需求，如满足饮食、温饱、休息等需要。这是人类生存最重要、最基本的需求。

（2）安全需求。它是指保障人身安全的需要，如保险、医疗、保健以及避免失业等需要。

（3）社交需求。它是指爱和归属的需要，表现为人们重视相互之间的交往（友谊、忠诚）。希望爱和被爱，希望归属于一个集团或群体，互相关心，互相照顾等。

（4）尊重需求。它包括自尊、名望、地位和权力等需要。每一个人都希望有一定的社会地位和自我表现的机会。

（5）自我实现需求。它是指人们对充分发挥自己的才能和取得各种成功的需要。

马斯洛认为，人们行为的推动力是没有得到满足的需要，当低一级需求得到满足后，人们就开始追求更高一级的需求，当一种需求得到满足后，它就失去对行为的刺激作用。实践证明，马斯洛的需求层次理论对研究人的需要提供了一种有益的启示，特别是对研究消费者的需求结构，区别不同消费者的不同需求，分析其购买行为，促进商品销售，提供了一个有效的方法。因此，企业在设计营销组合，作出国内和国际市场营销决策时，是否善于运用这种理论，对于企业的市场发展有重要的作用。

（四）组织者因素

这主要指组织者市场上的因素。

组织者市场上的影响因素包含环境、组织制度与体制、人际、职务个人等因素。如果是政府市场还包括严密的社会监督，如果是国际营销还包括 WTO 规则、国家进出口商品质量检验、对外经济关系等。

本章小结

本章主要论述把握传统的企业市场观念与现代市场营销观念存在的三个明显的区别（在内容上产品与价值链的区别，市场营销中心产品和消费者需要的区别，利润获得方式的区别），同时研究市场营销观念的发展阶段（生产导向阶段、销售导向阶段、市场导向阶段、社会市场营销阶段)。既要理解市场营销的理论体系涉及其职能、任务、指导思想、管理、策略等多个方面，还要把握市场的分类(现实市场、未来市场、潜在市场)以及市场的影响因素(经济因素、心理因素、文化因素、组织因素、国际关系因素等)。

思考与练习

一、单项选择题

1. 市场营销学的核心概念是(　　)。

A. 文化　　B. 短缺　　C. 交换　　D. 群体

2. 企业在经营活动中应市场需求、企业优势及社会利益三者有机结合起来的营销理念是(　　)。

A. 市场营销观念　　B. 生态营销观念

C. 大市场营销观念　　D. 社会营销观念

3. 推销观念是通过极力(　　)活动实现产品价值营销观念活动的。

A. 促销　　B. 推销　　C. 营销　　D. 传销

4. 市场营销的研究对象是(　　)。

A. 4P's　　B. 4C's

C. 市场营销活动及规律　　D. 营销观念

5. 市场营销组合的4P's组合是(　　)。

A. 产品、价格、渠道、促销　　B. 广告、价格、促销、产品

C. 管理、产品、渠道、公关　　D. 价格、权力、渠道、促销

6. 市场营销的功能是(　　)。

A. 发现需求　　B. 指导决策

C. 开拓市场　　D. 满足需要

7. 一个市场上主要由几个大企业控制，这种市场类型属于(　　)。

A. 纯垄断市场　　B. 寡头垄断市场

C. 垄断竞争市场　　D. 完全竞争市场

二、问答题

1. 解释市场营销观念在各个阶段形成与发展的原因。它们对企业的经营活动有什么指导意义。

2. 结合本章内容的学习，总结自己在学习本章内容前后，对市场营销概念的认识和理解，并加以对比分析。

3. 有人说“以生产诱导消费”，这种说法你如何理解？它与传统的生产导向观念或产品导向观念存在什么样的区别？

4. 现代市场营销观念的重点是什么？

5. 结合所学知识，搜集某一企业的资料，运用马斯洛理论分析心理需求因素和企业产品之间的关系。

参考案例分析

从“面粉”到“面包”

从“面粉”到“面包”，反映了现代企业营销的中心问题，即市场观念的转变问题。

美国皮尔斯堡面粉公司于1869年成立，从成立到20世纪20年代以前，这家公司提出“本公司旨在制造面粉”的口号。因为在那个时代，人们的消费水平低，只需大批量生产，降低成本和售价，销售额就自然大增，而不必考虑市场需求特点和推销方法。1930年左右，该公司发现，在推销公司产品的中间商中，有的已开始从其他的厂家进货，销量也随之不断减少。此时，公司更改口号为“本公司旨在推销面粉”。而且公司更加重视推销技巧，不惜采用各种手段，进行大量的广告宣传，甚至使用硬性兜售的手法推销面粉。然而各种强力推销方式并未满足顾客经常变化的新需求，特别是随着人们生活水平的提高，这一问题也就日益明显，迫使面粉公司必须从满足消费者的心理及实际出发，对消费者进行分析研究。1950年前后，面粉公司经过市场调查，了解到战后美国人民的生活方式已发生了变化，家庭妇女采购食品时，日益需要多种多样的半成品或成品，如各式饼干、点心、面包等，来代替购买面粉回家做饭。针对市场需求的变化，这家公司开始生产和推销各种成品和半成品的食品，使销售量迅速上升。1958年，这家公司又进一步成立了皮尔斯堡销售公司，着眼于长期占领市场，着重研究今后3年到30年消费者的消费趋势，不断设计和制造新产品，培训新的销售人员。

营销观念代表着企业的经营水平，与一个企业经营的好坏有着直接的关系，同时营销观念的产生不是凭空而来的，是与某一社会历史时期紧密联系的。准确把握时代脉搏，推出最新经营理念，才能使商家立于不败之地。

思考题：

1. 本案例反映了营销观念的哪些变化？

2. 我国许多小企业不断诞生，也不断倒闭，请找个案例和本案例进行比较研究，找出它们的异同点。

实 训 训 练

以某企业为背景，通过调查分析其市场营销观念是否符合现代市场经济发展的要求，并进一步说明树立社会市场营销观念对于企业开展市场营销活动的重要性。

要求：

1. 可以分为几个小组，每组进行不同的调查。

2. 每个小组设组长1名，进行提纲的设计，并进行组织工作。

3. 每个同学都要参与并积极讨论。

第二章

市场营销调研

学习目标

知识目标

- 认识市场调查的重要性。
- 了解市场调研信息系统的重要作用。
- 掌握市场调查的基本方法、步骤。
- 对市场预测的基本步骤有一定的了解。

技能目标

- 能建立简单的市场营销信息系统。
- 能运用调查的方法处理专项调查项目。

王老吉的市场调查与定位

2002年年底，加多宝（王老吉生产商）同成美营销顾问公司（以下简称“成美”）一起研究后发现，红罐王老吉的销售问题不是通过简单的拍广告可以解决的，首先要解决的应该是品牌定位。

红罐王老吉虽然销售了7年，其品牌却从未进行过系统、严谨的定位，企业都无法回答红罐王老吉究竟是什么，消费者就更不用说了，完全不清楚为什么要买它—— 这是红罐王老吉缺乏品牌定位所致。正如广告大师大卫·奥格威所说：“一个广告运动的效果更多的是取决于你产品的定位，而不是你怎样写广告（创意）。”经过一轮深入沟通后，加多宝公司最后接受了建议，决定暂停拍广告片，委托成美先对红罐王老吉进行品牌定位。

按常规做法，品牌的建立都是以消费者需求为基础展开的，因而大家的结论与做法亦大同小异，所以仅仅符合消费者的需求并不能让红罐王老吉形成差异。而品牌的定位，是在满足消费者需求的基础上，通过了解消费者认知，提出与竞争者不同的主张。

又因为消费者的认知几乎不可改变，所以品牌定位只能顺应消费者的认知而不能与之冲突。如果人们心目中对红罐王老吉有了明确的看法，最好不要去尝试冒犯或挑战。就像消费者认为茅台不可能是一个好的“啤酒”一样。所以，红罐王老吉的品牌定位不能与广东、浙南消费者的现有认知发生冲突，这样才可能稳定现有销量，为企业创造生存以及扩张的机会。

为了了解消费者的认知，成美的研究人员一方面研究红罐王老吉、竞争者传播的信息，另一方面对加多宝内部人员、经销商、零售商进行大量访谈，完成上述工作后，便聘请市场调查公司对王老吉现有用户进行调查。以此为基础，研究人员进行综合分析，理清了红罐王老吉在消费者心目中的位置——在哪个细分市场中参与竞争。

在研究中发现，广东的消费者饮用红罐王老吉主要是在烧烤、登山等场合。其原因不外乎"吃烧烤容易上火，喝一罐先预防一下"、"可能会上火，但这时候没有必要吃牛黄解毒片"。

而在浙南，饮用场合主要集中在"外出就餐、聚会、家庭聚餐"。在对当地饮食文化的了解过程中，研究人员发现：该地区消费者对于"上火"的担忧比广东有过之而无不及，如消费者座谈会桌上的话梅、蜜饯、可口可乐都被说成了"会上火"的危险品而无人问津。而他们对红罐王老吉的评价是"不会上火"、"健康，小孩老人都能喝，不会引起上火"。这些观念可能并没有科学依据，但这就是浙南消费者头脑中的观念，这是研究需要关注的"唯一的事实"。

消费者的这些认知和消费行为均表明，消费者对红罐王老吉并无"治疗"要求，而是将其作为一种功能饮料购买，购买红罐王老吉的真实动机是用于"预防上火"，如希望在品尝烧烤时减少上火情况发生等，真正上火以后可能会采用药物，如牛黄解毒片、传统凉茶类进行治疗。

再进一步研究消费者对竞争对手的看法，则发现红罐王老吉的直接竞争对手，如菊花茶、清凉茶等由于缺乏品牌推广，仅仅是低价渗透市场，并未占据"预防上火的饮料"的定位。而可乐、茶饮料、果汁饮料、水等明显不具备"预防上火"的功能，仅仅是间接的竞争。

同时，任何一个品牌定位的成立，都必须是该品牌最有能力占据的，即有据可依，如可口可乐定位为"正宗的可乐"，是因为它就是可乐的发明者。研究人员对于企业、产品自身在消费者心目中的认知进行了研究，结果表明，红罐王老吉的"凉茶始祖"身份、神秘中草药配方、175 年的历史等，显然是有能力占据"预防上火的饮料"这一定位。至此，品牌定位的研究基本完成。

资料来源：http://www.chengmei-trout.com

第一节　市场营销信息系统

市场营销信息系统（Marketing Information System）是指有计划、有规则地收集、分类、分析、评价与处理信息的程序和方法，有效地提供有用信息，供企业营销决策者制订规划和策略，由人员、机器和计算机程序所构成的一种相互作用的有组织的系统。

根据对市场信息系统的要求和市场信息系统收集、处理和利用各种资料的范围，其基本框架一般由四个子系统构成。

1．内部报告系统

内部报告系统的主要任务是由企业内部的财务、生产、销售等部门定期提供企业全部营销活动所需的信息，包括订货、销售、库存、生产进度、成本、现金流量、应收应付账款及盈亏等方面的信息。企业营销管理人员通过分析这些信息，比较各种指标的计划和实际执行情况，可以及时发现企业的市场机会和存在的问题。企业的内部报告系统的关键是如何提高这一系统的运行效率，并使整个内部报告系统能够迅速、准确、可靠地向企业的营销决策者提供各种有用的信息。企业营销人员所使用的最基本的信息系统就是企业内部报告系统。

2. 市场营销情报系统

企业的市场营销情报系统是指企业营销人员取得外部市场营销环境中的有关资料的程序或来源。该系统的任务是提供外界市场环境所发生的有关的动态信息。企业通过市场营销情报系统，可以从各种途径取得市场情报信息，如通过查阅各种商业报刊、文件、网上下载；直接与顾客、供应者、经销商交谈；与企业内部有关人员交换信息；通过雇用专家收集有关的市场信息；通过向情报商购买市场信息等。为提高情报的质量和数量，必须训练和鼓励营销人员收集情报，鼓励中间商及合作者互通情报，购买信息机构的情报，参加各种贸易展览会等。

3. 市场营销研究系统

市场营销研究系统是完成企业所面临的明确具体的市场营销情况的研究工作程序或方法的总体，其任务是针对确定的市场营销问题收集、分析和评价有关的信息资料，并对研究结果提出正式报告，供决策者有针对性地用于解决特定问题，以减少由主观判断可能造成的决策失误。因各企业所面临的问题不同，所以需要进行市场研究的内容也不同。根据国外对企业市场营销研究的调查发现，对于市场特性的确定、市场需求潜力的测量、市场占有率分析、销售分析、企业趋势研究、竞争产品研究、短期预测、新产品接受性和潜力研究、长期预测、定价研究等项内容，企业研究得比较普遍。

4. 市场营销分析系统

市场营销分析系统是指一组用来分析市场资料和解决复杂市场问题的技术和技巧。这个系统由统计分析模型和市场营销模型两个部分组成，前者是借助各种统计方法对所输入的市场信息进行分析的统计库；后者是专门用于协助企业决策者选择最佳的市场营销策略的模型库。

通过对以上四个子系统所研究的内容及这些子系统之间的关系的分析，可以看出企业的市场营销信息系统具有以下重要职能。

（1）集中。搜寻与汇集各种市场信息资料。

（2）处理。对所汇集的资料进行整理、分类、编辑与总结。

（3）分析。进行各种指标的计算、比较、综合。

（4）储存与检索。编制资料索引并加以储存，以便需要时查找。

（5）评价。鉴别输入的各种信息的准确性。

（6）传递。将各种经过处理的信息迅速准确地传递给有关人员，以便及时调整企业的经营决策。

小资料

2009戴尔教育笔记本电脑市场调查结果

戴尔（中国）有限公司与中国电脑教育报、中国信息化教育网携手进行了“2009戴尔教育笔记本电脑市场调查”活动。本次调查数据显示：

(1)近八成教师认为通过网络进行个性化学习是未来教育发展的方向，“一对一”交互式教学模式势在必行。

(2)60%的受访老师认为"一对一"交互式教学的应用将集中在三大领域。

(3)"一对一"交互式教学将提升学生的学习能力。

(4)稳定性、耐用性、便携/易操作和维修方便是教师们选择教育笔记本的主要考核目标。

通过此次调查,我们了解到目前北京市大多数中小学已经具备了一定基础的信息化教学设备。此次调查中,学校机生比在 1:5 以上的约占总数的 56%,68.9%的被调查者表示已经在日常课堂教学中使用电脑,这些充分显示了目前中小学教育对电脑教育的重视和教师对信息化教学的认可。但是通过调查,我们也发现,教师们在工作中对电脑的使用主要集中在三个方面,即"课程演示"、"文件、资料处理"和"电脑技术学习",只有不到 1/4 的教师用于"远程教学或网上作业"等更加交互式的教学方式。这显示了教育信息化存在巨大的深化和发展的空间。

此次的调查结果对戴尔来说获益匪浅,也更加笃定了戴尔推动以戴尔 Latitude 2100 为核心的"互联课堂"解决方案的理念与决心。我们相信在这个教学变革的数字化时代里,戴尔将继续为老师、家长和学生打造并实现"三赢"的教育信息技术环境,共同培养更多拥有 21 世纪技能的人才。

资料来源:http://www.dellpol.com/NewsDetail.asp?NewsID=311

第二节 市场营销调研概述

一、市场营销调研的含义

市场营销调研就是运用科学的方法和手段,系统地、有目的地收集、分析和研究与市场营销有关的各种信息,提出分析的结论和建议,为分析市场和制定营销决策提供重要依据的营销活动环节。

二、市场营销调研的作用

(1)市场营销调研是了解市场的重要手段。通过调研,企业可以了解有关市场需求的因素,包括人口数量、购买力水平、消费结构、消费特点及趋势,还可以了解产品供应及竞争者的情况,为企业营销决策提供依据。

(2)市场调研是企业制定营销策略的重要依据。通过市场调研,使企业收集到比较齐全和准确的市场信息,并对这些信息进行科学的分类、分析和研究,制定出科学的营销策略,从而减少失误,降低风险。

三、市场营销调研的内容

由于市场营销活动的内容广泛,市场营销调查与研究的内容也非常广泛、复杂。原则上,凡是直接或间接影响市场营销的信息都属于收集、整理和研究的范围,它不仅包括市场调查,还包括对营销环境、营销策略的研究。具体来讲,有以下内容。

1. 市场需求情况调研

调研市场消费者数量、消费水平和消费结构,以及需求发展的趋势。

2．企业营销策略调研

通过对企业产品价格、销售渠道和促销策略实施情况的调查和研究，了解这些策略运用的现状，分析其效果及造成不同效果的原因，这将成为企业修改和调整营销策略的依据。

3．市场环境调研

市场环境调研包括对政治法律、社会经济、思想文化和竞争环境的调查，以便了解党和国家的方针政策，了解消费者的教育水平、文化层次结构、购买动机及行为，了解竞争企业的市场地位和营销策略，做到知己知彼，百战不殆。

4．市场营销效果调研

企业在做了大量的营销活动以后，就需要对营销措施的效果进行评估，而要获取评估的资料来源就需要进行调查。调查以后要进行评估、判断、改进、完善营销措施活动。

四、市场营销调研的步骤

1．预备阶段

这是调研工作的开始，这一阶段着重解决调研目的问题，主要包括以下具体步骤：

（1）初步情况分析。首先找到营销活动中存在的问题，进而通过对企业内部各种资料的分析，如对历年统计资料、年度报表、财务决算资料等的分析，从中发现问题产生的原因。

（2）非正式调查（或称试探调查）。调查人员在企业内部举行座谈会，或访问专家、用户及相关营销人员，听取他们对这些问题的意见，进行归类和分析，使问题逐步明朗化。

2．调研阶段

这一阶段分以下几个步骤：

（1）确定调研目的和内容。要求调研工作目的具体，内容明确，做到有的放矢。

（2）确定调研对象和方法。选择调研资料，确定调研对象，以及决定调研的时间、地点、所采取的具体方法等。

（3）调研的组织工作。包括对调研人员进行必要的挑选和培训，尤其要进行调研知识与方法的培训；根据调研的目的和内容，确定调研的具体项目。调研的组织工作还包括一些诸如资料的掌握程度、调研人员的配置、调研费用的预算等。

（4）实地调查。调研人员按计划规定的时间、方法进行实地调研，取得有关资料。

3．结果处理阶段

这是调研全过程的最后阶段，这一过程可以分为以下步骤：

（1）整理分析资料。这是指对调研资料进行整理和统计分析，严加筛选，去粗取精，去伪存真，以保证资料的完整和真实可靠。

（2）提出调研报告。根据对调研资料的整理和缜密分析，得出调研结论，然后编写成书面报告。调研人员还要追踪了解调研报告的采纳和实施情况。

五、市场营销调查方法分类

（一）按对调查对象的选择方法来划分

按对调查对象的选择方法来划分，市场营销调查方法可分为普查、重点调查、典型调查和抽样调查。

1. 普查

普查也称全面调查，是对调查对象无一例外地进行全面调查。普查所取得的资料全面，也比较准确，但调查的工作量大，需要花费很多人力、物力，因此，在市场营销调查中很少采用。

2. 重点调查

重点调查就是从调查对象总体中有重点地选择一部分调查对象进行调查。这种调查方法简单，但由于受各种因素的影响，调查结果往往不够全面和准确。在市场营销调查中，这种方法使用并不多。

3. 典型调查

典型调查就是从调查总体中选出具有代表性的对象进行调查，以达到推算调查总体的调查方法。

典型调查的关键在于正确选择调查样本。在通常情况下，可以选择中等或中间水平的对象进行调查。在选择数量上，若总体水平比较一致，则选一个或少数几个有代表性的就行了；当总体较多且发展水平差异较大时，应先按某些标志进行分类，然后在各类中选择典型进行调查，其调查结果就比较可靠。典型调查较多地运用于调查对象数量大、调查人员对调查情况有了一定了解的调查。

4. 抽样调查

抽样调查是指从调查对象中抽取一部分样本进行调查，从而推断样本总体的方法。抽样调查的方法很多，一般有以下几类：

（1）随机抽样，即在总体中按随机原则抽取调查样本的方法。

（2）等距抽样，即先把样本总体中的各个个体按一定的标志排列，然后按相等的距离或间隔抽取调查样本。

（3）非随机抽样，即根据调查人员的分析、判断和需要，有意识地选取有代表性的对象作为样本，用以推断总体。

（4）固定样本连续调查，即用随机抽样法选取调查对象，并把这些对象作为固定样本，进行各期连续的调查。

（二）按收集资料的方法划分

按收集资料的方法划分，市场营销调查可分为观察法、询问法和实验法等方法。

1. 观察法

观察法是由调查人员在现场对调查对象进行直接观察的一种方法。其优点是结果真实可靠，具有客观性。缺点是只能观察到表面活动，不能了解其内在因素。

2. 询问法

这是调查者通过面谈、电话或书面等方式向被调查者进行调查的一种调查方法，是市场调查中最常见的一种方法。常见的具体形式有：

（1）面谈法。调查人员面对面地向被调查者询问有关问题，并当场记录所提供的资料。其优点是方法灵活，面谈时相互启发，可进行深入询问；缺点是费用高、花费时间长。

（2）邮寄调查法。将设计好的表格寄给被调查者，要求其填好表格后寄回。优点是被调查者分散，答案不会受调查人员的影响；缺点是回收率低。

（3）电话调查法。调查人员通过电话向被调查者询问。优点是省时、成本低；缺点是不易取得被调查者的合作。

3．实验法

实验法是在控制某些因素的前提下，通过小规模实验来观察企业营销活动的效果。实验法多用在新产品导入期，调查价格、广告等营销措施的市场效应。这一方法的优点是科学性强。缺点是实验时间长、成本高。

4．文案法

文案法是收集、整理和分析二手资料的方法。二手资料是指既存的或者为其他目的而收集的资料，是针对原始资料而言的。原始资料是指为了某种具体目的而通过专门调查获得的资料。虽然原始资料能够提供及时、准确、直接的市场信息，却需要投入较大的人力和物力。而二手资料尽管不能直接回答现在所面临的问题，但它却能以最快的速度、最经济的方式为问题的解决提供有效的帮助。

5．互联网调查

互联网调查是指通过互联网从被调查者那里获取信息的市场调查方法。20 世纪 90 年代，随着互联网的迅速发展，互联网调查的作用越来越被看好。中国互联网络信息中心（CNNIC）发布的《第 24 次中国互联网络发展状况统计报告》显示，截至 2009 年 12 月 30 日，中国网民规模达到 4.1 亿，宽带网民规模达到 3.2 亿，稳居世界第一，与网民规模持续增长相对应的是我国互联网普及率的稳步提升。数据显示，截至 2009 年 12 月底，我国互联网普及率达到 31.5%，保持平稳上升的态势。网民数量的增长为互联网调查的可行性提供了基础。

互联网调查的方式包括：电子邮件调查、网页调查、网上视频调查、网上问卷调查等。

互联网调查兼职

互联网调查兼职是近几年兴起的兼职方式。现在全世界每天都有成千上万的公司，正在测试和生产他们的产品，为了解消费者对他们产品的评价，或了解未来的市场需求，这些公司动辄投入百万巨资，委托专业的调研机构来进行市场调查。而对于帮助他们完成问卷调查的被调查者，市场调查公司当然要给予报酬。这种互惠双赢的关系是互联网调查兼职存在的根本原因。

目前，大多数互联网调查网站既向企业或个人提供调查服务和数据资料，又为网民提供调查兼职的机会。信誉较好的互联网调查兼职网站有：态度 8 调查网（www.taidu8.com）、第一调查网（www.1diaocha.com）、EZYPoint（www.ezypoint.com）、中国调查网（zdiao.com）、调客网（www.freesurveyasia.com）、大家说网调地带（www.dajiashuo.com）、中智库玛调查社区（www.51poll.com）、题客调查网（www.qtick.com）。

6. 小组座谈法

小组座谈法是指经过训练的主持人以一种无结构的、自然的形式与受调查者交谈，主持人负责组织讨论，从而深入了解受调查者对某一产品、观念或组织的看法的一种市场调查方法。小组座谈法不同于一问一答的面谈形式，它所发挥的是“群体动力”的效应，即一个人的反应可能会刺激其他人的思考，这种相互作用会比单独访问同样数量的人获取更多的信息。

（1）小组座谈法的优点。小组座谈能获得大量意见、看法或观点，受访者的回答不受答案类型的限制。小组座谈的群体动力是激发受访者产生新观念、新思想和新创意的最佳方式。这就是所谓的滚雪球效应，即一个人的发言会启动其他参与者的一连串反应，从而激发灵感、产生想法。小组座谈收集信息迅速，成本较低，执行相对简单。

（2）小组座谈法的局限。小组座谈的抽样人数少，误差可能较大，不能把它作为决策的唯一根据。小组座谈所得到的回答大多是无结构性的，不易于编码，难以量化统计。小组座谈要求主持人具有丰富的经验和组织协调能力。

小资料

小组座谈法的新发展：在线座谈会

在线座谈会是基于互联网的小组座谈法，是将分散在不同地域的受访者通过互联网的视频聊天功能虚拟地组织起来，在主持人的引导下讨论调查问题的一种调查方法。这种调查方法的原理与小组座谈法相似，不同之处是参与调查的受访者不必实际地聚集在一起，而是分散在任何可以连接互联网的地方，因此，在线座谈会在某些情况下更具便利性。

在线座谈会的实施过程：抽取6～10位合适的受访者，用传统的电话访问方式甄别受访者的资格，然后用E-mail给受访者发送进入虚拟座谈会的时间和方法，提示受访者提前进入虚拟会议室，以便技术人员进行技术测试。在线座谈会的过程与小组座谈法基本一样。

7. 实验调查法

实验调查法是指市场调研者有目的、有意识地通过改变或控制一个或几个市场影响因素，来观察市场现象在这些因素影响下的变动情况，以认识市场现象的本质特征和发展规律。例如，实验者控制一个或多个自变量（如包装、价格、广告、质量等），研究在其他因素（如服务、销售环境等）都不变或相同的情况下，这些自变量对因变量（如销售量）的影响或效果。

实验调查既是一种实践过程，又是一种认识过程，它将实践与认识统一为调查研究过程。市场实验调查的基本要素如下：

（1）实验者，即市场实验调查有目的、有意识的活动主体。

（2）实验对象，即通过实验调查所要了解认识的市场现象。

（3）实验环境，即实验对象所处的市场环境的总和。

（4）实验活动，即改变市场现象所处市场环境的实践活动。

（5）实验检测，即在实验过程中对实验对象所做的检验和测定。

实验调查法最突出的特点在于它的实践性，这是实验调查法的本质特点。

第三节　市场需求预测

一、市场需求预测的含义和作用

市场需求预测是指在市场调查的基础上，利用各种信息资料，采用科学方法进行分析研究，以推测未来一定时期内的市场需求情况及发展趋势，为企业确定营销目标和制定营销策略提供依据。市场需求预测的作用主要表现为以下几点。

1．市场需求预测是企业经营决策的前提

通过市场需求预测，企业能够掌握市场需求的特点及变化趋势，从而为企业制订营销计划和策略提供依据，以帮助企业作出正确的决策，减少失误和盲目性。

2．市场需求预测是企业制订营销计划的依据

通过市场需求预测，企业可有效地了解和掌握市场需求的水平和结构，了解竞争对手的情况，以便制订各种营销计划与策略，不断巩固和开拓市场。

3．市场需求预测是企业加强经营管理的手段

通过市场需求预测，企业可制定有效的营销策略来争取市场主动权，同时加强企业内部管理，改善外部环境，提高经济效益。

二、几个基本概念

（1）市场潜量。市场潜量是指从行业角度来考虑某种产品在某个市场上的最大销售量。

（2）销售潜量。销售潜量是指从企业角度来考虑某种产品在某个市场上的最大销售量。

市场潜量和销售潜量之间有密切的关系：

销售潜量=市场潜量×企业市场占有率

企业市场占有率=销售潜量/市场潜量

三、市场需求预测的内容

市场需求预测探讨的是市场发展的未来状况。由于市场状况的发展变化会受到多方面因素的影响，并且是这些因素共同作用的结果，所以，市场需求预测的内容是相当广泛的，一般来说，主要可以归结为以下六个方面。

1．市场供给状况的发展变化

这是指预测未来的市场上有多少可供用户选择使用的工业产品。

（1）预测生产企业的数量及生产能力的发挥状况。这是产品供给量的决定因素。为此，需要了解生产企业及所属行业或部门的发展规划，国家、地方及企业在扩大再生产方面投资的情况和从投资到发挥生产能力的时间长短等一系列的因素。

（2）预测宏观决策对供给的影响。各级主管部门为了保证市场供需平衡和经济结构的合理，需要不断地制定控制经济发展的决策。这些决策对产品未来的供给会产生什么样的影响，需要用预测的手段去探讨。

2．市场需求的发展变化

市场需求的发展变化是市场需求预测的最主要内容。由于影响市场需求变化的许多因素本身也是在不断发展变化的，因此，为预测市场需求的变化常常需要对一些影响因素的变化也加以预测。经常需要预测的影响因素有以下三个方面。

（1）社会商品购买力的变化。购买能力是决定用户实际购买行为的主要因素。其预测应注意三点。

1）社会集团购买力。社会集团可用于生产或工作上资金的数量变化会影响它们对生产资料的需求。社会集团购买力一方面取决于它们拥有资金的数量，另一方面还取决于国家政策对使用资金的控制程度，这在目前是决定性的因素。

2）城乡居民购买力。城乡居民购买力的变化直接影响他们对消费品需求的数量，也间接影响企业对一部分生产资料的需求数量。城乡居民的购买力对于那些为生产消费品的企业提供原材料、元件、配件、生产设备和工具等生产资料的行业、部门和企业同样具有重要的意义。

3）购买力的转移。购买力的转移是影响局部地区或部门产品市场需求变化不可忽视的因素。随着经济的发展，生产者、竞争者、供货商越来越多，企业选择的渠道多了，购买力就会转移。

（2）产品销售领域的变化。用户状况的变化和企业推销工作的开展，会使产品的销售领域发生变化。这种变化常常会使市场需求发生较大的变化。

1）用户构成的变化。用户构成是指使用产品的用户种类。由于受各种因素的影响，产品的用户构成会发生变化。例如，电冰箱、洗衣机、空调设备等产品原来是作为生产资料被医院、宾馆和洗染店等社会集团购买，现在家庭已经成了这些产品的主要用户。

2）市场区域的变化。行政区划对产品流通的限制，使企业产品的销路受人为划分的地域限制；对外开放政策，使得国内外产品的流动更便利了。因此，企业产品的市场区域有可能缩小，也可能扩大。

3)试用到普及的变化。绝大多数产品的销售发展过程都有一个从试用到普及的扩大过程。当新产品刚投入市场或产品进入新的地区市场时，由于它的“新”，用户对它不熟悉，大多数用户会采取“看”的态度，但总有少数用户会采取试一试的行动。经过试用，一旦发现该产品具有优越性之后，用户数量就会增加，使产品的销售从试用进入普及阶段。

（3）社会的消费结构与用户消费倾向的变化。

1）消费结构。社会的消费结构，即社会购买力投向的比例变化。它可以反映社会总体需求的变化趋势，对有关部门进行宏观经济决策具有重要的参考价值。如近年来，住宅建设有了较大发展，导致建筑材料销售呈增长趋势。

2）用户消费倾向的变化。用户消费倾向的变化，直接影响企业产品的生产。例如，人们在选择商品时，已从注重耐用、价廉逐渐转向讲究外形、花色的新颖、时髦和使用方便等方面，促使企业改变产品生产。除此之外，影响用户消费倾向变化的因素还有用户单位生产或工作性质的改变、社会风气的变化、消费心理的变化等。

3．产品生命周期发展阶段的变化与更新换代

（1）产品销售生命周期发展阶段的变化。预测产品销售生命周期发展阶段的变化，对企业制定生产与销售决策，有着重要的参考价值。例如，预测产品将从试销阶段转向迅速增长阶段时，有关部门就可采取鼓励生产的措施，以满足需求的迅速增长，企业也可从中得到可以扩大生产量的信息。

（2）产品的更新换代。社会的发展，要求工业企业提供性能更好、结构更合理、与社会进步相适应的产品。产品更新换代的内容应包括：换代产品的品种和进行更新换代的时机。影响前者的因素主要是科学技术水平的发展、社会需求的发展趋向以及先进国家和地区产品的先例；影响后者的因素主要是新产品的试销效果、与老产品的竞争能力和用户需求的状况等。

4．竞争发展趋势

预测竞争发展趋势必须同时考虑以下两方面的情况。

（1）本企业的竞争能力，包括产品的质量、价格、外观，产品售前售后服务、推销措施所能收到的竞争效果，企业及产品在用户中的信誉等，以及上述各种因素的改进与变化情况。

（2）竞争企业的竞争能力，包括竞争企业数量与产量的变化，主要指产品质量、价格、外观以及产品服务、竞争策略的变化。

5．价格变动及其影响

对企业来说，价格变动会影响产品成本、销售量和经济收益。因此，预测价格变动及其影响对企业进行市场决策是非常重要的。

6．意外事件的影响

意外事件是指有关企业在制定市场决策、计划过程中不能预料到或难以想到的事件。这些事件的发生会打乱正常的经营计划，使市场的发展脱离原来所预测的轨道。

能影响宏观市场环境的意外事件主要是国际事件和天灾人祸。前者如：向我国供应重要原材料或机器设备的国家因内部发生变动或其他原因，突然中止对我国的供给贸易；从我国进口大量产品的国家因各种原因拒绝或限制我国的产品进口等。后者如：重要的原材料产地发生大面积的灾荒；重要的交通干线因天灾或人祸长时间中断等。

四、市场需求预测的方法

开展市场需求预测，必须运用科学的方法。目前发达国家已经应用的各种预测方法数以百计，其中广泛使用的也有几十种。归纳起来，这些方法可以划分为定性预测法和定量预测法两类。

1．定性预测法

定性预测法是依靠预测者的知识、经验和对各种资料的综合分析，来预测市场未来的变化趋势。其特点是简便易行，不需经过复杂的运算过程。有以下几种常用的方法。

（1）个人经验判断法。它是指预测者依据个人的经验和知识，通过对影响市场变化的各种因素进行分析、判断和推理来预测市场的发展趋势。在预测者经验丰富、占有资料详尽和准确的前提下，采用这一方法往往能做出准确的预测。

（2）集体经验判断法。这是指预测人员邀请生产、财务、市场、销售等各部门负责人进行集体讨论，广泛交换意见，再做出预测的方法。由于预测参加者分属于各个不同的部门和环节，做出的预测往往较为准确和全面。这种预测方法也较为简单可行，常用于产品市场需求和销售额的预测。

（3）专家调查法（又称德尔菲法）。这是由美国兰德公司提出来的，被广泛运用于军事、经济和商情预测。

运用这一方法的程序是先确定预测目标和预测专家若干名，并将预测目标通知专家们，同时向专家提供所需资料，要求每一位专家提出还有哪些资料可用于该项目的预测。专家们接到通知后，根据自己的经验和知识做出初步预测，并说明其依据和理由，回寄给主持者。主持者对各种预测结果进行归纳整理，对不同的预测值注明理由和依据，再分别寄给各位专家，要求专家们修改自己的预测。专家接到反馈意见后，通过分析各种预测意见及理由，提出自己的修改意见及理由。如此反复多次，直到专家们的意见趋于一致为止。这种预测方法的特点是由于专家之间互不联系，可避免权威人士对其他预测者的影响，预测结果较为准确，且费用不高，节省时间。

2. 定量预测法

定量预测法主要是依靠数学模型和数理统计方法，对各种资料进行计算分析，从而对市场变化趋势做出预测。这类方法适用于历史统计资料准确、详尽、发展变化的客观趋势比较稳定的对象的预测。常用的方法有以下几种。

（1）简单平均法。如果产品的需求形态近似于平均形态或产品处于成熟期，可用此法进行预测。将过去的实际销售量的时间序列数据进行简单平均，把平均值作为下一期的预测值。其计算公式为

$$\text{预测销售量}=\frac{\text{过去各期实际销量之和}}{\text{期数}（n）}$$

简单平均法将远期销售量和近期销售量等同看待，没有考虑近期市场的变化趋势。所以，准确度较低，只宜用于短期预测。

（2）加权评价法。如果过去的实际销售量有明显的增长（或下降）趋势，则使用此法，即逐步加大近期实际销售量在平均值中的权数，然后予以平均，确定下期的预测值。计算公式有两种。

第一种：

$$W=\frac{\sum C_iD_i}{\sum C_i}$$

式中 W——预测值（加权平均值）；

D_i——i 期的销售量；

C_i——i 期销售量的权数。

第二种：

$$W=\sum C_iD_i$$

若将最近三期的权数总数定为 1，即 $C_1+C_2+C_3=1$，则可取 $C_1=0.25$，$C_2=0.25$，$C_3=0.5$。当然，也可以将权数定为整数，则采取第一种方式计算。

（3）指数平滑法。此法是美国企业普遍采用的预测方法之一，其计算公式为

$$F_t=\alpha D_{t-1}+(1-\alpha)F_{t-1}$$

式中 D_{t-1}——最近一期实际销售量；

F_{t-1}——最近一期预测值；

F_t——本期预测值。

α 为平滑化系数（$0\leqslant\alpha\leqslant1$）。系数的大小可根据过去的预测值与实际值差距的大小而定。即根据 D_{t-1} 与 F_{t-1} 的差距来确定。预测值与实际值差距大，则 a 应大一些，差距小，则 a 可小一些。α 愈小，则近期的倾向性变动影响愈小，愈平滑。α 愈大，则近期的倾向性变动影响愈大。当 α 小于 0.3 时，则比较平滑。

（4）一元线性回归法。一元线性回归法就是处理自变量（X）和因变量（Y）两者之间线性关系的一种方法。其基本公式为

$$Y=a+bX$$

式中 Y——应变量；

a，b——回归系数；

X——自变量。

这两个变量之间的关系，将在 a、b 这两个回归系数的范围内，展开有规律的演变。因此：①根据 X、Y 现有的实验数据或统计数据，寻求合理的 a、b 回归系数来确定回归方程，是运用回归分析的关键。②利用已求出的回归方程中的回归系数的经验值再去确定 X、Y 值的未来演变，并与具体条件相结合，是运用回归分析的目的。

求出回归系数 a，b 的方法为

$$b=\frac{\sum x_i y_i-n\overline{xy}}{\sum x_i^2-n(\overline{x})^2} \quad 或 \quad b=\frac{n\sum x_i y_i-\sum x_i\sum y_i}{n\sum x_i^2-(\sum x_i)^2}$$

$$a=\overline{y}-b\overline{x} \quad 或 \quad a=\frac{\sum y_i}{n}-b\frac{\sum x_i}{n}$$

五、市场需求预测的程序

掌握市场需求预测的程序是需求预测工作中最基本的一环，以此为基础才能顺利地将预测工作进行到底。

1. 选择预测目标

进行市场需求预测首先要明确预测的目标是什么。所谓目标就是指预测的具体对象的项目和指标，为什么要进行这次预测活动，这次预测要达到什么直接目的。其次还要分析预测的时间性、准确性要求，划分预测的商品、地区范围等具体问题。

确定了预测目标，接着要分析预测的时间性和准确性要求。如果是短期预测，允许误差范围要小，而中长期预测，误差在 20%～30%之间则是允许的。预测的地区范围应是企业的市场活动范围，每次预测要根据管理决策的需要，划定预测的地区范围，过宽或过窄都会影响预测的进程。

2. 广泛收集资料

进行预测必须要有充分的市场信息资料，在选择、确定市场需求预测目标以后，首要的工作就是广泛系统地收集与本次预测对象有关的各方面数据和资料。收集资料是市场需求预测工作的重要环节。按照市场需求预测的要求，凡是影响市场供求发展的资料都应尽可能地收集。资料收集得越广泛、越全面，预测的准确性程度就越高。

3. 选择预测方法

收集完资料后，要对这些资料进行分析、判断。常用的方法是先将资料列出表格，制成图形，以便直观地进行对比分析，观察市场活动规律。分析判断的内容还包括寻找影响因素与市场需求预测对象之间的相互关系，分析预测期市场供求关系，分析判断当前的消费需求及其变化，以及消费心理的变化趋势等。

在分析判断的过程中，要考虑采用何种预测方法进行正式预测。市场需求预测有很多方法，选用哪种方法要根据预测的目的和掌握的资料来决定。各种预测方法有不同的特点，适用于不同的市场情况。一般而言，掌握的资料少、时间紧，预测的准确程度要求低，可选用定性预测法。掌握的资料丰富、时间充裕，可选用定量预测法。在预测过程中，应尽可能地选用几种不同的预测方法，以便互相比较，验证其结果。

4. 建立模型，进行计算

市场需求预测是运用定性分析和定量测算的方法进行的市场研究活动，在预测过程中，这两方面不可偏废。

一些定性预测方法，经过简单的运算，可以直接得到预测结果。定量预测方法中要建立数学模型，用数学方程式构建市场经济变量之间的函数关系，抽象地描述经济活动中各种经济过程、经济现象的相互联系，然后输入已掌握的信息资料，运用数学求解的方法，得出初步的预测结果。

5. 评价结果，编写报告

通过计算产生的预测结果是初步的结果，这一结果还要经过多方面的评价和检验，才能最终使用。检验初步结果的方法，通常有理论检验、资料检验和专家检验。理论检验是运用经济学、市场学的理论和知识，采用逻辑分析的方法，检验预测结果的可靠程度。资料检验是重新验证、核对预测所依赖的数据，将新补充的数据和预测初步结果与历史数据进行对比分析，检查初步结果是否合乎事物发展逻辑，符合市场发展情况。专家检验是邀请有关方面专家，对预测初步结果作出检验、评价，然后综合专家意见，对预测结果进行充分论证。

对预测结果进行检验之后，就可以着手准备编写预测报告了。与市场调查报告相似，预测报告也分为一般性报告和专门性报告，每次预测根据不同的要求，编写不同类型的报告。

6. 对预测结果进行事后鉴别

完成预测报告并不是预测活动的终结，下一步还要对预测结果进行追踪调查。市场需求预测结果是一种有科学根据的“假定”，这种“假定”毕竟仍要由市场发展的实际过程来验证，因此，预测报告完成以后，要对预测结果进行追踪，考察预测结果的准确性和误差，并分析总结原因，以便取得预测经验，不断提高预测水平。

本章小结

本章根据对市场信息系统的要求和市场信息系统收集、处理和利用各种资料的范围，将市场营销信息系统基本框架分为四个子系统：内部报告系统、市场营销调研系统、市场营销情报系统、市场营销分析系统。论述市场营销调研运用科学的方法和手段系统地、有目的地收集、分析和研究与市场营销有关的各种信息，提出分析的结论和建议，作为企业分析市场和制定营销决策的重要依据。论述市场需求预测在市场调查的基础上，利用各种信息资料，采用科学方法进行分析研究，以推测未来一定时期内市场需求情况及发展趋势，为企业确定营销目标和制定营销策略提供依据。

思考与练习

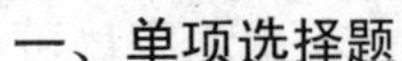

一、单项选择题

1．企业营销人员所使用的最基本的信息系统是（　　）。
A．企业内部报告系统　B．营销情报系统
C．营销研究系统　D．营销分析系统

2．通过对企业产品价格、销售渠道和促销策略实施情况进行的调查和研究是（　　）。
A．需求调研　B．营销策略调研　C．营销评估调研　D．营销环境调研

3．通过面谈、电话或书面等方式向被调查者进行调查的一种调查方法是（　　）。
A．访问法　B．观察法　C．实验法　D．态度测量法

4．市场预测的第一步是（　　）。
A．确定预测目标　B．收集资料　C．选择预测方法　D．建立预测模型

二、问答题

1．市场营销信息系统包括哪几个子系统？各个子系统发挥哪些作用？
2．市场营销调查有哪几种方法？各方法的利弊是什么？
3．市场预测的原理有哪些？试举例说明。
4．市场预测的程序有哪些？试举例说明。
5．什么是市场需求预测？在具体的经营实践中包含哪些内容？

参考案例分析

一触即发，释放真酷

2001 年 9 月，雅虎（中国）和“荷氏”联手开展的“酷调研”在雅虎中国的专题网页和全国 29 所高校同时举行，共收到有效答卷 3 396 份。

“酷调研”是两家公司基于品牌与“酷”的一致联系而进行的一次关注新生活、新人类和新世界的社会新锐全接触。“一触即发，释放真酷”是“酷调研”的主题，涉及“什么是酷”、“酷的表现形式”、“酷的心理特征”等范畴，以年龄在 18～28 周岁的高中生、大学生和年轻白领为

主要调查对象。"酷调研"利用雅虎在青年中的品牌优势和吸引力，将线上和线下资源有机结合，面向全国的青少年消费者征集对"酷"的看法，并将荷氏的产品自然地加入到整个过程。

雅虎"酷调研"采取的是定性和定量相结合的开放式调查结构，共分六大部分："酷之装"、"酷之地"、"酷之爱"、"酷文化"、"酷活法"、"酷之网"。由表及里地设置了 30 个问题，完全是开放的，所以本次调研收到的 3 396 份问卷没有一份是相同的。对于问卷的整理采取相对宽松的态度，只对每一问题的前三种答案做出排比和罗列，所以调研结果只能给定性的结论以大背景数据的支持，来表明一种现象的存在、一种趋势的滋生和一种社会思潮的演绎。

"酷调研"发现"酷"已经不是另类的词汇，已深入到每个人的生活当中，每个人都可以活出自己的酷形象和酷滋味。作为主办方，雅虎中国与荷氏公司对于"酷调研"的结果表示满意，因为它们所倡导的新生活理念中人性和自在、自然的精神，由此看来已经成为社会的时尚和趋势。

互联网调查越来越成为企业进行市场调查所采取的主要方法，也成为一种与消费者沟通的营销方式。尽管开放式的问卷不便于数据的量化统计，但可以获取更加丰富的信息，为企业决策提供依据。

"酷"，这个词是近些年青少年流行语中最具有代表性的一个重要词语。当代青少年对某一个人、某一种行为表示赞赏时会说"酷"，如果赞赏到极点就会说"酷毙了"。那么，"酷"的含义到底是什么呢？

"酷"，英文 cool 的汉语译音。cool 本来是冷的意思，20 世纪 60 年代开始成为美国青少年的街头流行语，初期是指一种冷峻的反主流的行为或态度，后来泛指可赞美的一切人和物。70 年代中期，这个词传入我国台湾地区，被台湾人译成"酷"，意思是"潇洒中带点冷漠"。90 年代，它传入大陆，迅速取代了意思相近的"潇洒"一词，成为青少年群体中最流行的夸赞语。这个词语在流传过程中含义不断丰富，现在它的含义可以表示广泛意义上的"好"，并不仅仅只是表示"潇洒中带点冷漠"的意思了。虽然"酷"是"好"的意思，但青少年心目中的"酷"跟传统意义上的"好"是不同的。他们如果称赞一个人"酷"，那么这个人或者在衣着打扮，或者在言行举止，或者在精神气质上肯定是特立独行、充满个性的，绝对不是老一辈人所欣赏的那种淳朴热情、循规蹈矩的"好"。"特立独行、充满个性"，正是"酷"的精髓所在，也是当代青少年青睐和欣赏"酷"的真正原因所在。

资料来源：雅虎中国（http://cn.about.yahoo.com）

思考题：

1. 根据"酷调研"的结果和"酷"的含义，分析"酷"对青少年行为方式的影响。

2. 列举有关"酷"的名词，并进行分类，找到它使用的领域，分析"酷"对企业营销的影响。

实训训练

某企业生产 A 牌高级洗发水，市场零售价为 25 元/瓶，市场占有率在 20%左右，该厂决定通过价格实验来确定是否对该产品调价以提高市场占有率，请用所学知识为该企业设计一套切实可行的市场调查实验法策略方案。

第三章

市场营销环境分析

学习目标

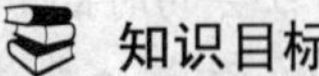

知识目标

- 了解市场营销环境的概念、特征及重要性。
- 掌握宏观环境的构成及其对营销活动的影响。
- 掌握微观环境的构成及其对营销活动的影响。

技能目标

- 能够灵活运用 SWOT 系统分析方法。

引导案例

家乐福缘何兵败日本

2005 年 3 月 10 日，家乐福发布公告，宣布与日本零售业巨头永旺（AEON）结成战略合作伙伴关系，永旺接管家乐福在日本的业务。该公告称，家乐福将向永旺出售其在日本的八家大卖场。双方合作内容包括：继续在日本使用家乐福的品牌；在双方认同的商业模式下进行合作；在家乐福的日本店内，可以出售印有家乐福标志的商品，在永旺的店内，也可以出售印有法国制造标志的商品。

2001 年，当家乐福谨慎而又雄心勃勃地进入日本市场时，它并没有料到会因为经营不善而不得不从世界第二大零售市场——日本退出。这也是家乐福继 1993 年退出全球最大的零售市场——美国之后的又一次战略“大撤退”。此前，家乐福曾于 20 世纪 60 年代退出英国市场，1999 年，家乐福在中国香港苦苦经营了 3 年之后，宣布退出香港市场。为什么家乐福会在这些重要的国际市场上节节败退？

1963 年，家乐福在世界上首先倡导大型超市的概念，即一种集超市和百货商店于一身的超大型购物中心。家乐福最擅长的是大力控制成本、薄利多销的运营方式。在一个相对垄断的单一的大市场中，这是一种行之有效的营销策略，但是如果是在一个竞争激烈、多样化的市场中，薄利却并不能保证多销。正如欧倍德的一位高层管理人员所说，大型连锁超市的营销策略其实应该是“多销薄利”，首先要研究市场特点，研究消费者需求的变化，随需而变，实现多销才能保证薄利。

家乐福在日本照搬其在欧美国家经营的经验，单纯依靠薄利多销的运营方式，没有根据不同的国情和消费习惯来调整营销策略，导致“水土不服”。比如日本家庭的住宅面积相对比较小，不宜一次购买很多商品存放在家中，特别是蔬菜、鱼肉及其制成品，日本人十分讲究新鲜度，随买随吃。另一方面，大部分日本妇女婚后不工作，主要在家料理家务，照看孩子，所以平日也有时间到附近超市选购新鲜食品。因而，日本的超市一般都设在交通流量大的车站附近或者居民比较集中的住宅区和闹市区。自 2001 年 6 月日本废除了《大店铺法》之后，日本出现了大型零售商业设施进一步向市中心集结转移的趋势。而家乐福在日本开设的八家超市全部位于中心城市郊区，远离市区的家乐福仅有的价格优势显然不能成为招揽顾客的法宝。

日本以中产阶级为消费主体，消费较为理性。主流消费者追求个性化和特色化，因此品类齐全、价格低廉的大超市无法与专业和价格细分程度相对较高的专卖店竞争。在此背景下，家乐福仍固守薄利多销策略，没有把握住日本顾客想体验法国气氛的这一独特需求创新求变，这是其兵败日本的根本原因。

资料来源：倪海清.苏商[J].2005.6.

第一节　市场营销环境概述

任何企业都是在一定的环境中生存和发展的，环境的变化可能会给企业带来有利的机会，也可能会带来各种威胁。研究市场营销环境有利于企业及时识别和把握市场机会，也有利于企业采取切实有效的措施规避环境威胁。

一、市场营销环境的含义

市场营销环境是指作用于企业市场营销活动的一切外部因素和力量的总和。影响企业市场营销环境的因素众多，不同的因素在不同的时期对于不同的企业的影响也不尽相同。市场营销环境包括微观环境和宏观环境。微观环境指与企业紧密相连，直接影响企业营销能力的各种参与主体，包括供应商、市场营销渠道、消费者、竞争者、社会公众以及影响企业营销决策的内部各个部门等。微观环境也称为直接营销环境或作业环境。宏观环境是指通过微观环境间接影响企业营销活动的各种力量。因此，宏观环境也称为间接营销环境。宏观环境按其科学属性不同，又可分为自然环境和社会环境，其中自然环境包括资源、地形、气候等因素，社会环境包括人口、经济、政治、法律、技术等因素。宏观环境因素与微观环境因素相互作用，形成多因素、多层次的企业市场营销环境综合体，如图 3-1 所示。

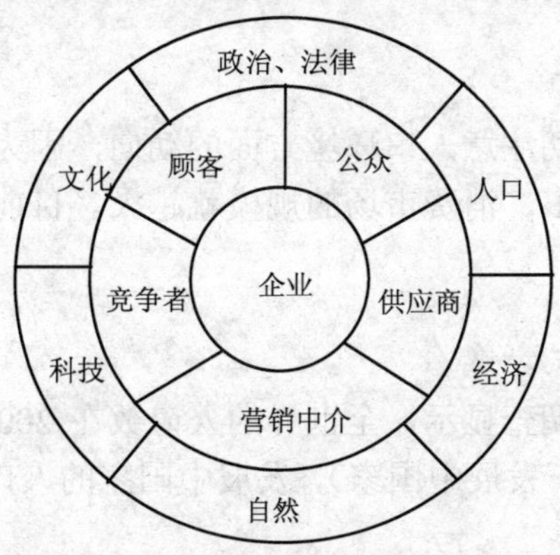

图 3-1　市场营销环境

二、市场营销环境的特征

（一）客观性

环境作为营销部门外在的不以营销者意志为转移的因素，对企业营销活动的影响具有强制性和不可控制的特点。一般来说，营销部门无法摆脱和控制营销环境，特别是一般环境，企业难以按自身的要求和意愿随意改变它，如企业不能改变人口因素、政治法律因素、社会文化因素等。

（二）差异性

不同的国家或地区之间，一般环境存在着广泛的差异。不同的企业，任务环境也千差万别。

（三）多变性

市场营销环境是一个动态系统。构成营销环境的诸多因素都受到众多因素的影响，每一环境因素都随着社会经济的发展而不断变化。

（四）相关性

营销环境诸因素间相互影响，相互制约，某一因素的变化会带动其他因素的变化形成新的营销环境。

市场营销环境是一个不断发展和完善的概念。在20世纪初，工商企业仅将销售市场看作营销环境；到了20世纪30年代，又把政府、工会、竞争对手等与企业利益相关者也看作营销环境；到了20世纪60年代，进一步把自然生态、科学技术、社会文化等作为重要的环境因素。随着政府对经济干预的增强，20世纪70年代以来，现代企业开始重视对政治、法律环境的研究。由此可见，随着经济的发展，企业营销环境外延不断扩大，企业也越来越重视对于营销环境的研究。

第二节　宏观环境因素

企业营销宏观环境是指那些给企业造成市场机会和环境威胁的主要社会力量，包括人口环境、经济环境、自然环境、技术环境、政治和法律环境、社会文化环境。这些主要社会力量对企业来说，是不可控制的变量。

一、人口环境

企业的最高管理层必须密切注意人口环境方面的动向，因为市场是由那些想买东西并且有购买能力的人构成的，人越多，消费市场的规模就越大。目前许多国家在人口环境方面的主要动向有以下几方面。

（一）世界人口迅速增长

根据美国人口普查机构的调查显示，全世界的人口数在2008年6月19日时，已近67亿443万（其中80%的人口属于发展中国家），发展中国家的人口继续增长，这意味着世界市场规模持续增长。

（二）人口增长不对称，发达国家的人口出生率下降，儿童减少

这种人口动向对发达国家的儿童食品、儿童用品、儿童服装、儿童玩具等行业的发展形成威胁。因此，近年来许多发达国家儿童食品或用品的公司，均到人口出生率高的国家去寻找市场，或进行产业转型，改行经营其他业务。但这种人口动向对某些行业有利。例如，许多年轻夫妇有更多的闲暇时间和收入用于旅游、在外用餐、娱乐，因而给旅游业、旅馆业、体育娱乐业等提供了发展机会，促进了第三产业的发展。

（三）许多国家人口趋于老龄化

许多国家尤其是发达国家的人口死亡率普遍下降，平均寿命延长。由于人口老龄化，一方面，市场对摩托车、体育用品等青少年用品的需求日益减少，有些国家的老年人一般不再愿意添置住宅、汽车等某些高档商品。所以，这种人口动向对经营青少年用品、某些高档商品的行业是一种环境威胁。另一方面，老年人的医疗和保健用品，如助听器、眼镜、旅游、娱乐业等市场需求迅速增加，这样就给经营老年人用品的行业提供了市场机会。

小资料

按照联合国确定的标准：60 岁以上人口占全国人口 10%以上为老年型国家。2006 年我国已进入老龄化社会。

（四）家庭规模的变化

近几十年来，许多国家的家庭规模趋向小型化，给一些经营家庭用品的行业提供了市场机会。

（五）家庭结构发生变化

（1）单身成年人住户（包括未婚、分居、丧偶、离婚）。这种住户需要较小的公寓房间、较小的食品包装和尺寸较小的家具。

（2）两人同居者住户。这种住户是暂时同居，只需要较便宜的家具和陈设品。

（3）集体住户。若干大学生等住在一起共同生活。

在我国，非家庭住户正在迅速增加，企业应注意考虑这种住户的特殊需要和购买习惯。

（六）人口的地理分布和区间流动性

许多国家的人口地理分布为绝大部分集中在经济相对发达地区。人口流动具有两个主要特点：①人口从农村流向城市；②人口从市区流向郊区。在我国，随着城市建设事业的蓬勃发展，农村人口流向城市，大城市人口不断流向郊区。这种人口流动无疑也将会影响我国企业的营销活动。

二、经济环境

购买能力是构成市场和影响市场规模大小的一个重要因素。社会购买力又直接或间接受到消费者可支配收入、价格水平、储蓄倾向、信贷等经济因素的影响。社会购买力是这些经济因素的函数。正因为这样，企业的市场营销不仅受人口环境影响，而且受经济环境的影响。所以，企业的最高管理层必须密切注意经济环境方面的动向。进行经济环境分析，要侧重分析以下主要经济因素。

（一）消费者收入的变化

消费者收入包括消费者个人工资、红利、租金、退休金、馈赠等合法收入。消费者的购买能力来自消费者可支配收入，所以消费者可支配收入是影响社会购买力、市场规模大小以及消费者支出多少和支出模式的一个重要因素。

消费者并不是将自己的可支配收入都用来购买商品。消费者的购买力只是其收入的一部分。因此，要区别可支配的个人收入和可随意支配的个人收入。可支配的个人收入是个人收入扣除消费者个人缴纳的各种税款和交给政府的非商业性开支后可用于个人消费和储蓄的那部分个人收入。可支配的个人收入是影响消费者购买力和消费者支出的决定性因素。可随意支配的个人收入是指可支配的个人收入减去消费者用于购买生活必需品的固定支出（如房租、保险费、分期付款、抵押借款）所剩下的那部分个人收入。西方国家家庭可随意支配的个人收入一般都用来购买奢侈品、汽车、旅游等产品。

进行经济环境分析时，还要区别货币收入和实际收入，因为实际收入会影响实际购买力。假设消费者的货币收入不变，如果物价下跌，消费者的实际收入便增加；相反，如果物价上涨，消费者的实际收入便减少。即使消费者的货币收入随着物价上涨而增长，但是，如果通货膨胀率超过了货币收入增长率，消费者的实际收入还是相对减少。

企业的最高管理层不仅要分析研究消费者的平均收入，而且要分析研究各个阶层的消费者的收入。此外，由于各地区工资水平、就业情况有所不同，不同地区消费者的收入水平和增长率也不同。

（二）消费者支出的变化

消费者支出主要指支出模式和消费结构。它主要受消费者收入的影响，随着消费者收入的变化，消费者支出模式和消费结构会发生相应变化。消费者支出模式还受以下两个因素影响：①家庭所处的生命周期的阶段；②家庭所在地点。

1857 年，世界著名的德国统计学家恩思特·恩格尔阐明了一个定律：随着家庭和个人收入增加，收入中用于食品方面的支出比例将逐渐减小，这一定律被称为恩格尔定律，反映这一定律的系数被称为恩格尔系数。其公式表示为

恩格尔系数（%）=食品支出总额/家庭或个人消费支出总额×100%

恩格尔定律主要表述的是食品支出占总消费支出的比例随收入变化而变化的一定趋势，揭示了食品支出和居民收入之间的关系，说明了经济发展、收入增加对生活消费的影响程度。一个国家或家庭恩格尔系数越大，生活越贫困；反之，恩格尔系数越小，生活越富裕。

小资料

恩格尔系数是衡量一个国家、一个地区、一个家庭生活水平高低的重要参数。恩格尔系数越小表明生活越富裕，越大则表示生活水平越低。根据联合国粮农组织提出的标准，恩格尔系数在 59%以上为贫困，50%～59%之间为温饱，40%～50%之间为小康，30%～40%之间为富裕，低于 30%为最富裕。2006 年，我国农村居民家庭恩格尔系数 43%，城镇居民家庭恩格尔系数为 35.8%。

（三）消费者储蓄和信贷情况的变化

进行经济环境分析时还应看到，社会购买力、消费者支出不仅直接受消费者收入的影响，还直接受消费者储蓄和信贷的影响。购买力与收入、储蓄、信贷的关系可表示为

购买力=收入−储蓄+信贷

储蓄是指城乡居民将可随意支配收入的一部分储存待用。较高的储蓄率会推迟现时的消费支出，加大潜在的购买力。但如果储蓄比例过高，就说明市场缺乏购买热点，需求不足。目前我国居民存款已突破 10 万亿元大关，成为如何启动消费的长期课题，企业应更多考虑根据社会具有的储蓄能力，提供更多的能够满足潜在需求的产品和服务，以期打开居民手中的这只钱袋子。

消费信贷是指消费者凭信用先取得商品或使用权，然后按期归还贷款，并最终取得商品所有权的行为。它实际上是消费者用贷款购买商品，提前支取未来收入，提前消费。通常所说的赊销、分期付款都是它的具体形式。消费信贷是在有需求但缺乏购买能力的条件下实现产品销售的有效手段。对于购买高价值商品或奢侈品，采取信贷方式可以减轻短期支出压力，很受消费者欢迎。

如果说储蓄减少了实际购买力，那么消费信贷则增加了实际购买力。因此，不论储蓄还是信贷，都是现代企业市场营销不可忽视的重要环境因素。

三、自然环境

目前，自然环境方面的主要动向有如下几种。

（一）某些自然资源出现短缺

地球上的自然资源有三大类。

（1）无限资源，即取之不尽、用之不竭的自然资源，如空气、阳光、水等。特别值得注意的是，随着城市发展，用水量增加很快，加之世界各地淡水资源分布不均，而且每年和各个季节的情况各不相同，目前许多国家和城市面临水荒。水不仅会影响人们生活，而且对企业也是一种环境威胁。

（2）有限可再生资源，即数量有限但可以更新的资源，如森林、粮食等。我国森林覆盖率低，仅占国土面积的 20.36%（2009 年），只有全球平均水平的 2/3，排在世界第 139 位。人均森林面积 0.145 公顷，不足世界人均占有量的 1/4；人均森林蓄积 10.151 立方米，只有世界人均占有量的 1/7。我国耕地少，而且由于城市建设事业快速发展，耕地迅速减少。近 30 年间，我国耕地平均每年减少 54 平方千米。

（3）有限不可再生资源，即数量有限又不能更新的资源，如石油、煤、天然气、锡、锌等一次性自然资源。近十几年来，由于这类资源供不应求，有些国家需要这类资源的企业，必须寻找替代品而进行研究与开发新的资源，这样又给某些企业带来了新的市场机会。

（二）环境污染日益严重

在发达国家，随着工业化和城市化的发展，环境污染程度日益增加，公众对这个问题越来越关心，纷纷指责环境污染对社会造成的危害。这种动向对造成污染的企业是一种环境威

胁，它们在社会舆论的压力和政府的干预下，不得不采用措施控制污染：另一方面，这种动向也给控制污染、研究与开发不致污染环境的包装类企业带来新的市场机会。

（三）许多国家政府对自然资源管理的干预日益加强

随着经济发展和科学进步，许多国家的政府都对自然资源管理加强干预，这往往与企业的营销战略和营销效益相矛盾。例如，政府为了控制污染，往往要求企业购置昂贵的控制污染的设备，这样就可能影响企业的经营效益。又如，目前我国最大的污染制造者是工厂，如果政府按照法律和合理污染的标准严格控制污染，有些工厂就要关、停、并、转、迁，这样就可能影响工业迅速发展。因此，企业的最高管理层要统筹兼顾，力求做到既减少环境污染，又确保企业快速发展，提高营销效益。

四、技术环境

企业的最高管理层还要密切注意相关技术环境的发展变化，了解技术环境和知识经济的发展变化对企业营销的影响，以便及时调整自己的营销战略，采取适当的对策。

（一）新技术是一种“创造性的毁灭力量”

每一种新技术都会给一些企业带来新的市场机会，甚至会产生新的行业，同时也会给某些企业造成环境威胁，甚至使某个旧行业受到冲击，直至被淘汰。例如，激光唱盘技术的出现，无疑将会夺走磁带市场，给磁带制造商以“毁灭性的打击”。据美国《设计新闻》报道，由于大量采用自动化设备和新技术，将会出现许多新产业，如新技术培训、新工具维修、计算机教育、信息处理、自动化控制、光纤通信、遗传工程、海洋技术等。如果企业的最高管理层富于想象力与判断力，及时采用新技术，从旧行业转入新行业，就能求得生存和发展。

（二）新技术革命有利于企业改善营销管理

第二次世界大战后，现代科学技术发展很快，一场以微电子为中心的新技术革命正在蓬勃兴起。目前发达国家许多企业在营销管理中都使用计算机、传真机等设备，这对于改善企业营销管理，提高营销效益起了很大作用。现在，零售商店已普遍使用POS收款机，其主要结构是笔型感光器和记忆装置，营业员点货只用感光器扫描商品条形码，再记下商品的货号和进、销、存等资料，一同储存在记忆装置中，然后通过计算机连接器，将资料传送到总公司的管理部门的数据库中，以便进行发货处理。

（三）新技术革命会影响零售商业结构和消费者购物习惯

由于新技术革命迅速发展，许多国家出现了“电视购物”、“网上购物”方式。消费者如果想买东西，可以在家里上网购物，还可以通过电话订购数字电视荧光屏上显示出来的任何商品，随后输入自己的银行账号，把货款自动转给销售者，商品很快就会送到消费者的家门口。此外，人们还可以在家里通过“计算机电话系统”订购车票、飞机票和影剧票。企业也可以利用这种系统来进行商业广告宣传、市场营销和推销商品。

（四）知识经济带来的机会与挑战

传统农业经济是以耕地和众多的劳动力为基础的，传统工业经济是以大量的生产资料投入和制造产品为基础的，而知识经济则是以不断地进行创造新知识和应用新知识为主要基础而发展起来的。知识经济是一种知识密集型、智慧型的新经济，它以不断创新为特色。这个创新过程是急速旋转、快捷异常、没有终止的。这种不断创新的知识和土地、矿藏不同，它不具有唯一性和排他性，可以同时为多人所占有，并可一再重复使用。当然，知识也有“自然磨损”，它的直接效用没有了，还可以再开发，成为嫁接、培育新知识的“砧木”，成为启发新智慧的火花。

小资料

新知识的爆炸性增长和知识经济的爆发性扩张，与以数字化、网络化为特征的现代信息技术的广泛应用密不可分。不断革新的计算机与光纤网络通信、卫星远程通信相结合，使知识的编码、储存、传输、扩散速度得到了极大的提高，方式极大的简单化，成本极大的降低，从而使数字化的多媒体网络通信成为一种受普遍欢迎的大众技术，使不断更新的知识成为全球任何角落里的人群都可以随意获得的资源。数字化、网络化通信技术革命与现代化市场经济制度相结合，与风险投资和现代企业制度相结合，极大地加速了新知识的商品化、市场化、产业化进程。知识经济的发展为高科技企业带来机遇与风险，率先使用融入知识经济的企业，会因抓住了机遇而发展成为“世界新富豪”。

五、政治和法律环境

在任何社会制度下，企业的营销活动都必定受到政治和法律环境的约束。政治和法律环境体现出政府与企业的关系，一方面反映在国家的方针政策上，它不仅规定了国民经济的发展方向和程度，也直接关系到社会购买力的提高和市场消费需求的增长；另一方面反映在国家的法规上，特别是有关经济的立法，它不仅规范企业的行为，而且会使消费需求的数量、质量和结构发生变化，能鼓励或限制某些产品的生产和消费。

（一）政治环境

这是指国家的政治制度、政治倾向以及政府的方针政策对企业的营销产生直接或间接的影响。政治环境包括国内政治环境和国际政治环境两个方面。

国内政治环境一般包括国家的各项方针、政策的制定和调整，企业要认真进行研究，领会其实质，一方面要保证企业的经营不会与国家的方针政策相抵触，另一方面也要充分利用国家给予的各项优惠政策。

随着经济全球化的发展，对国际政治环境的研究越来越重要。在国际市场上从事营销工作的企业，必须研究东道国的性质、体制、政策，以便更好地了解其所颁布的贸易法令、条例规章，估计进入该国市场的可能性和前景，同时密切关注国际政治环境的发展动向，为在国际市场上取得营销成功提供保障。

（二）法律环境

法律是统治阶级意志的体现，一个国家总是通过法律来调整各种社会关系。法律环境对企业营销活动的影响主要体现在对企业施行管理的立法和对社会及消费者的保护立法方面。企业了解法律，熟悉法律环境，既有助于保证企业自身严格依法办事，不违反各项法律，有自己的行动规范，同时又有助于企业运用法律手段保障自身利益。市场营销活动中正当的竞争是在法律保障下进行的，在法律允许的范围内企业可以充分发挥自身的管理能力、技术能力、营销能力。

营销人员应该对有关法律规定的方向性内容有大致的了解，但不一定需要熟知详细内容，解决相关问题时，可以请企业专门的法律顾问或委托律师事务所协助完成。

六、社会文化环境

这里所说的文化主要是指人类社会历史实践过程中所创造的物质和精神财富的总和。文化的影响是多层次、全方位、渗透性的，对人们的消费心理、消费习惯有着深远的影响。企业要充分了解并尊重目标市场的文化传统，避免与当地的文化传统发生冲突，从而顺利地实现营销计划。营销人员一般从价值观念、风俗习惯、宗教信仰、语言、教育状况等方面对社会文化环境进行研究。

（一）价值观念

价值观念是指人们对于事物的评价标准和崇尚风气，它可以反映在阶层观念、财富观念、创新观念、时间观念等方面，并在很大程度上影响消费者的消费需求和购买行为。这些观念方面的差异形成了不同的营销环境。例如，当今社会倡导环保、生态、健康的观念，许多消费者更愿意购买绿色产品，营销人员在开拓市场时必须对此加以注意。

（二）风俗习惯

风俗习惯是人们在一定的社会物质生产条件下长期形成的，并世代相传成为约束人们思想、行为的规范。世界范围内不同国家或国家内的不同民族在居住、饮食、服饰、礼仪、婚丧等物质文化生活方面各有特点，形成风俗习惯的差别。由于不同的风俗习惯会形成不同的商品消费需求，企业在营销活动中，不能完全按照自己的习惯来决策，必须考虑目标市场的风俗习惯，并用动态发展的眼光看待风俗习惯。例如，我国人民过春节有全家团聚的风俗传统，但近年来选择在酒楼订餐团聚的城市家庭越来越多了。

（三）宗教信仰

宗教是一种社会意识形态，是对客观世界的一种虚幻的、超自然的反映，也是人类社会历史发展的产物。宗教信仰可以跨越历史、国家、地区和民族，将信仰、仪式、戒律和禁忌等宗教文化活动内涵传播给教徒，并在一定程度上左右教徒的思想、意识与行为。不同的宗教在思想观念、生活方式、宗教活动、禁忌等方面各有其特殊的传统，这将直接影响人们的消费习惯和消费需求。欧美许多国家法定假日都与宗教有关，如每年的圣诞节、复活节等。营销人员必须对宗教有一定的了解，否则会坐失良机，甚至触犯禁忌，造成失误。

（四）语言文字

语言文字是人类表达思想和交际的工具，市场营销必然要在不同的语言文字环境中进行，而语言文字的差异常常给营销带来不便和困难。企业在进行国际、国内营销活动时，要看到这种差异及其对消费者购买行为的影响，以针对不同的语言群体制定相应的策略。

（1）要做到有效沟通。企业不仅要与目标市场的消费者沟通，通过各种促销方式诱发消费者的购买行为，还要为营销活动的顺利开展，同有关政府各部门、公共团体、各种中间商等机构沟通协调。

（2）要做到准确翻译。企业只有充分了解不同地区的语言特点与规律，才能准确进行文字表达，避免出现含混不清甚至忌讳的意思表达；还要考虑到隐喻、偏好等因素，如企业利用有些地区语言谐音的意义，给消费者留下良好印象，促进企业的销售。

尽管在国际市场营销中，企业选择合适的当地经销商与代理商开展营销，可以充分发挥他们熟悉当地语言文字的优势，但明智的企业不会因此而放弃对本企业营销人员必要的语言方面的培训。

（五）教育水平

教育水平指消费者受教育的程度。世界各国在教育程度上的差异会导致消费者需求、消费者行为、消费者生活方式方面的差异。一般来讲，消费者受教育程度越高，对商品的鉴别能力越强，购买较为理性，容易接受新产品。教育水平高低明显影响消费结构，影响着企业营销策略的制定和实施。通常分析教育水平可利用现成的统计指标，如某国家和地区的受教育程度、文盲率高低、在校大中小学学生的人数和比率、受过教育人口的性别构成等。

第三节　微观环境因素

微观环境中的各种制约力量，与企业形成了协作、竞争、服务、监督的关系。一个企业能否成功地开展营销活动，不仅取决于对宏观环境的适应性，也取决于能否适应微观环境。如果说宏观环境可以对营销带来机会或构成威胁，那么微观环境则直接影响营销活动的方式或效果，即直接影响企业为目标市场服务的能力。

一、企业内部环境

企业内部环境包括企业内部各部门的关系及协调配合。在现代市场导向下，营销固然是企业的一项十分重要的职能，但绝不能认为只有营销部门的人才从事营销工作。没有企业内部各方面的协调配合与支持，营销工作寸步难行。没有生产部门的支持，就不能按时按质发货；没有人事部门的支持，关键的营销人才难以到位；没有财务部门的支持，不能进行有效的财务分析以选择最优规模，也不能获得营销活动所需资金……因此，营销的微观环境首先在于企业内部，理顺内部环境，处理好企业内部各部门、各人员的关系，争取有效的协调配合至关重要。

在实际工作中，这些部门与营销部门可能由于对企业最佳利益的看法不同、部门之间利益冲突，甚至部门之间的偏见而引起矛盾。这就需要在决策层的统一领导下，树立全员市场营销观念，企业内部各部门之间通过有效协作与沟通，开展内部营销，使营销工作真正落到实处，共同服务于顾客，从而实现“顾客满意”。

二、供应商

供应商是指向企业或同类其他企业（竞争者）提供所需资源的企业和个人，其资源的供应能力直接影响企业的营销能力。供应商与企业的关系是一种相互协作的伙伴关系，供应商提供资源的价格、品种以及交货期，直接制约着公司产品的成本、利润、销售量及生产进度安排。供应商如果不能按期完成交货任务，从短期看，企业将损失销售额；从长期看，则损害企业在消费者中的信誉。

三、营销中介

营销中介是指协助企业推广、向最终购买者销售产品，融通资金，提供各种营销服务的企业和个人。这些营销中介包括以下机构。

（一）中间商

中间商一般分为代理中间商和经销中间商两种。代理中间商专门协助企业达成交易，但不拥有产品所有权。如经纪人、代理商和制造商代表等，他们是买卖双方之间的交易中介，以收取佣金作为收入来源。经销中间商（又称商人中间商）利用本身已经建立的销售机构，先买断商品，再转售实际消费者或其他消费者，对其经营的商品拥有所有权。如批发商、零售商，既要完成协商确定的任务，又要自己承担风险，自负盈亏，他们的工作效率和服务质量直接影响到企业产品的销售状况。

（二）物流机构

物流机构是指协助企业承担商品保管、储存、装卸、分拣、配送的专业物流企业。其作用在于确保企业营销渠道中的物流畅通无阻，为企业创造时间和空间效益，为企业营销活动服务，及时、快捷地满足消费者需求。企业选择物流机构的基本要求是企业信誉好、产品安全、货运准时、配送准确、费用经济、服务配套。

（三）营销服务机构

营销服务机构是指协助企业寻找正确的目标市场并为其促销产品的机构，主要是指提供专业服务的各类调研公司、广告公司、传播媒介公司、咨询公司等。一些大企业可能通过自己成立有关部门来承担营销服务机构的功能，但对于大多数企业来说，企业拥有的资源是有限的，在营销活动中需有效配置资源，不可能也没必要承担全部职能，应借助其他专业机构的资源来有效完成营销服务目标。目前，我国专门从事这方面工作的公司数量有限、规模较小，还没有发展成熟，企业必须审慎选择这些机构，因为这些机构在创意、价格、服务等方面有很大差异，企业应本着优胜劣汰的原则定期检查其表现，以免出现失误。

（四）金融机构

金融机构是指提供信贷和资金融通的各类金融中间机构，如银行、保险公司、信托投资公司等。在现代社会里，任何企业都要与金融机构发生联系，开展一定的业务往来，而且金融机构业务活动的变化还会影响企业的营销活动。比如，银行贷款利率上调，会使企业经营成本上升；国家信贷政策从紧，银行控制贷款规模，将造成企业贷款困难，资金运转紧张。因此，企业在营销活动中必须了解金融机构及其业务变化的动态，分析其影响，并及时调整营销计划与资金筹划等措施。

四、顾客

顾客是指购买或可能购买企业产品与服务的组织和个人，前者是现实顾客，后者为潜在顾客，企业营销者通常把顾客群称为目标市场，并按其购买目的不同划分为以下五类市场。

（一）消费者市场

这是指购买产品和服务供自己消费的个人和家庭所构成的市场，如儿童玩具市场、女性服装市场和老年人保健品市场等。

（二）生产者市场

这是指为进一步加工或生产而购买所需产品和服务的组织所构成的市场，如钢材市场、化工原料市场和汽车市场等。

（三）中间商市场

这是指为谋利而购买商品和服务用于转售的组织机构所构成的市场，如服装代理商、汽车经销商等。

（四）政府市场

这是指为提供公共服务而购买产品和劳务的政府机构所构成的市场。在市场经济中，政府购买的通用方式是进行招标，企业参与投标竞争，中标企业即获得向政府机构营销产品的机会。在政府采购中，声誉高、质量好、定价合理的企业，往往能够获得更多的机会。

（五）国际市场

这是指由国外购买者所构成的市场。

总之，顾客是企业服务的目标对象，企业的一切活动都必须围绕此中心开展。

小资料

在营销中要避免“发展中的短视行为”，即强调发现新顾客，而忽略维系老顾客。根据美国市场营销学家雷齐汉的研究，顾客流失率下降 5%，企业利润可增加 25%～85%；失去一位老顾客的损失，需要争取至少 10 位新顾客才能弥补；而保留住老顾客的成本与赢得新顾客的成本比例约为 1:6。更重要的是，老顾客比新顾客更有条件和可能参与企业新业务的拓展，维系老顾客是培育企业市场声誉和品牌信誉的重要途径。如果企业不能建立起良好的口碑，那么争取新顾客也将是十分困难的事情。

五、竞争者

在任何市场上，只要不是独家经营，便有竞争对手存在。很多时候，即便某个市场上只有一家企业在提供产品或服务，没有“显在”的对手，也很难断定在这个市场上没有潜在竞争企业。竞争对手的状况将直接影响企业的营销活动，无论是在产品销路、资源还是在技术力量方面的对峙，常常是此消彼长的。按照现代市场营销观念，如果要在竞争中成功，企业就必须在满足消费者欲望和需求方面比竞争对手强。因此，企业首先要识别各种不同的竞争者，并采取不同的竞争对策。

一般来说，企业面临着四种不同层次的竞争者。

（一）欲望竞争者

这是指满足消费者当前不同消费欲望的不同产品提供者。消费者想要满足的各种欲望之间具有可替代性，而同一时刻的欲望是多方面的，很难同时满足，这就出现了不同产品之间的竞争。如在“十一”等长假期间，消费者要考虑如何度过长假，是全家外出旅行，是学习充电，还是上街购物？每一种愿望都意味着消费者将在某一行业进行消费。

（二）平行竞争者

这是指满足消费者同种需求的不同产品提供者。消费者会在确定目前需求的基础上进一步选择，即采取什么方法来满足需求。假如上述消费者选择全家外出旅行，能满足旅游需求的产品有许多，是国内的三亚、丽江，还是国外的吴哥、塞班？因此，对企业而言，消费者选择的过程就使这些旅游产品的经营者之间形成竞争关系，它们也就相互成为各自的平行竞争者。

（三）产品形式竞争者

这是指满足消费者同种需求的同类产品不同规格型号的产品提供者。消费者在满足同种需求的产品中要进一步决定购买哪一类产品。例如，上述消费者选择去三亚旅行，在普通游、豪华游、自助游的多种规格中还要进一步选择，这对企业而言属于产品形式竞争者。

（四）品牌竞争者

这是指满足消费者同种需求的同种产品不同品牌的产品提供者。例如，上述消费者选择去三亚豪华游，那么他要在当地不同品牌的旅行社之间进行选择，这就构成了品牌竞争。

因此，每个企业都应识别自己的竞争对手，了解其策略，熟悉其产品特征，做到知己知彼，扬长避短，以自身优势去吸引目标顾客，提高市场占有率。

六、公众

公众是指对于企业实现其目标而言，具有实际的或潜在的利害关系和影响力的任何团体或个人。现代企业是一个开放系统，任何企业都必须在其营销活动中注意与周围的各类公众建立起良好的关系，因为他们既可以帮助企业顺利实现其营销目标，也可以阻碍企业实现既定的经营目标。企业在公众中具有良好形象是企业的一笔无形资产，不良形象则是企业的一笔巨额负债。现代企业大都在内部组织结构中设有公共关系部门，其职能是处理、策划与不同公众之间的关系，树立并维护企业良好的形象。在通常情况下，一个企业所面临的公众主要有以下几种类型。

（一）政府公众

政府公众是指对企业营销活动有影响作用的相关政府机构，包括行业主管部门及财政、工商、税务、物价、商品检验等职能部门，企业在制订营销计划时，必须充分考虑政府的行为。

（二）媒体公众

媒体公众主要是指与企业和外界发生联系并具有广泛影响力的大众传播媒体，如报纸、杂志、广播、电视、网络等，它们对企业声誉及形象的建立有十分重要的作用。

（三）融资公众

融资公众是指影响企业资金融通能力的各种金融机构，包括银行、投资公司、保险公司、证券交易所等。

（四）社团公众

社团公众包括消费者权益保护组织、环境保护组织以及其他有影响力的公众团体。他们可能对企业的营销决策提出质疑，企业应利用自己的公共关系部门与他们保持密切的关系。

（五）社区公众

社区公众是指企业所在地附近的居民群众、社团组织等。企业在营销活动中，一方面要避免与社区公众利益发生冲突，另一方面要在社区开展一些公益活动，以树立良好的企业形象。

（六）一般公众

一般公众是指上述各种公众之外的公众。一般公众虽然可能是一种松散的、非组织性的公众，他们没有严密的组织形式来关注企业行为，但他们对企业的印象却影响着消费者对该企业及产品的看法。因此，企业必须关注自身的“公众形象”，可以通过赞助慈善事业、设立直接投诉系统等途径来改善和创造良好的微观环境。

（七）内部公众

企业内部公众包括企业内部的管理人员、基层员工等，对企业营销活动有直接或间接的影响。例如，由于企业营销人员对待顾客态度粗暴，服务质量差，引起顾客对企业产品和服务的失望、不信任，则将给企业带来直接的负面影响，失去顾客就意味着失去市场；企业财务人员在销售业绩核算方面工作滞后，造成营销部门难以判断其具体的营销效果，对下一步营销工作的部署缺乏事实依据，则给企业带来间接影响。发行企业内部通讯，向全体员工通报有关情况，是激励内部公众的方式之一。

第四节　营销环境的 SWOT 分析

企业识别市场营销机会的过程，就是进行 SWOT 分析的过程。SWOT 是英文 Strength（优势）、Weakness（劣势）、Opportunity（机会）和 Threat（威胁）的缩写。所谓 SWOT 分析，就是对企业的优势和劣势、机会和威胁所进行的全面营销环境评估。

小知识

SWOT 分析思想是由安索夫于 1956 年提出的，后来经过多人的发展成为一种用于企业营销战略分析的实用方法。SWOT 分析的核心，就是通过对企业外部环境与内部条件的分析，明确企业可利用的机会和可能面临的风险，并将这些机会和风险与企业的优势和缺点结合起来，形成企业不同的战略措施。

一、机会（O）与威胁（T）

环境机会的实质是指市场上存在着“未满足的需求”。随着消费者需求的不断变化和产品市场生命周期的缩短，旧产品不断被淘汰，对新产品的需求日益明显，从而市场上产生了许多新的机会。环境提供的机会能否被企业利用，取决于企业自身是否具备利用机会的能力，即企业的竞争优势是否与机会一致。

环境威胁是指对企业营销活动不利或限制企业营销活动发展的因素。例如，竞争对手的加入、市场发展速度减缓、关键技术改变、政府法规变化等因素都可以成为对企业未来成功的威胁。企业通过环境分析，应及时察觉存在的环境威胁，准确判断环境威胁出现的可能性及造成危害的严重程度，相应地调整企业的营销策略。

二、优势（S）与劣势（W）

企业优势是指企业相对于竞争对手而言所具有的资源、技术、产品长项以及其他特殊实力。先进的技术和设备、充足的资金、低廉的成本、高品质的产品、良好的企业形象、完善的服务系统、与买方或供方长期稳定的关系、和谐的雇员关系等，都可以形成企业优势。

企业劣势是指影响企业经营效率和效益的不利因素和特征，它们使企业在竞争中处于弱势地位。企业的潜在劣势主要体现在以下方面：战略不明、研发落后、设备陈旧、缺少某些关键技术或能力、成本过高、营销组合不当、服务意识薄弱、内部管理混乱、公司形象不佳等。

各种优势因素和劣势因素对企业经营的影响是不同的。其中某些优势因素对企业取得成功有着关键的作用，称之为关键的成功因素。同样，某些劣势对企业来说是致命的，而另一些劣势则相对不太重要且容易补救。

三、绘制 SWOT 矩阵

这是一个以外部环境中的机会和威胁为一方，以企业内部条件中的优势和劣势为另一方的二维矩阵（图 3-2）。在这个矩阵中，有四个象限或四种 SWOT 组合。它们分别是优势—机会（SO）组合；优势—威胁（ST）组合；劣势—威胁（WT）组合；劣势—机会（WO）组合。

	优势（S）	劣势（W）
机会（O）	SO 组合方案	WO 组合方案
威胁（T）	ST 组合方案	WT 组合方案

图 3-2 SWOT 矩阵

四、进行组合分析

对于每一种外部环境与企业内部条件的组合，企业可能采取的一些策略原则如下。

（1）劣势—威胁（WT）组合。企业应尽量避免处于这种状态。然而一旦企业处于这样的状态，在制定策略时就要想方设法降低威胁和劣势对于企业的影响，以求能生存下去。

（2）劣势—机会（WO）组合。企业已经鉴别出外部环境所提供的发展机会，但同时企业本身又存在着限制利用这些机会的组织劣势。在这种情况下，企业应遵循的策略原则是，通过外在的方式来弥补企业的弱点，以最大限度地利用外部环境中的机会。如果不采取任何行动，便会将机会让给竞争对手。

（3）优势—威胁（ST）组合。在这种情况下，企业应巧妙地利用自身的优势来对付外部环境中的威胁，其目的是发挥优势而降低威胁。但这并非意味着一个强大的企业，必须以其自身的实力来正面地回击外部环境中的威胁，合适的策略应当是慎重而有限度地利用企业的优势。

（4）优势—机会（SO）组合。这是一种最理想的组合，任何企业都希望凭借企业的长处和资源来最大限度地利用外部环境所提供的多种发展机会。

认清企业所具有的优势和劣势以及面临的机会和威胁是十分重要的，因为这不仅涉及企业地位的变化，而且关系到竞争战略的制定。企业在设计竞争战略时，既要充分利用一切与自身能力相适应的机会，也要清醒地认识自身弱点，采取措施防御外来威胁，尤其是严重的威胁。

本 章 小 结

本章研究了以下内容：市场营销环境的客观性、多变性、差异性、关联性和相对稳定性等基本特征。市场营销环境可分为：微观环境和宏观环境以及他们之间的相互关系。评价分析市场营销环境应结合企业自身的优势与劣势，抓住和利用市场机会，避免环境威胁，从而为企业营销战略、策略的制定，营销计划的实施与调整提供依据。评价分析过程的策略，如遵循动态分析与静态分析相结合、长期分析与短期分析相结合的原则，根据环境威胁给企业造成的危害程度和出现的可能性大小，以及市场机会给企业带来的潜在利益和出现的可能性大小，正确运用 SWOT 分析法。

思考与练习

一、名词解释

微观环境　宏观环境　营销中介　产品形式竞争者

SWOT　政府市场　生产者市场　中间商市场

二、填空题

1. 对企业实现其市场营销目标的能力有着实际或潜在影响的群体，称为（　　）。
2. 随着居民收入水平的提高，合乎规律的变化是人们用于购买食品的比重有所（　　）。
3. 人口环境、经济环境、自然环境等是市场营销的（　　）因素。

4．石油、煤和各种矿物是属于（　　）的资源。

5．消费者协会、老年协会、环境保护组织是（　　）公众。

三、问答题

1．简述市场营销环境的含义。

2．宏观营销环境的构成因素有哪些？

3．微观营销环境的构成因素有哪些？

4．企业面临的公众包括哪些类型？

5．试述 SWOT 分析在企业营销活动中的应用。

参考案例分析

案例：凤凰卫视中文台的环境分析

1．宏观环境分析

（1）经济环境：资金雄厚，有实力强大的股东。

（2）社会环境：中国香港地区拥有一种杂烩文化，中西方文化在这里都有传承和交融，当地人的适应能力强。凤凰卫视中文台提供了看世界的另一种视角。

（3）科学技术环境：能够接触并使用最先进的传播技术和设备。

2．竞争环境

凤凰卫视中文台以全球华人为受众，它的主要竞争对手在内地有中央电视台，在国际上有 CNN 等，在中国香港地区有亚洲电视机构（简称亚视）、无线电视台（简称无线台）、华娱电视台。

3．SWOT 分析

优势：

（1）公司在中国香港地区注册，地理优势明显。立足中国香港地区，能够沟通世界各地的华人。

（2）高层管理人员国际化与本土化有机结合，且港台员工占多数，思路更为开阔，风格更为新锐。

（3）股东资本雄厚，运营资金有保障。

（4）凤凰卫视中文台是完全市场化操作的民营商业电视台，节目活泼，具有较强的吸引力。

（5）节目融合“京、港、台”风格，宣扬“泛中华”概念。

劣势：

（1）只在内地部分地区播出，收视普及率低；普通话电视台在中国香港地区收视率很低，难有作为。

（2）与国外大型商业电视台相比，资讯来源不足，节目制作能力有待提高。

（3）作为商业电视台，资本和经营压力大，节目品质会受到影响。

机会：

（1）复杂的政治经济环境与关系以及国际上发生的许多重大事件为凤凰卫视中文台提供了展示自身的机会。多次对国际重大事件的全程报道，如戴安娜王妃葬礼、江泽民主席访美、克林顿访华、阿富汗战争、“9·11”事件、伊拉克战争等，为观众打开了观察世界的另一扇窗户，满足了观众的好奇心，迅速提高了凤凰卫视中文台的知名度。

（2）在内地、港台及其他地区均被认为是外来电视台，聚拢了大量想从非本地主流渠道获得信息的受众。

威胁：

（1）传媒业发展迅速，竞争激烈。

（2）凤凰卫视中文台自身规模不大，实力有限。

资料来源：李怀斌，周学仁.《市场营销学》[M]. 大连：东北财经大学出版社，2007.

思考问题：

1. 认真阅读资料，分析凤凰卫视中文台的环境，并对分析结果进行描述。
2. 自己思考如果将分析结果提供给凤凰卫视中文台，能否被采纳？

实训训练

企业环境因素调查分析

训练目标

培养认识市场营销宏观环境和微观环境以及营销环境特征的能力。

内容与目标

1. 讨论下列公司有没有留意公众的要求，并做出适当的反应。
   （1）公交公司　　（2）自来水公司
2. 试讨论中国北方和欧美国家对以下各项有何不同看法。
   （1）价值观念　　（2）家庭观念　　（3）送礼观念
3. 全班交流研讨，分析讨论属于某个特定行业的企业所面临的宏观和微观环境。

实训效果与检测

以小组为单位开展工作，写出专题分析报告。

第四章

顾客购买行为分析

教学目标

知识目标

- 了解顾客购买行为分析的模式、内容和重点。
- 描述消费者购买行为的特征和类型。
- 把握影响消费者购买行为的内在和外在因素。
- 理解消费者购买决策过程各阶段的特点及其相应的营销对策。
- 识别生产者购买行为的特征和类型，把握其购买决策。

技能目标

- 能进行消费者购买行为分析。
- 可以组织消费者行为分析的活动。

引导案例

女律师简妮·布洛菲尔特小姐终于攒够了购买轿车的钱，兴冲冲地来到一家经营汽车的大公司，她看中了这儿出售的海蓝色“西尔斯”牌小轿车。价格尽管贵一点，但她喜欢这种车的颜色和式样，而且她很喜欢“西尔斯”这个牌子的名称。不巧，售货员正要去吃午饭，于是她走出这家大公司，看见街对面也有一家出售汽车的公司，便信步走了过去。

这家公司的售货员是个活泼的年轻人，他一见简妮进来，立即彬彬有礼地问：“我能为您效劳吗？”简妮微微一笑，告诉他自己只是来看看，消磨一下时间。年轻的售货员很乐意地陪她在销售大厅参观，并自我介绍说他叫汤姆。汤姆陪着简妮聊天，很快两人便谈得很投机。

简妮告诉他，今天是她的生日，特意挑选今天这个日子来买车。汤姆笑着向简妮祝贺，并和身旁一个同伴低声耳语了几句。不一会，这个同伴捧着几只鲜艳的红玫瑰进来，汤姆接过来送给简妮并说道：“我祝你生日快乐！”

简妮的眼睛亮了，她非常感谢汤姆的好意。他们越谈越高兴。突然，简妮看见大厅一侧有一辆银灰色的轿车，色泽是那样的柔和诱人，他问汤姆那是辆什么牌子的轿车。汤姆热心地回答了她并仔细地介绍了这辆车的特点，尤其是价钱比较便宜。简妮觉得这就是自己想要买的车。

结果，简妮·布洛菲尔特小姐驾了一辆自己原先根本没有考虑过的车回家了。车上插着几只鲜艳的红玫瑰。简妮的生日充满了欢乐。

这个案例表明，消费者的购买动机是复杂的，也是多变的。对于销售者来讲，只要顾客没有把东西买走，便有销售的机会。问题的关键在于如何准确把握消费者的需求和购买动机，随机应变地促成交易。西班牙有句谚语说得好："欲成斗牛士，必先学做牛"。市场营销人员要想通过消费者的满意来赚钱，就必须了解消费者市场购买行为的特点、消费者购买的动机、购买的习惯、购买的决策过程以及影响购买决策的主要因素。

市场营销活动的核心是"以满足消费者的需求为中心"。企业在市场上成功开展营销活动，满足市场需求的前提是了解和研究消费者的需求和购买行为的特点及规律。

资料来源：http://cod.zzu.edu.cn/newware/scyxx/lljx/zj/ch5/kpal.html

第一节 消费者购买行为分析

消费者购买行为是指消费者为满足其个人或家庭生活需要而发生的购买商品的决策过程。消费者购买行为是复杂的，其购买行为的产生受到其内在因素和外在因素的交互影响。企业营销应该通过对影响消费者购买行为的内、外部因素的研究来掌握消费者购买行为的规律，以制定相对有效的市场营销策略，从而实现企业营销目标。

一、消费者购买行为的特征

消费者购买行为是在不断变化的，随着社会的发展和人民消费水平、生活质量的提高，消费需求也在不断向前推进。过去只要能买到商品就行了，现在追求名牌；过去不敢问津的高档商品如汽车等，现在很多人消费了；过去自己承担的劳务，现在由劳务从业人员承担了等。新的需要不断产生，而且是永无止境的，使消费者购买具有发展性的特点。

二、消费者购买行为的类型

消费者的购买行为是消费者在一定购买条件和购买动机驱使下，为了满足某种需求而购买商品的活动过程。由于消费者的购买条件与动机纷繁复杂，因而其购买行为也多种多样，可根据不同依据划分不同的购买类型。

（一）根据消费者的购买目标划分

根据消费者的购买目标不同，可将消费者购买行为分为三类，见表 4-1。

表 4-1 根据购买目标划分消费者购买行为

全确定型	消费者在购买商品以前，已有明确的购买目标，对商品的名称、型号、规格、颜色、式样、商标以至价格的幅度都有明确的要求
半确定型	消费者在购买商品以前，已有大致的购买目标，但具体要求还不够明确，最终购买决定需经过选择比较才能完成
不确定型	消费者在购买商品以前，没有明确的或既定的购买目标，有时偶尔遇到感到有兴趣或合适的商品则会购买，有时则浏览后便离开

（二）根据消费者的购买态度划分

根据消费者购买态度的不同，可将消费者购买行为划分为五类，如图 4-1 所示。

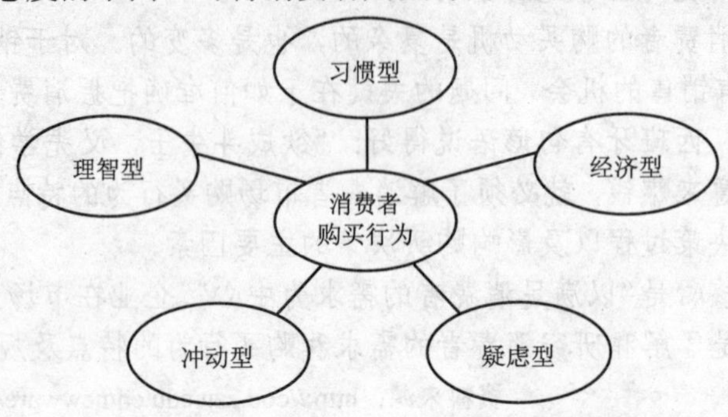

图 4-1 根据购买态度划分消费者购买行为

三、影响消费者购买行为的内在因素

（一）动机

动机（Motive）与行为有着直接的因果关系。消费者购买行为由购买动机支配，而购买动机又是由需要引起的。因此，要研究消费者购买动机，必须研究消费者的需要。需要是购买动机的基础，是购买行为的起点。

1. 人的需要引发购买动机

马斯洛将人类的需要分成五个层次：生理需要、安全需要、社会需要、尊重需要和自我实现的需要。其中前两个层次的需要都属于生理的和物质方面的需要，后三个层次的需要是心理的和精神方面的需要。它们是按由低到高的层次排列的，见表 4-2。

表 4-2 需求层次

第五级	自我实现的需要
第四级	尊重需要
第三级	社会需要
第二级	安全需要
第一级	生理需要

2. 购买动机的类型

动机是满足个人需要的一种驱动和冲动。消费者购买动机是指消费者为了满足某种需要，产生购买商品的欲望和意念。由于消费者需要的复杂多样，在此基础上产生的消费者的购买动机也是多样化的，购买动机大体上可概括为两大类，见表 4-3。

表 4-3 购买动机的类型

购买动机的类型	生理性购买动机	维持生命的动机：主要指对衣、食等商品的购买动机
		保护生命的动机：如为了休息、治病而购买居住设施、药物等动机
		延续和发展生命的动机：指由于人们组织家庭、生育和赡养父母、抚养子女、提高生活水平等需要而产生的购买动机
	情感性购买动机	感情动机：由于个人的情绪和情感心理方面的因素而引起的购买动机
		理智动机：建立在对商品的客观认识的基础上，经过充分的分析比较后产生的购买动机
		惠顾动机：消费者由于对特定的商品或特定的商店产生特殊的信任和偏好而形成的重复光顾习惯的购买动机

（二）感受

消费者一旦有了购买动机后，就会采取行为。但是如何行动还要看他对外界刺激物或情境的反应。这就是感受（Perception）对消费者购买行为的影响。感受指的是人们的感觉和知觉。

例如，有两个顾客A和B到同一商店选购电视机，刺激物和情境相同，但A认为某品牌电视机好，售货员服务态度好，决定购买，而B认为同一品牌的电视机不好，售货员的服务态度也不好，不愿购买。为什么会出现这种情况呢？这是因为消费者的知觉是一个有选择性的心理过程。一个人在特定范围内不可能感受到所有的刺激物。具体来说，有三种情况影响感受。

（1）有选择地注意。例如，某顾客拟购买洗衣机，他只注意看洗衣机而不注意别的商品。因此，对某种商品（如洗衣机）的广告宣传，这些消费者会有印象，而对其他商品不会有什么印象。

（2）有选择地理解。例如，甲品牌电冰箱的质量客观上很好，但某消费者主观认为国产电冰箱只有乙品牌质量好，其他品牌都不行。

（3）有选择地记忆。例如，消费者只记得自己喜欢的乙品牌电冰箱的优点，而记不住也被经常宣传的甲品牌电冰箱的优点。

（三）学习

心理学家认为，消费者的购买行为不是先天具有的，而是受后天获得的经验的影响而形成的。由于经验的获得而引起的个人行为的变化就是学习（Learning）。“吃一堑，长一智”说的就是这个道理。学习的过程就是驱使力——刺激物——诱因——反应链条不断循环的过程，也是消费者从外部不断获得各种信息或感受的结果。

例如，某消费者重视身份地位，这种尊重的需要就是一种驱策力。这种驱策力被引向某种刺激物——高级名牌西服时，驱策力就变为动机。在此动机的支配下，这位消费者需要作出购买名牌西服的反应。但他在何时何地作出何种反应，往往取决于周围的一些“提示物”的刺激，如看了有关电视广告、商品陈列。在他购买这套名牌西装时，如果穿着很满意的话，他对这一商品的反应就会加强，以后如果再遇到相同诱因时，就会产生相同的反应，即采取购买行为。如反应被反复强化，就成为购买习惯。

由于所有的营销因素都可能成为诱因，如品种、价格、性能、品牌、包装、服务、渠道、广告、推销等，因此企业要善于运用营销组合使消费者产生有利于本企业产品销售的印象。

（四）态度和信念

态度（Belief）通常指个人对事物所持有的喜欢与否的评价、情感上的感受和行动倾向。态度表现为稳定一致的活动时就形成信念（Attitude）。态度和信念对人们的购买行为的影响是深远和持久的。消费者对某一商品的态度来源于：①消费者本身与商品的直接接触；②受其他消费者如亲友的直接、间接的影响；③家庭教育与本人的生活经历。

小资料

“我天天洗头，你呢？”这是2002年广州宝洁公司独家支持中古健康教育协会发出的健康生活的口号。始创于1837年的宝洁公司是世界上最大的日用消费品公司之一，同时也是中国最大的日用消费品公司，大中华区年销售额超过二十亿美元。飘柔、舒肤佳、玉兰油、帮宝适、汰渍及吉列等品牌在各自的产品领域内都处于领先的市场地位。

了解顾客需求，创造产品差异，宝洁相信任何产品都有一个消费者未被满足而又确能获利的需求。在此基础上，通过严谨系统化的市场调查和消费者行为研究，宝洁创造出中国第一种去头屑洗发水——海飞丝，第一种二合一洗发水——潘婷等，并通过不断创新，研制新产品，引导市场的演进。这样宝洁顺其自然地制定了洗发水行业的游戏规则。

四、影响消费者购买行为的外在因素

（一）相关群体

相关群体是指那些影响人们的看法、意见、兴趣和观念的个人或集体。研究消费者行为可以把相关群体分为两类：参与群体与非所属群体。参与群体是指消费者置身于其中的群体。非所属群体即参照群体，是指并非某个人身份所属的群体却被他们用作自己所属群体的参照对象。

（二）社会阶层

不同社会阶层的人，他们的经济状况、价值观念、兴趣爱好、生活方式、消费特点、闲暇活动、接受大众传播媒体的种类等各不相同。这些都会直接影响他们对商品、品牌、商店、购买习惯和购买方式的选择。

（三）家庭状况

1. 家庭对购买行为的重要影响

家庭作为一个相关群体对购买行为产生重要影响。一个家庭中的每个成员都受到这个家庭的熏陶和影响，也可以说家庭从小就影响着一个人的生活情趣、方式、个人爱好和习惯，这常常体现在对商品需要的要求、评价和购买习惯上。尽管这种影响多数情况下是无意识的，但其影响作用是长久的，一个人孩提时代对商品的爱好往往要维持几十年。

2. 家庭中不同购买角色的作用

在购买过程中，不同的家庭成员可能充当不同的角色，会对购买发表不同的意见，起着不同的影响作用。通常在购买过程中，家庭成员有五种不同的角色，即购买发起者、重大影响者、商品使用者、实际购买者和购买决策者。购买不同商品，家庭成员充当的购买角色是不同的。购买家用电器，男主人往往充当购买决策者；而购置新家具，充当购买决策者的则是女主人为多。

3. 家庭生命周期的影响

一个家庭从产生到子女独立的发展过程称为家庭生命周期。根据购买的年龄、婚姻和子女等状况，购买者的家庭生命周期大体分为七个阶段：①“未婚”——年轻、单身；②“新婚”——年轻夫妇，没有子女；③“满巢Ⅰ”——年轻夫妇，有六岁以下的幼儿；④“满巢Ⅱ”——年轻夫妇，有六岁或六岁以上的孩子；⑤“满巢Ⅲ”——年纪较大的夫妇有未独立的孩子；⑥“空巢”——年纪较大的夫妇，与子女已分居；⑦“独居”——年老、单身，即失去配偶后，只剩下一位老人的家庭。

处在不同的家庭生命周期阶段的消费者，会有不同的爱好与需要。如新婚夫妇需要购买家具、家电等耐用消费品，“满巢I”需要婴儿食品、玩具等，“满巢III”需要购买青少年用的图书杂志、体育用品、服装等商品。由此可见，购买者的家庭生命周期也会影响消费者的购买行为。

（四）社会文化状况

每个消费者都是社会的一员，其购买行为必然受到社会文化因素的影响，文化因素有时对消费者购买行为起着决定性的作用。企业营销必须予以充分的关注。

五、消费者购买决策过程

消费者的购买并非就是简单的实地购买，而是较复杂的决策过程。消费者的购买决策在实地购买前就已经开始，而且还延伸到实地购买以后。消费者的购买决策过程一般可分为以下五个阶段。

（一）确认需要

确认需要是消费者购买活动的起点。当消费者意识到对某种商品有需要时，购买过程就开始了。消费者的需要可以由内在因素引起，如口渴驱使人寻找饮料；也可以是由外在因素引起，如一种色香味美的食品引起人们的食欲，或是看了电视杂志上的家具广告而产生购买的欲望。

（二）寻求信息

有时消费者的消费需要很强烈，甚至可能马上去购买商品，但在多数情况下，消费者还要考虑买什么品牌的商品，花多少钱，到哪里去买等问题，这就是消费者购买过程的第二阶段，即寻求信息的阶段。消费者寻求的信息一般有：产品质量、功能、价格、品牌、已经购买者的评价等。消费者的信息来源通常有以下四个方面，见表4-4。

表4-4　消费者信息来源

商业来源	消费者从广告、经销商、商店售货员、商品陈列、商品包装等途径得来的信息
个人来源	消费者从家庭、亲友、邻居、熟人那里得来的信息
大众来源	消费者从报刊、杂志、电视、广播等大众传播媒介获得的信息
经验来源	消费者通过自身操作、实验、使用产品而得到的信息

（三）比较评价

比较评价是消费者购买过程的第三个阶段。消费者进行比较评价的目的是识别哪一种品牌、类型的商品最适合自己的需要。消费者对商品的比较评价，是根据收集的资料，对商品属性作出的价值判断。消费者对商品属性的评价因人、因时、因地而异，有的评价注重价格，有的注重质量，有的注重品牌或式样等。

（四）决定购买

消费者通过对可供选择的商品进行评价，并作出选择后，就会形成购买意图。在正常情况下，消费者通常会购买他们最喜欢的品牌，但有时也会受两个因素的影响而改变购买决定。

（1）他人态度。任何一个消费者都生活在一个特定的环境中，他的购买决策往往受其家庭成员、朋友、同事或权威人士等的影响，和他关系越密切，影响程度就越大。

（2）意外事件。消费者原本作出的购买决策，可能会受到如涨价、失业、收支状况的变化的影响而发生改变。消费者修改、推迟或取消某个购买决定，往往是受已察觉风险的影响。察觉风险的大小，由购买金额大小、产品性能优劣程度以及购买者自信心强弱决定。企业应尽可能设法减少这种风险，以推动消费者购买。

小资料

浙江庆元县是我国香菇的主要产地之一，在每年春节前后，该县大约有60%的香菇销往外地，且售价总保持在30～40元/千克。1990年12月份，该县收购站派人员到外地强力推销，香菇价格竟达68～72元/千克。

收购站认为：庆元县的香菇全国闻名，1990年年底产品供不应求，行情看涨，1991年年初又是销售旺季，售价可能会更高。所以他们大量收购香菇，到1991年元月初收购价达46～48元/千克，比往年高出近一倍。农民们见收购价一天天看涨，误认为2月份价格会更高，因而持观望态度。

然而，1990年全国各地香菇丰收，产量大增，而香菇的替代品黑木耳的售价仍然未变。庆元的香菇虽质优但价高，消费者难以接受。到1991年元月底，庆元县各地收购站仓库的香菇均未卖出去。1991年2月，大批农民推车进城要求收购站收购香菇。一时间，香菇收购价连续下跌，跌至不足20元/千克。由于收购站仓库容量有限，只得将新菇露天堆放。几天暴风雪后，香菇大量霉烂，收购站出现大量亏损。

（五）购后评价

这是购买决策的最后一个阶段。消费者购买商品后，购买的决策过程还在继续，消费者要评价已购买的商品。评价消费者的购后行为有如下两种理论。

（1）预期满意理论。该理论认为，消费者对所购商品的满意程度，取决于购前期望的实现程度。如果购买满意程度达到或超过其购前期望，消费者就会比较满意；反之，就会不满意。希望与现实差距越大，消费者的不满意感也就会越大。

（2）认识差距理论。该理论认为，消费者购买商品后，都会产生不同程度的不满意感。这是因为任何商品都有其优点和缺点，而消费者在购买时往往看重商品的优点，而购买后，又较多注意商品的缺点，当别的同类商品更有吸引力时，消费者对所购商品的不满意感就会更大。

第二节　生产者购买行为分析

生产者购买行为是指一切购买产品或服务并将之用于生产其他产品或服务以供销售、出租或供应给他人消费的一种决策过程。对生产者购买行为的分析是提供生产资料产品的企业营销的研究重点，只有了解生产者购买行为特点，掌握生产者购买行为的规律性，才能制定相适应的市场营销组合策略，在满足生产者需求的同时，实现企业自身的营销目标。

一、生产者购买行为的特征

在生产者市场上，购买者购买商品的目的，不是为了个人生活消费，而是为了进行再生产并取得利润。因此，生产者的购买行为与消费者的购买行为有很大的差别。生产者购买行为具有以下鲜明的特征。

（一）购买者数量少，购买规模大，购买者区域相对集中

例如，美国固特异轮胎公司产品的购买者主要集中在通用汽车公司、福特汽车公司、克莱斯勒汽车公司，买者有限，但购买数量相当大。因为这几家大汽车公司面对全美1亿多汽车消费者。

购买者区域相对集中是由产业布局的区域结构决定的。由于历史和地域资源的原因，各国的产业布局结构各不相同。如俄罗斯西伯利亚地区是该国的能源基地；美国底特律是汽车城，匹兹堡是钢铁城。

（二）需求受消费品市场的影响

生产企业对市场资料的需求，常常取决于消费品市场对这些市场资料制品的需求。例如，兽皮商把牛、羊、猪皮卖给制革商，制革商把皮革卖给皮鞋制造商，皮鞋制造商把皮鞋售给消费者。由此可见，正是由于消费者对皮鞋的需求，才派生出一系列连锁的需求。

（三）需求缺乏弹性

在生产者市场上，购买者对产品的需求受价格变化的影响不大。在工艺、设备、产品结构相对稳定的情况下，市场资料的需求在短期内尤其缺乏弹性。例如，皮鞋制造商既不会因皮革价格上涨而减少对皮革的需求量，也不会因为价格下降而增加需求量。

（四）需求波动大

生产者需求是波动的需求，而且波动幅度大。用户对于生产资料产品的需求比消费者对消费品的需求更容易发生波动。由于生产者需求是一种衍生需求，所以消费者需求的少量增加能导致产业购买者需求的大大增加。这种现象被西方经济学家称为加速原理。有时消费者的需求只增加10%，就能使下期生产者市场的需求出现20%的增长。因此生产者购买变化很大，所以提供生产资料的企业往往实行多元化经营，以减少风险，增强应变能力。

（五）购买的专业化

生产者购买较为专业。由于生产者所需产品（原材料、零配件、设备、技术等）是用来再生产或再加工之后出售的，所以，购买必须符合企业再生产的需要，对产品的质量、规格、型号、性能等方面都有系统的计划和严格的要求，通常需由专业知识丰富、训练有素的专业采购人员负责采购。

（六）买卖关系的长期性

生产者市场上的买卖双方倾向于建立长期的业务联系，相互依存。卖方在顾客购买决策的各个阶段往往要参与决策，帮助顾客解决购买过程中的一些问题，提供完善的售前咨询、答疑及售中、售后服务，有时要帮助顾客寻找能满足其需要的商品，甚至按顾客要求的品种、性能、规格和时间定期向顾客供货。

小资料

AFG 工业公司是美国一家生产玻璃的厂商，其资金、资源和生产能力在同行业中均居中下游。最初它试图向建筑市场推销房屋门窗、普通平板玻璃，由于其实力不足，很难与其他实力雄厚的大玻璃工业公司抗衡，因此它的产品在建筑市场中所占份额极其微小。

后来 AFG 工业公司的市场营销主管人员改变他们的供应方向，把产品集中供应给那些要用硬化彩色玻璃来生产自己产品的公司，满足他们这种特殊的需要。于是 AFG 工业公司采用了拾遗补缺的营销方法，并制定了针对那些不为大企业所重视的“小市场”的市场营销组合方案。由于该公司对市场进行了仔细的细分，并与他们为已服务的客户建立了密切的关系，现在 AFG 工业公司销售给微波炉行业用于安装炉门的玻璃已占 70%的市场份额，销售给其他部门或居民用于淋浴围隔或桌面垫板的玻璃已占 75%的市场份额。AFG 公司也赢得了同行业中最高的利润额。

资料来源：据 William D．Perreault，Jr.，E.Jerome McCarthy，Basic Marketing：A Global-Managerial Approach．12th ed．北京：机械工业出版社，1998．79p．ISBN 7-111-06551-4 改写。

二、生产者购买行为的类型

由于企业采购的目标与需要不同，生产者的购买行为，按其购买性质，大致可分为三种类型。

（一）直接重购

直接重购是指企业采购部门为了满足生产活动的需要，按惯例进行订货的购买行为。即企业的采购部门根据过去和供应商打交道的经验，从供应商名单中选择供货企业，并连续订购采购过的同类产品。这是最简单的采购，生产者的购买行为是惯例化的。供应商的营销人员要努力保证稳定的产品质量，维护与客户的良好关系，以保持现有客户并争取新客户。

（二）修正重购

修正重购是指企业的采购人员为了更好地完成采购任务，适当改变采购产品的规格、价格和供应商的购买行为。这类购买情况较复杂，参与购买决策过程的人数较多。供应商的营销人员必须做好市场调查和预测工作，努力开发新的品种规格，并努力提高生产效率，降低成本，设法保护自己的既得市场。

（三）全新采购

全新采购是指企业为了增加新的生产项目或更新设备而第一次采购某一产品或服务的购买行为。新购买的产品成本越高、风险越大，决策参与者的数目就越多，需收集的信息也就越多，完成决策所需时间也就越长。这种采购类型对供应商来说是最大的挑战，同时也是最好的机会。全新采购的生产者对供应商尚无明确选择，是生产者市场的营销者应该大力争取的市场。

小资料

在 20 世纪 60 年代，美国布莱克公司是世界机械和电力工具行业中无可争辩的盟主。然而，当日本的牧田电器公司进入这个行业后，一切就全变样了。

日本公司以专业电力工具市场为突破口，开始对布莱克公司构成威胁。由于这个市场并不是布莱克公司的主战场，日本人很快便以优异的质量和低廉的价格获得了该市场的主导权。尽管电力工具不是布莱克公司的主要产品，但由于该市场利润丰厚、前景远大，向来为布莱克公司所重视，骤然失去这株摇钱树，对布莱克公司来说，是一个极大的损失。

布莱克公司很快就展开了反击，它首先采用了侧翼\地位防御战略。布莱克公司进行了大量的市场调查和营销研究，仔细分析顾客的需求，通过对产品质量的改良，封锁了所有可能出现的弱点；随后又转而采取了正面攻击的策略。布莱克公司的研究人员将日本产品一件件拆卸开来，进行仔细研究，并加以复制，以找到日本人在成本和质量上获得优势的原因。它对产品价格进行了调整，以抵消日本人的价格优势；它还在生产线上引进了机器人，以提高生产效率。在几年中，布莱克公司投资了 2.5 亿多美元进行针对日本公司的竞争活动，这些努力减缓了日本人前进的速度，而直到现在，布莱克公司依然还是机械工具行业中的盟主。

——资料来源：本实例根据菲利普·科特勒的相关资料改写而成。参见[美]菲利普·科特勒．超一流的行销战略战术——日本战胜美国[M]．蒋涛等编译，北京：中国经济出版社，1992。

三、生产者购买决策过程

（一）影响生产者购买决策的主要因素

影响生产者购买决策的因素可以归纳为四大类：环境因素、组织因素、人际因素和个人因素。

（1）环境因素。即一个企业外部环境的因素，包括政治、法律、文化、技术、经济和自然环境等因素。如市场基本需求水平、国家经济前景、资本成本等发生变化时，都将影响大批生产者的购买决策。技术、政治及竞争环境、资源短缺程度等会影响各企业的购买计划和采购决策。

（2）组织因素。即企业本身的因素。如一个企业的目标、政策、业务程序、组织结构、制度等，都会影响生产者购买决策和购买行为。如企业采购机构有多少人参与购买决策，他们是些什么人，他们的评价标准是什么，企业的政策如何等。有关企业的营销人员只有调查了解这些组织因素的变化，才能采取适当措施影响客户的购买决策和购买行为。

（3）人际因素。主要指企业内部人际关系。生产者购买决策过程比较复杂，参与决策的人员较多，这些参与者在企业中的地位、职权、说服力以及他们之间的关系有所不同，这种人际关系也影响客户的购买决策和购买行为。

（4）个人因素。即各个参与购买决策的人，在决策过程中都会掺入个人感情，从而影响参与者对要采购的产品和供应商的看法，进而影响购买决策和购买行为。影响生产者购买决策的主要因素如图 4-2 所示。

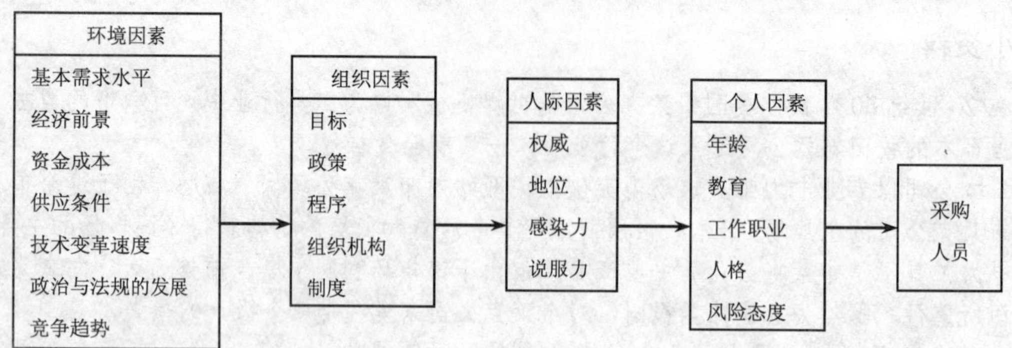

图 4-2 影响生产者购买决策的主要因素

（二）生产者购买决策的主要阶段

企业要了解生产者购买决策过程各个阶段的情况并采取适当措施，以适应用户在各个阶段的需要。由于生产者购买类型不同，所以购买过程也有所不同。在直接重购的简单购买情况下，生产者购买阶段最少；在修正采购的情况下，购买阶段相对较多；在全新采购的情况下，购买阶段的过程最长，要经过八个阶段。

（1）认识需要。在全新采购和修正重购的购买情况下，购买过程是从公司的某些人员认识到需购买某种产品以满足企业的某种需要开始。认识需要是由两种刺激引起的。

1）内部刺激。诸如开发新产品需要采购生产这种新产品的新设备和原料；有些机器发生故障或损坏，需购置零部件或新机器；发现购进的某些原料质量不好，需更换供应商等。

2）外部刺激。如采购人员看了广告或参加了展销会等，发现了更物美价廉的新产品或替代产品，能降低企业的再生产成本。

（2）确定需要。认识需要后，第二步是确定所需品种的特征和数量。对于标准品即按要求采购；至于复杂品，采购人员要和使用者、工程师等共同研究确定所购产品特征和数量。供应商企业的营销人员在这一阶段应积极帮助采购单位的采购人员确定所需品种的特征和数量。

（3）说明需要。这一步是指专家小组对所需品种进行价值分析，作出详细的技术说明。价值分析的目的是以最少的资源耗费，生产出或取得最大功效，以取得最大的经济效益。

（4）物色供应商。写出技术说明书以后，第四步是物色适合的供应商。特别是在全新采购的情况下，采购复杂的、价值高的品种，需要花较多时间物色供应商。采购人员通常利用工商名录或其他资料查询供应商，也可向其他企业了解供应商的信誉。

（5）征求建议。第五步是企业采购部门邀请合格的供应商提出建议或提出报价单。如果采购复杂的、价值高的产品，采购部门要求每个潜在的供应商都提交详细的书面建议或报价单。

（6）选择供应商。与供应商有了接触之后，企业采购部门就可以对供应商提出评价和选择建议。采购部门要根据供应商的产品质量、产品价格、信誉、及时交货能力、技术服务等来评价供应商，选择最具吸引力的供应商，以免受制于人。

（7）正式订货。选择供应商后，通过商务谈判达成协议，给选定的供应商发出最后采购订单，写明所需产品的规格、数量、交货时间、退款政策、担保条款、保修条件等。在商务活动中，对信誉可靠的保修产品，往往订立“一揽子合同”（又叫无库存采购计划），和该供应商建立长期供货关系，该供应商允诺当采购部门需要时，即按照原来约定的价格条件随时供货。这样库存就存放于供货企业那里，采购单位需要进货时，会直接发送货单给该供应商，这种方式使供应者的产品销路有保障，可减弱竞争的影响。

（8）检查合同履行情况，也叫购后评价。采购部门最后还要向使用者征求意见，了解他们对购进的产品是否满意，检查和评价各个供应商履行合同的情况，然后根据这种检查和评价，决定以后是否继续向某个供应商采购。

第三节 其他组织机构购买者行为分析

一、组织中的购买角色

组织采购中心包括组织中的全体成员，他们具有某种共同目标，并一起承担由决策引发的各种风险。他们在购买决策过程中分别扮演六种不同角色。根据每次购买的具体情况，购买中心的每个角色会由不同的个人、部门和不同层次的高级管理人员担当。在购买过程中，并非所有的角色都参与。在一些次要的购买中参与的角色会相对少些，至少从形式上来说是这样的。

1. 倡议者

倡议者又称发起者，是指确认购买需求的人。他们可能是组织内的使用者或其他人。倡议者确认需求的方式（如抗议、要求、成本节约建议、解决问题、投资机会等）能影响确定过程的很多方面和具体的要求。

2. 使用者

使用者是指组织中实际使用（或拒绝使用）产品或服务的成员（如生产工人、维修工程师、秘书等）。他们可以在购买过程中扮演其他角色（如倡议者、影响者），他们在决定购买是否可行方面有重要作用。在许多场合中，使用者首先提出购买建议，并协助确定产品规格。

3. 影响者

影响者是指影响决策的人。他们通过提供用于指导对供应商进行评估的信息或者指定采购规格，从而影响采购决策。影响者通常是技术人员，如工程师、质量控制专家和研发人员。他们通常协助确定产品规格等购买要求参数，并为评估方案提供信息。作为影响者，技术人员尤为重要。有时采购的组织会从外面雇佣顾问，这些人也会影响采购决定。

4. 决定者

决定者是指最终对产品和服务作出选择的人。他们要作出的决定包括标准、条件、供应商等。决定者可以是高级、中级甚至是初级的管理人员，这取决于他们的职权范围。对于销售人员来说，最难确定的就是决定者的身份。比如，公司的采购人员在名义上也许有权采购，但实际上采购决定却可能由公司的首席执行官作出。

5. 购买者

购买者是指管理与供应商之间的关系，进行常规谈判的人（如购买代理人、购买官员、质量管理人员等）。购买者可以帮助制定产品规格，还可以对关系问题提出建议，如供应商的可靠性、声誉、清偿能力、竞争能力。在复杂的购买过程中，购买者中或许也包括高层管理人员。

6．控制者

控制者是指有权阻止销售员或信息与采购中心成员接触的人。例如，不让销售代表与经理通话或见面的电话接线员和接待员；拒绝合作的仲裁人员和检查人员；规避文书工作的行政人员；坚持“预定程序”的守旧的管理人员。

组织购买中心不是组织结构中固定的一部分，其构成根据购买情况的不同而不同。

例如，医师并不参与决定医院雇用哪一位地板清洁工，但是当考虑购买昂贵的诊断设备时，医师就会很积极地参与决策。由于购买中心是由人构成的影响消费者行为的因素（心理因素、社会因素和人类学因素），它同样也影响组织中的个人。就像家庭中不同成员对于某些购买决策会有较大的影响力，购买中心的成员可能会使用不同的策略来影响最终结果，比如承诺或者威胁。但是由于组织在任务和情境环境方面与家庭不同，我们可以想到影响这两种不同群体的因素会有所不同。

例如，在价格方面，组织购买就比消费者购买更多地使用到竞争，当家庭需要购买食用油时，他们会到当地的百货店按照价目表选择一种品牌；而当麦当劳需要购买食用油时，公司就会进行竞价，对商品提出详细的说明，并与供应商发展长期的伙伴关系，整个决策中会包括管理人员、研发人员和营养学家。

二、中间商市场购买行为分析

（一）中间商市场概念

中间商市场又称转卖者市场，它是由以营利为目的、购进商品后再转卖或出租给别人的所有组织和个人所组成的市场。其基本类型有批发商和零售商两种。批发商是指购买商品后转卖给其他商人、工业用户及其他机关团体的商业组织，零售商是指购进商品销售给最终消费者的商业组织。

在地理分布上，中间商市场比生产者市场分散，但比消费者市场集中。同时，除少数产品由生产者直接卖给最终用户外，绝大多数商品都通过中间商卖给最终消费者。可见，中间商在商品流通中起着十分重要的作用。

（二）中间商的购买决策

中间商在采购产品时必须作以下决策：经营什么产品，向哪些供应者购买，要求达成什么样的价格和其他供货条件。

1．产品决策

产品决策是中间商购买决策中最主要的内容，它决定中间商的市场地位。中间商进行产品决策时一般有以下四种选择。

（1）独家产品策略。即中间商只经营一家生产厂商的产品，以求得较好的供货条件。一般只是规模较小的少数企业采用这类策略。

（2）多家产品策略。即中间商同时经营多家生产厂商的同类产品。这是一种产品经营的深度策略，可给顾客在购买某种商品时提供较大选择余地，从而增强对顾客的吸引力。

（3）多种产品策略。即中间商在经营范围内经营多种相关商品。这是一种商品经营的广度策略，它使中间商具有一定的经营范围，也使顾客方便购得相关商品。

（4）混杂产品策略。即中间商经营互不关联的产品。这种策略能减少中间商因外界环境变化所带来的经营风险。但要求企业有雄厚的经营实力。中间商产品经营策略的选择十分重要，因为它直接影响到中间商的目标消费群体组合、市场营销组合和供应者组合。

2．供应者决策

在经营同类产品的供应者众多时，中间商就要选择最佳的供应者。中间商往往从产品价格、质量、售后服务、付款条件、交货速度等方面来评价供应者。因此，供应者应了解中间商最关键的评价标准，以便制定相应的措施吸引中间商订货。

3．最佳供货条件决策

中间商在同供应者建立业务关系时，往往会向供应者谋求更好的供货条件，如更多的服务、更优惠的付款条件、更大的价格折扣等。供应者为同中间商保持良好的业务关系，应了解其他供应者的供货条件，以便提供更具吸引力的优惠条款，促使中间商增加对本企业产品的采购份额。

小资料

印度尼西亚政府进行招标，准备在雅加达附近建一个水泥厂。一家美国公司提呈一份建议书，其中包括选择厂址，设计工厂，招募建筑工程队，调集材料和设备，最后交给印尼政府一个建好的工厂。另有一家日本公司，在拟定建议书时，除包括以上各条款之外，另外还有雇佣和培训工人，并通过其贸易公司替该厂把水泥出口国外，用该厂生产的水泥修建一些雅加达的公路，在雅加达建一些办公大楼。尽管日本的建议耗资较多，但该建议的吸引力更大因而中了标。显然，日本公司并不是仅仅从建一个水泥厂来看问题，而是把建厂与给国家带来经济利益联系在一起，他们并不把自己仅仅当作工程建筑公司，而是当作经济发展机构。他们从最宏观的角度来看待顾客的要求，这才是真正的系统销售。

（三）中间商采购人员的类型和影响中间商购买的因素

1．中间商、采购人员的类型

中间商、采购人员的类型可以分为以下几种，见表4-5。

表4-5　中间商、采购商的类型及表现

类　型	具体表现
忠实购买者	对某一供应者的信任度较高，一般不会改变进货渠道
机会购买者	经常变更供应商，而不固定采购渠道
最佳交易购买者	只选择在特定时期内能提供最佳交易条件的供应者
创造性购买者	主动向卖主提出他所希望得到的产品、服务、价格，要求卖主以他们的条件达成交易
广告购买者	在每次交易中都要求供应者提供一定的广告津贴
投机购买者	无休止地要求供应者作出价格方面的让步，他们只同提供最大价格折扣的供应者成交
固执购买者	只选择那些能提供质量最好、造型最美的产品供应者

2．影响中间商购买行为的因素

主要有环境因素、组织因素、人事因素和个人因素，即和影响生产者购买行为的因素基本一致。

三、政府市场购买行为分析

（一）政府市场购买行为的特点

政府市场又称政府机构市场，它由那些为执行政府主要职能而采购或租用货物的各级政府机构组成。政府市场采购行为与生产者市场的购买行为有相似之处，也有它自己的特点。

1．需求受到较强的政策制约

一国的经济政策对政府集团的消费影响较大，财政开支紧缩时，需求减少；反之，则相应增加。

2．需求计划性较强

一国政府开支要列入财政预算，各级政府部门购买什么、购买多少都要受到财政预算的限制，且要制定购买计划，还要经过预算、审批等过程。

3．购买方式多种多样

对日用品、办公用品的购买，往往先选定供应商，然后采取连续再购买的形式定期购买；对价格昂贵的大宗商品，如飞机、汽车等，则采用公开招标的方式竞购；对公共福利品的购买，则容易受到推销商的影响等。

4．购买需求受到公众社会的监督

由于政府采购支出的是纳税人的钱，政府制定了政府采购管理办法，其中列出了监督机构和监督内容，监督机构除上级主管部门外，还包括审计部门、法制部门、政协代表、民众代表等。

5．购买目标的多重性

购买目标的多重性由其社会职能决定，政府在购买时除了考虑价格较低等经济性因素外，还要追求其他政治性、军事性、社会性目标。如国防用品、军火的采购，关系到两国或多国之间政治与外交关系的购买行为，对某些地区，某些产业的产品的扶持性购买等。

小资料

据有关资料测算，全国行政事业单位一年的采购金额约为 7 000 亿元，政府实际上成为国内最大的单一消费者。为适应市场经济体制的新形势，政府采购方式将发生变革。

北京市海淀区出台了《海淀区政府采购试行办法》，规定区属各行政事业单位由区财政安排的专项经费，购置设备单项价值在 10 万元以上，或全区范围内一次集中配置的批量采购总价值在 29 万元以上，均需采取公开的竞争性招标、投标采购。海淀区专门成立了政府采购领导小组，区属两家机关购买 133 台空调的工作成为区政府采购方式改革的第一个试点。在召开招投标大会后有 6 家公司投标。开标后，投标商单独介绍了产品技术、质量、价格等内容，并接受由空调专家、高级会计师和使用单位人员组成的评审委员会的质询。经专家们反复比较论证，科龙空调以较好的性能价格比中标。此次购买的预算资金 177 万元，实际支出 108 万元，节约 69 万元，近 1/3。采购部门负责人说："想都没想到，效果好得出奇。"

资料来源：http://course.fjnu.edu.cn/fjnu/courseware/651/anli/ch6anli.htm

（二）政府市场的购买方式

1．公开招标竞购

政府机构采取公开竞标方式竞购，处于主动地位，充分利用投标人之间的竞争，无需与卖方反复磋商，就可以获得最大购买效益。这是各国政府普遍采用的一种购买方式。

2．议价合约选购

政府采购机构和一个或几个供应商接触，经过谈判协商，最后只和其中一个符合条件的供应商签订合同，进行交易。一般而言，当政府的采购业务涉及复杂的计划、风险较大、竞争性较小时，比较适合采用这种购买方式。

3．例行选购

政府部门对维持日常政务运转所需的办公用品、易耗物品和福利性用品等商品的采购，多为经常性、常规性连续购买，品种、规格、价格、付款方式等都相对稳定，大多采取例行选购的方式，向熟悉的和有固定业务联系的供应商购买。

本章小结

本章着重论述了消费者市场及其特点、消费者购买行为类型和购买决策过程、影响消费者购买行为的个体因素和环境因素。重点讲解了消费者的购买行为、生产者的购买行为及中间商和政府市场的购买行为。

思考与练习

一、名词解释

消费者购买行为　　购买动机　　相关群体　　生产者购买行为
中间商市场　　政府市场

二、单项选择题

1．“需要层次论”的首创者是（　　）。

A．西格蒙德·弗洛伊德　　B．亚伯拉罕·马斯洛
C．宇野正雄　　D．菲利普·科特勒

2．分析影响消费者购买行为的内在心理因素的目的是为了（　　）。

A．降低调研成本
B．了解消费者的经济承受能力
C．区分不同阶层消费者以满足他们不同的需要
D．采取适当的营销策略，以诱导消费者作出对企业有利的购买决策

3. 在生产者的购买决策中，新购这种类型最为复杂，需要经过八个阶段，其中最后一个阶段是（　　）。

A. 接受和分析供应企业的报价　　B. 安排订货程序
C. 执行情况的反馈和评价　　D. 说明需求项目的特点和数量

4. 下面哪一个不会对消费者购买行为产生影响（　　）。

A. 有选择地注意　　B. 有选择地曲解
C. 有选择地记忆　　D. 有选择地放弃

三、问答题

1. 简述影响消费者购买行为的内在因素的主要内容。
2. 消费者购买行为主要有哪几种类型？
3. 消费者购买决策过程经历了哪些阶段？
4. 生产者购买行为的特征有哪些？
5. 影响生产者购买决策的主要因素有哪些？

参考案例分析

达克宁霸及消费者行为

为什么向来是中国药企学习榜样的西安杨森会出品金达克宁，并且将一个普通的酮康唑产品的价格定为19.2元/支，远远高出其他配方更先进、疗效更突出的同类品牌？

为什么保健品行业的内蒙古兵团能凭借最普遍、最简单的营销手段纵横南北，并创造出一次又一次营销奇迹？

为什么被世界电子界看作过渡产品，视为鸡肋难有作为的VCD影碟机，在中国市场却能飞速地崛起，成长为令人瞠目结舌的巨大市场；为什么当国内企业进军手机市场，众多专家皆言难有作为的时候，TCL、波导、夏新等品牌却凭着出人意料的营销策略在短短三四年间实现了与强大的外资品牌的分庭抗礼？

为什么奥美、麦肯锡这样世界顶级的广告公司和咨询机构在西方国家呼风唤雨，所向披靡，在中国市场则频频遭遇滑铁卢？

为什么中国市场会有这么多的意外……

原因很简单，因为这是一个粗放型的市场时代。而在这个时代里，消费者的消费意识理性化，消费需求个性化、多样化。

在粗放型市场阶段，随着产品和信息的丰富、市场竞争的加剧和人们消费经验的累积，消费者的知识度越来越高，使他们的消费理性思考能力渐趋增强，消费意识越来越理性。

消费意识的理性化，首先意味着消费者品牌理念的进步，品牌知名度的作用越来越小但不可或缺，品牌概念的作用日益突显，品牌个性和形象也开始发挥威力，“下里巴人”式的品牌将慢慢退出市场，“阳春白雪”式的品牌渐渐涌立潮头。

其次，消费者知识度提高程度的不统一性及生活层次的差异性，引导了消费群体的细分化，人以群分，消费者越来越被细化为具备不同层次、不同特征的多个族群，如事业成就族群、个性表现族群、时尚生活族群、经济稳健族群、勤俭现实族群等，这些族群各自有着相同的生活方式和生活态度、相同的文化背景和价值标准、相同的心理需求和消费动机。

再次，消费需求的多样化引导着市场的不断细分，导致创新型的产品、差异化的品牌不断出现，甚至产品的类型、规格都会呈现多样化的特征，如达克宁霜和唯达宁便推出了“硝酸咪康唑”软膏剂、散剂、喷剂等多种剂型。

最后，消费需求的个性化要求将日益增强，情趣型消费在消费者心中占据更加重要的地位，情趣型品牌越来越多，越来越受欢迎。如农夫山泉的“喝前摇一摇”，中国移动“动感地带”的“我的地盘听我的”等，无不得到了消费者的认可。

资料来源：http://www.enorth.com.cn

思考题：

1．搜集资料并分析我国市场的现状，指出其中消费者的购买行为的类型。

2．达克宁是消费需求里的一例，我们可以借鉴。请同学们据此分析牙膏市场的消费者行为。

实训训练

1．把品牌理论运用于营销实践，联系有关项目或资料，为某一产品或店铺进行品牌名称和标志的设计，并对此设计进行分析。

2．根据品牌设计思路和方法的要求，从消费者认知心理和消费模式角度出发，设计某一品牌的名称和标志，使设计的品牌具有创意性，新颖而有吸引力。

3．通过“品牌名称与标志设计”课业实践操作，更好地了解品牌对企业营销的重要性，掌握品牌设计的基本技能。

第五章

竞争者分析

学习目标

知识目标

- 了解市场竞争者类型与竞争的主要形式。
- 掌握分析市场竞争者的步骤与方法。
- 明确企业选择竞争战略需考虑的因素。
- 理解四种市场竞争战略的基本内容。
- 掌握市场竞争战略运用的实践技能。

技能目标

- 会制定基本的市场竞争战略。
- 能够进行竞争者分析、市场竞争战略分析。
- 掌握市场开发分析技能。

引导案例

1979 年，广东顺德人梁庆德带领乡亲们成立了羽绒厂，以手工操作洗涤鹅鸭羽毛供外贸单位出口。当时谁都不会想到，这个再普通不过的乡镇小厂，会成为震惊世界的“格兰仕”微波炉大王。

1996 年 8 月，格兰仕集团在全国范围内打响微波炉的价格战，降价幅度平均达 40%，带动中国微波炉市场从 1995 年的销量不过百万台增至 200 多万台。格兰仕集团以全年产销量 65 万台的规模，占据中国市场的 34.7%，部分地区和月份的市场占有率超过 50%，确立了市场领先者地位。

1997 年格兰仕看到了市场形势的变化，趁外国品牌尚未在中国站稳脚跟，国内企业尚未形成气候之际，抓住时机，于春节后发起了微波炉市场的“第二大战役”——阵地巩固战。这次是变相的价格战。格兰仕采用买一送一的促销活动，发动新一轮的让利促销攻势，凡购买格兰仕任何一款微波炉均赠送一个豪华高档电饭煲。到 1997 年底，市场上的价格激战无疑极大地促进了整个市场潜在消费能力的增长，市场容量快速扩大，格兰仕也因此成为全球最具规模的微波炉生产企业之一。

在取得市场的绝对优势后，格兰仕并没有因此而停滞，反而乘胜追击，加紧了市场的冲击力度，发动了微波炉市场的“第三大战役”——品牌歼灭战。购买微波炉除可获得高档豪华电饭煲、电风扇、微波炉饭煲等赠品外，还有1998年世界杯世界顶级球星签名的足球赠品和千万元名牌空调大抽奖。这种以同步组合重拳打向市场的策略，被同行业称为毁灭性的市场营销策略，再度在全国市场引起巨大震动。

在微波炉市场的发展过程中，格兰仕成功地运用低价格竞争策略，经历“三大战役”，在市场中确立起霸主地位。格兰仕“价格战”实施成功的因素之一是在制定价格竞争战略之前，对整个微波炉市场进行了全面深入的调查分析。采取薄利多销战略来实施规模最大化和行业生产集中度最大化，从而提高市场竞争力，降低企业风险；“规模最大化”的良性效应有助于“薄利多销”战略的推进，两者相互促进、相互推进产生倍增效应，使得企业呈现出良性循环的发展态势，从而取得竞争优势。

第一节 识别和分析市场竞争者

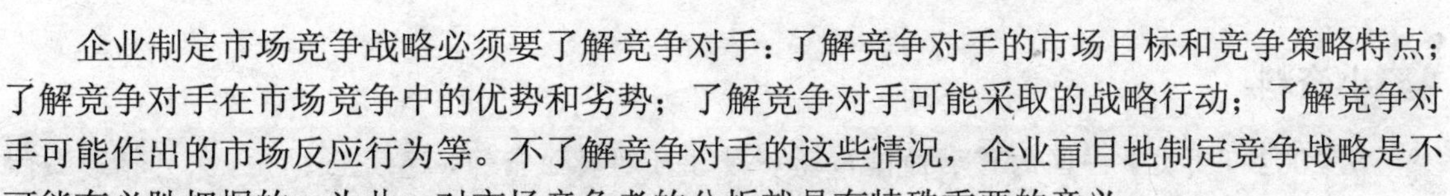

企业制定市场竞争战略必须要了解竞争对手：了解竞争对手的市场目标和竞争策略特点；了解竞争对手在市场竞争中的优势和劣势；了解竞争对手可能采取的战略行动；了解竞争对手可能作出的市场反应行为等。不了解竞争对手的这些情况，企业盲目地制定竞争战略是不可能有必胜把握的。为此，对市场竞争者的分析就具有特殊重要的意义。

一、识别竞争者

竞争者是市场经济中的客观存在，但企业通常不能轻易地发现自己所有的竞争者。一般来说，企业能够直接感受到现实的竞争者的存在，却往往不能够准确地把握哪些企业是自己潜在的竞争者。在市场竞争中，潜在的竞争对手也许要比现实的竞争对手更可怕。许多企业不是被现实的竞争者所打败，而是在市场竞争中被潜在的竞争对手所淘汰。因此，企业需要全方位发现自己的竞争对手，特别是那些潜在的竞争者。

（一）从本行业角度来发现竞争者

由于竞争者首先存在于本行业之中，企业先要从本行业出发来发现竞争者。提供同一类产品或服务的企业，或者提供可相互替代产品的企业，共同构成一个行业。如家电行业、食品行业、运输行业等。由于同行业企业产品的相似性和可替代性，彼此间形成了竞争的关系。

在同行业内部，如果一种商品的价格变化，就会引起相关商品的需求量的变化。例如，如果滚筒式洗衣机的价格上涨，就可能使消费者转向购买其竞争产品波轮式洗衣机。这样，波轮式洗衣机的需求量就可能增加。反之，如果滚筒式洗衣机的价格下降，消费者就会转向购买滚筒式洗衣机，使得波轮式的需求量减少。因此，企业需要全面了解本行业的竞争状况，制定针对行业竞争者的战略。

（二）从市场消费需求角度来发现竞争者

企业还可以从市场和消费者需要的角度出发来发现竞争者。这样，凡是满足相同的市场需要或者服务于同一目标市场的企业，无论是否属于同一行业，都可能是企业的潜在的竞争者。

例如，从行业来看，电影可能是以同属于影视业的电视为主要的竞争对手。但是从市场的观点来看，特别是从满足消费者需要来看，消费者感兴趣的是满足其对欣赏影视作品的需要。因此，能够直接播放 VCD、DVD 的电子计算机构成了对电影业的竞争威胁。从满足消费者需求出发发现竞争者，可以从更广泛的角度认识现实竞争者和潜在竞争者，有助于企业在更宽的领域中制定相应的竞争战略。

（三）从市场细分角度来发现竞争者

为了更好地发现竞争者，企业可以同时从行业和市场这两个方面，结合产品细分和市场细分来进行分析。

假设市场上同时销售五个品牌的某产品，而且整个市场可以分为 10 个细分市场。如果某品牌打算进入其他细分市场，就需要估计各个细分市场的容量、现有竞争者的市场占有率以及各个竞争者当前的实力及其在各个细分市场的营销目标与战略。从细分市场出发发现竞争者，可以更具体、更明确地制定相应的竞争战略。

小资料

从 2002 年开始，中国的移动通信市场一改往日的表面宁静，连续上演了一系列精彩激烈的对抗战，而战斗的双方则是中国通信市场的两大巨头——中国移动和中国联通。

当初，无论从规模还是实力来讲，中国联通都无法与中国移动抗衡。中国移动占据了中国移动通信市场 80%以上的份额，规模至少是联通的三倍以上，其全球通品牌更是囊括了手机用户中 95%的高端用户；而中国联通只有一个可怜的 130 号段，而且用户还主要集中在中低端，盈利能力根本不能和中国移动相比。所以 2002 年以前中国移动通信市场看似双寡头垄断的局面，其实本质上还是中国移动一家独大，联通很难和中国移动相提并论。进入 2002 年，中国联通推出了"蓄谋已久"的新的网络通信技术 CDMA，开始对移动通信市场进行大规模进攻，希望扩大自己的市场份额并试图争夺中国移动的用户，作为领军者的中国移动短暂观望后，开始应战。

资料来源：李树春. 决战中的较量：CDMA VS GPRS.载《信息系统工程》，2002（21）。

二、对竞争者的优势与劣势的分析

在市场竞争中，企业需要分析竞争者的优势与劣势，做到知己知彼，才能有针对性地制定正确的市场竞争战略，以避其锋芒、攻其弱点、出其不意，利用竞争者的劣势来争取市场竞争的优势，从而来实行企业营销目标。

竞争者的优势与劣势通常体现在：资金实力、组织能力、管理能力、研发能力、产品、价格高低、销售渠道、促销策划、生产与经营等。

三、竞争者的市场反应行为分析

在不同的经营理念和指导思想之下，竞争者的策略、目标、优势和劣势不同，因而竞争者对于市场上的降价、促销、新产品的推出等竞争行为可能作出不同的反应。企业要研究竞争者的经营理念和指导思想，估计竞争者的市场反应和可能采取的行为，从而为企业的市场战略提供决策依据。一般来说，竞争者的市场反应可以分为以下几种类型。

（一）从容型竞争者

某些竞争企业对市场竞争措施的反应不强烈，行动迟缓。这可能是因为竞争者受到自身在资金、规模、技术等方面的能力的限制，无法作出适当的反应；也可能是因为竞争者对自己的竞争力过于自信，不屑于采取反应行为；还可能是因为竞争者对市场竞争措施重视不够，未能及时捕捉到市场竞争变化的信息。

（二）选择型竞争者

某些竞争企业对不同的市场竞争措施的反应是有区别的。例如，大多数竞争企业对降价这样的价格竞争措施总是反应敏锐，倾向于作出强烈的反应，力求在第一时间采取报复措施进行反击，而对改善服务、增加广告、改进产品、强化促销等非价格竞争措施则不大在意，认为不构成对自己的直接威胁。

（三）凶狠型竞争者

许多竞争企业对市场竞争因素的变化十分敏感，一旦受到竞争挑战就会迅速地作出强烈的市场反应，进行激烈的报复和反击，势必将挑战自己的竞争者置于死地而后快。这种报复措施往往是全面的、致命的，甚至是不计后果的，不达目的绝不罢休。这些强烈反应型竞争者通常都是市场上的领先者，具有某些竞争优势。因此，一般企业轻易不敢或不愿挑战其在市场上的权威，尽量避免与其作直接的正面交锋。

（四）随机型竞争者

这类竞争企业对市场竞争所作出的反应通常是随机的，往往不按规则出牌，使人觉得不可捉摸。例如，不规则型竞争者在某些时候可能会对市场竞争的变化作出反应，也可能不作出反应；他们既可能迅速作出反应，也可能反应迟缓；其反应既可能是剧烈的，也可能是柔和的。

第二节　市场竞争策略

对于竞争者的发现和辨别是企业确定竞争策略的前提。对于企业最直接和威胁最大的竞争对手，从产品和市场两个角度结合在一起的分析是最客观的。既要考虑与本企业所提供的产品或服务的相似性和替代性，更要考虑与本企业所欲满足的消费者的一致性。一般情况下，如若这两方面的程度都较高，便可以认定该企业为本企业的主要竞争对手。

在对市场上的竞争者全面分析的基础上，企业制定竞争战略首先考虑的是市场竞争的基本战略，即对成本领先战略、差异化战略和集中化战略进行选择。再考虑市场竞争的具体战略，即对市场领先者战略、市场挑战者战略、市场跟随者战略以及市场补缺者战略进行选择。

一、市场竞争基本战略

任何企业要在市场竞争中站稳脚跟，得以发展，必须针对企业的竞争对手，根据自身的市场地位和实力状况来制定竞争战略。市场竞争的基本战略有成本领先战略、差异化战略和集中化战略，可供企业进行选择。

（一）成本领先战略

企业不断降低产品和运营成本，使自己的总成本低于同行的竞争者，并以较低价格取得竞争优势，争取最大的市场份额。成本领先战略的实施，企业必须做到：管理水平较高、规模经营、提高市场占有率、不断提高技术水平。

（二）差异化战略

差异化战略是指企业应发扬自身差别优势之长，创造出个性突出的产品或服务，比同行竞争者更有效地满足目标顾客的需求。实行差异化战略必须具备独特性、创新能力、营销能力。企业的营销战略、策略和方法手段别具一格。与竞争者相比，企业独到的创意，较强的市场适应能力和应变能力，也是保持差异化的重要方面。

（三）集中化战略

集中化战略是指企业将目标市场锁定在某一个或几个较小的细分市场，实行专业化经营，走小而精、小而专的道路。实行集中化战略关键在于企业拥有的产品或技术是某一特定目标市场必备的需求，企业在这一特定细分市场上有能力占领极大市场占有率，成为小行业中的小巨人，并且在充分挖掘特定目标市场需求后，有拓展能力。但是，集中化竞争战略风险也比较大，一旦市场发生变化，对企业的威胁也很大。

二、市场领导者竞争战略

市场领导者是指其产品在行业同类产品的市场上市场占有率最高的企业。一般而言，在绝大多数行业中都有一个被公认的市场领导者。如美国汽车市场的通用汽车公司、电子计算机软件市场的微软公司、摄像胶片市场的柯达公司、软饮料市场的可口可乐公司、快餐市场的麦当劳等。市场领先者几乎分布在各行各业，在行业内一定时间的竞争中形成了它们各自的领导者地位。

领导者企业的行为在行业市场中有举足轻重的作用，它的价格变动、新产品的开发、营销渠道的覆盖以及促销的力度，都处于主导地位。因此，市场领导者都面临着同行业竞争对手的挑战，稍有不慎，它的领先地位很快就会降至第二位、第三位。美国福特公司因产品不能适应市场需求，从“龙头老大”的位置上跌落下来就是一个很好的教训。市场领导者不是高枕无忧的，它必须保持高度的警惕，实施正确的竞争战略来保持行业第一的优势，维护自己的主动地位。市场领导者通常选择的总体战略有三种：扩大市场需求量、保持现有市场份额、提高市场占有率。

领导者企业在努力扩展市场规模的同时，还必须防备竞争对手的进攻和挑战，保护企业现有的市场阵地。市场领导者必然是众多竞争对手攻击的主要目标，总会面临市场挑战者的威胁。如可口可乐公司要提防百事可乐公司；吉利公司十分警惕毕克公司；柯达公司要防备富士公司；通用汽车公司从不敢放松对福特公司各项战略的关注。这些挑战者企业都具有相对的实力，领导者企业如果不采取积极主动的营销战略，很可能被他们取而代之。

一个处于市场领导地位的企业，可以选择采用六种营销防御战略。

（1）阵地防御。阵地防御在营销上的基本意义是以各种有效战略、战术防止竞争对手侵入自己的市场阵地。这是一种静态的、被动的防御，是最基本的防御形式。

（2）侧翼防御。侧翼防御是指市场领先者除保卫自己的现有主要市场外，还建立一些作为防御的辅助性基地。例如，大荣公司是日本最大的超市连锁集团，当面临众多的新兴折扣商店的挑战时，它运用在城镇外开设新店、销售更多的进口商品等策略，狠狠打击了那些企图制造威胁的折扣商店。

（3）先发制人防御。先发制人防御是一种以攻为守的积极防御策略，即在竞争对手尚未动作之前，先主动攻击并挫败竞争对手，在竞争中掌握主动地位。如克莱斯勒汽车公司在美国汽车市场上排行第三，当该公司的市场占有率从12%上升到18%时，通用公司认为，如果克莱斯勒公司的市场份额达到20%，就会踩着他们的尸体前进。在这种形势下，必须采取主动出击战略，以巩固自己的市场领先者地位。

（4）反攻防御。当市场领导者面对竞争对手发动的降价或促销攻势，无论是专门进攻，还是侧翼进攻，都必须作出反击，主动反攻入侵者的主要市场阵地。可实行正面回击战略，也可以向进攻者实行“侧翼包抄”或“钳形攻势”，以切断进攻者的后路。柯达公司就曾经使用过这种战略。当富士公司在美国市场上向柯达公司发动攻势时，柯达公司以牙还牙，进攻日本市场，迫使富士公司削减其在美国市场的力量。

（5）运动防御。运动防御策略是市场领导者在防御目前市场阵地的基础上，把自己的势力范围扩展到新的领域中去，而这些新扩展的领域可能成为未来防御和进攻的中心。市场扩展可通过市场扩大化、市场多角化来实现。

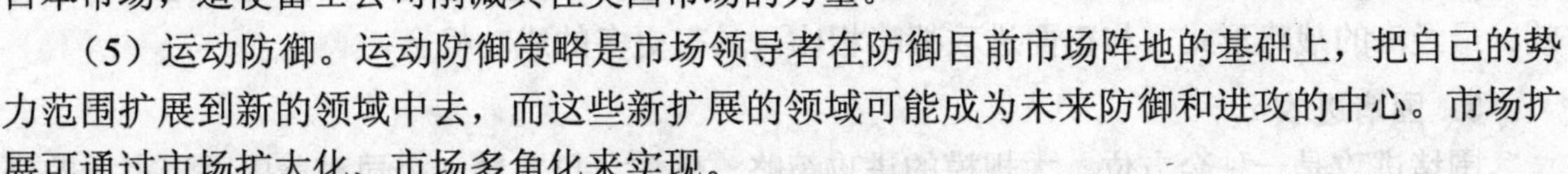

（6）收缩防御。收缩防御是指企业根据市场的变化，逐步放弃某些对企业不重要的、疲软的市场，把力量集中用于主要的、能获取较高收益的市场。这是一种集中优势兵力、以退求进的战略。如日本松下公司在1985年将其产品由5 000个大类削减到1 200个，而日本五十铃公司则放弃了轿车市场，转而集中生产占优势地位的卡车。有计划的收缩是一种战略转移，能使企业的力量更集中，有利于巩固公司在市场上的竞争实力。

三、市场挑战者战略

市场挑战者是指那些相对于市场领先者来说在行业中处于第二、第三和以后位次的企业。如美国汽车市场的福特公司、软饮料市场的百事可乐公司等企业，处于次要地位的企业可采取两种策略：①争取达到市场领先地位，向市场领先者挑战，即市场挑战者；②安于其次要地位，参与竞争但不扰乱市场局面，力争在“共处”的状态下求得尽可能多的利益，即市场跟随者。各个处于市场次要地位的企业，都要根据自己的实力和环境提供的机会与风险，决定自己的竞争策略是挑战还是跟随。如果选择挑战战略，向市场领先者进行挑战，首先必须确定自己的策略目标和挑战对象，然后选择适当的进攻策略。

（一）确定战略目标和挑战对象

大多数市场挑战者的战略目标是提高市场占有率，进而达到提高投资收益率和利润率的目标。挑战者在明确战略目标时，首先必须确定谁是主要竞争对手。一般来说，挑战者可以选择下列几种类型的攻击目标。

（1）攻击市场领先者。

（2）攻击与自身实力相当的企业。

（3）攻击实力较弱的企业。

（二）选择进攻策略

明确了策略目标和进攻对象之后，挑战者需要考虑的是采取什么进攻策略，在军事上常常被称为“密集原则”，即如何对竞争对手进行攻击。有五种进攻战略可供选择。

1．正面进攻

正面进攻就是市场挑战者集中优势兵力向竞争对手的主要市场阵地正面发动进攻，即进攻竞争对手的强项而不是它的弱点。采用此战略需要具备一定的条件，如进攻者必须在提供的产品（或劳务）、广告、价格等主要方面大大超过竞争对手时，才有可能成功，否则采取这种进攻战略必定失败。

2．侧翼进攻

侧翼进攻是指市场挑战者集中优势力量攻击竞争对手的弱点。此战略的思路在于再强大的竞争对手总有相对薄弱的防线。因此，进攻者可采取“声东击西”的做法，佯攻正面，实际攻击侧面或背面，使竞争对手措手不及。日本小轿车成功地进入美国市场就是采取侧翼填补空缺的营销战略。侧翼进攻在现代市场营销中有着十分重要的意义。侧翼进攻是一种最有效、最经济的战略形式，与正面进攻战略相比，具有更多的成功机会。

3．围堵进攻

围堵进攻是一种全方位、大规模的进攻策略。例如，日本精工公司对美国手表市场的进攻就是采用围堵进攻战略成功的范例。通过多年的营销努力，精工公司无论在产品质量、功能款式、分销渠道、价格竞争力及广告促销等方面都具有压倒竞争对手、征服消费者的明显优势。该公司在美国市场上提供了约 400 个流行款式手表，在世界市场上提供了大约 2 300 种款式的手表，而且几乎款款“击中”消费目标。

4．迂回进攻

这是一种最间接的进攻战略，即完全避开竞争对手现有的市场阵地而迂回进攻。具体做法有三种：①实行产品多角化经营，发展某些与现有产品具有不同关联度的产品；②实行市场多角化经营，把现有产品打入新市场；③发展新技术产品，取代技术落后的产品。迂回进攻经常被一些企业作为最重要的市场战略来应对竞争和发展壮大自己。

5．游击进攻

这一战略主要适用于规模较小、力量较弱的企业。例如，美国百事可乐就是一个举世瞩目的典型挑战者。它在 1950～1960 年 10 年间，对可口可乐发动了多样的巨大攻势，取得很大成功，销售量增长了 4 倍。但是，并非所有居于次要地位的企业都可充当挑战者，在一般情形下，常规的做法是没有充分把握不贸然进攻领先者，采用跟随而不是挑战者的战略更稳妥。

四、市场跟随者战略

在大多数情况下，位居次要地位的企业并不热衷于挑战者战略，而更愿意采用市场跟随者战略。美国管理学专家李维特普认为，对企业来说产品模仿有时像产品创新一样有利。因为一种全新产品的开发要投入惊人的人、财、物力和持续较长的时间才能取得成功，企业因此而获得市场领先地位，而处于市场跟随者地位的企业仿造或改良这种产品，虽然不能取代市场领先者，但因不需大量的资源投入，也能够较轻松地获得可观的利润，其盈利率有时甚至可能高于全行业的平均水平，因此企业乐于采用市场跟随者战略。

市场跟随者在不同的情形下都有自己的策略组合和实施方案，如每个市场跟随者必须懂得如何稳定自己的目标市场，保持现有顾客。并努力争取新的消费者或用户；必须设法创造独有的优势，给自己的目标市场带来如地点、服务、融资等某些特有的利益；由于市场跟随者的位置处于挑战者的首选攻击目标，因此还必须尽力降低成本并保证提供较高质量的产品和维持较高的服务质量。市场跟随者不是盲目、被动地单纯追随领先者，它的首要思路是发现和确定一个不致引起竞争性报复的跟随战略。以下是三种常被跟随者选择的跟随战略。

（1）紧密跟随。这种战略的突出特点是“仿效”和“低调”。跟随企业在各个细分市场和市场营销组合，尽可能仿效领先者。

（2）距离跟随。这种战略的突出特点是合适地保持距离。跟随企业在市场的主要方面（如目标市场、产品创新与开发、价格水平和分销渠道等方面）追随主导者，但仍与主导者保持若干差异，以形成明显的距离。

（3）选择跟随。这种战略的突出特点是追随和创新并举。跟随者在某些方面紧跟主导者。而在另一些方面又别出心裁。

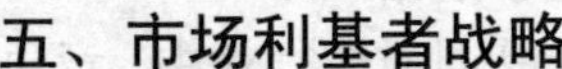

五、市场利基者战略

市场利基者也称市场补缺者，指专门为规模较小的或大公司不感兴趣的细分市场提供产品和服务的公司。规模较小且大公司不感兴趣的细分市场称为利基市场。理想的利基市场具备以下特征。

（1）具有一定的规模和购买力，能够盈利。

（2）具备发展潜力。

（3）强大的公司对这一市场不感兴趣。

（4）具备向这一市场提供优质产品和服务的资源和能力。

（5）在顾客中建立了良好的声誉，能够抵御竞争者入侵。

市场利基者是弱小者，面临的主要风险是当竞争者入侵或目标市场的消费习惯变化时有可能陷入绝境。因此，它的主要任务有三项：创造利基市场；扩大利基市场；保护利基市场。市场利基者发展的关键是实现专业化，主要途径有：最终用户专业化，垂直专业化，顾客规模专业化，特殊顾客专业化，地理市场专业化，产品或产品线专业化，产品特色专业化，客户订单专业化，质量——价格专业化，服务专业化，销售渠道专业化。

本章小结

本章着重论述了竞争者分析、市场领导者战略、市场挑战者战略、市场追随者战略、市场利基者战略。市场领先者指其产品在行业同类产品的市场上市场占有率最高的企业。市场领先者几乎分布在各行各业，在行业内一定时间的竞争中形成了它们各自的领先者地位。市场挑战者是指那些相当于市场领先者来说在行业中处于第二、第三和以后位次的企业。而在大多数情况下，位居次要地位的企业并不热衷于挑战者战略，而更愿意采用市场跟随者战略。市场利基者是指专门为规模较小的或大公司不感兴趣的细分市场提供产品和服务的公司。

思考与练习

一、名词解释

市场竞争　完全垄断　市场领导者　市场挑战者　市场追随者　市场利基者

二、单项选择题

1. 企业采用集中优势力量攻击竞争对手相对薄弱的防线，使其措手不及，这是（　　）。
   A. 正面进攻战略　B. 侧翼进攻战略　C. 围堵进攻战略　D. 迂回进攻战略

2. 企业采用发扬自身差别优势之长，创造出个性突出的产品或服务，比同行竞争者能更有效地满足目标顾客的需求，这是（　　）。
   A. 进攻型竞争战略　B. 差异化竞争战略
   C. 集中化竞争战略　D. 迂回型竞争战略

3. 在那些产品差异性很小而价格灵敏度很高的资本密集且产品同质的行业中，竞争者之间通常是谋求（　　）。
   A. 攻击市场领先者　B. 阵地防御
   C. 和平共处　D. 迂回进攻

三、多项选择题

1. 企业制定竞争战略首先考虑采用的基本战略有（　　）。
   A. 差异化战略　B. 市场发展战略　C. 集中化战略　D. 利润最大化战略
   E. 成本领先战略

2. 一个企业若要识别其竞争者，通常可从（　　）方面进行。
   A. 产品　B. 市场　C. 目标　D. 利润　E. 成本

3. 市场领先者为保持行业第一的优势，维护自己的主导地位。通常采用的战略有（　　）。
   A. 扩大需求量战略　B. 保护市场占有率战略
   C. 专业化营销战略　D. 提高市场占有率战略
   E. 拾遗补缺战略

四、问答题

1. 市场竞争者主要有哪几种类型？
2. 市场竞争的主要形式有哪几种？
3. 市场领先者应该怎样维护自己的市场领导地位？
4. 居于市场次要地位的企业可以采用哪些市场竞争战略？

参考案例分析

非常可乐：叫板可口可乐

非常可乐在可乐王国的亮相，是疾风暴雨式的。在杭州娃哈哈集团一遍又一遍响亮地喊出“中国人自己的可乐”后，终于有一个中国企业向可口可乐这样的“巨无霸”吹起了竞争的号角!

可口可乐是一个有着110年悠久历史的巨人，而娃哈哈到目前的创业史才11个年头。虽说娃哈哈已是国内食品饮料界的龙头老大，但搞碳酸饮料毕竟是头一回。

十多年来，中国人曾经有过一个个自己的可乐，虽然它们曾各领风骚，但殊途同归的里程上留下了一样的结局：伤感和无奈。

一、市场分析

可口可乐占据了国内可乐市场57.6%的份额，紧随其后的百事可乐也达到了21.3%。可口可乐年销售量超过3.2亿箱，在我国已经有29年丰富的经营经历，建立了21个分装厂。我国1978年的饮料量只有28万吨，1997年达到了1 000万吨以上，20年间增长40多倍。在全球碳酸饮料销量中，有一半是可乐，而国内每年生产的36万吨可乐，只占了碳酸饮料销量的27%，如此低的比例，再加上国内每年的清凉饮料产量至少超过1 000万吨，足以说明可乐还是有相当大的市场空间。

二、娃哈哈的优势

娃哈哈自认优势有三。

（1）娃哈哈已成为中国人心目中的名牌，短短10年的时间，靠14万元借款起步，它先创起“小学校里的经济奇迹”，又“小鱼吃大鱼”兼并了杭州罐头厂，如今已成为总资产28亿元，年销售额30亿元的知名企业，“娃哈哈”商标已成为中国最有价值的品牌之一，无形资产经评估已达30亿元。

（2）经过数年的经营，在全国已有稳定而庞大的销售网络，能保证非常可乐的产品与广告同步推向全国市场，密如蛛网的销售渠道和对娃哈哈感情笃深的经销商可以将产品销往城乡的各个角落。

（3）娃哈哈为推出非常可乐，已准备两年，公司投资1亿多美元，从德国、日本、意大利等国引进了目前全球最先进的制瓶和罐装生产线，设备不亚于可口可乐和百事可乐；原浆配方是与国外几家著名公司合作，根据国人的口味，进行了几千次改进，中试就进行了几百次。

娃哈哈认为：可口可乐虽然是个巨人，但它在我国的23个合作伙伴，每一家都比娃哈哈规模小，况且他们每家都有自己的利益，不能形成合力，会相互形成冲击，价格难以控制，容易产生矛盾。可口可乐在中国的罐装分厂，并没有引进多少先进的设备，而且瓶子、盖子都需外购，成本比非常可乐要高得多。在广告投入方面，可口可乐无法集中做广告，而娃哈哈在中国从中央到地方、从报纸到广播电视都享有盛誉，他们登门做非常可乐的广告，媒体格外关照。

资料资源：http://cc.sbs.edu.cn/Able.acc2.web/Template/office/365d4b7f9cdc4ce335cde547639-206609041350.html

思考题：

1．“娃哈哈”为什么能够叫板可口可乐，进军竞争激烈的饮料市场？

2．娃哈哈运用什么样的营销战略才能够成功？

实训训练

1．以小组为单位，把目标市场定位理论运用于营销实践，联系有关项目，完成约 8 000 字的《店铺开发项目分析报告》。

2．学生分组，综合运用“市场细分”、“目标市场选择”、“市场定位”理论，对小组拟定的店铺开发项目进行“目标市场”、“选址环境”、“项目损益”、“项目定位”的分析，评估开发项目可行与否，从而掌握市场开发分析技能。小组可以进行分工撰写，每个学生对自己完成的撰写任务必须负责。

3．通过《市场营销调研报告》实践操作，认识市场开发分析在营销实践中的重要作用，掌握市场开发分析报告撰写步骤、内容和格式的基本技能。

第六章

市场营销战略

学习目标

知识目标

- 掌握市场细分的标准，认识有效细分的条件，了解有效细分的程序。
- 掌握目标市场营销策略，认识影响目标市场营销策略选择的因素。
- 了解市场定位的含义，认识市场定位的步骤，掌握市场定位的策略与方法。
- 掌握市场进入战略和发展战略。

技能目标

- 会制定初步的市场营销战略。

引导案例

美勒啤酒公司的市场细分策略

中国的香烟消费者大多知道“万宝路”香烟，但很少知道生产、经销万宝路香烟的公司叫菲力普摩里斯公司，就是这家公司在1970年买下了位于密尔瓦基的美勒啤酒公司，并运用市场营销的技巧，使美勒公司在5年后上升为啤酒行业市场占有率的第2名。

原来的美勒公司是一个生产导向的企业，全美啤酒行业中排名第七，市场占有率为4%，业绩平平。到1983年，菲力普摩里斯经营下的美勒公司在全美啤酒市场的占有率已达21%，仅次于第一位的布什公司（市场占有率为34%），但已将第三四位公司远远抛在后面，人们认为美勒公司创造了一个奇迹。

美勒公司之所以能创造奇迹，在于菲力普公司在美勒公司引入了该公司曾使万宝路香烟取得成功的营销技巧，那就是市场细分策略。它由研究消费者的需要和欲望开始，将市场进行细分后，找到机会最好的细分市场，针对这一细分市场作大量广告进行促销。美勒公司的实践，也使啤酒同行业者纠正了一个概念上的错误，即过去一直认为啤酒市场是同质市场，只要推出一种产品及一种包装，消费者就得到了满足。

美勒公司并入菲力普公司的第一步行动，是将原来的唯一产品“高生”牌啤酒重新定位，美其名为“啤酒中的香槟”，吸引了许多不常饮用啤酒的妇女及高收入者。在调查中还发现，占30%的狂饮者大约消耗啤酒量的80%，于是，美勒在广告中展示了石油钻井成功后两人狂饮的镜头，还有年轻人在沙滩上冲刺后开怀畅饮的镜头，塑造了一个“精力充沛的形象”，广告中强调“有空就喝美勒”，从而成功地占据了啤酒豪饮者的市场达 10 年之久。

美勒公司还寻找新的细分市场，怕身体发胖的妇女和年纪大的人觉得，12 盎司罐装啤酒的分量大多一次喝不完，为此公司开发了一种 7 盎司的号称“小马力”的罐装啤酒，结果极为成功。

1975 年后，美勒公司又成功地推出一种名叫“Lite”的低热量啤酒。虽然 1900 年以来，不少厂商试图生产低热量啤酒，但他们把销售对象放在节食者身上，广告宣传将它定义为一种节食者的饮料，效果很差。因为节食者的大多数人原来不常喝啤酒，结果导致低热量啤酒被误认为一种带娘娘腔的东西。美勒公司把它售给那些真正的喝啤酒者，并强调这种啤酒喝多了不会发胀，广告上聘请著名运动员现身说法，广告语为少了 1/3 热量的 Lite 啤酒，喝多了不觉得发胀。包装上使用男性雄伟的线条，使它看起来不是娘娘腔的东西，而更像真正的啤酒。低热量啤酒从此销路大开。

美勒公司还推出高质量的超级王牌啤酒，与啤酒头号公司——布什公司展开对攻战，售价很高，结果又获得很大成功，使人们认为在特殊场合一定要用这一美勒超级王牌啤酒——“鲁文伯罗”招待好朋友。

美勒公司的市场细分策略，使它一跃成为啤酒业的领导者。但是，80 年代中期，啤酒市场的总需求量没有扩大，竞争对手们纷纷采取行动迎头赶上，虽然美勒公司低热量啤酒依然畅销，但主力产品“高生”牌啤酒开始衰退，美勒公司首先采用市场细分策略，但经过多年的竞争，它并未成功地进入平价啤酒、特级啤酒及进口啤酒这三个细分市场。它现在的目的很明确，无非想保住啤酒业界第二名地位。美勒公司改变了啤酒业界的认识，自己也得到了不少教训，美勒公司的锐气稍挫，但前途依然光明。

资料来源：刘伟光、周专强．市场营销实务[M]．北京：中国电力出版社，2008．

第一节　目标市场营销战略

目标市场营销就是企业在市场调研的基础上，识别不同消费群体的差别，有选择地确认若干个消费群体作为自己的目标市场，发挥自身优势，满足其需要的行为。目标市场营销包括三个内容：市场细分（Segmenting）、目标市场选择（Targeting）、市场定位（Positioning），所以它又被称为 STP 战略（图 6-1）。

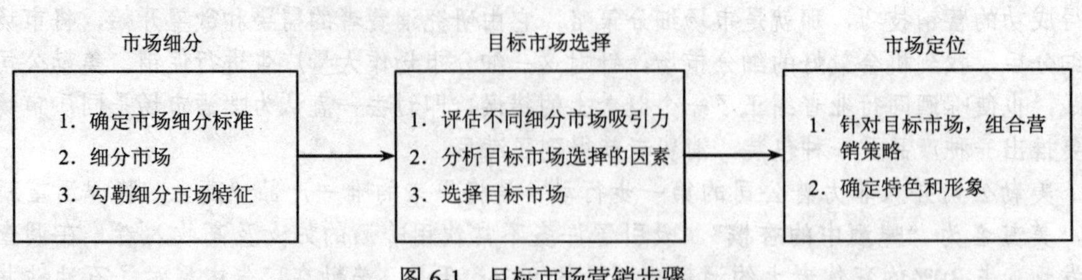

图 6-1　目标市场营销步骤

一、市场细分

市场细分是 20 世纪 50 年代才出现的概念。营销专家总结了美国宝洁公司不同产品满足不同需要的实践经验，提出了市场细分这一概念。

（一）市场细分的含义

市场由购买者组成，而购买者在消费需求、购买习惯等方面各不相同，他们在商品的品种、数量、价格、式样、规格、色彩、购买时间、购买地点等方面都会表现出一定的差异性。这些差异性的存在，为市场细分提供了基础，消费差异越大，消费者越是追求差异化，市场细分也就越有必要。

市场细分是指在市场调研的基础上，根据消费者不同的需求把大市场划分成若干子市场的过程。

理解市场细分这一概念，应把握以下几个方面：

（1）市场细分的实质是辨别不同的消费群体，并对其加以分类的过程，而不是通过产品分类来细分市场。这是因为商品是用来进行交换的劳动产品，它只有在满足人们一定的需要时才会被人们所接受。只有抓住消费需求的差异性，才能把握市场细分的规律。

（2）市场细分的目的是为了挖掘市场机会，而不是为了细分而细分。有的市场消费需求客观上存在差异，甚至很小的差异也被消费者所重视，这种市场的细分越细越好，人们称之为“超细分”。有的需求差异并不大，市场分得太细，会使产品设计、投产到销售都趋于复杂化，产品生产成本和销售成本都会增加，从而导致企业收入减少，甚至可能超过市场细分所增加的收益，因而在实践中出现了“反超细分”，即将若干个过于狭小的细分市场集合起来，以提供较低价格的产品来吸引消费者。

（3）细分后的市场应该是可以衡量的，否则细分工作就没有可操作性。“可衡量”包括几层含义：①市场细分的标准必须清楚、明确，容易辨别，如对于每个细分市场应该包括什么，不应该包括什么，要划分清楚；②对细分后的市场规模、市场容量等要能够计量和测算，因为细分市场不仅要有质的规定性，还要有量的可衡量性。这一量的可衡量性可以用绝对数来表示，也可用相对数来表示。如果这些情况不易识别或找不到这些资料来衡量，就不宜对这种市场进行细分。

（二）市场细分的作用

1．有利于发现市场机会

通过市场细分可以发现哪些需求已得到满足，哪些只满足了一部分，哪些仍是潜在需求。相应地可以发现哪些产品竞争激烈，哪些产品较少竞争，哪些产品尚待开发。市场细分对中小企业尤为重要。通过市场细分，可以根据自身的经营优势，选择一些大企业不愿顾及、相对市场需求量较小的细分市场，集中力量满足该特定市场的需求，在整体竞争激烈的市场条件下，在某一局部市场取得较好的经济效益，求得生存和发展。

2．有利于掌握目标市场的特点

不进行市场细分，企业选择目标市场必定是盲目的，不认真地鉴别各个细分市场的需求特点，就不能进行有针对性的市场营销。

（三）市场细分的标准

1．消费者市场细分的标准

消费者市场细分的标准是依消费者特征和消费者反应来制定的，如地理环境因素、人口因素、消费心理和消费行为等因素。有些细分因素比较稳定，有些细分因素则是变化的。

（1）地理细分。按照消费者所处的地理位置、自然环境来细分市场称为“地理细分”。具体变量包括：国家、地区、气候、人口密度、城市规模、城乡等。

处在不同地理环境下的消费者，对同一类产品可能会有不同的需要和偏好，他们对企业的产品价格、分销渠道、广告宣传等营销策略的反应各有不同。例如，防暑降温、御寒保暖之类的消费品按不同气候带细分市场，家用电器、纺织品之类的消费品按城乡细分市场，十分必要；而按人口密度来细分市场，对于基本生活必需品、日用消费品的生产厂家则可能很有意义。

地理因素是一个静态因素，往往容易辨别，对于分析研究不同地区消费者的需求特点、需求总量及其发展变化趋势有一定意义，有助于企业开拓区域市场。通过这种市场细分，企业应考虑将有限的资源尽可能投向力所能及的最能发挥自身优势的地区市场中去。但是，即使居住在同一国家、地区、城市的消费者，其需求与爱好也并不相同，差别很大。因此，企业还需同时依据其他因素进一步细分市场。

关于我国的经济区域划分，最近有学者提出打破东中西部的划分方法，提出了“八区域”的划分方法。东北地区，包括辽宁、吉林、黑龙江三省。总面积 79 万平方公里，2001 年总人口 10 696 万。这一地区自然条件和资源结构相近，历史上相互联系比较紧密，目前，面临的共同问题多，如资源枯竭问题、产业结构升级换代问题等。北部沿海地区，包括北京、天津、河北、山东两市两省。总面积 37 万平方公里，2001 年总人口 18 127 万。这一地区地理位置优越，交通便捷，科技教育文化事业发达，在对外开放中成绩显著。东部沿海地区，包括上海、江苏、浙江一市两省。总面积 21 万平方公里，2001 年总人口 13 582 万。这一地区现代化起步早，历史上对外经济联系密切，在改革开放的许多领域先行一步，人力资本丰富，发展优势明显。南部沿海地区，包括福建、广东、海南三省。面积 33 万平方公里，2001 年总人口 12 019 万。这一地区面临港、澳、台，社会资源丰富，对外开放程度高。黄河中游地区，包括陕西、山西、河南、内蒙古三省一区。总面积 160 万平方公里，2001 年总人口 18 863 万。这一地区自然资源尤其是煤炭和天然气资源丰富，地处内陆，战略地位重要，对外开放不足，结构调整任务艰巨。长江中游地区，包括湖北、湖南、江西、安徽四省。总面积 68 万平方公里，2001 年总人口 23 085 万。这一地区农业生产条件优良，人口稠密，对外开放程度低，产业转型压力大。西南地区，包括云南、贵州、四川、重庆、广西三省一市一区。总面积 134 万平方公里，2001 年总人口 24 611 万。这一地区地处偏远，土地贫瘠，贫困人口多，对南亚开放有着较好的条件。大西北地区，包括甘肃、青海、宁夏、西藏、新疆。总面积 398 万平方公里，2001 年人口 5 800 万。这一地区自然条件恶劣，地广人稀，市场狭小，向西开放有着一定的条件。

（2）人口细分。按照人口统计因素来细分市场称为人口细分。具体变量包括：年龄、性别、职业、收入、受教育程度、家庭人口、家庭生命周期、国籍、民族、宗教、社会阶层等。市场细分主要是分析消费者的需求，人口变量与消费需求密切相关，而且人口变量资料比较容易获得和进行衡量。因此，依据人口变量来细分市场，历来为企业所普遍重视。

（3）心理细分。按照消费者的心理特征来细分市场称为“心理细分”。具体变量包括：生活方式、个性等。虽然心理因素比较抽象，较难把握，但日显重要。同样性别、年龄、相同收入的消费者，由于其性格或追求的生活方式不同，往往表现出不同的心理特性，对同一种产品会有不同的需求和购买动机。心理因素对消费者的爱好、购买动机、购买行为有很大影响。企业从心理因素进一步深入分析消费者的需求和爱好，更有利于发现新的市场机会和目标市场。

小资料

由斯坦福研究所开发的价值观与生活方式测试是一个著名的根据生活方式对受众进行细分的标准。这项测试对被测试者进行四个方面变量的调查：人口统计、价值观念、态度倾向和生活方式。基于对这四个变量的测量，将收集到两方面的数据，这对市场决策非常重要：一方面是关于消费者资源的，如他们的收入、教育、健康状况、智力和能力水平以及购买愿望等；另一方面是自我导向方面的数据，也就是说哪些人或事物、观念能够刺激他们，使他们改变自身行为，这包括他们的行为和价值观。

这种方法将受众分成“现代者”、“实现者”、“成就者”、“享乐者”、“奋斗者”、“休闲者”、“挣扎者”七类：

现代者（Actualizers）：乐于赶时髦。阅读大量的出版物。轻度电视观看者。

实现者（Fulfilleds）：对名望不太感兴趣。喜欢教育和公共事务。阅读广泛。

成就者（Achievers）：被昂贵的产品所吸引。阅读商务、新闻和自助出版物。中度电视观看者。

享乐者（Experiencers）：追随时髦和风尚。冲动购买型。注意广告。听摇滚乐。

奋斗者（Strivers）：有限的灵活收入，但能够保持信用卡平衡。花销主要在服装和个人保健产品上。与阅读相比，更喜欢观看电视。

休闲者（Makers）：不为奢侈消费所动，仅购买基本的东西。听收音机。阅读汽车、家用机械、垂钓和户外方面的杂志。

挣扎者（Strugglers）：忠实品牌。使用赠券。相信广告。阅读小型报。经常观看电视。

（4）行为细分。行为细分即按照消费者的购买行为细分市场，包括消费者进入市场的程度、使用频率、偏好程度等变量。按消费者进入市场程度，通常可以划分为常规消费者、初次消费者和潜在消费者。一般而言，资金雄厚、市场占有率较高的企业，特别注重吸引潜在购买者，争取通过营销战略，把潜在消费者变为初次消费者，进而再变为常规消费者。而一些中、小企业，特别是无力开展大规模促销活动的企业，主要吸引常规消费者。在常规消费者中，不同消费者的产品使用频率也很悬殊，可以进一步细分为“大量使用户”和“少量使用户”。根据美因啤酒公司的调查，某一区域有32%的人消费啤酒，其中，大量使用户与少量使用户各为16%，但前者购买了该公司啤酒销售总量的88%。因此，许多企业把大量使用者作为自己的销售对象。

2. 产业市场细分的标准

产业市场细分同样可以运用消费品市场细分变量进行细分。但所不同的是进行工业品市场细分时，心理因素的影响要小一些。除此之外，还应考虑如下几方面因素。

（1）最终用户。工业品市场经常按最终使用者的需求进行细分。由于不同使用者的要求不同，因此要制定不同的营销策略。例如，晶体管市场可分为军事、工业、商业三个子市场。军用买主重视质量，价格不是主要因素；工业买主重视质量和服务；商业买主重视价格和交货期。企业应该根据上述用户需求的特点，组织生产和营销。

（2）用户规模。用户规模决定了购买量的大小，这一因素往往也被某些企业作为市场细分的根据。因为大、中、小客户对企业的重要性不同，因此在接待上也不同。大客户通常由主要业务负责人接待洽谈，一般中小客户则由推销员接待。

（3）用户地点。任何一个国家或地区，由于自然资源、气候条件、社会环境、历史继承等方面的原因，以及不断加深的生产的相关性和连续性要求生产力合理布局，都会形成若干产业地区，如我国的山西煤田、江浙丝绸工业区、辽南苹果集中产区等。这就决定了产业市场比消费者市场更为集中。企业按用户的地理位置来细分市场，选择用户较为集中的地区作为自己的目标市场，不仅联系方便，信息反馈较快，而且可以更有效地规划运输线路，节省运力与运费，同时，也能更加充分地利用销售力量，降低交易成本。

在大多数情况下，工业品市场不是以单一变量细分，而是把一系列变量结合起来进行细分。

二、目标市场的选择

目标市场是指企业决定要进入的那个市场部分，即企业在市场细分的基础上，根据自身能力和特长意欲为之服务的那部分顾客群体。市场细分的目的在于正确的选择目标市场，市场细分显示了企业所面临的机会，目标市场选择则是企业通过评价各种市场机会，决定为多少个细分市场服务的重要营销策略。

（一）目标市场的评估

进行市场细分以后，并不是每一个细分市场都是值得进入的，企业必须对其进行评估。企业选择目标市场，应注意考虑以下问题。

1. 细分市场的潜量

细分市场的潜量是在一定时期内，在消费者愿意支付的价格水平下，经过相应的市场营销努力，产品在该细分市场可能达到的销售规模。

对细分市场潜量的分析评估十分重要。如果市场狭小，没有发掘潜力，企业进入后就会没有发展前途。当然，这一潜量不仅指现实的消费需求，也包括潜在需求。从长远利益看，消费者的潜在需求对企业更具吸引力。细分市场只有存在着尚未满足的需求，才需要企业提供产品，企业也才能有利可图。

2. 细分市场的竞争状况

企业要进入某个细分市场，必须考虑能否通过产品开发等营销组合，在市场上站稳脚跟或处于优势地位。所以，企业应尽量选择那些竞争者较少，竞争者实力较弱的细分市场作为自己的目标市场。那些竞争十分激烈、竞争对手实力十分雄厚的市场，企业一旦进入就要付出昂贵的代价。当然，对于竞争者已经完全控制的市场，如果企业有条件超过竞争对手，也可设法挤进这一市场。

3．细分市场具有的特征是否与企业优势相吻合

企业所选择的目标市场应该是企业力所能及的和能充分发挥自身优势的市场。企业能力表现在技术水平、资金实力、经营规模、地理位置、管理能力等方面。所谓优势是指上述各方面能力较竞争者略胜一筹，如果企业进入的是自身不能发挥优势的细分市场，那就无法在市场上站稳脚跟。

（二）目标市场选择策略

企业在决定目标市场的选择和经营时，可根据具体条件考虑以下三种不同的策略。

1．无差异市场营销策略

无差异市场营销策略是把整个市场作为一个目标市场，着眼于消费需求的共同性，推出单一产品，采用单一营销手段加以满足（图 6-2）。

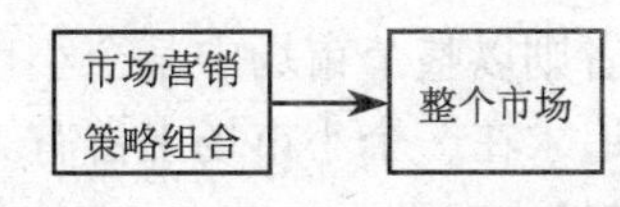

图 6-2 无差异市场营销策略

无差异市场营销策略的优点是可以降低成本，这是因为：①由于产品单一，企业可实行机械化、自动化、标准化大量生产，从而降低产品成本，提高产品质量；②无差异的广告宣传，单一的销售程序，降低了销售费用；③节省了市场细分所需的调研费用、多种产品开发设计费用，使企业能以物美价廉的产品满足消费者需要。

无差异市场营销策略也有其不足之处：①不能满足不同消费者的需求和爱好。用一种产品、一种市场营销策略去吸引和满足所有顾客几乎是不可能的，即使一时被承认，也不会被长期接受。②容易受到竞争对手的冲击。当企业采取无差异营销策略时，竞争对手会从这一整体市场的细微差别入手，参与竞争，争夺市场份额。

2．差异性市场营销策略

差异性市场营销策略充分肯定消费需求的异质性，在市场细分的基础上选择若干个细分子市场为目标市场，分别设计不同的营销策略组合方案，满足不同细分子市场的需求（图 6-3）。

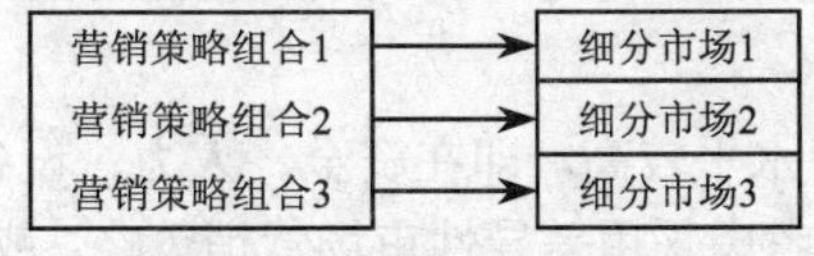

图 6-3 差异性市场营销

差异性市场营销策略是目前普遍采用的策略，这是科技发展和消费需求多样化的结果，也是企业之间竞争的结果。不少企业实行多品种、多规格、多款式、多价格、多种分销渠道、多种广告形式等多种营销组合，以满足不同细分市场的需求。

差异性市场营销策略的优点是：①由于企业面对多个细分市场，某一细分市场发生剧变，也不会使企业全盘陷入困境，大大减少了经营风险；②由于能较好地满足不同消费者的需求，争取更多的顾客，从而可以扩大销售量，获得更大的利润；③企业可以通过多种营销组合来增强企业的竞争力，有时还会因在某个细分市场上取得优势、树立品牌形象而带动其他子市场的发展，形成连带优势。

差异性市场营销策略的不足之处在于，由于目标市场多，产品经营品种多，因而渠道开拓、促销费用、生产研制等成本高。同时，经营管理难度较大，要求企业有较强的实力和素质较高的经营管理人员。

3. 集中性市场营销策略

集中性市场营销策略是企业集中设计生产一种或一类产品，采用一种营销组合为一个细分市场服务（图 6-4）。

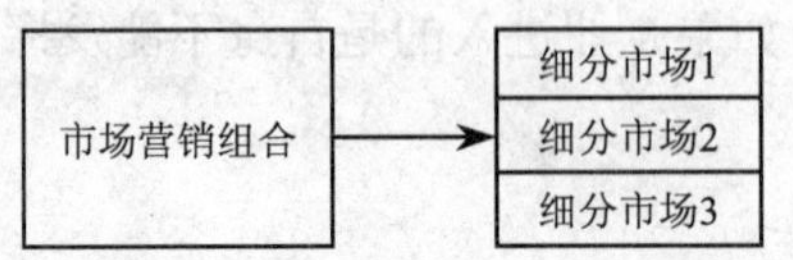

图 6-4 集中性市场营销策略

集中性市场营销策略与无差异性市场营销策略的区别是，后者追求整个市场为目标市场，前者则以整个市场中某个小市场为目标市场。这一策略不是在一个大市场中占有小份额，而是追求在一个小市场上占有大份额，其立足点是“与其在总体上占劣势，不如在小市场上占优势”。

集中性市场营销策略的优点很明显：①由于市场集中，便于企业深入挖掘消费者的需求，能及时得到反馈意见，使企业能制定正确的营销策略；②生产专业化程度高，企业可有针对性地采取营销组合，节约成本和费用；③目标市场较小，可以使企业的特点和市场特征尽可能达成一致，从而有利于充分发挥企业自身优势；④在细分市场上占据一定优势以后，可以积聚力量，与竞争者抗衡；⑤能有效地树立品牌形象，如全聚德烤鸭、张小泉剪刀等品牌几乎家喻户晓。

当然，集中性营销策略也有缺点：①由于市场较小，空间有限，企业发展受到一定限制；②如果有强大对手进入，风险很大，很可能陷入困境，缺少回旋余地。

（三）选择目标市场营销战略考虑因素

目标市场营销策略的三种类型各有利弊，各自适用于不同的企业。企业应当采用哪一种营销策略去开拓目标市场，必须全面考虑各种因素，权衡得失，慎重选择。

1. 企业实力

如果企业实力雄厚，管理水平较高，即在资金、人力、设备、技术、管理等方面都占有优势，根据产品的不同特性可考虑采用差异性市场营销策略，或者采用无差异市场营销策略，以便充分发挥自己的优势；若实力有限，无力顾及整体市场或多个细分市场，则采用集中性市场营销策略，这样可以更有效地使用有限的力量，争取在某一细分市场上获得优势地位。

2. 市场特点

若消费者的需求、爱好、购买行为大致相近，对产品供应和销售要求的差别不大，意味着各细分市场相似程度高，不同消费者对同一营销方案的反应大致相同，企业可考虑采取无差异营销策略；反之，企业则可采取差异性市场营销策略或集中性市场营销策略。

另外，如果市场上该商品供不应求，消费者的需求主要表现为数量的满足，企业可以采取无差异性市场营销策略。反之，企业就必须采用差异性市场营销策略或集中性市场营销策略。

3．产品特点

如果产品特性差别不大，如原粮、食盐、钢材、水泥、煤炭等，消费者或用户一般都很熟悉，认为它们之间并没有十分明显的差别，其竞争主要集中在价格、质量和服务上，因而比较适合采用无差异市场营销策略。如果是品种、规格、性能复杂，需求差异和选择性大的产品，如汽车、家用电器、服装、化妆品、食品、玩具等，消费者选购时会特别注意商品的特征、功能、价格等，可根据企业资源力量，采用差异性市场营销策略或集中性市场营销策略。

4．产品生命周期

产品处于投入期，同类竞争品不多，竞争不激烈，品种比较单一，宜采取无差异市场营销策略，以探测市场与潜在顾客的需求；也可采取集中性市场营销策略，集中力量于某个细分市场上。当产品进入成长期和成熟期，同类产品增多，竞争日益激烈，为确立竞争优势，企业可考虑采用差异性营销策略，开拓新的市场，不断刺激新需求，扩大销售。当产品进入衰退期时，就应该考虑采用集中性市场营销策略，以便集中资源于少数有利可图的细分市场，维持和延长产品的生命周期，避免或减少企业损失。

5．市场竞争状况

目标市场策略的选择，往往视竞争者的策略而定。商场如战场，在激烈的竞争中，知己知彼方能百战不殆。如果强有力的竞争者实施无差异市场营销策略，则企业应采取差异性市场营销策略与之抗争，以提高产品的竞争能力；如果竞争者已采取差异性市场营销策略，则企业应当在进一步细分的基础上，实行更有效、更深入的差异性市场营销策略或集中性市场营销策略，去争夺更为有利的细分市场。

目标市场策略一经确立应保持相对稳定，但当市场营销环境发生重大变化时，企业也需调整和改变目标市场策略。

三、市场定位

（一）市场定位的含义

市场定位是20世纪70年代由美国学者阿尔·赖斯提出的一个重要的营销学概念。所谓市场定位就是企业根据目标市场上同类产品竞争状况和自身条件，针对顾客对该类产品某些特征或属性的重视程度，为本企业产品塑造强有力的、与众不同的鲜明个性，并将其形象生动地传递给顾客，影响顾客对该产品的总体感觉。市场定位的实质是使本企业与其他企业严格区分开来，使顾客明显感觉和认识到这种差别，从而在顾客心目中占有特殊的位置，给顾客留下深刻的印象，以便吸引更多的顾客，建立竞争优势。

市场定位是通过为产品确立鲜明的个性或特色，从而塑造出独特的市场形象来实现的。产品的个性或特色可以是实体方面的，如形状、成分、构造、性能等；也可以是心理感受上的，如典雅、前卫、豪华、质朴等；还可以通过价格、质量、服务，促销方式等形式来表现。产品不同，产品个性或特色的表现形式也会有所不同。产品的特色往往是由多个方面的因素综合构成的。

市场定位是一个连续的过程，它不应仅停留在为某种产品确立和塑造个性与形象阶段，更重要的是通过一系列营销活动把这种个性与形象传达给顾客，并在变换的环境和激烈的竞争中不断巩固市场形象。

（二）市场定位策略

新成立的企业初入市场，新产品投放市场，或产品进入新市场时，企业都要从零开始，运用市场营销组合策略，使产品特色符合所选择的目标市场。企业进入目标市场时，一般竞争者的产品已经上市，甚至已形成了一定市场格局。因此，企业对产品进行市场定位不是管理者主观的意愿所能决定的，必须认真研究竞争形势、市场环境、自身特征等因素，把自身优势与市场需求结合起来对产品进行市场定位策划，确定本企业产品的有利位置，从各方面赋予产品一定的特色，树立市场形象，以求在顾客心目中形成特殊的偏爱，使自己的产品在选定的目标市场中更具优势。常用的定位策略包括以下几种。

1. USP 定位

即根据企业向目标顾客提供产品或服务的特色属性以及由此给顾客带来的特殊利益来定位。所谓的 USP（Unique Selling Proposition）即独特利益，是其他竞争者无法提供的，是企业产品或服务区别于竞争者的独特、显著的个性。这种独一无二的销售主张，通俗地说就是卖点。例如，雷达表宣传“永不磨损”的品质特色；高露洁突出“没有蛀牙”的功效；舒肤佳强调“杀菌及长时间抑制细菌再生”；同样是洗发水，但海飞丝的定位是“去头屑”，飘柔的定位是柔顺，潘婷的定位是“营养护发”，沙宣的定位是“专业美发”。

2. 档次定位

产品档次是产品质量、顾客心理感受及各种社会因素如价值观、文化传统等的综合反映。事实上，档次具备了实物之外的价值，定位于“高档次”的产品可以给目标顾客带来受尊重和优越感，它传达出产品高品质的信息，同时也体现了顾客对它的认同。高档次产品往往通过高价位来体现其价值。如劳力士表，价格高达十万元人民币，是手表品牌中的至尊，也是财富与地位的象征。由于需求的差异性，不同档次的产品有着各自的适用群体。

3. 使用者定位

即按照产品与某类顾客的生活形态和生活方式的相互关联性，把产品和特定顾客联系起来进行定位。成功运用使用者定位，可以使企业的产品人格化，赋予其与目标顾客十分相似的个性，让顾客对产品有量身定制的感觉。如百事可乐以“年轻、活泼、刺激”的个性形象在年轻人中产生共鸣。

4. 类别定位

即根据产品类别建立的品牌联想来进行定位。类别定位力图在顾客心目中形成该品牌等同于某类产品的印象，以成为某类产品的代名词或领导品牌。成功运用类别定位，可以使顾客有了某类特定需求时就会联想到该品牌。如“七喜”通过连接早已存在于潜在顾客头脑中的产品的方式，将自己定位为“非可乐”，使它成为顾客除可乐饮料之外的首选。

5. 比附定位

比附定位是指企业以某知名度较高的竞争者品牌为参照物，依附竞争者进行定位。企业进行比附定位的对象通常会是行业的领先者，比附定位的目的是通过与强势竞争者的有效对比，提升自身的价值与知名度，以期在消费者心目中占据明确的位置。美国汽车租赁公司阿维斯强调“我们是老二，我们要进一步努力”，就是巧妙地利用了强势竞争者的市场位置来提升自己的市场地位。

6. 附加定位

即企业通过加强服务等方式来树立和强化企业产品形象的定位。对于生产企业而言，附加定位需要借助于产品实体形成优势，从而提升产品的价值（特别是情感价值）；对于非生产性企业来说，附加定位可以直接形成自身优势。“IBM就是服务”是美国IBM公司响彻全球的口号，是IBM公司企业文化精髓所在。IBM公司的服务体现于诚、信、情、礼中，顾客与IBM所签的契约中，不只是产品，更包括所有的服务项目。正是这样的服务理念，才使IBM公司的形象未随着岁月的久远而褪色。

7. 多重因素定位

即不一定拘泥于一个因素，而是一些兼容的定位因素。如“SOHO”（Small Office，Home Office）不仅仅是“居家办公”的意思，“SOHO”的背后表达的是物业品种之间的边界开始模糊，是人们对新的房地产产品成本需求的一个明确信号。房地产产品是供人们使用的，必须考虑它的使用价值。著名房地产商潘石屹将其楼盘定位“SOHO”的理由是：之所以建“SOHO”，而没有建一般的住宅楼和办公楼，是因为它比这两种产品有更高的使用价值。

8. 重新定位

这是指企业变动产品特色，改变目标顾客对其原有的印象，使目标顾客对产品形象重新认识，从而使企业获得新的、更大的市场活力的策略。重新定位意味着产品形象和带给顾客的利益在目标顾客心目中发生改变，恰当的重新定位可以使原产品摇身一变，适应市场的需要重获新生。

初次定位后，企业产品的市场定位即使恰当，但出现下列情况时也需要考虑重新定位：①新的竞争者进入市场，竞争者产品的市场定位与本企业产品的市场定位相类似，侵占了本企业品牌的部分市场，致使本企业品牌的市场占有率有所下降；②顾客需求偏好发生变化，从喜爱本企业某品牌转移到喜爱竞争者的某品牌；③原有市场饱和，需要开拓新市场。

所以，一般来讲，重新定位是企业为了摆脱经营困境，重新获得竞争力和可持续发展的手段。当然也有其他的重新定位情况，并不是因为企业陷入困境，而是因为产品扩大销售，进入新的销售领域，为了适应新的市场环境，调整市场营销策略而重新定位。

总之，企业要根据自身特点和所处环境，选准定位策略，才能找准市场位置，在竞争中立于不败之地。

第二节 市场进入战略

在目标市场确定之后，企业就要制定市场进入战略。这是保证企业成功进入目标市场以及在目标市场成功营销的基础性活动。市场进入战略主要包括进入目标市场的方式、进入目标市场时机的选择和确定。

一、市场进入的含义

所谓市场进入就是指企业针对目标市场的环境，根据自己的市场营销战略而拟采取的进入目标市场的活动。一般包括产业市场进入和区域市场进入两大类。产业市场进入是指企业进入到一个自己以前没有涉及的生产或经营领域从事生产开发和销售；区域市场进入是指将自己长期生产或新开发的产品或服务推广到一个新的区域市场去销售，这个区域可以是一个国家，也可以是一个地区，甚至一个具体的地理位置。本节中主要讨论区域市场进入及其策略。

企业在制定市场进入策略时，应考虑两方面因素。①企业内部因素，包括企业的经营目标、企业规模、产品线及产品特征、员工配备、市场营销经验等等；②有关目标市场的环境因素，如市场潜力、竞争状况、进入市场的壁垒、政府政策等等。因此，企业需要对上述两方面因素进行分析，以选择和确定适宜的市场进入方式及进入时机。

二、市场进入方式

要顺利进入目标市场，根据企业内外的实际情况选择合适的市场进入方式尤为重要。通常可供企业选择的市场进入方式有以下几种。

（一）出口

出口是企业普遍采用的进入市场最简单的方式，是指企业直接向目标市场销售其产品或服务的方式。出口一般包括直接出口和间接出口两种主要形式。

1. 直接出口

直接出口指企业自行承担一切出口业务，与目标市场顾客直接接触成交。以目标市场为国外市场为例，直接出口的主要方式有：①在企业内部成立出口销售部或外贸子公司直接将产品或服务出售给国外目标市场的中间商，包括进口商、零售商等；直接接受目标市场政府或厂商的订货；参与目标市场国际招投标活动，中标后按合同提供产品或服务；②在目标市场建立自己的销售机构；③向目标市场派出旅行巡回推销代表。

显而易见，这种直接出口有利于加强对目标市场国内外市场的控制力，有利于及时、直接了解目标市场的信息，及时调整生产经营活动，积累国内外市场营销经验，不断提高市场营销水平，提高企业形象和竞争能力。但是企业需要承担由直接出口带来的风险，需要更多的投资，增加专门的市场营销人员或机构，需要处理复杂的市场调研与选择、产品分销等问题。因此，直接出口适用于实力雄厚、出口额较大的企业，以及在目标市场已经具有一定声誉的企业。特别是对于潜力较大的市场，企业只要有能力就可以选择直接出口。

2. 间接出口

间接出口是企业通过中间商来进行的。即企业通过中间商将产品出口或销售到目标市场，而不是企业直接与目标市场顾客接触成交。如果目标市场是国外市场，这种方式的主要做法有：①生产企业把产品或服务卖给外贸公司，由外贸公司再将产品或服务销往目标国市场；②生产企业委托外贸公司代理出口产品或服务；③生产企业委托本国其他企业在目标国市场的销售机构代销自己的产品或服务，合作开拓国际市场。

间接出口这种方式风险小，利用中间商的销售渠道和经验，可将企业的产品或服务快速地销到国内或国外目标市场；且投资少，不必自己建立销售队伍或机构。但企业对国内或国外市场的控制程度低，无法取得营销的经验，不能直接获得目标市场信息，难以在目标市场树立企业形象，一旦有比自己更好的产品或服务出现，有被中间商抛弃的风险。所以这种方式往往适用于没有直接出口权的中小企业，或者适用于出口业务占总业务量不大，或在目标市场的销售量较小，市场潜力不大的情况。

（二）合同

合同进入是指企业通过与国内外目标市场企业签订合同来转让技术、服务或其他有价值的项目，进入国内外目标市场的方式。

1. 许可证贸易

许可证贸易又称为许可贸易，是指以签订许可证合同的方式进入目标市场，企业（许证人）将工业产权等许可证标的（专利、专门技术、工艺、注册商标、技术设备、商业秘密以及其他有价值的项目）的使用权转让给目标市场的法人（被许证人），同时获得被许证人支付的转让费或其他形式的酬金，从而进入目标市场的方式。这也是一种简单的进入目标市场的方式。根据不同的标准，许可证贸易可分为以下不同类型：①根据被许证方取得权限的大小，可分为独立许可证、排他许可证、普遍许可证和许可证等；②根据获得许可证的产权对象分为专利许可证、商标许可证和专有技术许可证；③根据被许证方是否有技术的再转让权，可分为可转让许可证和不可转让许可证等；④一些特殊的许可证，如交叉（交换）许可证、一揽子许可证等。

以许可证贸易方式进入目标市场，许证方不必冒太大的风险就可以进入目标市场，尤其是欲进入的市场是国外市场，在贸易保护主义盛行的形势下，采取这种方式可避开进口国提高关税、实行进口配额等贸易壁垒，不用承担目标国家货币贬值、产品竞争的风险和政治风险等其他风险。从战略角度看，企业会失去对目标市场的控制权，被许可方会成为竞争对手。与其他进入方式相比，由于一般只收取转让费或一定的提成，收入是较低的。显然，企业必须拥有目标市场用户感兴趣的技术或著名的商标这些无形资产，才能选择这种方式。或者遇到目标市场难以越过的贸易壁垒，或者目标市场的销售潜力小或不确定，尤其是在产品须进行较大的实体改革才能满足目标市场需求时，选择许可证贸易进入最为有利。

2. 特许经营

该方式是许可证贸易的一种特殊方式。指企业（特许人）以签订特许合同的方式将其工业产权（专利、专有技术、工艺、商标、商号等）的使用权以及经营风格、管理方法转让给目标市场的需求企业（被特许人），并要求被特许人按特许人的经营风格、管理方法进行营销活动的市场进入方式。特许合同双方关联程度较高，特许人往往将被特许人作为自己的分支机构，统一经营政策、统一风格、统一管理，向客户提供标准化的服务。

采用这种方式实行标准化、统一化的经营，可扩大特许企业的影响，提高市场竞争力；可化激烈的竞争关系为利益分享的伙伴关系，以较低的资本快速扩展市场；商业风险和政治风险都较小。但这种方式对被特许人的控制有一定的难度，并且特许企业的工业产权必须有较大的吸引力。

3. 合约管理

合约管理方式是企业通过签订合同（合约）的方式，向目标市场企业，或者是旅馆、酒店、机场、医院等服务型企业，又或者是有生产优势缺乏管理经验和能力的生产型企业，提供管理服务，并收取管理费。在这种方式下，企业出口的不是产品，而是服务，并且在合同履行的开始就有收益。合约管理也能很好地将竞争关系转变为利益分享的伙伴关系，尤其是对于生产型企业提供管理服务，产品在目标市场生产和销售，经营成本和费用低，市场风险较小，提高了产品竞争力。

（三）投资

投资是指企业直接向国内外目标市场进行投资，在当地设立分支机构、子公司或分公司进行产品生产经营活动。对外直接投资是企业进入国际市场的高级方式。从不同角度来看，投资进入目标市场的方式不同。

1. 合资和独资

从投资结构来看，投资方式主要有两种：合资和独资。

合资是企业与东道国或者第三国企业共同出资经营，或购买这些目标市场企业股份，共同经营企业的方式。这种方式由于可以利用目标市场合营伙伴熟悉当地市场政治、法律、社会文化及经济状况的优势，比较容易取得当地资源并打开当地市场，降低进入该市场的风险。但是对企业的控制权较弱。

独资即企业在国内外目标市场独自投资兴办企业并经营企业。这种方式可以克服运输成本高的问题，避免关税壁垒和非关税壁垒，以及一些政策法规的限制，同时，企业对营销状况的控制权完全掌握在自己的手里，能及时获得当地市场信息并及时作出反应，可以独享经营利润。但是这种方式耗资多，需要具备高素质的专门人才，必须单独承担经营风险，如没收、征用、通货膨胀、价格限制等，会使企业遭受全部或极大的损失。因此，独资进入方式在所有进入国内外目标市场的方式中是风险最大的一种。也是非实力强大的企业所能做到的。

2. 收购和创建

从投资进入的启动方式来看，可以分为收购（兼并）、创建两种方式。

收购或兼并是进入目标市场最迅速的手段，是指企业通过购买现有的国内外目标市场中的企业，如国外企业的全部或者部分所有权而进入目标市场的方式。这样的方式可以迅速地进入目标市场，而且有利于扩大产品的种类和进入的领域，可以减少处理进入新的市场通常会遇到的诸如专利权、经济规模、原料、物资供应等种种困难和障碍的成本。但是这样的方式也存在估价困难、旧有的束缚多、控制协调困难等问题。企业必须在充分的市场调查的基础上，能够充分意识到尽快地进入新市场会给企业带来可观的利润才能够采取这样的策略。

创建是指企业独立在国内外目标市场创办一个企业，这样的方式投资大、启动慢，但是可以避免以上的问题出现，可以完全按照自己的意愿发展。

（四）加工贸易

这是一类利用劳动力优势承接加工产品，进入目标市场的方式，是一种风险最小、进入迅速，但利润不高，目标市场营销控制权低的方式。

1. 来料加工（来件装配）

来料加工是由国内外目标市场厂商（委托方）提供原料、材料和辅料、必要时提供某些设备，企业（承接方）按照委托方的产品质量、规格、款式等要求进行产品的加工生产；或由国内外目标市场委托方提供零部件、专用检测设备等，企业按照委托方的设计和工艺要求进行产品组装。经检验合格的加工成品或组装的成品，交由委托方销售，企业收取按约规定的加工费，不负经营亏损的责任。

2．来样定制

企业按照国内外目标市场厂商（委托方）的设计和工艺要求，以及产品质量、规格、款式、包装等要求进行产品的生产，生产出来的产品经检验合格，贴上委托方的商标，交由其销售的方式。这种方式，委托方不提供原料，只提供产品要求，而且要求较高，对产品的成品检验也很严格。具备一定的生产管理水平及生产技术和设备的企业可采取这种市场进入方式。这类方式很适合我国企业向国际市场的拓展，它可以充分利用我国劳动力资源优势，以及产品原料资源优势，同时风险小，进入市场快捷。

三、市场进入时机

在确定目标市场以及市场定位以后，不仅要选择和制定适宜的进入市场方式，还得选择适宜的市场进入时机。这包括两个方面，①政治经济等环境因素；②具体的开业时间。时机的正确选择对企业来说有深远的影响，不但影响短期的营销活动，也影响企业对未来的竞争优势的捍卫。

（一）市场进入时机与影响因素

一般来说，企业进入市场的时机与企业内部因素和环境因素有直接关系。从企业内部来讲，产品特性、产品开发周期、产品和市场开发的实力、企业的形象力、品牌竞争力等不同，进入市场的时机及时机的选择性也不同。从目标市场来讲，进入市场时机取决于市场的预期环境，如当地政策、经济发展状况、文化背景、市场需求、市场竞争状况、社会安定程度等。也就是说市场进入的时机很大程度上取决于企业及其产品的实力以及市场的态势。这里最主要的因素即企业及其产品的实力，包括企业形象力和品牌竞争力、市场需求。通常进入市场的较理想时机为当地政策予以支持、经济处于发展状态、社会安定的时期。

企业新产品进入市场的时间与企业对该产品研发的深度和广度有直接关系。一般企业投入大量资金和时间，进行较深、较广的研究与开发，使产品的质量和性能达到一定高度，具有较强的竞争力，投放市场时更易受到消费者欢迎，进入市场时机的局限性就很小。但是若研究与开发所用时间过长，很可能失去领先地位。反之，如果企业仅仅追求速度，争做新产品第一投放者，则可能将尚未成熟的产品推出市场，一方面招致消费者的反感，另一方面给后进入的竞争者以赶超的机会。所以根据产品开发周期及市场竞争态势，选择合适的市场进入时机对企业来说非常重要。当然，只有当市场需求和企业竞争力相匹配时，新产品才能够进入。

如果企业进入目标市场时已经有同类产品的竞争产品，在进入市场时要按照不同情况灵活地加以选择。如果是畅销产品，要以最快的速度进入市场；对于季节性的产品，则需要抢在销售旺季之前进入市场。

（二）关于市场进入时机的策略

一般来说根据目标市场进入时间的不同可以将市场进入策略分为：早期进入、对等进入和延时进入三种。

1．早期进入

第一个进入市场的企业会在市场竞争中占据明显的优势，它能够使公司在很短的时间内确立自己在市场中的领导地位，占据很大的市场份额，给其他公司的进入造成困难；建立起进入壁垒，从而保持自己在市场中的领先地位。这样的话，企业将能够在增长率、市场占有率、收益各个方面都得到很好的回报。但是首先进入市场也存在着风险，第一个进入市场的公司必须处于技术的最前沿，能不断地在第一时间开发出自己的升级产品，否则就有被竞争对手超出甚至赶出市场的危险。

对于其升级产品取代老产品进入市场的时机，经验表明，应该在原有产品处于销售旺季时（原有产品的成熟期的早期或中期）进入市场。有些公司为了进一步巩固其地位，往往会发展系列产品或在原有产品基础上发展变形产品，此时进入市场的合适时间应该在其基础产品进入成熟期以后。

2. 对等进入

对等进入是指在重要竞争者进入市场的同时，或者十分接近的时候，将其新产品推出。因为后来进入者可能会在市场领导者建立的基础上获得额外的提升。这里的基础是指由领导者建立起来的市场需求。另外，如果早期进入者的力量薄弱，那么对于后来者是极大的机会。

对等进入在那些以品牌扩展为特点的市场中，以及当主要竞争对手的营销意图和产品信息比较容易获得而且比较全面时，是可行的。这种对等进入策略通常来说是防御性的，以此来抵挡竞争者可能形成的潜在优势。在多元产品的市场中，它却可以被用作一种进攻策略。如果知道竞争者善于迅速仿效，则可以使用此策略将竞争对手的注意力从较重要的市场吸引到较小的市场中去。

3. 延时进入

新产品延时进入，即推迟新产品的市场投放期，以达到取得长期竞争优势的目的。由于这种策略进入市场的时机迟于竞争者，又称之为后期进入策略。它的一个主要优点就是等待市场发展到足够的规模，在短期内能获得最大的发展机会。另外也可以省去市场开拓的成本，而且可以从竞争者身上吸取更多的经验和教训。最为重要的是，消费者的偏好也将充分显露。所以这样的延时进入者在产品的投放初期就能根据之前的经验来改进或修正其市场定位。如一家公司看到当时的市场上所有的相机都是使用外置闪光灯，就开始设计生产一款 35 毫米的内置闪光灯的新型照相机，后来逐渐演化成傻瓜相机，迅速风靡世界，取得了巨大的成功。

但是需要注意的是，采取后期进入策略的企业不能简单地将自己定位为模仿者。因为模仿者一般仿效竞争对手进入市场，其开发的产品与市场中已经存在的某种产品在目标和效果上都非常相似，即使能够在市场进入之初获得收益，但是当领导者以一种新型的或者改进后的产品取代现有产品时，这个模仿者会因为其产品的过时而被迫退出市场。所以对于一个后期进入者，需要依靠创造力和主动性在市场中获得位置，通过运用科学研究的成果，改变原有的企业产品结构等措施，避免与市场领导者直接竞争，以获得市场成功的大好机会。即以创始者角色进入市场的后期进入者，在进入时仍然是有利可图的，至少在该市场上已有的公司尚未对其产品进行改革时是这样的。因此，后期进入者进入市场的时机应该在竞争者产品进入成长期后，产品迅速跟进以便尽可能多地获取利润。

第三节　市场发展战略

企业除对现有业务或产品进行评估和规划外，还应对未来的业务或产品的发展进行战略规划，即制定企业市场发展战略。一般可以遵循的发展途径有：寻找现有业务或产品进一步发展机会，发展与现有业务有关或无关的新业务，在本企业所在行业发展前景良好的情况下制定与本企业相关企业联合的策略。

一、密集性发展战略

密集性发展战略又可称之为扩张性增长战略。这是一种在现有产品或业务范围内，寻找发展机会的战略。如果企业的现有产品或现有市场还有赢利潜力，可选择密集性发展战略。这一战略有三种类型，如图 6-5 所示。

	现有产品	新产品
现有市场	市场渗透	产品开发
新市场	市场开发	多角化发展

图 6-5 密集性发展战略

（一）市场渗透战略

这是通过各种营销措施，努力增加现有产品在现有的市场上的销售量的战略。如通过增加广告宣传、增加销售网点、降低售价等促进现有顾客更多地购买本企业的现有产品，吸引竞争对手的顾客购买本企业产品；激发潜在顾客的购买动机，使之成为本企业产品的现实顾客。市场渗透是一个企业最基本的发展战略。因为现有产品是企业经营的基础，是企业当前利润的主要来源。只要企业现有产品和市场还有发展潜力，实施市场渗透战略的风险最小，所需投入的资源最少。

（二）市场开发战略

这是在现有销售区域内开发现有产品的新顾客群或为现有产品开发新的地域市场，从而扩大销售量的企业发展战略。前者如由年轻人市场开发老年人市场，原以企事业单位为主要客户的计算机企业开始向个人或家庭销售计算机；后者如从农村市场转入城市市场，由区域市场发展到全国市场，由国内市场拓展到国际市场等。如果企业现有产品还有发展潜力，采取这种战略比采取产品开发战略更有利，市场风险也更低，所需投入也较少。

（三）产品开发战略

这是改进现有产品，或挖掘其某些新的性能及用途，满足顾客更多需要，以图扩大市场占有率和增加销售额的企业发展战略。即根据目标顾客的需要，对现有产品的功能进行挖掘与开发，对现有产品的质量、外观、结构、色彩等进行改进，满足顾客新的需求，激发潜在顾客的需求。这是一项投资较大，市场风险也较大，但一旦成功可给企业带来新的活力和生机的企业发展战略。

二、多元化发展战略

多元化发展战略也称多样化或多角化发展战略，是指公司利用现有资源和优势寻找和利用现有产品或业务以外的市场领域的机会，通过在不同的市场领域中生产经营不同的产品，发展企业的一种战略。当企业原有产品、业务或市场发展潜力有限，或其他产品、业务或市场有很好的发展机会时，可采用这种战略。这种策略会在长时间内推动企业的发展。

（一）同心多元化战略

这是指企业以现有产品为圆心，充分利用现有的技术、特长、经验和营销力量开发与现有产品、业务近似的或同一类的新产品的战略。一家公司在刚刚建立时也许只有一种产品，但是随着企业的成长和不同市场领域的出现，企业如图谋发展，一般采用寻找和发展同企业的现有产品、现有技术以及营销等方面存在利用基础的新产品或新业务。例如，医药或茶叶公司增加花旗参糖、花旗参茶等保健食品或饮料；拖拉机厂增加小型货车的生产等。这种战略充分利用原有资源，发挥原有优势，投资较少，风险较小，容易取得成功。

（二）水平多元化战略

这是指寻找和发展那些虽与企业现有产品在技术上无关但却能吸引现有顾客的新产品或业务的战略。这种战略着眼于利用与现有市场有关的机会。如大型百货商店内开设餐厅、酒吧、保龄球馆、银行取款机等，以满足顾客多方面需求，扩大营业额，并吸引新顾客。这种战略可以针对目标顾客，充分利用企业的声誉，使现有产品或业务与新产品或新业务相辅相成，相互促进。

（三）复合多元化战略

复合多元化战略又称综合多元化战略。即企业利用人才优势、资金优势开拓同企业现有产品、技术或市场无关的新产品或服务，把经营范围拓展到多个行业的战略。因此，这种战略又称为跨行业多元化战略。如家电企业进入商业领域、经营房地产等。这种战略投资大，风险也大。

由于多元化发展战略可分散风险，有利于企业向着有发展前途的新产品、新业务、新兴行业转移。但是，多元化发展战略又是一种高风险战略，特别是综合多元化发展战略。因此，企业必须谨慎从事。把握实施多元化发展战略的内外部条件。

三、一体化发展战略

一体化发展战略是指通过收购、兼并、联合等方式同企业现有业务有直接关系的供应商、后继销售商或同行竞争者形成联合体，以扩大企业规模的发展战略。如果企业所在行业发展潜力大，或实行一体化后有更好的经济效益，便可选择适宜的一体化发展战略。可供选择的一体化发展战略有以下三种。

（一）前向一体化战略

前向一体化战略指企业业务范围向其下游方向进行扩展，即企业通过收购、兼并、联合等方式，拥有或控制企业的分销系统，形成产销一体化，或原材料生产企业拥有或控制成品或精深加工的后继企业，形成产品原料成品生产一体化。如果企业的分销系统或后继企业具有企业可利用的市场机会，或不顺畅的分销渠道增加了企业的库存费用、阻滞了产品的顺利销售，从而影响企业生产能力的正常发挥时，实施前向一体化是有利可图的，可确保企业发展。

（二）后向一体化战略

后向一体化战略指企业业务向其上游产品方向扩展，即企业通过收购、兼并、联合等方式，拥有或控制企业的原材料、零部件或商品货源供应系统，形成供产或产销一体化。后向一体化是将企业的业务范围向后扩大以利于货源的供给。特别是在原料或商品货源供给需求大、利润高的情况下，后向一体化可以把一个成本中心变成利润的生产者，并可摆脱对外界供应商在原料或商品货源质量、价格、供货时间等方面的依赖和制约。

（三）水平一体化战略

水平一体化战略即通过兼并、收购经营同类业务的企业或与之进行联合经营，使现有业务范围横向扩展，以扩大经营规模、降低成本、增强企业实力的发展战略。该战略又称为横向一体化战略，相对于前向一体化和后向一体化这两个纵向一体化战略。大型企业、名牌企业运用水平一体化战略，可以利用被兼并收购联合的企业的场地、设备、人力、资金等资源，扩大自己的业务规模，提高企业的竞争地位。如海信电器公司跨地区兼并淄博电视机厂和贵阳电视机厂就属于水平一体化。

在高度发达的市场经济条件下，竞争具有一种择优机制，一体化战略是在市场竞争中自然实现的，通过实施一体化战略可实现资源优化组合，形成规模扩张。企业的一体化战略产生于20世纪中叶美国福特汽车公司。福特通过大量的并购交易，沿产品生产经营链向上、下游不断扩展，几乎涵盖了研究开发、生产制造、市场营销等一切汽车生产所必需的环节，福特公司也由此很快发展壮大起来，到20世纪60年代，福特汽车公司的市场占有率高达90%，在全球市场竞争中也占有绝对优势。这个案例成为企业率先实施纵向一体化战略实现持续扩张的经典。

本章小结

本章主要论述了消费者市场细分、目标市场选择、市场定位、市场进入战略、市场发展战略等主要内容。消费者市场细分的标准可概括为四类：地理环境因素、人口因素、消费心理因素和消费行为因素。有效的市场细分应遵循可衡量性、可接近性、效益性和稳定性的原则。在进行市场细分的基础上选择目标市场是企业营销成功的前提。企业在目标市场上有无差异性市场营销策略、差异性市场营销策略和集中性市场营销策略。市场定位是企业重要的营销战略。企业要通过识别潜在竞争优势、选择相对竞争优势、传播独特竞争优势来进行市场定位。企业可根据自身的实力和条件去选择不同的市场定位策略。市场进入战略主要包括市场进入的方式和市场进入时机的选择。市场进入的方式包括：出口进入方式（直接出口和间接出口）、合同进入方式（许可证贸易、特许经营、合约管理）、投资进入方式、加工贸易进入方式（来料加工、来样定制）；市场进入的时机战略包括：早期进入策略、对等进入策略、延时进入策略。市场发展战略主要包括密集性发展战略、多元化发展战略、一体化发展战略。

思考与练习

一、名词解释

市场细分　目标市场　市场定位　无差异市场营销
差异性市场营销　集中性市场营销　特许经营　合约管理

二、填空题

1．选择目标市场的前提是（　　）。

2．轴承厂生产几乎所有规格的滚针轴承，该厂目标市场营销策略是（　　）营销策略。

3．将产品在潜在顾客的心目中确定一个适当的位置，这叫（　　）。

4．企业通过收购兼并一些竞争企业来扩大自己的销售量和市场份额，这是实施的（　　）战略。

5．企业通过向所经营业务的上游产业进行扩展和延伸，来增加企业的经营效益的策略，称为（　　）发展战略。

三、问答题

1．市场细分的实质是什么？有何依据？

2．如何判断某一市场细分是否有效？

3．消费者市场细分和产业市场细分的标准略有不同，原因何在？

4．何为目标市场？目标市场策略有哪些？企业选择时应注意哪些问题？

5．企业进入市场的基本方式有哪些？各有哪些优点和弊端？

6．市场发展战略包括哪几种？分别适应什么条件？

参考案例分析

进军银发市场

在未来的几十年里，由60岁以上的老年人构成的所谓银发市场在大多数工业化国家里有望大幅增长。这些国家的60岁以上的人口已经占据了全国人口总数的1/5，这一比例到2050年将可能提高到1/3。此外，银发市场的购买力在不断上升。在发达国家，50岁以上的人拥有3/4的社会财富，占全部购买力的50%。但是，尽管这一数字和财富能力不断增长，多数公司却忽略了银发细分市场。例如，一些公司仅对50岁以上的细分市场拨出了5%的营销和广告预算。

有些公司开始觉察到人口构成格局的变化带来的市场机遇，但并非所有的尝试都十分成功。家宝公司是一家生产婴儿食品的龙头企业，它意识到许多老年人购买婴儿食品供自己使用，为了满足他们的需要，于是决定推出一系列名叫“老年人”的速溶奶粉，以帮助老年人克服咀嚼和消化方面的困难。结果事与愿违，产品销售萎靡，只好草草收场，原因是很多老年人不愿意公开显示他们的年龄特征，特别是在崇尚年轻的文化环境里。

一个成功的例子是联合利华的低脂肪“活力牌”人造奶油，它针对老年人关心心脏负担的需求，在广告宣传中突出欢快的消费——证明这种奶油有助于降低胆固醇。公司在20个国家推出了“活力牌”人造奶油，并在美国重新恢复了人造奶油部。

雀巢公司的婴儿食品部计划为老年人推出一系列新的功能性食品，即在食品中添加鱼油、维生素、钙和银杏等营养元素。产品系列将首先在德国投放市场，然后推广到世界其他地区。对于进军银发市场，除了市场成长前景比较大、这一领域的竞争相对较弱之外，另一个原因是它对产品的需求范围。主要体现在有益健康的药品、食品方面。如许多老年人花了大笔的资金购买天然药物添加到食品当中。很多跨国企业巨头垂涎这一银发市场，想办法进入，如诺华等一些制药公司曾有过几次尝试，但终因在食品业没有适当的分销渠道而放弃了这一市场。

资料来源：http://business.sohu.com/20100324/n271061999.shtml

思考题：

1．阅读本资料，回答银发营销市场是不是有潜力的市场？为何？

2．我们要进入银发市场需要做哪些准备？我们应做好哪些战略组合备份？

实训训练

企业市场定位的调查分析

【训练目标】

培养认识和分析目标市场营销战略及市场进入战略的能力。

【内容与目标】

1．运用相关知识为下列公司进行市场细分、目标市场策略选择和市场定位。

（1）海尔　　（2）格兰仕　　（3）麦当劳　　（4）联想

2．全班交流研讨，分析讨论上述某一企业在进入目标市场时所采取的进入策略及时机选择。

【实训效果与检测】

每 5～7 人为单位分成小组。以小组为单位开展工作，各组可依兴趣选择上述某一个企业进行分析，写出专题分析报告。

第七章

产品策略

学习目标

知识目标

- 掌握产品整体概念和产品的生命周期。
- 掌握产品生命周期不同阶段的市场营销策略。
- 了解几种常用的新产品开发策略。
- 掌握基本的产品组合策略概念。

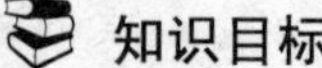

技能目标

- 会制定产品不同生命周期的营销策略。
- 在促销时可以为顾客进行产品整体概念的讲解。

沃尔沃汽车的高尔夫营销

汽车业经历了百年的发展，汽车行业的营销策略在历经销售汽车、销售服务之后，发展到现在的汽车文化营销。消费者购买的将不仅仅是厂家生产的汽车、厂商提供的服务，更是购买了厂家赋予汽车的文化底蕴。汽车市场上的竞争不再只是价格服务战，还是无声无息的文化战。众多厂商以飘散着不同文化韵味的汽车来攻占人心。

来自瑞典的沃尔沃（Volvo）汽车，无疑是在文化营销中做得最为出色的厂商之一。

20 世纪 60 年代以前，沃尔沃曾经是一个比宝马、奔驰更高级的品牌。Volvo（沃尔沃）是拉丁文，意为“滚滚向前”。沃尔沃公司早在 20 世纪 20 年代创立之初，就定位于制作最“安全”的汽车。沃尔沃的核心价值是“安全、质量和环保”，它是企业经营活动的灵魂。

除了安全与质量外，沃尔沃的核心价值还包含着“对于环保的关注，富而不露的精英阶层的选择”等元素。在欧美国家，沃尔沃轿车的用户基本被锁定在“四师”，即律师、医师、设计师、建筑师，这部分人群的收入丰厚且稳定，注重生活质量，关心生态环境，同时又不张扬，对汽车的安全与环保性能要求近乎苛刻。Volvo 轿车恰好以环保与高尚精英的选择为卖点，赢得了他们的信赖。自 20 世纪 60 年代开始，沃尔沃经常赞助体育活动，特别是高尔夫运动，因为高尔夫运动作为一项高雅的体育活动，与沃尔沃“豪华、精英之选”等品牌价值观十分吻合。

结合国外的成功经验，在进入中国市场后，沃尔沃在品牌战略指导下，用品牌核心价值全面整合企业营销传播活动，尤其是沃尔沃汽车与高尔夫运动精彩的结合，已经成为业界成功的典范。现在，沃尔沃每年在中国举办一次精英杯全国业余高尔夫球巡回赛和沃尔沃中国公开赛，除了国内大量的职业选手、业余选手和沃尔沃车主踊跃参加外，国际一流选手也前来参赛，声势浩大、影响深远，有效地传播了沃尔沃的高品位形象。

高尔夫运动是传统、尊贵与优雅的象征，它回归自然、充满挑战、宽松随意、富于内涵的特点，切中了沃尔沃汽车富于社会责任感、尊重生命、安全环保的品牌内涵。在亚洲，高尔夫被认为是一项代表身份和地位的高雅运动，在中国具有很大的发展潜力。这项运动对于沃尔沃汽车公司来讲是一个在中国将沃尔沃的形象与高尔夫运动紧密联系起来的机会。正因如此，沃尔沃汽车公司乐于精心运筹并赞助中国的高尔夫运动，所以才有了二者辉煌的合作之路。

自 1970 年以来，多年的合作造就了沃尔沃公司冠名的比赛在高尔夫运动领域具有领先的职业水平和丰富的经验。现在，沃尔沃公司与职业高尔夫已经成为体育史上最成功的商业合作伙伴之一。沃尔沃公司举办的赛事和场下的活动安排的高质量得到了广泛的认可。

正如沃尔沃的汽车产品，俊朗的线条只是其外在的表现，人性化的内在配置是其深厚的内涵。周到的安全设施是其浓郁的人文关怀，拥有的乐趣是用户享受生活的最佳伴侣。再加上近年来为促使客户年轻化而融入的运动元素，为张扬品牌文化内涵而持续赞助的高尔夫运动，沃尔沃的品牌形象和产品品味在消费者心中日益高大和完美。

这是运动型营销，也是健康型营销。沃尔沃汽车的市场定位是“中产新锐”，调查情况表明，他们首先需要一款安全的车。他们在商界、财团埋头发展的同时，还需要通过日常的户外运动来亲近自然、调节自己。在全球，沃尔沃正是通过高尔夫运动，逐渐使市场愈发成熟，如同滚雪球，市场越滚越大。

目前国际上几大汽车强国都具有丰富的文化内涵，德国车的严谨、法国车的浪漫、英国车的高贵、日本车的精明、瑞典车的安全与环保，这些不同车系所具有的特殊文化气质在消费者心中形成了鲜明的差异化形象和产品定位。汽车文化内涵对消费者的影响力度要比厂商研发新车型的力度大得多，所以他们都在极力倡导汽车文化的消费意识，努力搜寻人们不同的生活方式来进行市场销售，使汽车消费成为汽车文化的一种延伸。

长期以来，沃尔沃公司不仅致力于研发各项世界顶级汽车先进技术，生产性能优越的高档豪华轿车，同时在世界范围内鼎力支持顶级体育运动，展现极富动感、积极进取的品牌价值。通过积极参与一系列高规格的体育运动，沃尔沃的品牌形象得到了尽情的释放和张扬。

沃尔沃汽车与高尔夫运动的成功携手使消费者认识到：沃尔沃不只是一个安全的豪华品牌，而且是一个有品位的豪华品牌。

资料来源：《中国汽车市场》2006 年第 5 期 作者：茹铁征

第一节 产品整体

一、产品整体概念

产品整体是由核心产品、有形产品、附加产品、心理产品四个部分组成。

1. 核心产品（实质层）

核心产品也称实质产品，是指产品能够提供给购买者的基本效用或益处，是购买者所追求的中心内容。如买自行车是为了代步，买汉堡包是为了充饥，买化妆品是希望美丽漂亮、增加魅力等。因此，企业在开发产品、宣传产品时应明确产品能提供的效用，产品才具有吸引力。

2．有形产品（实体层）

有形产品是指产品在市场上出现时的具体物质外形。它是产品的形体、外壳，核心产品只有通过有形产品才能体现出来。产品的有形特征主要是指质量、款式、特色、包装。如冰箱，有形产品不仅仅指电冰箱的制冷功能，还包括它的质量、造型、颜色、容量等。

3．附加产品（延伸层 1）

附加产品是指顾客购买产品所得到的各种附加利益的总和。它包括安装、使用指导、质量保证、维修等售后服务。由于产品的消费是一个连续的过程，既需要售前宣传，又需要售后持久、稳定地发挥效用，因此，服务是不能少的。可以预见，随着市场竞争的加剧和用户要求的不断提高，附加产品越来越成为竞争获胜的重要手段。

4．心理产品（延伸层 2）

心理产品指产品的品牌和形象提供给顾客心理上的满足。产品的消费往往是生理消费和心理消费相结合的过程。随着人们生活水平的提高，人们对产品的品牌和形象看得越来越重，而它也是产品整体概念的重要组成部分。

四层说是在三层说（核心产品，有形产品，附加产品）的基础上发展而来，是附加产品外延的扩大，主要从主体角度划分的，厂商提供的服务仍然是附加产品，而消费者心理感受则是心理产品了。也有学者提出五层说，即延伸层一分为三：售后附加的服务与利益；潜在的利益或心理上期望获得的利益；产品未来发展的趋势。产品整体概念如图 7-1 所示。

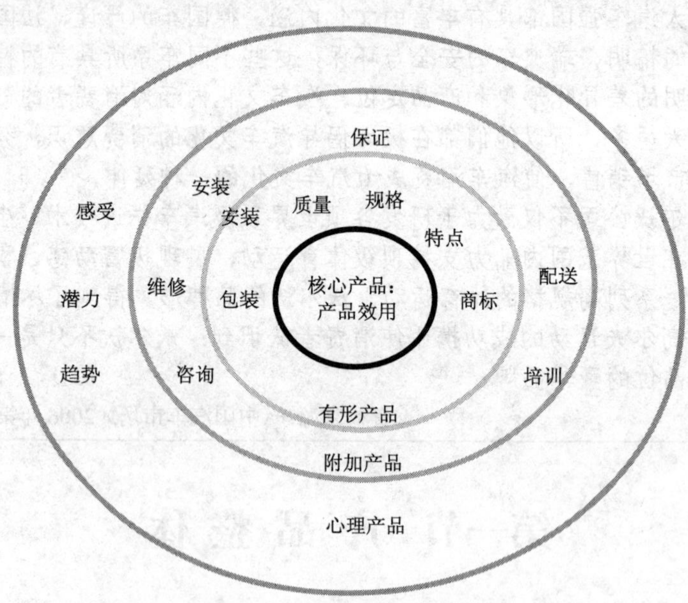

图 7-1　产品整体概念图

二、产品整体概念的意义

产品整体概念是市场营销思想的重大发展和突破，它对企业的经营发展有重要意义。

1. **指明了产品是有形特征和无形特征构成的综合体**

产品的有形特征和无形特征构成见表 7-1。

表 7-1 产品的有形特征与无形特征

有形特征		无形特征	
物质因素	具有化学成分、物理性能	信誉因素	知名度、偏爱度
经济因素	使用效果、效率、维修配件	保证因素	“三包”和交货期
时间因素	耐用性、使用寿命	服务因素	运送、安装、维修、培训
操作因素	灵活性、组装方便、安全可靠	心理因素	满意度、幸福感、地位感
外观因素	体积、结构、包装、色彩、重量	未来价值	产品的升值空间

针对以上理念，企业要做到以下几点。

（1）企业在产品设计、开发过程中，应有针对性地提供不同的功能，以满足消费者的不同需要。

（2）企业要保证产品的可靠性和经济性。

（3）企业要充分重视产品的无形特征，因为它也是产品竞争能力的重要因素。

总之，产品的无形特征和有形特征的关系是相辅相成的，无形特征包含在有形特征之中，并以有形特征为后盾；而有形特征又需要通过无形特征来强化。

2. **产品整体概念是一个动态概念**

随着市场消费需求水平和层次的提高，市场竞争焦点不断转移，市场对企业产品提出更高要求。为适应这一市场态势，产品整体概念的外延处在不断再外延的趋势之中。当产品整体概念的外延再外延一个层次时，市场竞争又将在一个新领域展开。这就是新产品和替代产品不断开发与出现的根源。

3. **对产品整体概念的理解必须以市场需求为中心**

产品整体概念的四个层次体现了一切以市场为中心的现代营销观念。一个产品的价值是由顾客决定的，而不是由生产者决定的。产品概念的科学与否还得靠市场来检验。

4. **产品的差异性和特色是市场竞争的重要内容**

产品整体概念四个层次中包含了十四个因素，任何一个因素特征的变化都可能形成与众不同的特点。企业在产品的效用、包装、款式、安装、指导、维修、品牌、形象等每一个方面都应该按照市场需要进行创新设计。

5. **把握产品的核心内容可以衍生出一系列有形产品**

一般来说，有形产品是核心产品的载体，也是核心产品的转化形式。这两者的关系给我们这样的启示：把握产品的核心产品层次，产品的款式、包装、特色等完全可以突破原有的框架，形成新创意，由此开发出一系列新产品。

小资料

以高档自行车为例，如果说高档自行车的核心产品是“能够搭载消费者快速行动”，那么，高档自行车有形产品不能仅仅理解为山地车、公路车、休闲车三类。而高档自行车的附加产品层次是维修、组装、配件、保养等。心理产品则是骑车的快感、欣赏美景的愉悦、锻炼后的健康体魄等。

第二节 产品生命周期

一、产品生命周期的概念和特征

1. 产品生命周期的概念

产品生命周期，又称产品寿命周期，是指产品经过研究开发，从进入市场开始，直到最终退出市场为止所经历的全部时间，产品生命周期一般可分为四个阶段：投入期、成长期、成熟期和衰退期。典型的产品生命周期曲线如图 7-2 所示。

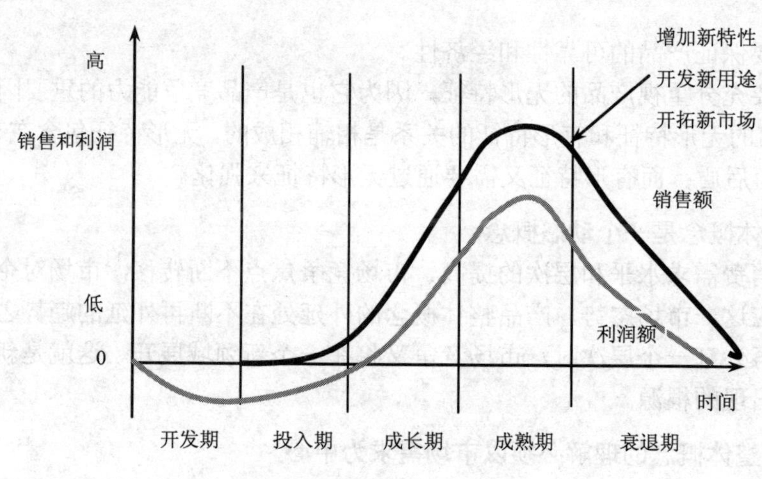

图 7-2 产品生命周期图

2. 产品生命周期各阶段的特点

（1）投入期。新产品刚刚投入市场，顾客对产品还不了解，只有少数追求新奇的顾客购买，销售量低。为了打开销路，企业需要投入大量的促销费用，对产品进行宣传。这一阶段，由于新产品生产批量小，因而成本高，销售额增长缓慢，企业利润很小，还有可能亏损。

（2）成长期。这一时期，顾客对产品已经熟悉，大量的顾客开始购买，市场逐步扩大。企业已具备大量生产产品的条件，产品生产成本相对降低，企业的销售迅速上升，利润也迅速增长。同时，竞争者看到有利可图，纷纷进入市场，使同类产品供给量增加，价格随之下降。

（3）成熟期。这一时期，由于竞争加剧，企业销售额和利润增长缓慢，到后期，呈下降趋势。在这一时期，销售额和利润达到最大值。

（4）衰退期。这一时期，产品已陈旧老化，销售额下降很快，利润大幅度下降，费用增加，有时出现亏损，竞争淡化，即将被市场淘汰。

产品生命周期各阶段的特点比较见表 7-2。

表 7-2 产品生命周期各阶段特点

项目 \ 特点 \ 阶段	投入期	成长期	成熟期	衰退期
销售额	低	迅速增长	缓慢或下降	下降
利润	低	迅速增长	降低	低或无
成本	高	低	下降	回升
顾客	少数试用者	多数	多数	少数保守者
竞争者	很少	增多	最多	减少
价格	高或低	适当	降低	降低

二、产品生命周期各阶段的判断

在产品生命周期的变化过程中，正确分析、判断各阶段的临界点，确定产品所处的生命周期阶段是企业进行正确决策的基础，对市场营销工作意义重大。同时，这又是一件较困难的事，因为产品生命周期各阶段的划分，并无一定的标准，带有较大的随意性。而要完整、准确地描绘某类产品生命周期曲线，需要等到产品完全被淘汰以后，再根据资料绘制，但这对于产品的市场营销又失去了现实意义。

产品生命周期各阶段的判断，一般采取以下方法。

1. 销售趋势分析法

销售趋势分析法是用各个时期实际销售增长率的数据（$\triangle Y/\triangle X$）的动态分布曲线来划分各阶段。其中，$\triangle Y$ 表示销售量的增加量；$\triangle X$ 表示时间的增加量。则：

当$\triangle Y/\triangle X$之值大于 10%，该产品处在成长期；

当$\triangle Y/\triangle X$之值在 0.1%～10%之间，该产品处在成熟期；

当$\triangle Y/\triangle X$之值小于 0.1%或为负值时，该产品属于衰退期。

2. 产品普及率分析法

产品普及率分析法按人口平均普及率来分析产品生命周期所处的阶段。

人口平均普及率=产品社会拥有量/人口总数

家庭平均普及率=产品社会拥有量/家庭户数

人口普及率在 15%以下为导入期，15%～50%为成长期，50%～80%为成熟期，超过 80%为衰退期。

需要注意的是普及率越高，需求量越低。

3. 同类产品类比法

同类产品类比法是用于新产品等没有太多资料的生命周期判断的方法。因为对生命周期的判断要基于一定的资料，但对于一些新产品，由于没有销售资料，很难对未来进行准确分析判断。此时，可以运用类似产品的历史资料进行比照分析，提前进行预判，并进行有效的营销决策。

4. 因素分析法

由于不同阶段的有关因素呈现不同的特征，因而可以以各因素的特征来判断产品所处的生命周期阶段，见表7-3。

表7-3　产品生命周期的因素分析

因　素	成长期	成熟期	衰退期
企业销售情况	递增	畅销	递减
竞争对手销售情况	稳定畅销	上升	减少
企业经营管理综合工作质量	上升	稳定	下降
比较同类产品的技术经济指标	近似或稍好	近似	落后

用因素分析法进行生命周期判断要注意以下几点。

（1）企业经营过程中没有大的政策改变，保持经营政策的稳定。

（2）产品在公众中的形象持续走好，没有受到信誉危机的影响。

（3）竞争对手同自己处于一个水平，如可口可乐与百事可乐等。

三、产品生命周期各阶段的营销策略

产品处于不同的生命周期阶段，企业要制定不同的营销策略。

1．投入期营销策略

根据这一时期的特点，企业营销策略的重点是使产品尽快地为消费者所接受，缩短产品的市场投入时间，突出"快"、"短"两字。

（1）产品策略。进行产品定型，完善产品性能，稳定产品质量，为产品进入成长期大批量生产作准备。

（2）价格和促销策略。在投入期，产品的价格和促销费用，对能否尽快打开产品销路有很大关系。价格和促销费用依不同产品、面对市场不同，可以采取以下几种策略。

1）快速撇脂策略，即高价高促销策略。该策略以高价配合大规模促销活动，先声夺人，占领市场，希望在竞争者尚未反应过来之前，就收回投资。采取这种策略，往往是因为该产品需求弹性小，市场规模大，并且潜在竞争者较多。

2）慢速撇脂策略，即高价低促销策略。为早日收回投资，仍以高价问世，但为减少促销成本，只进行有限的促销活动。采取这种策略，往往是因为该产品需求弹性小，市场规模不大，竞争性小。

3）快速渗透策略，即低价高促销策略。它常可使产品以最快的速度渗入市场，并为企业带来最大的市场占有率。实施这种策略，往往是因为该产品的市场容量相当大，消费者对产品不了解，且对价格的反应十分敏感，潜在竞争比较激烈，必须抢在激烈竞争前使产品批量上市。

4）慢速渗透策略，即低价低促销策略。低价格的目的在于促使市场尽快接受产品，低促销费用的作用在于降低销售费用，增强竞争力。采用这一策略，往往是因为该产品的市场容量较大，顾客对该项新产品的价格十分敏感，有相当多的潜在竞争者准备加入竞争行业。

（3）渠道策略。对于大多数新产品，企业一般采用比较短的分销渠道。

2．成长期营销策略

针对这一时期的特点，企业的营销重点就是怎样比竞争者提供更好的产品，怎样更好地满足消费者需要，突出"好"字。

（1）产品策略。努力提高产品质量，改进包装，增加花色、款式，实行产品差异化策略。

增强企业创名牌意识，树立产品独特形象。

（2）价格策略。选择适当时机，使产品价格保持在适当水平或价格略有下降。这时若采用高价策略会失去许多顾客；采用低价策略，在产品已被广大消费者接受的情况下，企业将失去该得的利润。

（3）分销策略。不断发展、优化、完善分销渠道，扩大商业网点，开辟新的分销渠道。

（4）促销策略。改变广告宣传的重点，把广告宣传的重心从介绍产品转到使广大购买者深信本企业的产品上，扩大知名度，强调产品质量要好，建立品牌满意度、忠诚度。

3. 成熟期营销策略

美国学者菲利普·科特勒根据成熟期产品销售的变化情况，把成熟期分为三个阶段。

第一阶段为“成长成熟期”，此时各销售渠道基本呈饱和状态，但总销售额继续缓慢增长，这是由于有少数新消费者进入该市场，但大部分仍属原有顾客重复购买所致。第二阶段为“稳定成熟期”，此时销售量趋于饱和，甚至开始下降，无新的购买者进入市场，原有消费者开始寻求和购买其他产品或替代产品。第三阶段为“滑坡成熟期”，此时销售增长率开始下滑，销售总量迅速下降，原有用户的兴趣开始转向其他产品和替代产品。

在这一时期，企业产量最大，激烈程度最高，生产能力过剩，有些竞争者开始退出。企业应当采取进攻与防御并进的策略，营销重点是尽量延长成熟时间，稳定市场占有率。本时期的营销策略的特点是“长”。

（1）产品改进策略，又称产品再推出策略。即将产品的性能、品质等予以明显改革，以便保持老用户，吸引新顾客，从而延长成熟期，甚至再次进入投入期（再循环）。例如，电视机厂将普通电视机改为彩色、平面直角、带遥控数字化电视机甚至手提式室外电视机；酿酒厂把普通玻璃瓶装白酒改为做工考究的瓷瓶包装的礼品酒；手机生产商为手机增加上网功能等。此外，提供新的服务也是产品改进策略的重要内容。

（2）市场改进策略。它是指寻求新用户的策略，可以通过下述三种方式实现：①开发产品的新用途，寻找新用户。例如，强生公司把婴儿使用的洗发精和爽身粉推广到成年人市场。②刺激现有老顾客，提高产品使用率。例如，某牙膏厂大力宣传“一日至少刷牙三次”，以扩大牙膏的消费需求。③重新为产品定位，寻求新的买主。例如，某缝纫机厂，将产品从激烈竞争的城市转向广大的农村，并实行薄利多销的低价策略，使销售量出现再循环。

（3）营销组合改进策略。即通过改变市场营销组合因素来延长产品的成熟期。例如，通过降价、开辟多种销售渠道、有奖销售等刺激消费者购买。在这一策略中，最常用的是通过降低价格来吸引顾客，提高竞争能力。但采用此种策略的主要缺点是：容易被竞争者模仿而加剧竞争，还可能使销售费用增加而导致利润损失。

4. 衰退期营销策略

在衰退期，由于技术的进步，消费者需求偏好发生变化，或者由于替代品出现，导致生产过剩，使得销售额、利润下降。这时企业的营销重点是怎样有计划地转产或撤出市场。通常有以下几种策略可供选择。

（1）继续策略。这是指继续沿用过去的策略，使用相同的销售渠道、定价及促销方式，直到这种产品完全退出市场为止。采用这种策略的企业，它的产品仍有盈利，在市场上竞争力较强，并且企业仍有其他处于成熟期的产品。

（2）集中策略。这是指把企业的资源集中使用在最有利的细分市场、最有效的销售渠道和最易销售的品种、款式上。即缩短战线，以最有利的局部市场赢得尽可能多的利润。

（3）收缩策略。这是指大幅度降低促销水平，尽量减少销售和推销费用，以增加利润。这样可能导致产品在市场上的衰退加速，但只要有顾客，企业仍然可以从忠实顾客身上获得一定利润。

（4）放弃策略。这是指对于衰退比较迅速的产品，应当机立断，放弃经营。可以采取完全放弃的形式，如把产品完全移出去或立即停止生产；也可以采取逐步放弃的方式，使其所占用的资源逐步转向其他产品。

但应注意的是，产品是否进入衰退期应认真调查、分析和确认，要注意可能存在的一些假象。这些假象主要包括以下几点。

1）临时政策的影响。有时，由于宏观市场环境好转，或因调整完善原来的经营计划，又可使该产品复苏。

2）企业人为因素的影响。由于企业管理问题而导致的销售不佳和产品生命周期无关。如企业内讧和失信。

3）渠道出现问题。即由于中间商的能力因素或其他原因，导致中间商没有认真完成任务。

例如，前些年，我国化肥产品过剩，不少企业纷纷转产，而某些企业保留了生产能力继续生产，当市场好转时，该企业的产品销售量反而比以往增加。因而，当产品进入衰退期，企业应审时度势，选择最有利的策略。

第三节 产品组合策略

单一经营一个产品的企业是很少的，前述产品整体概念要求我们用整体观点看待市场营销中的产品。产品生命周期概念告诉我们，对一种产品来说，处在生命周期的不同阶段，应该采取不同的市场对策。但是对一个企业来说，通常并不只经营一种产品，而是经营几种、几十种，甚至更多的产品。因此，企业务必对所经营的产品进行优化组合，必须明确产品组合的概念，采用相应的产品组合策略。

一、产品组合

为了更好地理解产品组合的概念，必须先明确产品线和产品项目的含义。

1. 产品项目和产品线

产品项目就是产品的品种，或者说是列入企业销售目录的产品名称，在流通领域中也叫做单品。例如，某汽车公司产品中的某一牌号的汽车，就是该公司许多产品项目中的一个。比如，企业生产的一个容量 500 毫升、不锈钢杯体、银白色的水杯，就是一个单品。而条件的任何变化都会产生另外的单品。

产品线是指具有相同或类似功能，但规格、型号不同的一组能满足同类需求的产品项目。例如，电冰箱、果汁机、抽油烟机、煤气炉等产品都是为了满足做饭所需要的产品，因而构成厨房设备产品线。又如，一个大型服装工业公司生产各种服装，男性服装、女性服装、儿童服装构成了产品组合。其中女性服装即是一条产品线，这条产品线中的西装、大衣、连衣裙等如果是唯一的，则分别是产品项目。而西装如果有很多款式和面料、颜色组合的话，也会形成一个新的产品线。

在一个企业中，可以只有一条产品线，也可以有几条产品线，每条产品线中产品项目的多少也各有不同，甚至一个企业只经营一条产品线中的一个产品项目。

2. 产品组合的概念

产品组合是指一个企业所经营全部产品的质的组合与量的比例关系，也可以说是企业生产的全部产品线、产品项目的组合方式。它可以通过广度、深度、密度反映出来。

（1）产品组合的广度。产品组合的广度是指一个企业所拥有的产品线数目的多少。产品线越多，产品组合就越宽，反之就越窄。如某一电子公司有厨房制品产品线、电视机产品线、空调产品线等。一般情况下，大型企业产品线较多，产品组合的广度较宽；小型企业或专业化企业产品线较少，产品组合的广度较窄。

（2）产品组合的深度。产品组合的深度是指一条产品线内有多少不同的产品项目。项目越多，产品线就越长，产品组合就越深，反之就越浅。如上面提到的厨房制品产品线，它有电冰箱、果汁机、抽油烟机、煤气炉等产品项目，假如每个项目分别针对家庭或企业有 2 种功能的产品，则产品组合的深度就是 8。就某一类商品来说，小型企业或专业化企业经营的商品，规格比较齐全，产品组合的深度较大。大型企业采用标准化大批量生产，品种规格较少，产品组合的深度较小。

（3）产品组合的密度。产品组合的密度是指产品线之间的关联程度。一条产品线的产品与另一条产品线的产品，它们的最终用途、生产条件、技术要领、分配路线越接近，互相联系越紧密，产品组合的密度就越大，反之就越小。

产品组合的广度和深度如图 7-3 所示。

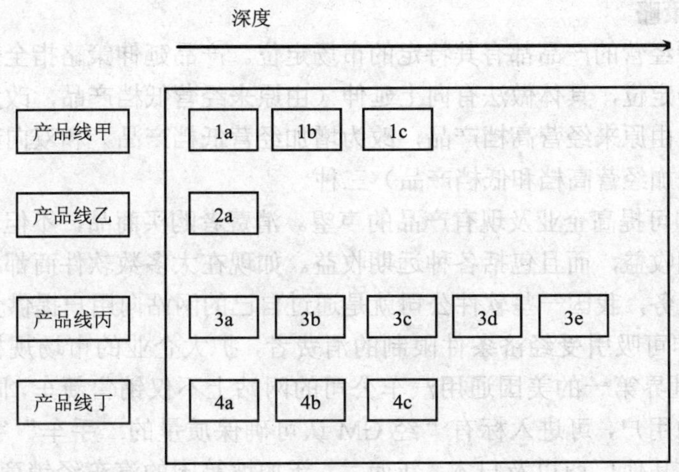

图 7-3 产品组合的广度和深度

注：数字 1、2、3、4 分别代表的含义是产品线序号。a、b、c、d、e 等字母代表产品线里产品项目及其多少。

二、产品组合的扩大与缩小

1. 扩大产品组合策略

扩大产品组合策略又可称为多种经营策略。由于科学技术的进步和市场需要的多样化，产品品种以惊人的速度向前发展。为了适应市场竞争的形势，企业必须采取多品种经营来增强自己的竞争能力。多品种经营可以充分利用企业的人力、物力和财力，提高经济效益，以便在市场变动、企业产品市场供求不平衡的情况下，充分利用企业的各种生产要素；同时，多品种经营还可以减小由于季节性、消费者需求变动而给企业带来的经营风险，从而增强企业的竞争能力。

但是，扩大产品组合要受以下三个条件的限制：①受企业所拥有的资源条件的限制。一个企业所拥有的资源总是有限的，而且企业总有自己的薄弱环节。因此，并不是经营任何产品都是可能的或有利的。②受市场需求情况的限制。企业只能扩展或加深具有良好成长机会的产品线。③受竞争环境的限制。如果扩大的产品线遇到强大的竞争对手，利润的不确定性将很大，那么与其扩充产品线还不如加强原有的产品线。

2．缩小产品组合策略

缩小产品组合策略是指淘汰一部分产品线和产品项目。换句话说，就是减少产品品种，采用标准化、大批量生产。大批量生产是现代化企业专业化协作的主要特点，生产企业如果为了加强专业化协作，进行大批量生产，从而减少产品品种，那么只生产单一或少数几种有关的产品，将会给企业带来可观的经济效益。组织少品种、大批量生产，其生产过程单纯而固定，可以采用高效率的工艺和设备，提高自动化程度，提高工时利用率，从而相应提高技术熟练程度，使劳动生产率大大提高和产量较大增加；同时，在产品定型以后，专业化生产使生产易于精益求精，生产的关键问题易得到控制与解决，包装等各方面都可以采用先进技术，提高产品质量；另外，专业化生产品种单纯，可以使原材料消耗定额不断降低，可使产品组合策略配件标准化程度提高，节省管理费用，从而降低生产成本。

3．产品延伸策略

每一个企业所经营的产品都有其特定的市场定位。产品延伸策略指全部或部分地改变企业原有产品的市场定位，具体做法有向上延伸（由原来经营低档产品，改为增加经营高档产品）、向下延伸（由原来经营高档产品，改为增加经营低档产品）和双向延伸（由原来经营中档产品，改为增加经营高档和低档产品）三种。

（1）向上延伸可提高企业及现有产品的声望。消费者购买商品，不但取得了产品的所有权及其附加的当期收益，而且包括各种远期收益。如现在大多数软件商都承诺用户可以享受免费的软件升级服务，我国一些软件公司就是通过自己的网站向用户提供免费的升级软件。

（2）向下延伸可吸引受经济条件限制的消费者，扩大企业的市场规模。总资产和年销售额都曾创造过世界第一的美国通用汽车公司的网站上不仅销售新车，同时还提供旧车交易。购买二手车的用户，可进入标有“经 GM 认可确保质量的二手车”字样的网页进行选择。此举如今已被其他厂商以及日本、新西兰、新加坡等国的汽车经销商或网络公司仿效。另外，随着网上金融服务体系的逐步建立，网络银行的业务也会由传统的银行业务，延伸到电信、税务、水电、交通等行业，完成诸如代收电话费、传呼费、水电费、税费、交通罚款等代理业务。

（3）原定位于中档产品市场的企业掌握了市场优势后，采取双向延伸策略，可使企业同时获得上述两种延伸所产生的效果。对于开展网络营销的企业来说，产品不但包括要出售的货物，还包括各种服务、各种商业过程以及可增值的信息，因此双向延伸也不仅仅是增加传统意义上的高档或低档产品，而是要在产品的各个组成部分中进行延伸。如企业可以为每个产品的客户制定一种相应的服务方案，包括送货服务方式、安装和培训服务以及维修服务等，以增加服务的价值；为所有客户提供一系列可增值的信息，如供应商的生产能力、产品前景预测、产品设计、保修、交易和送货条款等。通过这些延伸达到提高产品的附加值和市场占有率的目的。

三、产品组合策略的选择

产品组合策略是指企业根据自己的营销目标，对产品组合的广度、深度和密度进行的最优组合决策。常用的产品组合策略有以下五种。

1. 全线全面型

全线全面型是指向市场提供所需要的各种产品，即其广度和深度都大，密度可大可小的组合。采用这种策略的条件就是企业有能力顾及整个市场的需要。整个市场的含义可以是广义的（指不同行业的产品市场的总和），也可以是狭义的（指某个行业的各个市场面的总和）。这样，全线全面型就可以分为广义全线全面型和狭义全线全面型。广义全线全面型就是尽可能增加产品组合的广度和深度，不受密度的约束，即广度和深度都大，但密度小的产品组合。如有某一家食品工业公司，它生产番茄制品、油漆、打火机、金属器皿、玻璃容器等互相毫无关联性的产品。狭义全线全面型是指提供在一个行业内所必需的全部产品，也就是产品线之间具有密切的关联性，其广度、深度和密度都大的产品组合。如电器公司，产品线很多，但都与电器有关。

2. 市场专业型

市场专业型是指向某个专业市场提供所需要的各种产品，也就是其广度和深度都较大，但密度较小的产品组合。例如，以建筑业为其产品市场的工程机械公司，其产品组合就应该由推土机、翻斗车、挖掘机、起重机、水泥搅拌机、压路机、载货汽车等产品线组成。再如旅游公司，其产品组合就应该考虑旅游者所需要的一切产品或服务，如住宿服务、饮食服务、交通服务，以及纪念品、照相器材、文娱用品等。这种产品组合并不考虑各产品线之间的关联程度。

3. 多条产品线专业型

多条产品线专业型是指企业专注于某类产品的生产，即广度和深度较小，但密度大的产品组合。如某汽车制造厂，其产品都是汽车，但根据不同的市场需要，设立小轿车、大客车和载货汽车三条产品线以适合家庭用户、团体用户和工业用户的需要。

4. 一条产品线专业型

一条产品线专业型是指企业根据自己的专长，集中经营单一的单品线，即广度最小、深度一般的产品组合。如有的汽车制造厂专门生产作为个人交通工具的小汽车，不生产大客车、载货汽车以及其他用途的汽车。

5. 特殊产品专业型

特殊产品专业型是指企业根据自己的专长，生产某些特殊的产品项目，这些产品项目一般是企业根据自己特殊的生产条件设计制造的能够满足消费者特别需要的产品，如小工艺品。建立这种产品线，一般来说市场竞争威胁较小，生产经营环境比较稳定。

第四节 新产品开发策略

一、新产品开发概述

在当代激烈竞争的市场上，产品日新月异。企业要想持久地占领市场，光靠现有产品是不行的，必须不断更新换代，推陈出新，才能适应科学技术迅速发展导致的产品生命周期日益缩短以及不断变化的市场需求的趋势。否则，失败不可避免。求新、好奇是消费者的普遍心理，新陈代谢是商品经济生存发展的规律。而故步自封、“多年一贯制”将永远走不出低效益的误区。因此，不断研究和开发新产品，是企业不断保持竞争力的关键因素之一，也是企业战胜竞争者的秘密武器。

1．新产品的定义

从营销角度看，新产品是指在某个目标市场上首次出现的或者是企业首次向市场提供的、能满足某种消费需求的产品。只要产品整体概念中任何一部分具有创新、变革和改变，就可以算作新产品。新产品大体包括以下四类：新发明的产品、性能改进的产品、产品形态的调整、新品牌。

2．新产品开发的风险

创新往往具有很大的风险。根据一项研究估计，开发新产品的失败率，消费品为 40%，产业用品为 20%，服务项目为 18%。还有一项研究发现，3%的工业新产品刚一开始便失败了。正如一位营销专家所说的：“如果企业能够改进开发新产品的有效性，那么，它们就能够双倍巩固底线。这是改进潜力最大的领域之一。”

新产品开发失败率高的原因主要有以下几方面：①尽管主意不错，但是对市场规模估计可能太高。②产品设计没有达到预期的效果。③产品的市场定位不正确。④产品定价太高或广告做得很差。⑤高级管理人员无视不利的市场调研结果而一意孤行。⑥新产品开发费用比预计的要高。⑦对与竞争对手的市场竞争估计不足。

3．新产品成功的原因

有一项研究调查了 200 种中高技术的新产品，试图寻找成功产品所共同的因素。结果发现：

（1）第一大成功因素是独一无二的优秀产品，即质量好、有特色、使用价值高的产品。具体来说，具有很大优势的产品成功率达 98%，而中等优势的产品成功率为 58%，最小优势产品的成功率仅为 18%。

（2）第二大成功的关键因素是在新产品开发之前，要明确界定产品概念。根据产品概念，企业可在开发之前认真地定义和估价目标市场、产品需求和利益。

（3）第三大成功的因素是做好市场调查与分析，研究确定产品确实是市场需求的产品。

总之，为了创造一种成功的新产品，企业必须充分了解消费者、市场和竞争对手的状况，开发对顾客具有卓越价值的产品。所以，企业面对的一个问题是，它们必须开发新产品，但是新产品开发极为困难。解决这个问题的方法是，认真策划新产品的开发计划，并且为找到和开发新产品建立系统的新产品开发程序。

小资料

新产品开发的风险

福特公司在爱德塞尔汽车开发上损失了 3.5 亿美元，得克萨斯仪器公司在从家庭计算机行业撤退时已损失了 6.6 亿美元，新可口可乐（可口可乐公司）、LA 低醇啤酒（布斯奇啤酒公司）、赞普电子邮递（联邦快递）、极地梦幻方便电影（宝丽来公司）等这些非常有经验的公司在新产品开发上，也都付出过惨重的代价。

二、新产品开发程序

通常，企业的新产品开发需要经历八个主要阶段，这也是企业新产品开发的基本程序，如图 7-4 所示。

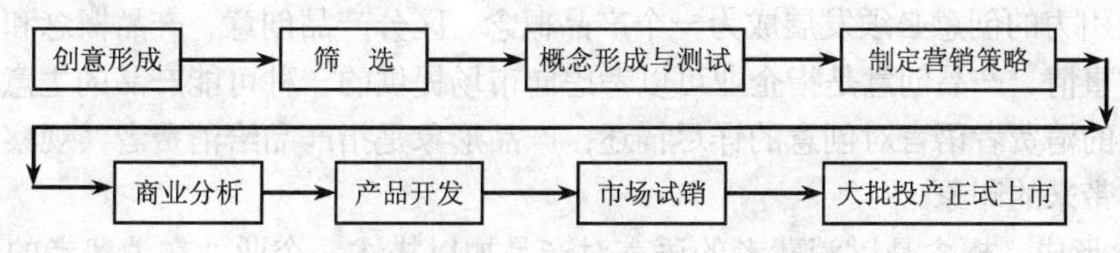

图 7-4　新产品开发程序的八个阶段

1. 创意形成

新产品开发始于创意形成，即系统化地搜寻产品创意。为了开发好的产品，企业一般都要进行许多创意。有调查统计资料显示，每 100 个新产品创意中，有 39 个能开始产品开发程序，17 个能通过开发程序，8 个能真正进入市场，只有 1 个能最终实现商业目标。对新产品创意的搜寻必须系统地进行，而不能任意化。否则，尽管企业会发现许多创意，但绝大多数与企业所在的行业不对口。企业高层管理机构可通过审慎地定义新产品开发战略来避免这种错误。新产品创意的主要来源包括企业内部、顾客、竞争对手、销售商和供应商及其他。

好的新产品创意还来自对顾客的观察和聆听。企业可通过调查或集中座谈了解顾客的需要和欲望。通过分析顾客提问和投诉发现能更好地解决消费者问题的新产品。通用电气公司电视产品部门的设计工程师就是通过与最终消费者会谈的方式来得到新的家用电器产品创意的。

竞争对手是新产品创意的又一来源。企业可以观察竞争对手的广告以及其他信息，从而获取新产品的线索。它们购买竞争对手的新产品，把产品拆开，观察产品结构，分析产品的销售情况，最后决定企业是否应该研制出一种自己的新产品。

小资料

来自于竞争对手的创意

福特公司在设计其高度成功的捷豹牌汽车时，拆看了 50 多种竞争品牌的汽车，一层一层地寻找可以复制或改善的地方。捷豹采用了奥迪的加速器踏板“触角”、丰田 Supra 车型的油耗表、宝马 528e 轮胎和千斤顶储存系统，以及其他 400 种类似优点。福特公司在 1992 年重新设计美洲虎汽车时采用了同样的方法。

最后，销售商和供应商也会有许多好的新产品创意。销售商接近市场，能够传递有关需

要处理的消费者问题以及新产品可能性的信息。供应商能够告诉企业可用来开发新产品的新概念、技术和物资。其他创意来源包括行业杂志、展览和研讨会、政府代理机构、新产品顾问、广告代理机构、市场营销调查公司、大学和商业实验室、发明人等。

2．创意筛选

创意形成阶段创造了大量的新产品开发创意。接下来几个阶段的目的是减少创意的数量。第一个创意减少阶段是创意筛选，筛选的目的是尽可能快地找到好创意，放弃坏创意。由于在后面的产品开发阶段成本将会飞涨，所以，企业必须采用能转变成盈利性产品的创意。

具体做法是企业要求管理人员用标准的格式写出新产品创意，然后提交给产品委员会审阅。书面报告的内容有产品、目标市场以及竞争情况，并对市场规模、产品价格、开发时间和成本、制造成本和回收率作出一些初步估计。产品委员会将依据一些标准对创意作出评价。

3．概念的形成和测试

一个有吸引力的创意必须发展成为一个产品概念。区分产品创意、产品概念和产品形象是一件很重要的事情。产品创意是指企业可以考虑向市场提供的一种可能产品的主意；产品概念是指用有意义的消费者语言对创意的详尽描述；产品形象是指产品给消费者（观察实际产品及以后的想象）带来的印象。

（1）概念形成。概念是以消费者的语言对产品加以描述。企业站在消费者的角度从产品的不同层面对创意出的产品进行描述。这些层面包括：实用功能、规格形状、色彩、价格、艺术特色、心理感受、未来价值等。

小资料

通用汽车公司电动汽车产品概念

通用汽车公司的实验电动汽车时速为每小时80公里，在再次充电之前可行驶90公里。该公司估计这种汽车的使用成本大约为普通汽车的一半。通用汽车公司的任务是使这种新产品演变成可供选择的产品概念，找到每种概念对顾客的吸引程度，并选择最佳的一个。为此，通用汽车公司为电动汽车设立了以下几种产品概念。

概念1：不昂贵的超小型汽车，作为在城市使用的第二类家庭汽车。该车是理想的代步和访友工具。

概念2：中等价格、中等型号的汽车，作为各种用途的家庭汽车。

概念3：中等价格的运动小型车，用来吸引年轻人。

概念4：不昂贵的超小型汽车，用来吸引认真谨慎的人，这些人要求基本的交通功能、低燃料成本和低污染。

（2）概念测试。概念测试是指用几组目标消费者来测试产品概念。新产品概念可用符号或实物的形象提供给消费者。

小资料

上述案例说：一种效率高、驾驶起来有趣，而且利用电能的四座超小型汽车，是去商店购物和访友的最佳工具。使用成本仅为汽油汽车的一半，时速却可以达到每小时80公里，并且可以连续行驶90公里之后再充电。全套设备的总价格为18 000美元。表7-4是测试电动汽车概念的题目。

表 7-4 电动汽车概念测试表

序　号	电动汽车概念测试题
1	你是如何理解电动汽车这个概念的？
2	你相信关于电动汽车性能的说法吗？
3	与传统汽车相比，电动汽车有何优势？
4	在电动汽车特色方面，你有何改进意见？
5	因为什么用途使你喜欢电动汽车甚于喜欢传统汽车？
6	你认为电动汽车的合理价格应为多少？
7	谁会参与你买电动汽车的决定？谁会驾驶这种车？
8	你会购买这种汽车吗？（肯定购买、可能购买、可能不买、肯定不买）

在知道产品概念之后，消费者将会对表 7-4 中的问题作出回答，这些回答是他们对产品概念作出的反应。消费者的回答将帮助企业决定哪个概念有最强的吸引力。例如，最后一个问题是消费者的购买意图。假设有 10%的消费者“肯定会买”，而 59%的消费者说“可能会买”，那么，企业就会把这些数据摊到目标消费者群的总人口上，从而估计出销售量。到目前为止，这项估计还是不确定的，因为人们并不总是实践他们的意图。

对某些概念测试来讲，一句话或一幅图便可能足够了。但是，对概念更具体、形象的阐述会增加概念测试的可信度。营销人员正在寻找新办法，使产品概念更接近于概念测试标的。

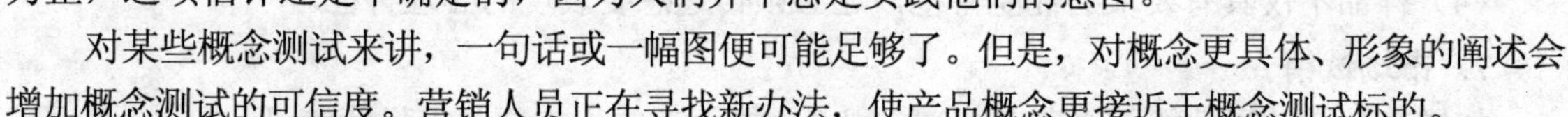

4．市场营销策略的制定

假设通用汽车公司发现电动汽车概念 1 的测试结果最好，下一步便是市场营销策略设计，即为把这种汽车推向市场而设计出最初的市场营销策略报告书。

营销策略报告书由以下三部分组成。

第一部分描述目标市场、计划中的产品定位以及在开始几年内的销售额、市场份额和利润目标。因此，目标市场是那些需要第二类车来采购、代步或访友的家庭。这种车的市场定位是：比目前市场上的小汽车价格低廉，使用经济，驾驶有趣。第一年公司预计销售 200 000 辆，亏损不超过 3 000 万美元。第二年，公司预计销售 220 000 辆，盈利 5 000 万美元。

第二部分概述产品第一年的计划价格、销售及营销预算。电动汽车有三种颜色，并有空调和动力驱动装置可供选择。零售价为每辆 18 000 美元，经销商可享受 15%的折扣。经销商月销售在 10 辆以上者，该月内每销售一辆便可享受 5%的附加折扣。广告预算为 2 000 万美元，其中一半用于全国广告，另一半用于当地广告。广告的重点是电动汽车的经济性和趣味性。另外，第一年要用 100 000 美元进行市场调研，从而找到是谁在买汽车并且测定他们的满意程度。

第三部分是描述预计的长期销售额、利润目标及营销组合策略。通用汽车公司想取得整个汽车市场 3%的长期份额，并实现 15%的税后投资收益率。为了实现这一目标，产品质量起点应高，并且要不断改进。如果竞争允许，那么，第二年和第三年应提高价格。广告总预算每年应提高约 10%。第一年之后市场营销调研费用将减至每年 60 000 美元。

5．商业分析

管理部门一旦对产品概念及营销战略作出了决策，接下来就可以估计这项建议的商业价值了。商业分析的主要内容是考察新产品的预计销售额、成本和利润，目的是查明它们是否满足企业的目标。如果满足，产品就能进入开发阶段了。具体做法是如下。

（1）估计销售量，企业应研究类似产品的销售历史，并对市场销售情况进行调查。企业通过估计最大和最小销售量来估量出风险大小。

（2）预计好销售量后，管理部门可为产品估计期望成本和利润，包括市场营销、市场研究与开发、制造成本、会计成本以及财务成本。

（3）企业可用以上销售和成本数据分析新产品为企业带来的利润，从而判断企业投资收益率。

6．产品开发与试制

在产品概念通过了商业分析后，产品就可以进入产品开发阶段。据此，市场研究与开发部门可以把产品概念发展成实体产品。产品开发步骤需要加大投资，投资大小将决定产品创意能否被转变成实际有效的产品。这时需要注意的是：

（1）产品研究与开发部门开发出的新产品样品，一定要容易生产，生产速度快，而且不超过预算成本，这样样品才具有借鉴意义。

（2）设计一个成功的样品需要几天、几周、几个月甚至几年。企业要能够准确把握开发时间，不要错过市场机会。

（3）产品要通过严格的性能测试，以便确信产品安全有效。

（4）样品不仅具有要求的性能特色，还必须传达想要表现的心理特征。

7．市场试销

如果产品通过了性能及消费者测试，那么，接下来的一步便是市场营销了。在这一阶段，产品及营销方案被放大到更加逼真的市场环境中去。市场试销使营销商在进行大笔投资、全面推广产品之前通过营销产品获得经验。它允许企业以此测试产品和整个营销方案——市场定位战略、广告、销售、定价、品牌和包装、预算标准等。

市场试销所需产品数量应根据新产品的不同而有所区别。市场试销的成本可能会很大，而且花费时间，这会使竞争对手获取优势。当开发和推出产品的成本很低时，或者当管理部门对一种新产品很有信心时，企业可能很少或根本不进行市场试销。企业也可以不试销简单的产品系列扩展产品或者竞争对手成功产品的复制品。例如，宝洁公司的福尔咖啡晶体就没有进行市场试销。但是，当推出一种新产品需要很大的投资时，或者当管理部门对产品或营销方案不能确信时，企业可进行大量的市场试销。例如，联合利华（美国）公司在把它的成功产品“利华2 000”条形肥皂向全世界推广之前，曾在亚特兰大试销了两年。虽然市场试销的成本可能会很高，但是，与出现错误造成的损失相比却算不了什么。

8．正式上市（商业投产）

市场试销为管理部门提供所需信息以便作出最终决策，即是否要推出新产品。如果企业进一步让产品正式上市，即把新产品推向市场，那么，企业将面临很高的成本，包括建造或租用生产设施，而且，以一个新的消费品上市为例，企业在第一年将花费1 000万～1亿美元的广告和促销费用。在新产品上市问题上应注意以下几点。

（1）企业新产品的推出时机。如果处在竞争激烈的时期，可以略缓上市。如果遇到经济危机，也可暂缓上市。新产品正好遇到政策的鼓励，可以提前上市。

（2）企业必须决定新产品推出的地点。即在单一的地点，还是在一个地区；是面向全国市场，还是国际市场。很少企业会有信心、资本和能力将产品推向全国或国际性销售渠道。企业一般都进行有计划、分阶段的市场扩展。小企业会选择有吸引力的城市或地区，一次只进入一个。有实力的大企业可能会迅速地把新产品推向几个重点地区或蛙跳式布局全国市场。

本章小结

本章主要论述了产品的整体概念、产品生命周期策略、产品开发策略、产品组合策略等内容。产品整体由核心产品、有形产品、附加产品和心理产品四个部分组成。任何一种产品都是有形特征与无形特征构成的综合体；产品整体的动态性表明产品处在不断外延的过程之中。产品生命周期策略包括产品投入期营销策略、产品成长期营销策略、产品成熟期营销策略、产品衰退期的营销策略。新产品开发的四种类型：新发明的产品、产品性能的改进、产品形态的调整、新品牌。把握新产品开发的程序。产品组合策略包括产品项目、产品线、产品组合以及产品组合的扩大、缩小、延伸等。

思考与练习

一、单项选择题

1．产品能够提供的基本效用被称为（　　），它是购买者所追求的中心内容。

A．核心产品　B．有形产品　C．附加产品　D．心理产品

2．产品的生命周期通常可以划分为（　　）阶段。

A．3 个　B．4 个　C．5 个　D．6 个

3．通常产品销售增长速度最快的时期是产品生命周期中的（　　）。

A．投入期　B．成长期　C．成熟期　D．衰退期

4．一个企业所经营的全部产品的质的组合和量的比例关系被称之为（　　）。

A．产品项目　B．产品组合　C．产品密度　D．产品广度

5．进入成长期的产品普及率一般处在（　　）。

A．15%　B．15%～50%　C．50%～80%　D．超过 80%

二、判断题（用√表示正确，用×表示错误）

1．生产企业最好使用生产商自己的品牌。（　　）

2．品牌更新是指企业重新设计全新品牌，放弃原品牌。（　　）

3．产品包装的主要功能是保护产品、便于运输、促进销售和增加盈利。（　　）

4．企业可以通过产品销售趋势分析来确定产品所处的生命周期阶段。（　　）

5．附加产品是消费者购买产品所得到的各种附加利益的总和。（　　）

6．通常产品市场销售增长速度最快的时期是在产品生命周期中的成熟期。（　　）

7．产品是指人们通过购买而获得的能够满足消费者的某种需求和欲望的物品的总和。（　　）

三、问答题

1. 如何理解产品整体概念？
2. 产品的生命周期分为哪四个阶段？
3. 新产品的开发要注意什么步骤？

参考案例分析

阅读以下企业实施国际化生产战略的案例，请依据产品生命周期理论和新产品开发策略评价该企业的国际化生产战略。

HLC 公司的国际化生产战略

HLC 公司的国际化生产战略遵循了产品生命周期发展规律，其生产战略按产品生命周期理论来划分，可以分成以下两个阶段。

第一阶段为 1984～1998 年，公司生产技术水平较低，只具有相对生产成本优势。这一时期，公司不断吸收、引进国内外先进的生产技术，提升自己的管理水平和产品的附加值，并适当为国外厂商做 OEM。1984 年，该公司引进德国最先进的四星级空调生产线，通过与中国科学院、北京航空航天大学、飞利浦集团等的合作，以增强自己的科技水平。同时，通过兼并、控股等一系列资本运营手段，逐步壮大自己的综合实力，不断地进行技术创新、管理创新和资本的积累，使公司的年平均增长率达到 80%以上。

第二阶段是从 1998 年至今，经过第一阶段的技术、管理和资本的积累，HLC 公司开始迈入国际化大公司的行列。这一时期，企业已经拥有的技术、管理优势，与世界先进水平保持了同步的发展，使公司基本具备了产品生命周期理论中所阐述的对外扩张的生产战略的实力。因此，在“先有市场，再有工厂”的思想的指导下，公司开始了在海外建立生产工厂、基地的历程。总的来说，HLC 公司在这一阶段的国际化生产战略按照先易后难与先难后易相结合的原则，分为以下两个层次。

第一个层次：到 1999 年 4 月，该公司选择在技术、管理综合水平比其稍低的印尼、菲律宾、印度等国家建立跨国公司，以维持其所有权优势，并通过内部化优势表现出来。如 1996 年 6 月在印尼成立 HLSP（印尼）有限公司，1997 年在菲律宾成立 HLLKG 电器有限公司，在马来西亚组建 HLCM 有限公司等。

第二个层次：从 1999 年 4 月开始，HLC 公司已经基本具备了进入国际一流企业行列的条件。HLC 公司先后在美国、日本、意大利等国家建立了生产基地，并依次在这些国家组建了美国 HLC 公司、日本 HLC 公司、欧洲 HLC 公司，将其国际化生产战略延伸到了被誉为国际一流空调技术发源地的美国、日本和欧洲。对惠而浦、三洋、伊莱克斯、通用电气等全球家电巨头发起了冲击，并迫使通用电器这样的大公司退出空调市场。2002 年，HLC 公司在美国的销售额为 10 亿美元，其海外销售额达到 59 亿美元。

HLC 公司国际化生产战略的成功给我们这样的启示：

（1）企业的国际化生产战略要与企业的所有权优势相当，企业是否实行国际化生产战略，以及实行什么样的国际化生产战略，与企业所掌握的技术、管理、资本等所有权优势息息相关。

按照产品生命周期理论，企业所有权优势越强，其国际生产战略的水平就越高，就我国具体情况而言，由于我国是一个发展中国家，企业的综合水平不是很高。因此，大部分企业与国际一流企业相比，其所有权优势不明显，或者说处于劣势，其实行国际化生产战略的方式只能是接受国际一流企业的所有权优势。通过吸引国外一流企业的技术、管理、资金等逐步发展壮大自己，或是为国际一流企业做 OEM、ODM，贴牌生产，通过这些方式，积累自己的企业所有权优势。当企业的所有权优势积累到一定程度，就可以考虑在技术水平更低的地区和国家推行国际化生产战略。

（2）企业所掌握的技术和管理优势，是企业推行国际化生产战略的关键。产品生命周期理论告诉我们：企业推行国际化生产战略的关键，是其拥有技术管理等所有权优势和内部化优势。所有权优势和内部化优势是企业实行国际化生产战略成败与否的关键所在。

资料来源：吴勇．市场营销[M]．北京：高等教育出版社，2008．

思考题：

1．HLC 公司国际化生产战略取得成功靠的是什么？

2．我国企业在技术优势落后的情况下，又要创新产品，追赶国际企业巨头，请思考分析，我们依靠哪些措施才能保持产品不断创新发展？

实训训练

1．通过企业调研或资料检索，选择一个国内知名品牌产品，分析这个产品的整体组成及外延过程，并详细说明该产品的有形特征和无形特征。

小组讨论：以 3～5 名学生为一组，每一位学生介绍自己在学习活动中收集的资料和体会，形成小组讨论报告。

2．调研一个企业，了解该企业过去某种产品在产品生命周期不同阶段市场营销策略的变化，再用生命周期理论分析其合理性。

小组讨论：以 3～5 名学生为一组讨论交流。

3．通过资料检索，每一位同学写出两个新产品开发的案例，其中一个是新产品开发成功的案例，另一个是新产品开发失败的案例。

小组讨论：请一位企业主管，为学生作一次新产品开发讲座，并组织学生分组进行讨论。

第八章

品牌策略

学习目标

知识目标

- 理解品牌的定义、内涵、品牌的作用。
- 掌握品牌营销的策略原理。
- 掌握商品包装策略类型及注意事项。

技能目标

- 能够识别具体品牌的内涵，能够制订品牌营销计划。

群豪服饰公司多品牌产品策略

群豪服饰公司生产的金利衬衣的市场占有率达 30%。此时，另一家公司推出了一种新款男式衬衣，其质量不亚于金利衬衣，而每件衬衣的价格却比金利低 50 元。面对市场竞争，摆在群豪公司面前的有三条常规对策:

对策一：降价 50 元，以保住市场占有率。

对策二：维持原价，通过增加广告费用和推销支出与竞争对手竞争。

对策三：维持原价，任由市场占有率降低。

群豪公司在深思熟虑后，采取了让人意想不到的第四种策略：将金利衬衣的价格再提高 50 元，同时推出一种与竞争对手的新款衬衣价格一样的时尚衬衣，另外，再推出另一种价格更低的休闲衬衣。

这是公司引入了品牌策略的结果。金利衬衣的市场占有率达 30%，说明公司销售渠道广，品牌影响力及顾客群体的忠实度非常高，企业处于相对稳定的发展期。在这种情况下，公司无需采取第一种策略，即采取降价策略吸引消费者，以争取扩大市场占有率，这种策略适合于刚进入市场或份额非常小的制造商。其次，公司的品牌足够成熟，消费者品牌意识强，消费群体相对固定，所以也没必要使用第二种策略，这一策略将会使资金耗费在已经成熟的广告宣传上，而没有实际效用。再次，尽管公司有很强的影响力，但第三种策略是明显不可取的，当消费者能寻找到更多合适的替代品时，他们会放弃品质相仿而价格高的产品，导致原产品市场份额被其他商家逐步吞噬。

该公司之所以采用提高价格的策略，事实上是在打品牌保卫战。提高价格一方面有利于维护品牌形象，另一方面则将本公司产品的目标消费者群体与小商家消费者市场作出清晰的划分。通过加价 50 元，公司将目标消费者群体提升一个档次——从原来普通消费者群提升到中高档消费者群体。理由是：随着人们生活质量日益提高，更多的消费者愿意对高品质生活投入更多的资金以寻求舒适生活。尽管这一群体相对于普通消费者群体来说数量较少，但消费潜力巨大，因为这部分消费者不会再满足于基本生活消费需要。同时，公司又对金利衬衣推出系列的平价和低价产品，使得产品策略从满足单一目标消费者群体，转向中高档一中档一低档多个消费者群体，从而满足各个消费阶层的消费需求。

在金利原有的品牌知名度影响下，金利衬衣将会更多地吸引各个档次的消费者群体。群豪公司采取的是多品牌战略的做法，这一做法一方面扩大了品牌知名度和市场占有率，另一方面也没有对本品牌和消费者群体产生不良影响。

人们通常理解的产品是指具有某种特定物质形状和用途的物品，是看得见摸得着的东西。这是一种狭义的定义。市场营销学认为，广义的产品是指人们通过购买而获得的能够满足某种需求和欲望的物品和总和，它既包括具有物质形态的产品实体，又包括非物质形态的利益，这就是“产品的整体概念”。并在产品整体概念的基础上，提出产品的市场营销策略。

品牌是企业、产品管理中重要的方面，品牌既提供了顾客识别企业、产品的手段与方法，也是企业树立良好形象赢得市场竞争的重要营销工具，由此，品牌已成为资本和经济中的“原子核”，是开拓市场、竞争市场、维护市场的利器。

第一节 品牌概述

一、品牌概念

对品牌的定义各种各样，但美国市场营销协会的论述比较得到认可。美国市场营销协会对于品牌定义如下：品牌（brand）是一种名称、术语、标记、符号或是一个设计，或是它们的组合运用，其目的是借以辨认某个或某群销售者的产品服务，并使之同竞争对手的产品或服务区别开来。

品牌的概念包括两个基本含义：①品牌由各种可作为标志物的东西组成，如名称、符号、图案等。②品牌的主要意义或基本作用是标记在产品上用于辨别制造者、经销者是谁。由此可知，品牌是企业、产品标志物的一个总称，用来使顾客能够辨识企业、产品的生产和经销者是谁。品牌的拥有者（所有人）通常称为品牌主，在加盟连锁企业中被称为盟主、特许人。它可能是一个制造商、经销商、营销者，也可能是若干个营销者（当品牌共有时）。品牌有一定的价值后可以委托别人使用，从而出现大量的品牌使用权拥有者。

具体来说，品牌包括以下三个方面。

（1）品牌名称（brand name）。这是指品牌中能够被发音，能被语言读出来的部分。如“海尔”品牌中的“Haier 海尔”。

（2）品牌标记（brand mark）。这是指品牌中能够辨别，但不能由发音或由语言明确读出的部分。如“海尔”品牌中的两个拥抱的儿童形象。

（3）商标（trade mark）。商标是个法律术语，如果品牌主将其品牌全部进行商标登记注册并获得许可，品牌（全部）就是商标；如果品牌主只将其品牌中的某一部分用于商标登记注册，则商标只是品牌的一个部分。凡是取得了商标身份的那部分品牌都具有专用权。在“海尔”品牌中，“Haier 海尔”旁边有一个“®”标记，表示这部分是取得了商标权的。所以，对于“海尔”品牌来讲，它的商标与品牌名称是同一个标志物。可以看出，品牌标记中的两个拥抱的儿童形象就不是商标。

品牌和商标不是一个相同的概念，它们是有严格区别的：①在品牌中，凡不属于商标的部分，是没有专用权的。当别人使用时，从法律角度讲，是不构成侵权的，只有商标部分才有专用权。②商标可以为企业独占而不使用；而品牌一定是使用的，不管它是否为使用者所独占。不使用的品牌，没有任何意义，也没有存在的必要。而不使用的商标，是有意义的，甚至在营销中是一个重要品牌战略。

二、品牌的内涵系统

品牌的基本作用是为企业、产品的营销者提供身份识别。美国营销大师菲利普·科特勒认为，在营销活动中品牌并非识别符号的简单组合，而是一个复杂的识别系统，它包括以下六个层次。

1．属性

一个品牌首先带给消费者的是其产品属性。如“奔驰”代表高档、制作优良、耐用性好、昂贵和有声誉；“MS”代表稳定、兼容性好、易用和价格便宜；“海尔”代表适用、质量和服务等。属性是顾客判断品牌接受性的第一个因素。因此，在为品牌定位的时候，营销者要首先考虑为品牌赋予恰当的属性，因为顾客购买任何品牌的产品首先是要求适合自己使用的需要。

2．利益

与顾客不是购买产品而是购买利益一样，顾客购买某个品牌的产品时，也不是真正购买它的属性而是购买利益。因此，品牌的每种属性需要体现顾客利益。为什么顾客要购买“耐用”这个属性，因为其认为这“可以用很长时间”，“这才节约了我的购买价格”。显然，“耐用”作为一个属性体现了“减少购买实际支付”的顾客利益。根据这个原理，营销者在考虑赋予品牌的属性的时候，应根据顾客购买特定产品所需求的利益来决策和选择。顾客越是看重某品牌属性带来的利益，该品牌的地位就越高。

3．价值

品牌在提供属性和利益时，也包含营销价值和顾客价值。就营销价值来说，就是市场上的“名牌效应”。即一个品牌如果被目标顾客喜爱，用它来标记任何产品，营销时都非常容易，营销者不必再为此过多花费促销费用。当品牌能够起到节约营销费用甚至决定产品市场命运的作用时，持有品牌的品牌主如果将此品牌转让，就可以卖出很高的价格，即品牌作为一种资产有了转让价值。如果品牌有较高的营销价值和转让价值，那么品牌的资产价值就较高。

4．文化

品牌可附加象征一种文化或文化中某种令人喜欢或热衷的东西。文化中，最能使品牌得到市场高度认可和赞同的是文化所体现的核心价值观。例如，“可口可乐”代表着美国崇尚个人自由的文化；“奔驰”代表德国人的严谨、纪律和追求效能的文化；“联想”代表科技发展无限性；“海尔”代表祥和亲善。

5．个性

品牌可以具有一种共性，也可以具有个性。品牌的个性表现为它就是“这样的”，它使使用者也能具有对“这样的”认同感或归属感。“可口可乐”那种随意挥洒的字体造型，让人感到一种追求自我的个性；“海尔”那两个拥抱的儿童的标记，使人想到的是人际间的亲情和睦。品牌塑造个性，通常用联想、暗示、喻义等方法来实现。

6．使用者

品牌通过上述各个层次的综合，形成特定的品牌形象，必然表现为它应有特定的使用者范围。“苏姗娜”不能用于老年人使用的化妆品上，同样，“娃哈哈”这种品牌用到成人用品上会使人感到别扭。品牌一旦归属到特定的使用者，一方面限制了其用户群，另一方面也能够造就出品牌忠诚者。

品牌的以上六个层次指明了企业经营人员的在营销活动中，应从什么角度塑造品牌的特征才能给目标顾客提供很容易识别的品牌——这是品牌得以成功的基础。菲利普·科特勒认为，品牌引入的基础是属性，但仅仅依靠品牌的属性是非常靠不住的，因为竞争者很快可以复制这些属性，并且今天对顾客有利益的属性，明天可能不再对其有利益而成为无价值的属性。而品牌最持久的因素是它的价值、文化和个性，它们确定了品牌的营销基础。

三、品牌的作用

（1）识别产品。品牌可以很容易地回答消费者有关产品的产地和企业，对产品进行监督和保护自己的权利。品牌代表商品的质量、特色，消费者可以据此选择。如沃尔沃汽车代表了安全、豪华、瑞典文化、物超所值、体现顾客需求的特点。

（2）保证质量。企业设计品牌、创立品牌、培养品牌的目的就是希望品牌变成名牌，于是在产品质量上下工夫，在售后服务上下工夫。品牌代表产品档次、企业形象，企业从长远的角度考虑也必须把产品质量做好。要避免企业短视，只考虑眼前利益而损害品牌的行为。耐克就是代表企业的信誉、产品的质量品牌——企业竞争的武器。

（3）有利于促销，树立企业形象。企业进行宣传需要以品牌做基础，它为广告宣传提供了具体的对象。通过反复强调品牌容易让消费者对品牌产生深刻的印象，增强消费者的品牌意识。

（4）维护权益。企业品牌一经注册就取得了商标专用权，从而可以有效地防止其他企业的侵权行为。一旦发现假冒伪劣，则可以依法追究。消费者一旦遇到产品的质量问题，也可以依法根据品牌这一线索来保护自己的权利。

第二节 品牌策略

一、品牌策略概述

1．品牌策略的定义

品牌策略主要指企业决定如何利用企业品牌、产品品牌，并进行品牌选择、品牌维护、品牌再造的决策过程。品牌策略是企业营销管理的重要内容。企业是否给其产品规定适当的名字，是企业营销部门首先考虑的问题。企业通过精心设计品牌，并向政府申请注册取得批准，可以增加产品的价值。

2．品牌策略的理解

品牌策略只是企业策略之一，要在企业营销战略的基础上进行制定，品牌策略的制定既要坚持一定原则，又要进行一定的创新。加深对品牌策略的理解是进行品牌策略制定的基础。

品牌策略一般有以下几种：品牌化策略或无品牌策略；品牌所有权策略；品牌统分策略；多品牌策略；品牌延伸策略；品牌更新策略；品牌保护策略。

品牌策略的作用是能够积极的树立品牌的形象，为企业带来明显的经济效益、有助于细分市场、明细消费者范围、有助于企业维护自己产品的权益。但同时企业品牌如果损害消费者利益，也可能给自己带来损失。可见企业、产品品牌是一把双刃剑，利用好会带来收益，利用不好就会损害企业利益。

在品牌策略的运用上，特许加盟策略是现在被广泛应用的策略之一。国际特许经营协会（International Franchise Association）的定义是：特许经营是特许人与受许人之间的一种契约关系。根据契约，特许人向受许人提供一种独特的商业经营特许权，并给予人员训练、组织结构、经营管理、商品采购等方面的指导与帮助，受许人向特许人支付相应的费用。而特许经营权里就包含了品牌的价值这项权利，这是用品牌的无形资产通过特许经营的形式获得有形资产的回报。

品牌策略里的一种新的发展趋势是强强联合和品牌兼并策略等。强强联合，指强势品牌企业之间为了增强市场竞争力，获得更大的经济效益而实行合并的经济现象。可以实现合并企业的优势互补，优化资源配置，降低生产成本，提高劳动生产率，促进先进技术的研究和开发，达到扩大市场占有额，获取更大的经济效益的目的。

强势品牌企业对弱势品牌企业的兼并，通常是效益较好的优势企业兼并那些效益较差的劣势企业。兼并之后，劣势企业将不再存在。弱势企业的资源经过强势企业的整合也成为强势企业里的重要一环，重新焕发生机。

二、品牌化策略

品牌化策略是指企业的营销部门给其销售的产品确定相应的品牌。

是否需要命名、使用品牌，这是企业首先要考虑的问题。过去虽然很多产品没有品牌，节省了部分成本。但近年来，随着竞争加剧，这部分产品大都确定了品牌。这是因为品牌化虽然可能会增加企业成本，但却能给企业带来诸多的好处：①通过品牌树立企业形象，促进企业产品信息的迅速传播，以吸引众多的品牌忠诚者。②声誉良好的品牌能给企业带来较好的收益，名牌产品的销售价格往往较一般同类产品高，且名牌本身就具有相当的价值。③注册商标可以使企业产品得到法律保护，防止产品被模仿和抄袭，以保持企业产品的差异性。

小资料

美国资深品牌顾问公司“Interbrand”最近对全球著名品牌的市场价值进行了调查。不久前在《财富》杂志的权威调查中获“世界最受赞誉饮料公司”称号的可口可乐再次荣登榜首，品牌价值为838.5亿美元，名副其实地成为“世界第一品牌”，且远远超过列第二位的微软（566.6亿美元），优势明显。IBM、通用电气、福特、迪斯尼、英特尔、麦当劳、AT＆T、万宝路分列第三至第十位。

此项调查排名的依据是：品牌的地域伸展力、在主要市场上的形象、公司财政的透明度。排名反映了品牌的市场价值，同时也反映了品牌为企业赢利的能力。

此项调查还表明，品牌价值的形成需要一个长期的过程。在前十名品牌中，只有微软的历史少于25年。而可口可乐、通用电气都超过百年。除历史之外，品牌对市场的领导力和号召力，以及在各种不同地域的伸展力更为重要。以可口可乐为例，其产品在全球饮料市场占有率为48%，一枝独秀。在北美、澳洲、欧洲、中国、日本等各主要市场，“可口可乐”均是第一饮料品牌，且都领先第二名几倍之多。在美国，每人每年饮用395瓶可口可乐产品，而在墨西哥达412瓶。中国拥有世界五分之一的人口，人均年饮用量亦达到7瓶，是可口可乐的全球第七大市场。

不过，由于品牌的使用，特别是名牌的创立需要投入不少费用，有的企业也采用非品牌化策略。这主要是为节约品牌包装等的费用，使产品以较低价格出售。低价策略可增加产品的竞争力，低成本则使企业保证适度的利润。

三、品牌所有权策略

生产企业如果决定给一个产品加上品牌，通常会面临三种品牌所有权选择：①生产商自己的品牌；②销售商的品牌；③租用第三者的品牌。

一般来说，生产商都拥有自己的品牌，他们在生产经营过程中确立了自己的品牌，有的更被培养成为名牌。但是，从20世纪90年代开始，国外一些大型的零售商和批发商也在致力于开发他们自己的品牌。这主要是因为这些销售商希望借此取得在产品销售上的自主权，摆脱生产商的控制，压缩进货成本，自主定价，以获取较高的利润。此外，也有一些生产商利用现有著名品牌对消费者的吸引力，采取租用著名品牌的形式来销售自己的产品，特别是在企业推出新产品或打入新市场时，这种策略更具成效。

小资料

英国马狮（Marks &S pencer）百货集团是大型的跨国商业零售集团，在世界各地有260多家连锁店。马狮集团所有的商品都使用自有品牌“圣米高”牌，被称为世界上最大的“没有工厂的制造商”。“圣米高”品牌的货品在30多个国家出售，在英国零售商中其出口货品数量居首位。马狮百货只零售“圣米高”品牌的商品。“圣米高”品牌由马狮集团创造，商品包括服装、食品及酒类、鞋类、家庭陈设品及用品、化妆品、书籍及家具、点缀植物等。“圣米高”品牌90%以上的商品是由在英国的大大小小的协作厂家制造的，并且所有的货品或是由马狮集团自己设计或是与供应商合作设计的，不像其他百货公司那样，仅从供应商那里购入“现成”的货品。“圣米高”品牌由于马狮集团与供应商的紧密合作、并实行全面品质保证（TQA），加上其他策略的配合，“圣米高”品牌被公认为质优与“物有所值”的象征。“圣米高”品牌以马狮集团的信誉作保证，因而商品的品质是相当可靠的，顾客是完全信赖的。这些被称为“无华商品”的货品，以比较简单的包装，较节省的宣传广告费用，较少的附加费用，使商品真正做到了“物美价廉”，品质优良，售价便宜。“圣米高”品牌产品不但为马狮集团带来更多的利润，而且也为马狮集团带来更高的荣誉，增加了消费者对马狮集团的信心。

四、家族品牌策略

决定使用自己品牌的企业，还面临着进一步的品牌策略选择，主要有以下策略选择。

（1）统一品牌策略。统一品牌策略是指企业决定其所有的产品使用同一个品牌。这样可使企业节省品牌设计、广告宣传等费用，有利于企业利用原有的品牌信誉，使新产品顺利进入市场。但统一品牌策略具有一定的风险，如果其中有某一种产品营销失败，则可能会影响整个企业的声誉，并涉及其他产品的营销。

（2）个别品牌策略。个别品牌策略是指企业决定其不同的产品采用不同的品牌。这样可以分散产品营销的市场风险，避免某种产品失败所带来的影响；也有利于企业发展不同档次的产品，满足不同层次消费者的需要。但使用个别品牌策略，企业要增加品牌设计和品牌销售方面的投入。

个别品牌也可以是相同的产品采用不同的品牌。

（3）品牌延伸策略。品牌延伸策略是指企业利用已成功的品牌来推出改良产品或新产品。那些著名的品牌可以使新产品容易被识别，得到消费者的认同，企业则可以节省下有关的新产品促销费用。

金利来从领带发家，然后扩展到衬衣、皮具等领域；娃哈哈集团从儿童营养液扩展到果奶、纯净水、营养八宝粥、AD钙奶、红豆沙、绿豆沙等。但这种策略也有一定的风险，容易因新产品的失败而损害原有品牌在消费者心目中的印象。因此，这一策略多适用于推出同一性质的产品。

（4）多品牌策略。多品牌策略是指企业决定对同一类产品使用两个或两个以上的品牌名称。这是由美国P&G公司首创的。该策略有利于抢占更多的货架面积，扩大产品的销售，争取那些忠诚度不高的品牌转换者，同时也能占领更多的细分市场。如与P&G公司合资的广州宝洁公司就是这种策略的典型，它拥有海飞丝、飘柔、潘婷、沙宣等品牌。多种品牌还可以加强企业内部的竞争机制，提高经济效益。

此外，在国际营销中，由于国家、民族、宗教信仰等的不同，为了避免品牌命名不当而引起的市场抵触，以适应不同市场的消费习惯，多品牌也是一种适用策略。

五、品牌更新策略

企业确立一个品牌，特别是著名品牌，需要花费不少费用。因此，一个品牌一旦确定，不宜轻易更改。但企业在下列情况下，不得不对其品牌进行修改：消费者的品牌偏好转移；原品牌陈旧过时，与产品的新特点或市场的变化不相符；原品牌产品出问题；原品牌在市场中遇到强有力的竞争对手，市场占有率下降等。

品牌更新通常有三种选择：①全部更新，即企业重新设计全新的品牌，抛弃原品牌。这种方法能充分显示企业的新特色，但花费及风险均较大。②部分更新，即在原品牌基础上进行部分的改进。这样既可以保留原品牌的影响力，又能纠正原品牌设计的不足。特别是在企业形象识别系统（CIS）导入企业管理后，很多企业在保留品牌名称的基础上对品牌标记、商标设计等进行改进，既保证了品牌名称的一致性，又使新的标记更引人入胜，取得了良好的营销效果。③品牌理念更新。即把品牌原有的不适应市场的理念抛弃，注入鲜活的、紧贴消费者市场的新理念。比如摩托罗拉抛弃纯科技领先，注入人性化和个性化理念。麦当劳抛弃家庭、微笑、快乐的理念，而注入青春、时尚、个性、酷等理念。

六、名牌策略

名牌是指那些具有很高的知名度、良好的质量和服务、深受广大消费者喜爱、能给企业带来巨大经济利益的品牌。名牌策略就是创立名牌、发展名牌、保护名牌、延伸名牌的品牌经营策略。企业名牌的创立、发展和保护过程中，需要注意下列问题。

（1）企业首先要有名牌意识。著名品牌不是吹出来的，它首先需要有坚实的基础，即可靠的质量、先进的技术、有效的管理、高素质的人员等。有了这些基础，再加上恰到好处的运作，经过长时间的努力，才有可能创造出一个名牌。仅靠大量的广告宣传，通过“密集轰炸”，就期望在短期内成为名牌的想法是不足取的。因此，企业应了解创立名牌的长远性、艰巨性，克服短期行为。同时，还应当认识到，名牌是精品，但并不等于高价品，名牌不是因高档、名贵而成为名牌，而是靠消费者的喜爱，靠市场占有率形成的。

（2）积极参与国际竞争。名牌是市场竞争的产物，能在国际竞争中战胜众多对手，脱颖而出，能被世界各国市场都予以承认，这才是名牌创立的最高境界——世界名牌。要达到这一目标，企业规模是一个非常重要的因素；同时，必须适应国际潮流，如当前的“品牌个性化”、“绿色品牌”等。

（3）要发展自己的名牌。到目前为止，为数不少的企业基于纯经济利益或其他各方面的考虑，把自己多年奋斗创立起来的品牌拱手相让或贱卖，国有名牌成了别人的“垫脚石”。品牌发展不成反而断送了品牌。品牌的发展要从以下几点入手。

1）基础上，产品质量过硬，服务水平过关，技术力量雄厚。

2）思路上，品牌一定要出租不能出售。

3）手段上，通过品牌授权或特许经营进行品牌资产升值，当然必须监管得力。

小资料

原广告肥皂厂的“洁花”牌曾经是全国知名品牌，1988 年广州肥皂厂与外商合资成立了广州宝洁洗涤用品公司，中方把“洁花”作价 500 万元投入合资合同。但“洁花”进入宝洁后就被打入冷宫，而宝洁全力推出由美国 P&G 公司提供的“海飞丝”、“飘柔”等牌子，每年投入上亿元的宣传费，把原来国人完全不知道的美国商标变成了知名商标，原来的国有知名商标“洁花”反而无人知晓。因此，名牌再好，如果控制权在别人手里，企业就只能永远处于从属和被分割的地位。这样的例子很多，如小护士、中华牙膏、活力 28。

（4）加强对名牌的保护。由于名牌拥有巨大的经济效益，是一种无形资产，因此，无论是国外还是国内，某一品牌产品只要稍有名气，就避免不了被仿冒的命运。根据国内外的经验，保护名牌应从以下两个方面努力：①寻求法律保护。保护名牌一个最有效、最直接的方法就是利用已有的法律，其中与名牌关系最密切的法律就是商标法。②加强自我保护。企业只靠利用法律有一定的局限性。许多世界名牌是靠其独特的技术才得以延续的，因此，有的企业为了保持其技术的优势，宁愿放弃法律保护，把关键的技术严格保密。如可口可乐就是靠其独特的配方而百年雄踞饮料业之首的。

当然，创立和保护名牌不是企业能独自完成的，它还需要政府的大力扶持和帮助。

第三节　产品包装策略

一、包装的概念与作用

1. 包装的概念

产品包装有两层含义：①是指用不同的容器或物件对产品进行捆扎；②是指包装用的容器或一切物件。包装通常有三个层次：第一层次是内包装，它是直接接触产品的包裹物，如酒瓶、香水瓶、牙膏皮等；第二层就是中包装，它是保护内包装的包裹物，当产品被使用时，它就被丢弃，如香水瓶、牙膏外面的盒子等，中包装同时也可起到促销的作用；第三层次是外包装，即供产品储运、辨认所需的包裹物，如装一打香水的硬纸盒等。

此外，标签也是包装的一部分，它可能单独附在包装物上，也可能与包装物融为一体，用以标记产品的制造日期、产品说明、有效期、等级分类等信息，促进产品的销售。

2. 包装的作用

包装是整体产品的重要组成部分。特别是随着零售业的不断发展，超级市场已成为产品零售的一种主要方式。超级市场实行的是顾客自助服务的方式，众多的产品排列在货架上，没有销售人员的特别推销，此时，产品的包装就成了“无声的推销员”。人们第一眼看到的往往就是产品的包装。一般来说，设计新颖的包装能够吸引消费者的注意，从而增加产品的销售量。过去，我国许多企业由于不重视包装，生产的一些产品，尤其是出口产品，只能摆在国外地摊上，登不上大雅之堂。很长一段时间，我国的产品在国际市场上处于“一等产品，二等包装，三等价格”的被动局面。随着改革开放的不断深入和新观念的进入，包装的重要性也在逐渐地被我国企业所认识。

具体来说，产品的包装有以下四个方面的作用。

（1）保护产品。保护产品是包装的原始功能。在产品从生产者转移到消费者手中，以及被消费者消耗的过程中，良好的包装可以防止产品毁损、变质、散落、被窃等。

（2）便于储运。不少产品没有固定的特殊形状，不包装则难以进行储存和运输。有些产品则有一定的危险性，如易燃、易爆、有毒等，必须有严密良好的包装才能储运。此外，整齐的包装可以方便储运时的点检等管理工作。

（3）促进销售。包装已被越来越多的厂家用作产品促销的一种工具。通过包装，可以改进产品的外观形象，提高顾客的视觉兴趣，增加顾客的方便，促进消费者的购买。同时利用包装上的说明，增进顾客对产品知识的了解。包装还是一种少花钱或不花钱的广告载体。

（4）增加盈利。良好、美观的包装可以提高产品的身价，使消费者愿意以较高的价格购买，而且，随着生活水平的提高，这种趋势在不断上升。同时，由于包装完好可以减少产品的毁损、变质等损失，等于为企业节省了成本。此外，包装材料本身也包含着一部分的利润。

二、包装的设计要求

包装要起到它应有的作用，设计是关键的。归纳起来，包装的设计要求如下。

1. 保护商品，造型美观

设计产品包装，首先要能保护商品。因此，设计要科学、要能够保证商品在运输和储存中不受损。同时，包装的造型要美观大方、生动形象，图案设计要新颖，能对顾客产生吸引力。

2. 经济实用

包装设计要尽可能做到既能节约包装费用又能节约储运费用，而且使用方便。经济实用的含义是指以下几个方面。

（1）选用的包装材料要尽量便宜。选择包装材料时，应尽量选用可再次利用的材料，用来源比较充足的材料代替稀缺材料，用较便宜的材料代替昂贵的材料，用新型包装材料代替传统包装材料等。

（2）要设计多用途和多次使用的包装。

（3）要尽可能合理地利用包装空间。

（4）要避免过分的包装。

（5）使用方便。运输包装要设计成大包装，销售包装要设计成小包装，因此，包装的设计要求大、中、小并举。这样，既保证了运输的安全方便，也为橱窗陈列和做广告提供了方便，又为保管创造了便利条件。同时，在包装的设计中还要注意携带方便。

小资料

过分包装会增加成本

受产品包装“精美化”的影响，不少农药的包装也越来越考究。一种名为“扑虱灵”的粉剂农药，小包装如同袋装榨菜，中包装与市场上的橘子粉相似。而作为特殊产品的农药，应力求注重内在质量，包装则应尽量讲求实用，包装过分精美势必加大农药成本，增加农民负担；另外，农药包装若与食品等其他产品包装相仿，也容易发生误售、误食、误用的意外事故。

3. 与产品的价值相符合

由于产品包装已成为产品的一部分，所以产品包装必须与产品价值相符合。“一等产品，二等包装”固不可取，但是不考虑产品内容、用途和销售对象，而单纯追求包装装潢的精美华丽，以此来吸引顾客，其结果往往是主次颠倒、弄巧成拙、浪费资源。

小资料

中国国家质检总局和国家标准委发布《月饼强制性国家标准》（GB19855-2005），该标准于 2006 年 6 月 1 日起实施。标准明确的规定: 包装成本应不超过月饼出厂价格的 25%; 单粒包装的空位应不超过单粒总容积的 35%; 单粒包装与外盒包装内壁及单粒包装间的平均距离应不超过 2. 5 厘米。

国家标准委有关人士表示，2004年修订的《固体废物污染环境防治法》第十八条规定：国务院标准化行政主管部门应当根据国家经济和技术条件、固体废物污染环境防治状况以及产品的技术要求，组织制定有关标准，防止过度包装造成环境污染。《月饼》国家标准的制定，是《固体废物污染环境防治法》修订发布后为防止过度包装而制定的第一项国家标准，是促进建设节约型社会的有效措施。

4. 显示出产品的特点

要能够从包装的图案、形状和色彩等方面显示出产品的特点和独特风格。例如，化妆品的包装要色彩艳丽、造型优美、装潢雅致；贵重的工艺品的包装要用料华贵、造型独特、装潢富丽；儿童品的包装要五彩缤纷、活泼美丽；食品的包装要喜庆吉祥，以吸引消费者购买。

5. 选用符合产品性质和消费者心理的色彩

色彩对人们的兴趣、爱好等心理活动有很大的调节作用。因此，在产品包装装潢的设计中要注意选用适当的颜色，要考虑不同年龄、不同地区、不同民族对色彩的不同爱好。例如，笨重的产品宜采用淡色的包装，会使人觉得比较轻巧；轻巧的产品采用深色包装，会产生庄重的感觉；食品和洗涤剂采用乳白色或淡绿色包装，会使人感到卫生清洁；药品若采用绿色包装，会给人以健康安宁、充满生机的感受。

6. 文字设计一目了然

有些产品的性能、使用方法、使用效果常常不能直观显示，而需要用文字加以说明。包装上的设计，要抓住顾客对不同产品的不同心理，以指导其消费，如药品类产品，要说明成分、功效、服用量、禁忌及是否有副作用等；服装类产品，应说明用料、规格、尺码、洗涤和保存方法等。

7. 符合销售地的风俗习惯

因各个国家和地区的宗教信仰、风俗习惯、文化背景、地理环境不同，而在产品包装上产生了一些禁忌，这是不可掉以轻心的。

小资料

部分国家的习俗和禁忌

日本：在输往日本的产品包装上应忌用荷花，因为日本人认为荷花意味着祭奠，是到极乐世界去的象征。日本人对饰有狐狸或獾的图案的物品也很反感，因为日本人认为狐狸和獾是贪婪、狡猾的象征。

英国：出口到英国的产品包装上忌用白象。白象在英国象征好吃懒做，有大而无用之意。英国人还忌用山羊和孔雀做商标。山羊在英国是 goat，而 goat 有“不正经男子”、“坏人”之意；孔雀开屏被认为是自我炫耀的不良习性。

法国：对墨绿色特别厌恶，这是基于第二次世界大战的痛苦回忆，因为希特勒法西斯军队穿的是墨绿色的军装，所以法国人见到墨绿色就触景生情，产生反感。

非洲：北非一些国家忌用狗作商标，认为狗是不洁之物。而有的非洲国家不欢迎面带慈祥笑容的老寿星。

三、包装策略

随着商品经济的迅速发展以及人们消费习惯的变化，要求产品包装除了图案设计美观新颖，装潢艺术精致高雅之外，还要选择适当的包装策略，适应消费者多种多样的购买要求。常用的包装策略有以下几种。

1．类似包装策略

类似包装策略是指企业所生产的各种产品在包装物外形上采用相同的形状，近似的色彩和共同的特征，以便使消费者从包装的共同特点产生联想，一看就知道是哪个企业的产品，实行这种策略的优点是容易提高企业信誉，节约包装设计费用。缺点是一损俱损。

2．等级包装策略

将产品分为若干等级，对高档产品采用优质包装，对一般产品采用普通包装，使产品的价值与包装相称，表里一致，方便消费者选购。

小资料

包装改变，身价倍增

以前我国东北优质人参出口，采用木箱和纸箱，每箱20～25公斤，不仅卖不了好价钱，而且还使不少外商怀疑是否是真正人参，因为他们认为像人参这么贵重的药材不可能用那样的包装。后来我国改变了以前的大包装，改用小包装，内用木盒，外套印花铁盒，每盒1～5只，既精致又美观，身价倍增。

3．配套包装策略

配套包装策略也称为组合包装策略、多种包装。它是指将数种有关联的产品放在同一容器内进行包装，以方便消费者购买、携带和使用。例如，把乒乓球、球拍、球网配套包装。再如急救箱（胶布、红药水、碘酒、酒精等），成套化妆品（护肤霜、花露水、唇膏、发油等），成套餐具等。采用这种策略也可以将新产品与其他老产品放在一起，使消费者在不知不觉中接受新观念，习惯于新产品的使用。

4．双重用途包装策略

双重用途包装策略也称为再使用包装策略。它是指将原包装的产品使用完以后，包装物可移作其他用途。采用这种策略的优点是有利于诱发消费者的购买动机，空包装物还能起到广告宣传的作用。

5. 附赠品包装策略

附赠品包装策略是指在产品包装物内，附赠小物品，目的是吸引顾客购买和重复购买以扩大销售的策略。附赠品包装策略尤其是在儿童用品市场上最具有吸引力。如糖果和其他小食品包装内附有连环画、小塑料动物等。

小资料

很多孩子喜欢的膨化小食品中，里面有很多贴画等。产品是玉米粉做成的常见的脆条、薯片等，而吸引孩子们的是包装里的赠品贴画，积攒成套后可以比试自己的能力，并带来快乐。

本章小结

本章主要论述了品牌及品牌策略、包装策略等。介绍品牌的含义、作用及其内涵，说明品牌策略的含义及其类型，如品牌化策略、个别品牌策略、家族品牌策略、品牌延伸策略、品牌更新策略、品牌的特许加盟策略。说明包装的含义、作用及其类型。提出五种常用的包装策略：类似包装策略、等级包装策略、配套包装策略、双重用途包装策略、附赠品包装策略。强调包装在产品营销中有比较重要的作用。把握以下重要概念：品牌化策略、品牌延伸策略、多品牌策略。

思考与练习

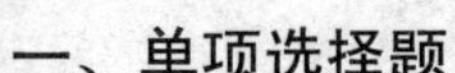

一、单项选择题

1．企业利用自己已经成功的产品品牌来推出改良产品或新产品，称之为（　　）。

A．统一品牌策略　B．个别品牌策略　C．品牌延伸策略　D．多品牌策略

2．进入成长期的产品普及率一般处在（　　）。

A．15%　B．15%～50%　C．50%～80%　D．超过 80%

3．一个产品就使用一个品牌的策略是（　　）。

A．个别品牌策略　B．多品牌策略　C．统一品牌策略

二、判断题（用√表示正确，用×表示错误）

1．品牌与商标是相同的概念，二者之间没有严格的区分。（　　）

2. 产品是指人们通过购买而获得的能够满足消费者的某种需求和欲望的物品的总和。（　　）

三、问答题

1．商标和品牌有何区别？如何创造和保护名牌？

2．包装的设计及包装策略的内容有哪些？

参考案例分析

"月饼"包装盒该瘦身了

根据国家发改委、中共中央宣传部、商务部、工商总局、质检总局联合下发的《关于进一步规范月饼包装节约资源保护环境的通知》，要求各有关部门通力协作、密切配合，加强

对月饼过度包装的整治。通知要求加大宣传，曝光过度包装行为，形成自觉抵制过度包装和奢华浪费的良好氛围。

受到不良社会风气的影响，有关企业生产出来的月饼越做越小，包装盒子越做越大，越做越精致。而月饼吃完后，精美包装的月饼盒子大多被丢弃，造成了严重的环境污染和大量的资源浪费。

以前，我国生产的各种产品是“赤膊上阵”，现在礼品包装盒又成了里三层、外三层“精装潢”、“豪华包装”，可如此过度包装除了使礼品看起来高档、气派些外，并无太多实际功效。这些“豪华礼品包装”无非是想增加一些“卖点”，增加一些利润。但对普通消费者和环境来说，可能就是一种“灾难”。显然，这些过度包装不仅让送礼者多掏了不少冤枉钱，收礼者也会倍感“失落”，还造成了不小的资源浪费和环境破坏。建设节约型社会已成为人们的共识，深入人心，可铺张浪费、破坏环境的“美丽礼品”却屡禁不止，让许多人反感。目前，我国资源本来就不丰富，用来包装的木材、纸张及一些金属原料等还需要进口，浪费这些宝贵资源实在可惜。因此，国家多部门联合下发《关于进一步规范月饼包装节约资源保护环境的通知》很有必要，摒弃过度包装，提倡绿色包装，在资源紧缺的情况下，节约了大量资源又保护了环境，还让产品价格下降，减轻了消费者的经济负担，有利于市场物价稳定，这等好事何不推广起来。

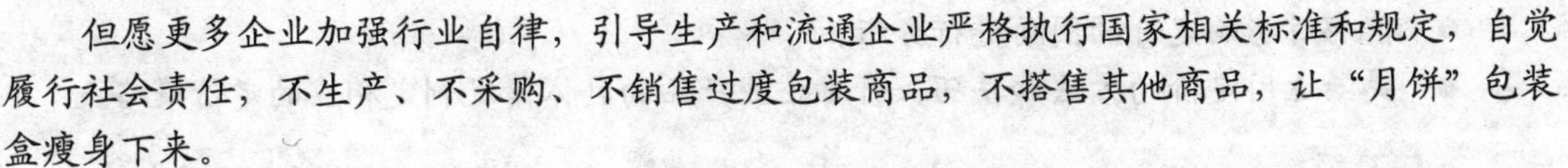

但愿更多企业加强行业自律，引导生产和流通企业严格执行国家相关标准和规定，自觉履行社会责任，不生产、不采购、不销售过度包装商品，不搭售其他商品，让“月饼”包装盒瘦身下来。

资料来源：http://zhidaocommit.baidu.com/question/67467566.html

思考题：

结合实际分析月饼过度包装的危害，并提出你自己解决问题的建议。

实训训练

把全班学生划分为几个小组，调研本地一个制造企业的一个或一类产品，分析品牌的命名理由、发展过程中遇到的问题，企业采取的对策。要求每组学生完成一份调研企业的产品品牌建设报告。字数5 000字左右。

小组讨论：本地企业品牌建设中存在的问题及企业的应对策略。

第九章

价格策略

学习目标

知识目标

- 了解企业定价的目标。
- 领会影响定价的各种因素。
- 掌握企业定价的方法和策略。
- 了解价格调整的依据和方法。

技能目标

- 能够对影响定价的因素进行分析。
- 灵活运用定价的方法和技巧，针对企业产品的具体情况制定相应的定价策略。

格兰仕——价格策略屡试不爽

格兰仕集团是一家世界级品牌家电制造企业，自进入微波炉市场以来，多次打响降价第一枪，在市场上的地位不断提高。在微波炉市场上，格兰仕素有“价格杀手”、“价格屠夫”的称号，综合分析格兰仕这些年来的价格策略，有以下显著特点。

（1）价格下调幅度大。格兰仕的降价策略是，要么不降价，要降就大幅度地降。所以，格兰仕每次下调价格，调价幅度都在20%以上，甚至达到40%。如此高的降价幅度，能够在消费者心目中产生极大的震撼效果，并对竞争对手形成巨大的震慑作用，这也是格兰仕降价策略较为成功的重要因素之一。

（2）降价策略多样化。格兰仕的降价策略，每次都有所不同，有时是全面降价，有时是只调低一个规格的产品价格，有时是调低一个系列的产品价格。

（3）降价策略与其他促销形式密切配合。格兰仕的价格调整，变化多、力度大，同时配合强大的媒体炒作、促销攻势等方式，使其降价活动可以实现达到最大的效果。如2000年6月，格兰仕在大幅度降价的同时，开始实施疯狂赠送活动。其中，800～950元的“黑金刚”系列买1送14，赠品包括风扇、微波炉用品、手表、围裙等，价值总计600元左右。

（4）阶梯式降价。这是格兰仕降价策略最显著的一个特点，其降价策略受到充分的计划指导，基本是企业规模每上一个台阶，就大幅下调一次价格。比如，一旦自己的规模达到125

万台，就把出厂价定在规模为 80 万台的企业的成本价以下。这样，不给竞争对手任何追赶其规模的机会。

价格是决定产品市场占有率的重要因素。在质量等其他因素不变的情况下，降价能够扩大市场份额，扩大产品销售，增加企业利润。格兰仕正是基于这样的认识，以提高市场占有率为目标，不仅降价，而且降价幅度大，策略多样化，加上配合其他促销攻势，取得显著的降价效果，使格兰仕市场占有率高达 60%以上，成为中国微波炉市场当之无愧的龙头老大。因此，根据企业的定价目标，运用好价格策略是企业在经营中取得成功的关键。

在营销活动中，价格是市场营销组合中十分敏感而又难以控制的因素，它直接影响着消费者对产品的接受程度、市场需求和企业的利润水平，涉及生产者和消费者等各方面的利益，同时也是企业的一种重要的竞争手段。因此，如何定出合适的价格，既能让消费者乐于接受，企业又能赢得竞争优势，从而取得更多的收益是企业面临的重要课题之一。

资料来源：方光罗. 市场营销学[M]. 大连：东北财经大学出版社，2001.

第一节 企业定价的目标

企业必须按照目标市场战略及市场定位战略的要求来制定价格。因此，企业在进行定价以前，首先要明确定价目标。定价目标是指企业通过制定一定水平的价格，所要达到的预期目的。企业定价的目标主要包括以下几种（图 9-1）。

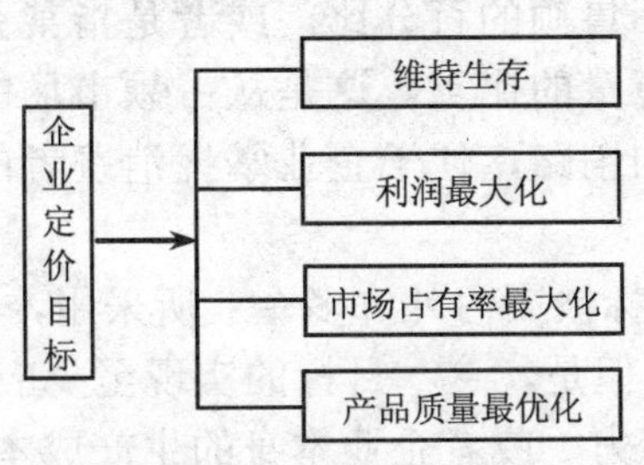

图 9-1 企业定价的目标

一、维持生存

如果企业面临生产过剩，或激烈的市场竞争，或顾客需求发生改变，从而造成企业产品卖不出去，资金周转困难时，则需要把维持生存作为定价的主要目标。为了确保企业能继续维持生产和减少存货，企业应该制定较低的价格，并希望市场是价格敏感型的。但维持生存只是一个短期目标。

二、利润最大化

这是企业的主要定价目标，许多企业希望制定一个能够使利润最大化的价格。它们估计需求和成本，并据此选择一种价格。一般而言，企业应该追求的是长期的、全部产品的综合最大利润，这样，企业可以在竞争中获得较大的优势，占领和扩大更多的市场份额。

小资料

2007 年 5 月，国家发改委宏观经济研究院市场与价格研究室主任王学庆参加新浪网聊天时发表了个人看法，他认为到目前为止上网费是较高的，尤其是北京相对而言最昂贵，但上网费的成本很难界定，主要是运营商自己定价，一定程度上运营商是为了利润最大化。

我国上网费偏高。世界银行发表报告称，中国的互联网使用价格占收入水平的 10%。此事引起业界的高度关注。对此，国家发改委宏观经济研究院市场与价格研究室主任王学庆表示：我们到目前为止上网费是较高的，这应该是一个结论。但高多少，高在哪儿，这个大家弄不清楚，包括我自己也弄不清楚，因为上网费的成本无法核算。

北京上网费更昂贵。目前北京 ADSL 上网包月费是 100～120 元，而据说浙江某地方包月上网费只有 30 元，对于各地上网费价格差距如此之大的现状，王学庆认为，这就是运营商定价的策略问题了，在北京，人们对于网络的需求很大，而且支付能力也很高，所以北京采取利润最大化的方式。运营商在支付能力高的地方开出高价格，在支付能力低的地方开出低价格，这样就实现了自己的利润最大化。

资料来源：许春燕，孟泽云．新编市场营销[M]．北京：电子工业出版社，2009

三、市场占有率最大化

市场占有率最大化也是企业普遍采用的定价目标。市场占有率，又称市场份额，是指企业的销售额占整个行业销售额的百分比，或者是指某企业的某产品在某市场上的销量占同类产品在该市场销售总量的比重。这是从占领市场的角度来制定产品价格。较高的市场占有率可以保证产品的销路，便于企业掌握消费者的需求，为企业长期发展提供保障。

在实践中，市场占有率目标被国内外许多企业所采用，其方法是以较长时间的低价策略来保持和扩大市场占有率。但是，这一目标的实现至少应具备三个条件。

（1）企业有雄厚的经济实力，或者企业本身的生产成本低于竞争对手。

（2）企业对其竞争对手情况有充分了解，有从其手中夺取市场份额的绝对把握。

（3）政府未对市场占有率作出政策和法律的限制。比如美国的“反垄断法”，对单个企业的市场占有率进行限制。在这种情况下，盲目追求高市场占有率，往往会受到政府的干预。

小资料

格兰仕是以市场占有率最大化为定价目标的典范，为了实现公司设定的目标，采用了大幅降价等策略，1996 年 8 月，格兰仕“市场占有最大化战略”在全国掀起抢购狂潮；1995～1998 年，格兰仕连续 4 年蝉联全国微波炉市场占有率冠军；1998 年 5 月，格兰仕创下高达 73.5%的全国微波炉市场占有率；2000 年格兰仕已连续七年蝉联全国微波炉销量及市场占有率桂冠。

四、产品质量最优化

质量和价格相符是定价的一般原则。企业可以考虑质量领先的定价目标，并在生产和市场营销过程中贯彻产品质量最优化的指导思想，这就要求用高价格来弥补高质量和研究开发的高成本。比如，海尔集团在走向国际市场开创中国自己的名牌时，一直坚持“优质优价”的定价策略，用优质产品的价格与国外名牌同类产品价格竞争。

将定价目标分为维持生存、利润目标、市场占有率目标和质量最优化目标，只是一种实践经验的总结，不同行业的企业有不同的定价目标，同一行业的不同企业可能有不同的定价目标，同一企业在不同的时期、不同的市场条件下也可能有不同的定价目标，即使采用同一种定价目标，其价格策略、定价方法和技巧也可能不同。企业应根据自身的性质和特点，具体情况具体分析，权衡各种定价目标的利弊，灵活确定自己的定价目标。

第二节　影响定价的主要因素

影响企业定价的因素很多，有企业内部因素，也有企业外部因素；概括起来，大体上包括产品成本、市场需求、竞争因素和其他因素四个方面（图 9-2）。

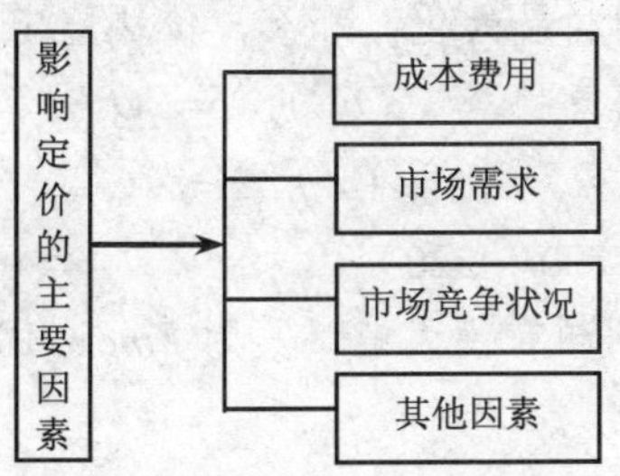

图 9-2　影响定价的主要因素

一、成本费用

某种产品的最高价格取决于市场需求，最低价格取决于其成本费用。正常情况下，企业定价必须使得总成本费用能够得到补偿。否则企业就无法经营。沃尔玛为了做到天天平价，对营销成本的控制非常严格。沃尔玛的广告开支只相当于西尔斯（美国第二大连锁店）的 1/3，每平方米销售额比凯马特（美国第三大连锁店）高一倍。沃尔玛的营销成本仅占销售额的 1.5%，商品损耗率仅为 1.1%，而一般美国零售商店这两项指标的平均值分别高达 5%和 2%。营销成本的降低拓宽了沃尔玛的利润空间。

二、市场需求

产品价格除受成本费用的影响外，还受市场需求的影响。即受商品供给与需求的相互关系的影响。当商品的市场需求大于供给时，价格应高一些；当商品的市场需求小于供给时，价格应低一些。反过来，价格变动影响市场需求总量，从而影响销售量，进而影响企业目标的实现。因此，企业制定价格就必须了解价格变动对市场需求的影响程度。反映这种影响程度的一个指标就是商品的需求价格弹性，简称需求弹性。

小资料

需求价格弹性

所谓需求价格弹性，是指由于价格的相对变动，而引起的需求相对变动的程度。通常可用下式表示

需求价格弹性=|需求量变动百分比 ÷ 价格变动百分比|

如果我们将成本因素和需求因素综合起来考虑，并做出适当的假设，可形成下面的关于定价的理论模式。

例：某商品根据市场调查可获得需求函数为

$$Q=80-4P$$

式中 Q—— 总需求量；

P——单价。

该企业此产品的成本函数为

$$C=120+5Q$$

式中 C——总成本。

如果该企业的定价目标是利润最大化，那么，价格应定为多少？

解：根据已知条件，可得销售收入（S）为：$S=PQ$

利润（Z）：$Z=S-C$

将条件代入可得：$Z=-4P^2+100P-520$

解得当 $P=12.5$（元）时，利润有极大值，其为 $Zmax=105$（元）。

三、市场竞争状况

市场竞争也是影响价格制定的重要因素。根据竞争的强度不同，企业定价策略会有所不同。企业首先要了解竞争的强度。竞争的强度主要取决于产品制作技术的难易，是否有专利保护，供求形势以及具体的竞争格局。其次，要了解竞争对手的价格策略，以及竞争对手的实力。再次，还要了解、分析本企业在竞争中的地位。

小资料

速腾定价瞄准多个竞争对手

速腾的最终定价在 2006 年 4 月 9 号公布了，2.0 款的基本车型的价格比先前公布的价格有较大幅度的下调，1.8 排量的高端价格没有下调。17～21 万元的定价空间，让速腾圈定的竞争对手不仅是先前企业公布的雅阁、马自达 6 等中高级车型，而且对马自达 3、福克斯、标致 307 等也产生了不小冲击。这个定价空间，一箭双雕。

四、其他因素

企业的定价策略除受成本、需求以及竞争状况的影响外，还受到政府政策、消费者习惯和心理、企业或产品的形象等因素的影响。

1．政策因素

政府为了维护经济秩序，或为了其他目的，可能通过立法或者其他途径对企业的价格策略进行干预。首先，在制定价格策略时要考虑相关法律、法规的限制；其次，政府对某些产品的价格进行管制；最后，对某些公共产品和垄断行业的产品价格，企业在制定和变更前要举行价格听证会。

2．消费者心理和习惯

在现实生活中，很多消费者存在“一分钱一分货”、“买涨不买落”的心理。因此，价格的制定和变动在消费者心理上的反映也是定价策略必须考虑的因素。消费者心理和习惯上的反应是很复杂的，在研究消费者心理对定价的影响时，要仔细了解消费者心理及其变化规律。

3．企业或产品的形象因素

有时企业会根据企业理念和企业形象设计的要求，对产品价格作出限制。例如，有的企业要树立“优质优价”形象，会将某些产品价格定的高一些；企业要树立“物美价廉”的企业形象，产品定价相对低一些。

总之，企业在定价时要综合考虑以上几方面因素，片面地考虑某一方面的定价策略都会失败。

第三节 定价方法

定价方法，是企业在特定的定价目标指导下，依据对成本、需求及竞争等状况的研究，运用价格决策理论，对产品价格进行计算的具体方法。定价方法主要包括成本导向定价法、需求导向定价法和竞争导向定价法（图 9-3）。

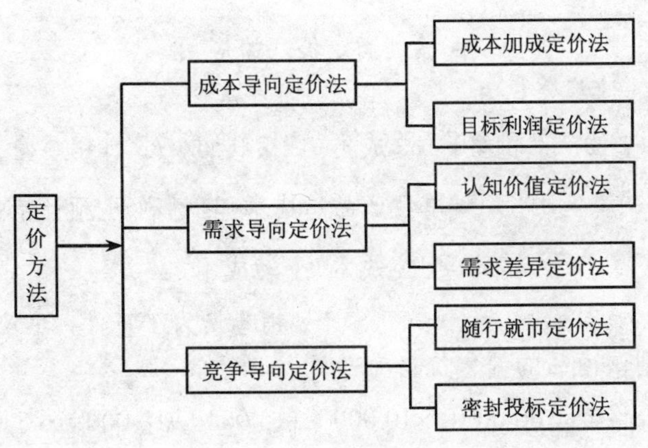

图 9-3 企业定价方法

一、成本导向定价法

成本导向定价是以产品的成本作为定价依据的定价方法。包括成本加成定价法和目标利润定价法两种具体方法。

1. 成本加成定价法

成本加成定价法按照单位成本加上一定百分比的利润加成来制定产品价格。加成的含义就是一定比率的利润。该方法计算简单、简便易用，一般在租赁业、建筑业、服务业、科研项目投资以及批发零售企业中得到广泛的应用。即使不用这种方法定价，许多企业也多把用此法制定的价格作为参考价格。

小资料

成本加成定价法的应用

成本加成定价公式为

单价 =单位产品成本（1+加成率）

加成率=（计划售价–成本）/成本×100%

例：某玩具公司生产的一款玩具的单位成本为 15 元，加成率为 20%，则每个玩具的销售价格为

单价=15×（1+20%）=18（元）

2. 目标利润定价法

目标利润定价法根据企业的总成本和确定的目标利润来制定产品价格。具体做法是：首先预计未来一定时期的销售量，计算出在这个预计销售量下的总成本，再结合企业确定的目标利润计算出产品的价格。

小资料

目标利润定价法的应用

目标利润定价法的计算公式为

单位产品价格=（总成本+目标利润）/预计销售量

=单位产品总成本+目标利润/预计销售量

成本=固定成本+变动成本

例：假定某企业的固定成本为 10 万元，计划销售量为 1 万件，单位变动成本为 5 元，目标利润为 1.5 万元，则该商品的销售价格为

销售价格=（100 000+5×10 000）+15 000）/10 000=16.5（元）

从本质上说，成本导向定价法是一种卖方定价导向。它忽视了市场需求、竞争和价格水平的变化，在有些时候与定价目标相脱节，不能与之很好地配合。此外，运用这一方法制定的价格均是建立在对销量主观预测的基础上，从而降低了价格制定的科学性。因此，在采用成本导向定价法时，还需要充分考虑需求和竞争状况，以确定最终的市场价格水平。

二、需求导向定价法

需求导向定价是根据市场需求状况和消费者对产品的感觉差异来确定价格，而不是根据成本来制定价格，符合现代市场营销观念。在具体运用中主要包括：认知价值定价法和需求差别定价法。

1. 认知价值定价法

所谓“认知价值”，也称“感受价值”、“理解价值”，是指消费者对某种商品价值的主观评判。认知价值定价法是以消费者对产品或服务的理解程度来制定价格的一种方法。企业运用各种营销策略和手段，影响消费者对商品价值的认知，形成对企业有利的价值观念，再根据商品在消费者心目中的价值来制定价格。

理解价值定价法的关键和难点，是获得消费者对有关商品价值理解的准确资料。企业必须通过广泛的市场调研，了解消费者的需求偏好，根据产品的性能、质量、品牌、服务等要素，判定消费者对商品的理解价值，制定商品的初始价格。然后，再预测可能的销量，分析目标成本和销售收入，在比较成本与收入、销量与价格的基础上，确定该定价方案的可行性，并制定最终价格。

2. 需求差异定价法

需求差异定价法，是根据销售对象、销售地点和销售时间等条件变化所产生的需求差异来确定价格的一种方法。这种定价方法的好处是可以使企业定价最大限度地符合市场需求，促进商品销售，有利于企业获取最佳的经济效益。

根据需求特性的不同，需求差异定价法通常有以下几种形式：

（1）以顾客为基础的差别定价。指对同一产品针对不同的用户或顾客，制定不同的价格。比如，对老客户和新客户、长期客户和短期客户等分别采用不同的价格。

（2）以时间为基础的差别定价。同一种产品，成本相同，而价格随季节、日期、甚至钟点的不同而变化。例如，电影院在白天和晚上的票价有别；对于某些时令商品，在定价时应考虑到淡、旺季的价格差别。

（3）以地点为基础的差别定价。即随着地点的不同而收取不同的价格，比较典型的例子是影剧院、体育场、飞机等，其座位不同，票价也不一样。

三、竞争导向定价法

竞争导向定价法以市场互相竞争的同类产品价格水平为定价依据。其特点是：价格与商品成本和需求不发生直接关系；随着竞争状况的变化确定和调整产品的价格水平。具体包括随行就市定价法和密封投标定价法。

1. 随行就市定价法

随行就市定价是企业按照行业的平均现行价格水平来对产品定价。企业采用这种定价方法的原因是：行业平均价格水平在人们的观念中常被认为是“合理价格”，易于被买方接受；容易与同行和平相处，避免激烈的价格竞争；行业平均价格一般能为企业带来合理、适度的利润。

这种定价方法简便易行，特别是当企业进入一个新的行业或市场，对目标市场还不太了解时；当行业产品同质化程度较高，营销策略差异不大时，企业通常都制定相同的价格。

2. 密封投标定价法

密封投标定价法是指卖方在买方的招标期限内，根据对竞争对手报价的估计来相应制定竞争报价的定价方法。它普遍应用于政府和公共事业的大宗采购、建筑工程项目、大型工业设备的招标采购等。投标竞价的关键是估计中标的可能性，这不仅要考虑企业的需要，还要预测竞争者的报价。

在实际工作中，一些定价方法的导向是相互渗透的，无论是成本导向还是需求导向、竞争导向，都是在市场竞争中应遵循的，企业应根据市场情况综合而灵活地运用各种定价方法。

第四节 定价策略

定价方法侧重于产品的基础价格，企业在制定出基础价格后，还要根据市场的具体情况，确定灵活多样的定价策略，以实现企业的营销目标。企业的定价策略如图 9-4 所示。

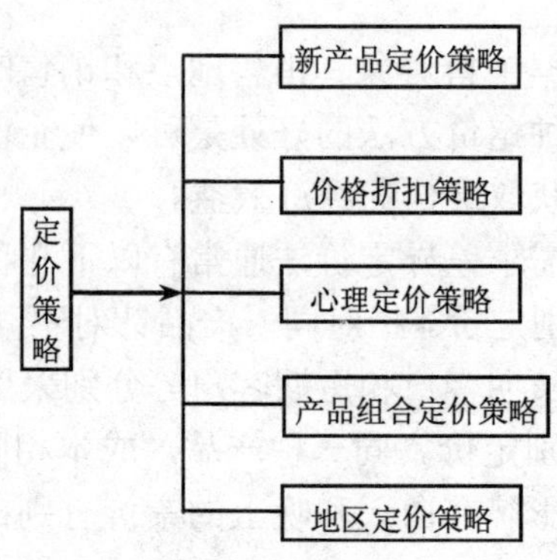

图 9-4 企业定价策略

一、新产品定价策略

新产品定价是企业定价策略的关键环节。如果价格定高了，难以被消费者接受，影响新产品顺利进入市场；如果定价低了，则会影响企业效益。常见的新产品定价策略，有三种形式：撇脂定价、渗透定价和适中定价。

1. 撇脂定价

这种策略也称高价策略，指企业以大大高于成本的价格将新产品投入市场，以便在短期内获取高额利润，尽快收回投资，然后再逐渐降低价格的策略。索尼公司的电器产品在投入市场之初，大都采用了该策略。

许多电子产品、高科技产品采取过此做法。一般来说，撇脂定价策略适合于市场需求量大且需求价格弹性小，顾客愿意为获得产品价值而支付高价的细分市场。或企业是某一新产品的唯一供应者时，采用撇脂定价可使企业利润最大化。但高价会吸引竞争者纷纷加入，一旦有竞争者加入时，企业就应迅速降价。

2. 渗透定价

渗透定价与撇脂定价恰好相反，是在新产品投放市场时，将价格定得较低，以吸引大量消费者，提高市场占有率。采取渗透定价策略不仅有利于迅速打开产品销路，抢先占领市场，提高企业和品牌的声誉；而且由于价低利薄，从而有利于阻止竞争对手的介入，保持企业一定的市场优势。

通常渗透定价适合于产品需求价格弹性较大的市场，低价可以使销售量迅速增加；其次要求企业生产经营的规模经济效益明显，成本能随着产量和销量的扩大而明显降低，从而通过薄利多销获取利润。日本精工手表即是在具备这样两个条件的基础上，采用渗透定价策略，以低价在国际市场与瑞士手表角逐，最终夺取了瑞士手表的大部分市场份额。

3. 适中定价

当不存在适合于撇脂定价或渗透定价的环境时，公司一般采取适中定价。适中定价策略既不是利用价格来获取高额利润，也不是让价格制约占领市场，而是在新产品投入市场时，把价格定在比较合理的水平。

与撇脂定价或渗透定价法相比，适中定价法似乎缺乏主动进攻性，但要正确执行它也很不容易。适中定价没有必要将价格定的与竞争者一样或者接近平均水平。从原则上来说，它甚至可以是市场上最高的或最低的价格。例如，东芝笔记本电脑具有高清晰度的显示器和可靠的性能，认知价值很高，所以虽然产品比同类产品昂贵，市场占有率仍然很高。与撇脂价格和渗透价格类似，适中价格也是参考产品的经济价值制定的。

小资料

保持价格的优势是奇瑞汽车参与市场竞争的重要组成部分。奇瑞作为1.6升排气量的“中档车型”，当其他车型售价大都在10万元左右时，奇瑞一代却以8.9万元的价格进入市场，单从价格因素上考虑就具有非常高的竞争力。

对奇瑞这样的企业来讲，企业的利益是最关键的，它是国家、个人和用户利益的前提，奇瑞为了保证企业有合理的利润，哪怕损失一些市场份额也在所不惜。在定价策略上，奇瑞一直是按照成本加上合理的利润来估算的，他们并不想在产品推出之初通过定高价格来显示产品的高贵，然后又通过迅速降低价格让人感到实惠。总之，奇瑞不想被卷入轿车市场的价格大战之中。

二、价格折扣策略

价格折扣策略是指企业根据产品的销售对象、购买数量、交货时间、付款条件等因素的不同，对基本价格作出一定的让步，直接或间接降低价格，以争取顾客，扩大销量。其中，直接折扣的形式有数量折扣、现金折扣、功能折扣、季节折扣和折让等。

1. 数量折扣

数量折扣是指按购买数量的多少，分别给予不同的折扣，购买数量愈多，折扣越大。分为累计数量折扣和一次性数量折扣两种形式。前者规定顾客在一定时间内，购买商品若达到一定数量或金额，则按其总量给予一定折扣，其目的是鼓励顾客经常向本企业购买产品，成为可信赖的长期客户；后者规定一次购买某种产品达到一定数量或购买多种产品达到一定金额，则给予折扣优惠，其目的是鼓励顾客大批量购买产品，促进产品多销、快销。数量折扣的关键在于合理确定给予折扣的起点、折扣档次及每个档次的折扣率。

小资料

日本东京银座美佳西服店采用了一种折扣销售方法。具体方法是：先发布公告，介绍某商品的一般情况，再宣布打折的销售天数及具体日期，最后说明打折方法。第一天打九折，第二天打八折，第三、四天打七折，第五、六天打六折，以此类推，到第十五、十六天打一折，这个销售方法的实践结果是，第一、二天顾客不多，多半是来探听虚实和看热闹的。第三、四天人渐渐多起来，第五、六天打六折时，顾客都拥向柜台争购，以后连日爆满，没到一折售货日期，商品早已售缺。这是一则成功的折扣定价策略。

2. 现金折扣

现金折扣是对在规定的时间内提前付款或对用现金付款者所给予的一种价格折扣，其目的是鼓励顾客尽早付款，加速资金周转，降低销售费用，减少财务风险。采用现金折扣一般要考虑三个因素：折扣比例；给予折扣的时间限制；付清全部货款的期限。在西方国家，典型的付款期限折扣表示为“2/20，信用净期 30，N/60”。其含义是在成交后 20 天内付款，买者可以得到 2%的折扣，超过 20 天，在 30 天内付款不予折扣，超过 60 天付款要加付利息。

提供现金折扣等于降低价格，所以，企业在运用这种手段时要考虑商品是否有足够的需求弹性，保证通过需求量的增加使企业获得足够利润。

3. 功能折扣

功能折扣又称交易功能，是企业根据中间商在产品分销过程中所承担的不同功能所给予的不同折扣。鼓励中间商大批量订货，扩大销售，争取顾客，并与生产企业建立长期、稳定、良好的合作关系是实行功能折扣的一个主要目标。功能折扣的另一个目的是对中间商经营的有关产品的成本和费用进行补偿，并让中间商有一定的盈利。

4. 季节折扣

有些商品的生产是连续的，而其消费却具有明显的季节性。企业为了调节供需矛盾，这些商品的生产企业便采用季节折扣的方式，对在淡季购买商品的顾客给予一定的优惠，使企业的生产和销售在一年四季能保持相对稳定。例如，啤酒生产厂家对在冬季进货的客户给予大幅度让利，羽绒服生产企业则为夏季购买其产品的客户提供折扣。

季节折扣有利于减轻库存，加速商品流通，迅速收回资金，促进企业均衡生产，充分发挥生产和销售潜力，避免因季节需求变化所带来的市场风险。

5. 折让

折让指客户在按合同价格将货款全部付给销售者以后，销售者再按一定比例将货款的一部分返还给客户。“以旧换新”就是一种价格折让。比如，家电的以旧换新、汽车的以旧换新等都要根据具体情况折让。还有一种形式就是促销让价，即当中间商为企业产品提供了包括刊登地方性广告、设置样品陈列窗等在内的各种促销活动时，生产企业给予中间商一定数额的资助或补贴，鼓励中间商宣传产品，扩大销售。

上述各种折扣价格策略增强了企业定价的灵活性，对于提高厂商收益和利润具有重要作用。但在使用折扣定价策略时，必须注意国家的法律限制，保证对所有顾客使用同一标准。

三、心理定价策略

企业在定价时利用消费者心理因素，有意识地将产品价格定得高些或低些，以满足消费者生理、心理、物质和精神的多方面需求，通过消费者对企业产品的偏爱或忠诚，扩大市场销售，获得最大效益。常用的心理定价策略有整数定价、尾数定价、声望定价和招徕定价。

1. 整数定价

对于那些无法明确显示其内在质量的商品，消费者往往通过其价格的高低来判断其质量的好坏。但是，在整数定价方法下，是凭借整数价格来给消费者造成高价的印象。整数定价常常以偶数，特别是“0”作尾数。例如，精品店的服装可以定价为 1 000 元，而不必定为 998 元。这样定价可以满足购买者的虚荣心；省却了找零钱的麻烦；在消费者心目中树立高档、高价、优质的产品形象。

整数定价策略适用于需求价格弹性小、价格高低不会对需求产生较大影响的商品，如流行品、时尚品、奢侈品、礼品、星级宾馆、高级文化娱乐城等，由于其消费者都属于高收入阶层，也甘愿接受较高的价格，所以，整数定价得以大行其道。

2. 尾数定价

尾数定价是指在商品定价时，利用消费者求廉的心理，取尾数而不取整数的定价方法，使消费者购买时在心理上产生大为便宜的感觉。比如，把一种商品的价格定为 0.99 元，而不是 1 元，可以在直观上给消费者一种便宜的感觉，从而激起消费者的购买欲望，促进产品销售量的增加。

使用尾数定价，可以使价格在消费者心中产生特殊的效应：①便宜。标价 9.99 元的商品和 10.01 元的商品，前者给购买者的感觉是“还不到 10 元”，后者却使人认为“10 多元”，因此前者可以给消费者一种价格偏低、商品便宜的感觉。②精确。带有尾数的定价可以使消费者认为商品定价非常精确，对企业产生一种信任感。③如意。容易给消费者留下一种数字如意的感觉，在不同的国家、地区或不同的消费群体中，由于民族风俗习惯、文化传统和信仰的不同，往往存在对某些数字的偏爱或忌讳，如我国人民一般喜欢“8”和“6”，美国人则讨厌“5”和“13”，认为这些数字不吉利。

3. 声望定价

这是根据产品在消费者心中的声望、信任度和社会地位来确定价格的一种定价策略。声望定价可以满足某些消费者的特殊欲望，如地位、身份、财富、名望等，还可以通过高价格显示名贵优质，因此，这一策略适用于一些传统的名优产品、具有历史地位的民族特色产品，以及知名度高、有较大的市场影响、深受市场欢迎的驰名商标。比如，我国茅台酒、景泰蓝瓷器在国际市场的定价，以及微软公司的 Windows98（中文版）进入中国市场的定价都是一种典型的声望定价。

4. 招徕定价

招徕定价是指将某几种商品的价格定得非常之高，或者非常之低，在引起消费者的好奇心理和观望行为之后，带动其他商品的销售。这一定价策略常为综合性百货商店、超级市场、甚至高档商品的专卖店所采用。

招徕定价运用的较多的是将少数产品价格定得较低，吸引顾客在购买“便宜货”的同时，购买其他价格比较正常的商品。比如，美国柯达公司曾生产一种性能优越、价格极廉的相机，市场销路很好。这种相机有一个特点，即只能使用“柯达”胶卷。“堤内损失堤外补”，销售相机损失的利润由高价的柯达胶卷全部予以补偿。

在实践中，也有故意定高价以吸引顾客的。值得企业注意的是，用于招徕的降价品，必须是品种新、质量优的适销产品，而不能是处理品。否则，不仅达不到招徕顾客的目的，反而可能使企业声誉受到影响。

四、产品组合定价策略

如果企业生产经营多种产品，而且这些产品之间又存在某种联系，定价时就应该综合考虑。一般有这样几种定价策略。

1. 产品线定价

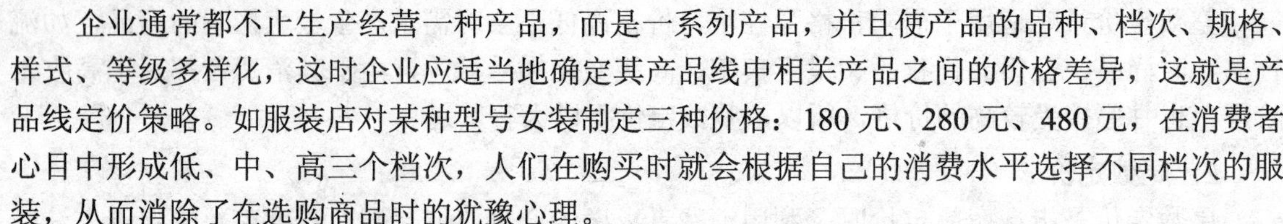

企业通常都不止生产经营一种产品，而是一系列产品，并且使产品的品种、档次、规格、样式、等级多样化，这时企业应适当地确定其产品线中相关产品之间的价格差异，这就是产品线定价策略。如服装店对某种型号女装制定三种价格：180 元、280 元、480 元，在消费者心目中形成低、中、高三个档次，人们在购买时就会根据自己的消费水平选择不同档次的服装，从而消除了在选购商品时的犹豫心理。

2. 互补品定价

互补品是指需要配套使用的产品。如计算机硬件和软件、隐形眼镜和药水、剃须刀和刀片等。对互补品的定价策略是：把主要产品的价格定得低一些，把附带产品的价格定得高一些，通过低价促进主要产品的销售，以此带动附带产品的销量。

3. 任选品定价

任选品是指与主要产品密切联系，但又可以独立使用的产品。例如，餐厅里提供的酒水饮料，企业可以将选购品的价格定得很低，以吸引顾客；也可以定得很高，以获取利润。

4. 副产品定价

副产品是指在同一生产过程中，使用同种原料，在生产主要产品的同时附带生产出来的非主要产品，如肉类加工、石化行业，在生产过程中都有副产品生成。对副产品的定价一般不会太高。

5. 组合产品定价

企业将相关产品组合在一起成套销售，一方面可以方便客户购买，另一方面可以扩大销售。如化妆品组合、学生文具组合、旅游套餐等。采用这种定价方式时，企业提供的价格优惠要足以吸引原本只购买部分产品的顾客转而采购全套组合产品，但一定要注意不能硬性搭配。

五、地区定价策略

地区定价策略是指企业根据消费者所在的地理位置不同，考虑运输、仓储、装卸和保险等差异，决定在将产品卖给这些不同地区的顾客时，是执行同样的价格还是执行不同的价格的策略。

1．原产地定价

原产地定价又称离岸价格（FOB，Free On Board），即生产企业对不同地区的客户制定统一的价格。企业负责将产品装运到产地的某种运输工具上，并承担交货前的一切风险和费用，交货后的风险和费用由买方负担。这种定价策略，卖方的工作简化了，风险降低了，但对较远的顾客不利。

2．统一送货定价

这种定价是企业对处于不同地理位置的顾客都实行统一的价格，按出厂价加上平均运费定价。这种方法对较近的客户不利，但远方客户比较欢迎，便于管理，便于巩固成熟市场和开拓边远市场。

3．分区运送定价

企业将自己产品的销售市场划分为若干个区域，不同的区域产品价格可以不同，同一区域产品价格相同。离企业越远的区域，定价越高。这种定价策略，保证了卖方的利益，但不利于市场的扩大。

4．运费补贴定价

这是企业对于远距离的顾客给予价格补贴的一种定价策略，其实质是运费折让。由于企业产品跨地区市场渗透，导致市场范围扩大，费用增加，产品价格提升，为了争取远距离的顾客，企业必须通过采取运费补贴价格来扩大市场销售区域。

5．基点定价

基点定价是企业选定一些中心城市作为定价的基点，然后按照一定的出厂价格，加上从基点城市到顾客所在地的运费来定价。有的企业为了加大灵活性，选取许多基点城市，按照离顾客最近的基点来计算运费。

第五节　价格调整策略

企业处在一个不断变化的环境中，为了自身的生存和发展、市场竞争的需要，有时候会进行主动提价和降价，有时候需要对竞争者的变价做出适当的反应。

小资料

三次价格战都没被打垮的希望集团

很多人看过正大综艺节目，但可能还有人不知道泰国正大是做饲料的。20 世纪 90 年代初，正大已是中国饲料业的老大，每年利润达 6 亿元。正大当初很有实力，试图通过降价打垮希望公司，但三次价格战的结果都是以希望集团获胜而告终。

第一次价格战是在鹌鹑饲料上。正大为了进入四川鹌鹑饲料市场，与希望集团争夺市场，挑起了价格战，每次降 10 元，降了几次下来，夺得了 40%的市场份额。希望集团沉着应战也降价，而且降得比正大还低，从正大手中又夺回了 10%。正大成都厂吃不消了，与希望谈判决定双方都把价格提回去。

第二次价格战是在1991年。希望集团已转向猪饲料经营，总部搬到成都，这对正大的四川市场构成了威胁。于是，正大又以降价的手段来打压希望。希望集团讨论了一天后决定应战，并降价到比正大低20元。一个月后，正大开始第二轮降价，降价20元，希望也跟进降20元。接着是第三轮，希望考虑这样没完没了跟进不行，不如来个干脆的，他们算了成本，三次降20元下来，还有100多元的利润空间。干脆一次降到底，每吨降140元，把利润全让出去。他们过去养鹌鹑时已积累了1 000多万资金，现在就算没利润，公司也能坚持一年。这次正大又顶不住了，原料部经理来找希望言和。

第三次价格战发生在上海地区（1996~1998年）。当时上海希望厂刚进行了人事调整，新任总经理在产品质量上做了手脚，引起农民大量投诉。上海正大厂抓住希望内部出问题的机会，又发动了大幅度降价。结果希望的大量用户转向正大，销售量直线下降。希望这次还是选择了应战，宣布在江浙地区全面降价，每吨降几百元，让利总值达几千万元。这次价格战还是希望赢了。上海正大亏损上千万元，而上海希望还盈利几百万元。

资料来源：温德诚. 精细化管理实践手册[M]. 北京：新华出版社，2009.

一、降低价格

1. 降价原因

企业如果面临以下几种情况，则必须考虑降价。

（1）生产能力过剩，需扩大销售，而通过改进产品、加强促销等手段都达不到目的时，可考虑降低价格。

（2）企业面临激烈的价格竞争并且市场占有率正在下降，为了维持和提高市场占有率，企业必须降价。

（3）企业的成本低于竞争者，但在市场上并未处于支配地位，这时也应降价，以提高市场占有率，再进一步降低成本。

2. 降价策略

（1）直接降价。降价时，最好一次性降价，若采用多次小幅度降价，顾客会持持币观望的态度。

（2）间接降价。价格不变，增加免费服务项目，如送货上门、免费安装等；随产品赠送优惠券或馈赠礼品；增加单位产品的含量，即加量不加价；改进产品性能和质量，增加折扣种类。

2004年11月25日，天津一汽宣布：从即日起对其夏利品牌中的三厢主力车型实施价格调整，价格最大降幅达到1万元，降低20%以上。与因市场原因而被迫降价不同，天津一汽此次降价正值其夏利系列轿车热销之际，尤其是最近3个月销量一路攀升，从8月份的8 999辆到9月份的10 829辆，10月份更是跃升到12 980辆，每月递增20%以上。夏利在全面热销时期突然大举降价，格外引人注目。新价格仅仅实施了几天，各经销商均表示客户反应强烈，销售量较往日有明显上升。

二、提高价格

1. 提价原因

提价一般容易引起顾客的不满，在以下几种情况下，企业必须考虑提高价格。

（1）通货膨胀引起的成本增加，企业无法在内部自我消化，这时需要考虑提价。

（2）企业的产品供不应求，需要通过提价来抑制部分需求。

（3）产品需要改进，为了补偿产品改进费用而提价。

（4）为了应对市场竞争，树立优质优价的企业形象，将产品价格提高到同类产品之上。

企业决定提高价格时，还必须考虑是采用一次性大幅度提价还是多次小幅度提价。后一种方式消费者可能更容易接受。

2. 提价策略

（1）直接提价。

（2）间接提价。包括减少免费服务项目或者增加收费项目；减少价格折扣；使用价格便宜的材料和配件做替代品；减少产品的功能、服务和分量；用便宜的包装材料或改用大包装促销等。

三、市场对企业调价的反应

1. 顾客的反应

（1）顾客对降价的反应。顾客对企业降价做出的反应是多种多样的。有利的反应是认为企业成本价格低了，让利于顾客。不利的反应有：这种产品可能质量有问题，存在某些缺陷；产品款式已经过时，将被新产品替代；企业经营遇到困难，可能难以经营下去；价格还会继续下跌，等等再买；这种产品销售情况不好，希望降价增加销售。

（2）顾客对提价的反应。当企业提价时也会出现各种反应。有利的反应会认为产品质量好；产品畅销，供不应求；以后价格还可能会涨，应尽早购买。不利反应是认为企业想通过提价来赚取更多利润。

2. 竞争者的反应

当企业采取降价策略而竞争对手不做任何调整的情况下，降价可以扩大市场份额；当企业降价时竞争对手采取反价格战时，降价幅度更大，不仅会抵消企业降价效果，甚至会使企业销售环境恶化。同样，当企业提高价格后，如果竞争对手不跟随涨价，企业原来供不应求的市场会发生改变。因此，企业在实施价格调整前一定要分析竞争者的数量和其可能采取的措施以及反应得激烈程度。

四、竞争者对企业调价的反应

1. 企业在做出反应时应考虑的因素

（1）竞争者价格变动的目的。

（2）竞争者价格变动是临时性的还是长期性的。

（3）如果本企业不做出反应，对市场份额、利润的影响有多大，其他企业作何反应。

（4）对于每一种可能反应，竞争者和其他企业的态度如何。

2．对于竞争者的降价行动，市场领导者应采取的对策

（1）维持原价不变。

（2）维持原价，同时增加产品附加值。

（3）降价应对。

（4）推出廉价产品进行反击。

面对竞争者的调价，企业不可能花很多时间来分析应采取的对策。事实上，竞争者很可能花了大量时间来准备调价，而企业又必须在很短的时间内迅速地做出反应。缩短价格反应决策时间的唯一途径是：预计竞争者的可能价格变动，并预先准备适当的对策。

本 章 小 结

本章主要论述了影响企业产品定价的因素、定价方法、定价策略等主要内容。影响企业定价的因素很多，有企业内部因素，也有企业外部因素。概括起来，大体上包括产品成本、市场需求、竞争因素和其他因素四个方面。企业基本的定价方法有成本导向定价法、需求导向定价法和竞争导向定价法。定价策略包括新产品的定价策略、产品组合定价策略、心理定价策略、地区差异定价策略等。心理定价策略主要包括整数定价、尾数定价、声望定价、习惯定价和招徕定价；地区差价策略包括原产地定价、 统一送货定价、分区运送定价、运费补贴和基点定价策略；折扣定价主要有数量折扣、现金折扣、季节折扣、功能折扣、折让。企业制定了价格以后，有时候需要主动提价或降价，有时候还需要对竞争对手的价格变动作出适当的反应。

思考与练习

一、名词解释

成本导向定价法　　需求导向定价法　　竞争导向定价法　　声望定价策略

心理定价策略　　价格折扣策略　　组合定价策略

二、单项选择题

1．在企业定价方法中，目标利润定价法属于（　　）

A．成本导向定价法　　B．需求导向定价法

C．市场竞争定价法　　D．竞争导向定价法

2．（　　）是通过降低几种消费者熟知的产品价格，来诱导消费者产生价格低廉的心理，以促使消费者购买其他产品，带来总利润的增加。

A．整数定价　　B．尾数定价　　C．声望定价　　D．招徕定价

三、多项选择题

1．（　　）属于心理定价策略。

A．如意定价策略　B．声望定价策略　　C．尾数定价策略　D．品牌差价策略

2．价格调整的主要形式有（　　）两种

A．降价　　B．重新定价　　C．提价　　D．进行价格组合

3．产品的定价方法有（ ）三种。

A.成本导向定价法　B．需求导向定价法

C．损益平衡定价法　D．竞争导向定价法

4．折扣定价主要有（ ）等几种形式。

A．数量折扣　B．功能折扣　C．折让　D．季节折扣

三、问答题

1．企业一般有哪些不同的定价目标？

2．影响企业定价的因素有哪些？

3．企业在什么情况下可能采取降价策略？

4．消费者对价格变动可能有哪些反应？

5．简述企业的定价方法。

6．企业常用的定价策略有哪些？

参考案例分析

格兰仕的价格策略

价格战可以说是格兰仕最为成功的营销策略之一，也是格兰仕走向成功的关键因素。

在微波炉市场的发展过程中，格兰仕成功地运用价格因素，经历“三大战役”，在市场中确立起霸主地位。

（1）1996 年 8 月，格兰仕首先在上海，继而在全国范围内强力推进“40%大幅度降价”的策略以抢占市场，确立市场领先者地位。

当月，格兰仕的微波炉市场占有率达到了 50.2%的最高纪录。在上海市场，据 74 家亿元大商场统计，格兰仕市场占有率高达 69.1%。尽管 1996 年 8 月份是销售淡季，格兰仕微波炉却经常脱销断货，当天生产的产品不用进仓库就被拉走，生产线上出现超负荷运行。格兰仕的市场地位日益明显。当年便以 31.5%的市场份额坐稳了市场份额老大的地位。

（2）格兰仕看到了市场形势的变化，趁洋品牌尚未在中国站稳脚跟，国内企业尚未形成气候之际，抓住时机，于 1997 年春节后发起了微波炉市场的“第二大战役”——阵地巩固战。这次是变相的价格战。格兰仕采用买一送一的促销活动，发动新一轮的让利促销攻势，凡购买格兰仕任何一款微波炉均赠送一个豪华高档电饭煲。1997 年 5 月底，格兰仕进一步“火上加油”，突然宣布在全国许多大中城市实施“买一赠三”，甚至“买一赠四”的促销大行动。品牌消费的高度集中使得格兰仕的产销规模迅速扩大，1977 年格兰仕已经成为一个年生产能力达 260 万台微波炉的企业，市场占有率节节攀升，1998 年 3 月最高时达到 58.69%，史无前例地创了行业新纪录。到 1997 年底，市场上的价格激战无疑极大地促进了整个市场潜在消费能力的增长，市场容量快速扩大，格兰仕也因此成为全球最具规模的微波炉生产企业之一。

（3）在取得市场的绝对优势后，格兰仕并没有因此而停滞，反而乘胜追击，加大了市场的冲击力度，发动了微波炉市场的“第三大战役”——品牌歼灭战。

1997 年，东南亚爆发了金融危机，韩国企业受到重创，政府下令要调整亏损企业，这再度

给格兰仕创造了一个绝好的市场契机。1997 年 10 月，格兰仕凭借其规模优势所创造的成本优势，再度将 12 个品种的微波炉降价 40%，全面实施“薄利多销”的策略，以抑制进口品牌的广告促销攻势，“格兰仕”微波炉在全国的市场占有率始终保持在 50%左右，最高时达到 58.9%。

1998 年 6 月 13 日，微波炉生产规模已经成为全球最大的格兰仕企业（集团）公司，在国内微波炉市场又一次实施“组合大促销”：购买微波炉可获得高档豪华电饭煲、电风扇、微波炉饭煲等赠品外，还有 98 世界杯世界顶级球星签名的足球赠品和千万元名牌空调大抽奖。这种以同步组合重拳打向市场的策略，被同行业称之为毁灭性的市场营销策略，再度在全国市场引起巨大震动。

格兰仕成功运用价格战，成为微波炉行业的龙头企业，其成功的因素之一是在发动价格战之前，对整个微波炉市场进行了细致的分析。

格兰仕在微波炉市场上将连续 36 个月的市场销量桂冠不偏不倚的戴在了自己头上，有违常规地做起“常胜将军”来，这在很大程度上归功于实施“规模化经营战略”。据悉，格兰仕目前年产销规模已突破 450 万台，成为全球第一，大规模化为格兰仕创造了极大的优势和有利的发展空间。格兰仕公司走专业化道路，采取薄利多销策略来实现规模最大化和行业生产集中度最高化，从而提高市场竞争力，降低企业风险，然后再用“规模最大化”的良性效应推进“薄利多销”策略，两者相互促进、相互推动所产生的 1+1>2 的倍增效应使得企业呈现出良性循环的发展态势。

规模优势—成本优势—价格优势—市场优势—销量优势—规模优势。如此循环，格兰仕利用这种模式发展成了全球规模最大的微波炉生产企业。有了强大的规模优势，在市场竞争中，格兰仕总是不失时机的打出这张“王牌”，而每次均能出奇制胜，并牢牢掌握住市场的主控权，在许多品牌的市场售价已跌进成本的情况下，格兰仕仍能维持每台 20 元左右的市场利润。

中国甚至世界微波炉老大—格兰仕企业的成本领先战略曾经遭到许多中国营销人士的批评，认为不利于品牌的建立。在聪明的企业看来，天下没有放之四海而时时刻刻皆准的营销真理，而只有特定形势下的营销原理和千差万别的活生生的企业营销实践。总体市场环境不同，企业应该采取的营销战略也应该不一样；其对错高下由特定营销局势所决定，而不是凭一两条营销教条可衡量。从这个角度讲，许多出于对营销理论一知半解的批评意见，虽勇气可嘉，但仍未免贻笑大方。

格兰仕之所以受到众多非议，恰恰是格兰仕设计好的一种超限营销的品牌推广方法。而超限营销，使得营销效果具有经济学中的“乘数效应”—营销效果被无数倍地放大，企业因此而实现了超速的惊人发展。

格兰仕聚焦低成本价格战的战略之所以能够成功，主要是基于以下几个基本条件。

（1）微波炉当时尚属新兴市场，市场领导者没有产生，市场竞争尚处于起步阶段。

（2）微波炉市场的目标消费群体随着世界城市化进程，逐年有所增长，市场有较大成长空间，允许格兰仕实现规模经营以达到低成本目标。

（3）世界产业结构转移，中国沾上了天然制造中心各种条件的光。

（4）格兰仕进入微波炉市场时做了足够的准备，有足够的资源快速扩张，将主要竞争对手远远抛在后面。

（5）在成长的具体策略上，格兰仕也巧妙地采用了租赁式收购国外设备的超限手法进行了产能和业务扩张。

（6）格兰仕在发展初期注意了保密和保持低调，导致无人意识到其战略目标是成为世界微波炉制造工厂。

（7）在具体营销策略上，主要采取自己精心策划好的价格战，营销成本很低，但效果却很震撼，利用的基本上是终端和公共媒体来传播品牌和形象，没有在电视、报纸等高成本的推广渠道上浪费钱。

（8）格兰仕在微波炉市场上始终没有遇到实力相当、强有力的阻击对手。如果在格兰仕成长过程中，存在着这样一个可怕的对手，低成本价格战战略很可能杀死自己或至少也两败俱伤。

资料来源：http://www.wendang365.cn/view/263892

思考题：

1．格兰仕的低价策略适用性如何？

2．海尔的部分冰箱采取的是高价策略，同样占据了市场，请分析原因。

实训训练

1．假定某企业期望的成本和销售额如下：

单位变动成本	200 元
固定成本	5 000 000 元
预计销售量	100 000 个

假设该企业想要在销售额中有 20%的成本加成率，其加成价格为多少？

2．老师提供给学生一些需求价格弹性特点不同的商品，学生根据所学的需求价格弹性知识，对每种商品的需求价格弹性进行分析，并指出不同的商品企业应采取哪些不同的定价策略？

第十章

渠道策略

学习目标

知识目标

- 了解企业分销渠道的概念，功能。
- 理解分销渠道所涉及的重要流程。
- 了解渠道的一般模式和渠道系统的发展。
- 理解选择分销渠道应该考虑的因素，理解并掌握分销渠道策略。
- 理解并掌握中间商的类型和企业选择中间商的标准。

技能目标

- 会设计营销渠道。
- 能够有效地管理渠道、发挥渠道作用。

金霸王电池的“山城”渠道策略

美国金霸王电池及其广告宣传画在重庆的街头随处可见，该电池在重庆电池市场上已独占鳌头。然而，人们做梦也不会想到，金霸王电池从进入重庆市场到占领重庆市场，仅仅只花了6个月的时间。一种新产品在6个月内就占领那么大的新市场，真可谓闪电式的“速战速决”。那么，它闪电式的成功秘诀是什么？质量固然是金霸王电池开拓市场成功的一个重要因素，但人们赞许更多的是它独特的销售渠道策略策划，即第一步代销，第二步铺货，第三步终端促销。美国金霸王电池厂家在重庆找的代理商是重庆凯丽贸易公司。签订了代理合同后，重庆凯丽贸易公司就开始着手分析金霸王电池的特点和重庆电池市场的具体情况。

第一步：代销。所谓代销，就是指生产厂家或代理商家让批发商或零售商销售产品，在规定时间或者在批发商、零售商销售产品后才收取货款的销售方式。它实际上是厂家把产品让给商家的“试用”过程，若“试用”成功，商家就会经销该产品。代销是有风险的，弄不好厂家代销出去的产品既收不到货款也取不回货。为了有效地发挥代销的作用，金霸王电池在各区（县）找的代理商都是当地信誉比较好、效益好的大零售商。在两个半月的以点带面的代销后，金霸王电池在重庆已有一定的市场。这时，重庆凯丽贸易公司紧紧抓住机会，把营销策略进到第二阶段——铺货。

第二步：铺货。所谓铺货，就是厂家（或代理商）送货给零售商，并尽力说服其经销产品的一种营销策略。由于金霸王电池质量、性能确实过得硬，故代销给它带来了一定的市场，但仅仅依靠几个大商家，其占领市场的进程将极其缓慢。为了加快其步伐，金霸王电池想到了铺货。铺货的重点是重庆各区（县）的零售店。在零售店的铺货中，该公司特别关注到其他任何电池厂家都忽视了的电话亭的铺货。这一特别关注，使得铺货策略比原来想象的还要有效。因为，一个普通电池，BP 机只能用 7～8 天，而一对金霸王电池，BP 机却可以用 40 来天，这大大方便了 BP 机使用者，并且 BP 机使用者往往在电话亭购买电池。铺货，需要很多业务员。为了解决这一问题，金霸王电池在重庆工业管理学院招聘了一些市场营销专业学生作为兼职业务员。这些学生曾为多家厂家作过市场调查、产品促销、广告宣传等实践活动，在促销方面很有经验。这为他们能成功地说服零售商经销金霸王电池打下了基础，从而使得铺货面尽可能大。这样，在重庆的各处都布满了金霸王电池。从而，把营销策略推向了第三阶段——终端促销。

第三步：终端促销。所谓终端促销，是指厂家为了扩大产品的名声，扩大或巩固产品的市场占有率，在零售店处张贴广告或悬挂横幅，以刺激消费者购买产品的营销活动。为了进一步扩大金霸王电池的名声和销售量，金霸王电池在零售店处张贴了许多广告画，并且每隔一段时间就检查一次，若广告画被其他产品广告画所覆盖，就立刻补上。这样，在很短的时间内，“金霸王”就进入了重庆人的大脑里，并留下了深刻的印象，影响着他们购买电池的行为。

金霸王电池的销售渠道另有一个特点，即它直接由生产厂家转到零售商之手，而不像其他同类产品，中间要经过批发商。这一销售渠道有利于该公司和零售商良好合作关系的形成。这种良好合作关系的形成必然促进金霸王电池在重庆市场上的开拓。

资料来源：营销师考试专栏【易考吧】http://www.etest8.com/html2009-11-19

第一节 分销渠道的含义、类型

一、分销渠道的含义

分销渠道是指某种货物和劳务从生产者向消费者移动时取得这种货物和劳务的所有权或帮助转移其所有权的所有企业和个人。它主要包括商人中间商、代理中间商以及处于渠道起点和终点的生产者与消费者。在商品经济条件下，产品通过交换，发生价值形式的运动，使产品从一个所有者转移到另一个所有者，直至消费者手中，这称为商流。同时，伴随着商流，还有产品实体的空间移动，称之为物流。商流与物流相结合，使产品从生产者到达消费者手中，便是分销渠道或分配途径。

二、分销渠道的结构

分销渠道由五种流程构成，即实体流程、所有权流程、付款流程、信息流程及促销流程。实体流程是指实体原料及成品从制造商转移到最终顾客的过程。所有权流程是指货物所有权从一个市场营销机构到另一个市场营销机构的转移过程。付款流程是指货款在各市场营销中间机构之间的流动过程。信息流程是指在市场营销渠道中，各市场营销中间机构相互传递信息的过程。促销流程是指由一单位运用广告、人员推销、公共关系、促销等活动对另一单位施加影响的过程。五种营销流程如图 10-1 所示。

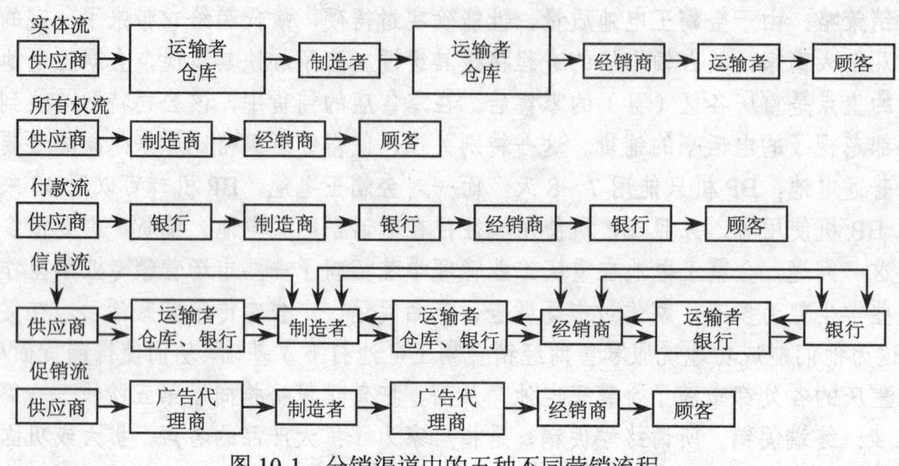

图 10-1 分销渠道中的五种不同营销流程

三、分销渠道的基本职能

渠道将产品从生产商转移到用户手中，克服了产品生产与使用在时间、地点和所有权方面的不一致，实现了产品的有效转移与流通。为完成这一使命，渠道成员共同分担了除交易以外的一系列重要功能：研究；促销、设计、传播和沟通产品信息；联系与接洽，寻找可能的购买者；调节与匹配，按照顾客要求再次调整；实体分配；谈判、物流、融资、风险承担、付款、服务等。

小资料

娃哈哈堪称由单一化渠道成功转型多元化渠道战略的典范。公司创立之初，限于人力和财力，主要通过糖烟酒、副食品、医药三大国有商业主渠道内的一批大型批发企业销售公司第一个产品——儿童营养液。随着公司的稳健发展和产品多元化，其单一渠道模式很快成为企业的销售瓶颈，娃哈哈开始基于“联销体”制度（联销体制度是娃哈哈和代理商之间建立的一个共同经营产品的渠道体制，从厂家、经销商到终端每个环节的利益和义务都会得到明确）对渠道进行再设计。首先，娃哈哈自建销售队伍，建立一支约 2 000 人的销售大军，隶属公司总部并派驻各地，负责厂商联络，为经销商提供服务并负责开发市场、甄选经销商；其次，娃哈哈在全国各地开发 1 000 多家业绩优异、信誉较好的一级代理商，以及数量众多的二级代理商，确保娃哈哈渠道重心下移到二、三线市场。这充分保证了娃哈哈渠道多元化战略的实施。娃哈哈针对多种零售业态，分别设计开发不同的渠道模式。对于机关、学校、大型企业等集团顾客，厂家上门直销；对于大型零售卖场及规模较大的连锁超市，采用直接供货；对于一般超市、酒店餐厅以及数量众多的小店，由分销商密集辐射。这种“复合”结构，既能够有效覆盖市场，又能够分类管理，有利于在每种零售业态中都取得一定的竞争优势。从娃哈哈案例可以看出，渠道多元化是实施企业战略多元化的必然结果，也是企业生命周期发展的必然阶段。娃哈哈渠道多元化战略对于公司的快速发展功不可没。

资料来源：温州科技职业学院市场营销课程组，http://www.t577.cn/news.asp

四、分销渠道类型

（1）按流通环节的多少，可将分销渠道划分为直接渠道与间接渠道。直接渠道，是指生产企业不通过中间商环节，直接将产品销售给消费者。直接渠道是工业品分销的主要类型。例如，大型设备、专用工具及技术复杂需要提供专门服务的产品，都采用直接分销，消费品中有部分也采用直接分销渠道，如鲜活商品等。间接渠道，指生产企业通过中间商环节把产品传送到消费者手中。间接分销渠道是消费品分销的主要类型，工业品中有许多产品诸如化妆品等也采用间接分销渠道。

间接分销渠道又分为以下四层：①零级渠道，又称为直接渠道。即由制造商—消费者。零级渠道是大型或贵重产品以及技术复杂、需要提供专门服务的产品销售采取的主要渠道。在IT产业链中，一些国内外知名IT企业，比如联想、IBM、HP等公司设立的大客户部或行业客户部等就属于零级渠道。另外，DELL的直销模式，更是一种典型的零级渠道。②一级渠道。包括一个渠道中间商。即制造商—零售商—消费者。在工业品市场上，这个渠道中间商通常是一个代理商、佣金商或经销商；而在消费品市场上，这个渠道中间商则通常是零售商。③二级渠道包括两个渠道中间商。在工业品市场上，这两个渠道中间商通常是代理商及批发商；而在消费品市场上，这两个渠道中间商则通常是批发商和零售商。④三级渠道包括三个渠道中间商。即制造商—代理商—批发商—零售商—消费者。这类渠道主要出现在消费面较宽的日用品中，比如肉食品及包装方便面等。在IT产业链中，一些小型的零售商通常不是大型代理商的服务对象，因此，便在大型代理商和小型零售商之间衍生出一级专业性经销商，从而出现了三级渠道结构。可见，零级渠道最短，三级渠道最长。具体结构如图10-2所示。

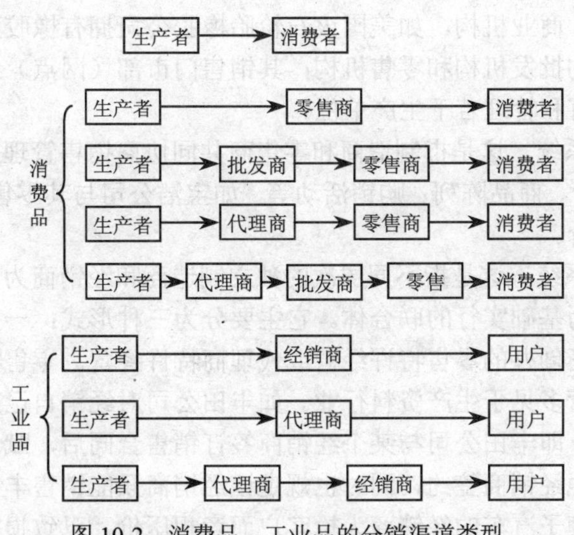

图10-2 消费品、工业品的分销渠道类型

（2）根据商品在流通过程中使用中间商的多少，间接渠道又分为短渠道与长渠道。一般把商品从生产者转移到消费者过程中任何一个对商品拥有所有权或负责推销责任的机构，叫一个渠道层次，渠道层次的数目称为渠道的长度。商品在流通过程中只经过一个渠道层次称为短渠道，经过两个或两个以上渠道层次称为长渠道。

（3）宽渠道与窄渠道。渠道宽窄取决于渠道的每个环节中使用同类型中间商数目的多少。企业使用的同类型中间商越多，产品在市场上的分销面越广，称为宽渠道。如一般的日用消费品（毛巾、牙刷、开水瓶等），由多家批发商经销，又转卖给更多的零售商，能大量接触消费者，大批量地销售产品。企业使用的同类型中间商越少，分销渠道越窄，称为窄渠道，它一般适用于专业性强的产品，或贵重耐用消费品，由一家中间商统包，几家经销。它使生产企业容易控制分销，但市场分销面受到限制。

（4）单渠道和多渠道。当企业全部产品都由自己直接所设门市部销售，或全部交给批发商经销，则称之为单渠道。多渠道则可能是在本地区采用直接渠道，在外地则采用间接渠道；在有些地区独家经销，在另一些地区多家分销；对消费品市场用长渠道，对生产资料市场则采用短渠道。

五、分销渠道系统的发展

20 世纪 80 年代以来，分销渠道系统突破了由生产者、批发商、零售商和消费者组成的传统模式和类型，有了新的发展，如垂直渠道系统、水平渠道系统、多渠道营销系统等。

1. 垂直渠道系统

这是由生产企业、批发商和零售商组成的统一系统。垂直分销渠道的特点是专业化管理、集中计划，销售系统中的各成员为共同的利益目标，都采用不同程度的一体化经营或联合经营。它主要有三种形式。

（1）公司式垂直系统。这是指一家公司拥有和统一管理若干工厂、批发机构和零售机构，控制分销渠道的若干层次、甚至整个分销渠道，综合经营生产、批发、零售业务。这种渠道系统又分为两类：工商一体化经营和商工一体化经营。工商一体化是指大工业公司拥有、统一管理若干生产单位、商业机构，如美国火石轮胎橡胶公司拥有橡胶种植园，拥有轮胎制造厂，还拥有轮胎系列的批发机构和零售机构，其销售门市部（网点）遍布全国。商工一体化是指由大零售公司拥有和管理若干生产单位。

（2）管理式垂直系统。这是指制造商和零售商共同协商销售管理业务，其业务涉及销售促进、库存管理、定价、商品陈列、购销活动等，如宝洁公司与其零售商共同商定商品陈列、货架位置、促销、定价。

（3）契约式垂直系统。这是指不同层次的独立制造商和经销商为了获得单独经营达不到的经济利益而以契约为基础实行的联合体。它主要分为三种形式：一是特许经营组织。这又有以下三种：①制造商创办的零售特许经营或代理商特许经营。零售特许经营多见于消费品行业，代理商特许经营多见于生产资料行业。如丰田公司对经销自己产品的代理商、经销商给以买断权和卖断权，即丰田公司与某个经销商签订销售合同后，赋予经销商销售本公司产品的权力而不再与其他经销商签约，同时也规定该经销商只能销售丰田牌子的汽车，实行专卖，避免了经营相同牌子汽车的经销商为抢客户而竞相压价，以致损害公司名誉。②制造商倡办的批发商特许经营系统，大多出现在饮食业，如可口可乐、百事可乐，与某些瓶装厂商签订合同，授予在某一地区分装的特许权和向零售商发运可口可乐等的特许权。③服务企业使用的零售商特许经营系统，多出现于快餐业（如肯德基快餐）、汽车出租业。二是批发商开设的连锁店。三是零售商合作社。它既从事零售，也从事批发，甚至于生产业务。

2．水平式渠道系统

这是指由两家以上的公司联合起来的渠道系统。它们可实行暂时或永久的合作。这种系统可发挥群体作用，共担风险，获取最佳效益。

3．多渠道营销系统

这是指对同一或不同的分市场采用多条渠道营销系统。这种系统一般分为两种形式：一种是生产企业通过多种渠道销售同一商标的产品，这种形式易引起不同渠道间激烈的竞争；另一种是生产企业通过多渠道销售不同商标的产品。

第二节　营销渠道的设计

一、影响营销渠道选择的因素

（一）市场目标

主要包括：迅速扩大产品市场占有率（一般适合用多级渠道策略）；销售成本最低；对渠道控制力最强（一般适合用较少渠道策略）；铺货率最高。

（二）产品因素

由于各种商品的自然属性、用途等不同，其采用的营销渠道也不相同。主要包括：商品的价格，商品的性质，商品的时尚性，商品的标准化程度和服务，商品价值的大小，商品的用途，商品的技术与服务要求，商品市场寿命周期等。

（三）目标市场因素

目标市场的状况如何，是影响企业营销渠道选择的重要因素，是企业营销渠道决策的主要依据之一。市场因素主要包括：目标市场范围的大小及潜在需求量，市场的集中与分散程度，顾客的购买特点与购买数量，市场竞争状况，市场销售的季节性和时间性，竞争者的销售渠道等等。

（四）生产企业本身的条件

主要包括：产品组合状况，企业的生产、经营规模，企业的声誉和形象，企业的经营能力和管理经验，企业控制渠道的程度等。

（五）中间商因素

与渠道结构有关的中间商的影响因素包括：中间商的能力，利用中间商的成本，中间商的服务。各类各家中间商实力、特点不同，诸如广告、运输、储存、信用、训练人员、送货频率方面具有不同的特点，从而影响生产企业对分销渠道的选择。

（六）环境因素

主要包括：政府有关立法及政策规定，如专卖制度、反垄断法、进出口规定、税收政策等。此外，还有经济形势因素等。

二、渠道的设计

（一）营销渠道系统设计的步骤

1．分析消费者需要的服务水平

弄清目标消费者的购买行为，是设计营销渠道的第一步。公司必须弄清目标消费者需要的服务水平，渠道提供五种服务：批量、等待时间、空间的便利性、商品多样化、服务支持。

2．确定渠道目标和限制条件

目标应表现为期望的服务水平，在竞争条件下，应在期望的服务水平上把渠道费用降至最低。一般，应根据以下限制条件来确定：制造商性质、中间商的优缺点、竞争者使用的渠道、宏观经济形势、国家法律规定。

3．明确主要的渠道交替方案

在明确了目标市场和期望的服务之后，就要明确各种主要的交替方案。这些方案涉及以下因素：中间商类型、中间商数目、渠道成员的条件与责任。

4．评估主要的渠道交替方案

如果需要从几个渠道交替方案中选择最佳方案，那么，每一渠道交替方案，如是利用公司的推销部门还是利用销售代理商，都必须从以下方面加以考察：经济性、可控性、适应性。

（二）营销渠道结构设计

营销渠道的结构，可以分为长度结构、宽度结构以及广度结构三种类型。三种渠道结构构成了渠道设计的三大要素或称为渠道变量。进一步说，渠道结构中的长度变量、宽度变量及广度变量完整地描述了一个三维立体的渠道系统。

1．长度结构

营销渠道的长度结构，又称为层级结构，是指按照其包含的渠道中间商（购销环节），即渠道层级数量的多少来定义的一种渠道结构。通常情况下，根据包含渠道层级的多少，可以将一条营销渠道分为如前所述的零级、一级、二级和三级渠道等。

一般来讲，在以下情况下适合采取短渠道销售策略：①从产品的特点来看，易腐、易损、价格贵、时尚、新潮、售后服务要求高而且技术性强；②零售市场相对集中，需求数量大；③企业的销售能力强，推销人员素质好，资历雄厚，或者增加的收益能够补偿花费的销售费用。反之，在以下情况下适合采取长渠道策略：①从产品特点来看，非易腐、易损、价格低、选择性不强、技术要求不高；②零售市场较为分散，各市场需求量较小；③企业的销售能力弱，推销人员素质较差，缺乏资金，或者增加的收入不能够补偿多花费的销售费用。

2．宽度结构

渠道的宽度结构，是根据每一层级渠道中间商的数量的多少来定义的一种渠道结构。渠道的宽度结构受产品的性质、市场特征、用户分布以及企业分销战略等因素的影响。渠道的宽度结构分成如下三种类型。

（1）密集型分销渠道，也称为广泛型分销渠道，就是指制造商在同一渠道层级上选用尽可能多的渠道中间商来经销自己的产品的一种渠道类型。密集型分销渠道，多见于消费品领域中的便利品，比如牙膏、牙刷、饮料等。

（2）选择性分销渠道，是指在某一渠道层级上选择少量的渠道中间商来进行商品分销的一种渠道类型。在IT产业链中，许多产品都采用选择性分销渠道。

（3）独家分销渠道，是指在某一渠道层级上选用唯一的一家渠道中间商的一种渠道类型。在IT产业链中，这种渠道结构多出现在总代理或总分销一级。同时，许多新品的推出也多选择独家分销的模式，当市场广泛接受该产品之后，许多公司就从独家分销渠道模式向选择性分销渠道模式转移。比如东芝的笔记本产品渠道、三星的笔记本产品渠道等就是如此。

3．广度结构

渠道的广度结构，实际上是渠道的一种多元化选择。也就是说许多公司实际上使用了多种渠道的组合，即采用了混合渠道模式来进行销售。比如，有的公司针对大的行业客户，公司内部成立大客户部直接销售；针对数量众多的中小企业用户，采用广泛的分销渠道；针对一些偏远地区的消费者，则可能采用邮购等方式来覆盖。

概括地说，渠道结构可以笼统地分为直销和分销两个大类。其中直销又可以细分为几种，比如制造商直接设立的大客户部、行业客户部或制造商直接成立的销售公司及其分支机构等。此外，还包括直接邮购、电话销售、公司网上销售等等。分销则可以进一步细分为代理和经销两类。代理和经销均可能选择密集型、选择性和独家等方式。

小资料

俊洁公司将配送站重新合理布局，并新增了六个配送站，以使分销的触角能够延伸到市区的各个角落。其次，根据A市俊洁公司已建的1万余家零售终端的便利条件，俊洁公司制定了《追求卓越计划——A市市场深度分销方案》，主要内容如下：①建立巡访制度，制定“七定法则”。内容包括：定人，定域，定线，定点，定期，定时，定标准。②制定工作流程，明确拜访步骤。③实施深度分销，建立战略联销体。即在俊洁公司众多的下游终端及批发商中选择最具有潜力的分销商结成战略同盟，签订联销协议，制定攻守同盟。同时，把每个下游分销商的终端客户固定下来，每个分销商只对固定下来的终端客户负责配送和售后服务。分销商行使配送功能，而俊洁公司只对固定下来的分销成员及终端商提供细致、深入的专业服务，保证其稳定、长期的获利，从而最终达到市场无空隙的市场格局。

（三）渠道决策比较与评价

1．财务评估法

财务评估法是兰伯特（Lambeit）在20世纪60年代提出的一种方法。他指出，财政因素才是决定选择何种渠道结构的最重要的因素。这种决策比较使用不同的渠道结构所要求的资本成本，以得出的资本受益来决定最大利润的渠道。

2．交易成本评估法

交易成本评估法，最早由威廉姆森（Williamson）提出。该方法的重点在于企业要完成其营销渠道任务所需的交易成本。从根本上讲，交易成本与完成诸如信息收集、洽谈、监督表现等任务所需的成本关联。在该方法中，威廉姆森将传统的经济分析与行为科学概念以及由组织行为产生的结果综合起来考虑渠道结构的选择问题。

3. 经验评估法

（1）权重因素记分法。由科特勒提出的“权重因素记分法”是一种更精确的选择渠道结构的直接定性方法。其基本步骤是：列出影响渠道选择的相关因素，每项决策因素的重要性用百分数表示，每个渠道选择依各项决策因素按1～100的分数打分，通过权重与因素分数相乘得出每个渠道选择的总权重因素分数，将备选的渠道结构按分数排序，获得最高分的渠道选择方案即为最佳选择。

（2）直接定性判定法。直接定性判定法是评价者凭借主观判断，依据以往经验，考虑当前基本情况而作出的对渠道选择的方法。进行渠道设计选择时，由于这一方法缺乏科学数据论证，凭一个或几个人的过去经验进行决策，省事省时。直接定性判定法是最粗糙但也是最常用的方法。

（3）营销渠道成本比较法。营销渠道成本比较法是把各个渠道模式的成本与收益作为最主要的评估因素，通过对投入和收益的比较，选择成本低、收益大的渠道结构的评估方法。高效率与高效益是企业追求的目的之一。营销渠道成本比较法由于给出了决策层依据科学方法决定渠道的手段，很受消费者的欢迎。

第三节 渠道的控制

小资料

酒水经销商的渠道控制力

俊洁公司深度分销实施后，分销商的积极性被极大地调动了起来，他们按照企业的要求，对自己的“一亩三分地”进行精耕细作，但出乎意料的是，俊洁公司在A市的销量仍然徘徊不前，一些终端零售商仍旧抱着不冷不热的态度，到底是怎么回事呢？经过俊洁公司市场部人员的深入调查，才发现，虽然服务细致了，但由于企业市场管控不力，对深度分销理解不够，出现了一些分销商低价销售的现象，这使渠道成员的产品利润仍旧得不到保障。为此，俊洁公司快速出手，出台了如下措施：①承诺最低利润保障，但分销商必须缴纳3 000元的保证金以对市场行为作为保证，对敢于“越雷池”、触“高压线”低价销售或窜货者一律按照规定给予严厉的经济处罚，并取消分销商资格。②坚持模糊返利、市场刚性监管原则，明确开票价即进店价，实行月返、季返或年返方式，但返利根据市场表现而定，比如配送及时程度，能否遵守企业政策等进行考核。通过以上方式的调整，市场秩序得到了保障。

概括来说，渠道的控制就是指通过对渠道的管理、考核、激励以及渠道冲突的解决等一系列措施对整个渠道系统进行的综合调控。公司建立起渠道系统，仅仅是完成了实现分销目标的第一步，而要确保公司分销目标的顺利完成，还必须对建立起来的渠道系统进行适时的渠道控制。

渠道控制构成了营销渠道管理的核心内容。渠道结构选择及渠道的搭建是一件相对容易的事情，而渠道控制则贯穿于渠道系统运行的整个生命周期之中。

一、选择渠道成员

选择渠道成员应遵循达到市场目标原则、分工合作原则、形象匹配原则和同舟共济原则。制造商必须评估渠道成员的从业年限、经营的产品组合状况、发展及利润记录、清偿能力、市场覆盖率、推销产品的能力、储藏运输能力、合作态度和声望等。如果是独家分销，还要评估商店的地址、未来发展潜力和经常光顾的消费者类型。

二、激励渠道成员

激励渠道成员，调动渠道成员的积极性，是渠道管理中不可缺少的一环。为此，首先要了解中间商的需要和愿望；其次，制造商可以采取合作、合伙和分销规划来获得中间商的合作。

进入渠道的条件，如提供优质产品、进行广告宣传等，已构成了部分的激励因素，但除此之外，还有很多激励中间商的形式，大体可分为直接激励和间接激励两类。直接激励一般包括：返利政策、价格折扣、开展促销活动等。间接激励通常包括：帮助中间商建立进销存报表，进行安全库存数和先进先出库存管理；帮助零售商进行零售终端管理；帮助中间商管理其客户网；实施伙伴关系管理等。

三、评估渠道成员

制造商必须定期评估中间商的业绩，其标准有销售配额完成情况、平均存货水平、产品市场占有率、向生产企业支付货款的情况、送货时间、对次品与丢失品的处理情况、在促销和培养方面的合作和对消费者提供的服务、中间商的利润及发展趋势、中间商与生产企业的配合程度、对产品的推销宣传能力等。

四、修改或调整渠道决策

随着市场和环境的变化，尤其是以下四种情况，企业的分销渠道系统应适应其变化而进行修改、调整：企业的实力变化时、产品销售量变化较大时、新产品投入市场初期、企业的市场环境发生变化时。制造商修改现有的渠道以适应市场变化的方式具体有三种：增加或减少渠道成员、增加或减少某些营销渠道、建立新的营销渠道系统在所有的市场销售产品。

五、渠道冲突管理

渠道冲突管理是分销渠道管理的一项非常重要的内容，渠道成员间合作程度、协调程度如何，将直接影响到整个渠道的分销效率和效益。

由于存在利益不同的主体，不论渠道设计如何完美、管理如何优秀，总会存在冲突。渠道冲突的类型主要分为三种：垂直渠道冲突、水平渠道冲突和多渠道冲突。

渠道冲突的起因很多，主要的原因有：制造商与零售商的目标不同；不明确的目标和权力；地区划分权和销售信用；预期的不同；中间商对制造商的过度依赖；特许经销商的经营状况受制造商产品设计和定价策略的直接影响等等。

某些渠道冲突是结构性的，它们刺激渠道随着环境的改变而改变。有些冲突是因为功能失调，问题在于如何管理而不是消除冲突。有效管理冲突，最重要的是确立共同的目标，其次可以采取销售促进激励，进行协商谈判，在渠道成员之间交换人员，或者清理渠道成员，甚至使用法律手段，最终促进合作。解决的机制包括：契约约束机制、目标协调机制和沟通机制。

第四节 中间商的类型、性质与作用

一、中间商的作用

中间商指处于生产者和消费者之间，参与产品交换，促进买卖行为发生和实现的，具有法人资格的经济组织或个人。

各级中间商是营销渠道的重要组成部分，在市场营销中，中间商至少具有如下的作用。

（1）中间商的存在能为生产者和消费者带来方便。

（2）中间商的存在可以缓和产需之间在时间、地点和商品数量和种类方面的矛盾。

（3）中间商是企业和市场之间的桥梁，中间商可以向企业反馈市场信息，帮助企业了解市场，还可以利用自己在当地市场上多年经营形成的商誉为企业的产品提供无形保证，使市场了解企业。

（4）中间商通过存货、赊销等方式为生产和零售企业减轻了资金负担，从而有利于这些企业资金的周转和融通，促进经济的发展。

二、中间商的类型与性质

按照不同的归类方法，我们可以将中间商分成不同的类型。在此，我们主要介绍两种分类方法：按所有权的归属划分和按商品流通途径中承担的角色来划分。

（一）经销中间商、代理中间商和辅助机构

按照所有权的归属，中间商可分为经销中间商、代理中间商和辅助机构三大类。

1．经销中间商

经销中间商是指在商品流通过程中，取得商品所有权，然后再出售商品的营销中介机构，又称经销商。如我们常说的一般批发商、零售商等。除此以外，还有一种经销中间商称为工业品经销商。他们主要是将工业品或耐用消费品直接出售给顾客的中间商。工业品经销商通常同他们的供应者之间建有持久的关系，并在某个特定的区域内拥有独家经销的权利。

2．代理中间商

代理中间商在商品流通过程中，参与寻找顾客，有时也代表生产厂商同顾客谈判，但不取得商品的所有权，因此也无需垫付商品资金，他们的报酬一般是按照商品销售量，抽取一定比例的佣金。比较常见的有企业代理商、销售代理商、采购代理商、佣金代理商和经纪人。代理商的主要任务是接受订单，然后转交制造商，由后者直接运送货物给客户，客户则直接付款给制造商。因此，代理商一般不必持有存货。生产厂商在其业务范围内可委托多个代理商。有时中间商没有实际获得商品实体，但他已经获得了商品的所有权，那么我们仍然认为他属于经销中间商。相反，一个中间商即使他已经取得商品的实体，但如果他不拥有商品的所有权，那么他仍然只能算是一个代理中间商。

经销商和代理商的区别主要有以下几点，见表10-1。

表10-1 经销商和代理商的区别

经销商	代理商
拥有产品的所有权	没有产品所有权
与制造商之间是一种买卖关系	与制造商是一种委托代理关系
通常以自己的名义签订合同	通常以制造商名义签订合同
收入来源是产品的买卖差价	收入来源是佣金或提成
需要较大的资金实力	不需要太大的资金实力
承担销售风险	不承担销售风险
对制造商分销政策影响较大	对制造商分销政策影响较小

3. 辅助机构

在营销中介机构中，既不参与买或卖的谈判，也不取得商品的所有权，只是起到支持产品分配的作用，我们把这类机构称为辅助机构。配送中心是这类辅助机构中的重要形式之一。配送中心主要是对商品进行集中储存，然后根据销售网点的需要，定期或不定期地对所需商品进行组配和发送的机构。在现代连锁业广泛发展的今天，配送中心的作用显得尤为重要。目前在欧美及日本等国，不少批发企业实际上是以配送中心为外壳而存在的，他们集商流、物流、信息流于一体，大大提高了批发流通的效率。辅助机构还包括运输公司、独立仓库、银行和广告代理商。

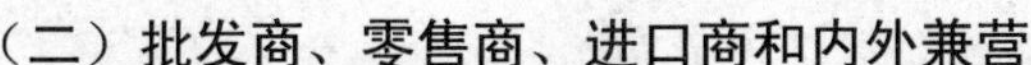

（二）批发商、零售商、进口商和内外兼营

按照在渠道中承担的不同角色来划分，中间商可分成批发商、零售商、批发零售商和辅助机构。如果从国际贸易的角度考虑，还有进口商、内外贸兼营等形式。在此，我们主要向大家介绍批发商、零售商、进口商和内外贸兼营等几种类型。

1. 批发商

批发是指为转售、进一步加工或变化商业用途而销售商品的各种交易活动。批发商处于商品流通起点和中间阶段，交易对象是生产企业和零售商，一方面它向生产企业收购商品，另一方面它又向零售商业销售商品，并且是按批发价格经营大宗商品。其业务活动结束后，商品仍处于流通领域中，并不直接服务于最终消费者。批发商是调节商品供求的蓄水池，是沟通产需的重要桥梁，对企业改善经营管理及提高经济效益、满足市场需求、稳定市场具有重要作用。

批发商可分为四大类：①商人批发商（商业批发商）。商人批发商是独立企业，对其所经营的商品拥有所有权，也被称作中盘商（批发商）、分销商，或者配售商，他们还可以进一步细分为完全服务批发商和有限服务批发商。②经纪人和代理商。它们不拥有商品所有权，主要功能就是促进买卖，获得销售佣金。经纪人的主要作用是为买卖双方牵线搭桥，由委托方付给他们佣金。他们不存货，不介入财务，不承担风险。多见于食品、不动产、保险和证券经纪人。代理商有几种类型，即制造代理商、销售代理商、采购代理商、佣金商（或称商行）。③制造商和零售商的分部和营业所。它的两种形式分别为销售分部和营业所，采购办事处。制造商开设自己的销售分部和营业所。销售分部备有存货，常见于木材，汽车设备和配件等行业。营业所不存货，主要用于织物和小商品行业。采购办事处的作用与采购经纪人和代理商的作用相似，但前者是买方组织的组成部分。④其他批发商，如农产品集货商、散装石油厂和油站、拍卖公司等。

2. 零售商

零售商是指将商品直接销售给最终消费者的中间商，处于商品流通的最终阶段。零售商的基本任务是直接为最终消费者服务，它的职能包括购、销、调、存、加工、拆零、分包、传递信息、提供销售服务等。零售商在地点、时间与服务方面，为消费者购买提供方便。它又是联系生产企业、批发商与消费者的桥梁，在分销途径中具有重要作用。零售商可按不同标准进行分类。①按经营商品范围分类，可分为综合商店、专业商店、百货商店、超级市场、便利店、折扣商店、连锁商店。其他零售商店形式包括：仓库商店、样品目录陈列室、邮购目录营销、自动机售货、购物服务、流动售货。②按商品售价来划分，可分为廉价商店、仓库商店、样品图册展览室。③按有无店铺零售业来分类，可分为店铺零售商、无店铺零售商。店铺零售商包括：专业商店、专卖店、超级市场、购物中心。无店铺零售商包括：直接销售（如邮购和电话订购零售业、挨户访问推销零售业、生产商自设商店和电视销售等）、自动销售、购物服务。④按是否连锁来分类，可分为：正规连锁店、自愿连锁、特许连锁。

小资料

连锁可分为以下三种类型。

（1）正规连锁店。同属于某一个总部或总公司，统一经营，所有权、经营权、监督权三权集中，也称联号商店、公司连锁、直营连锁。

（2）自愿连锁。各店铺保留单个资本所有权的联合经营，多见于中小企业，也称自由连锁、任意连锁。

（3）特许连锁，也称合同连锁、契约连锁。它是主导企业把自己开发的商品、服务和营业系统（包括商标、商号等企业象征的使用，经营技术，营业场合和区域），以营业合同的形式给规定区域的加盟店授予统销权和营业权。

3. 进口商

进口商是指那些直接向海外制造厂商采购商品，然后出售给批发商、零售商的中间商。一般来说，制造厂商可以将其产品同时卖给多个进口商。在我国，这样的中间商过去主要由对外经济贸易部所属的各进出口公司或其他部门所属的各种专营或兼营进出口贸易的公司以及省、直辖市所属的对外贸易公司担任。外贸放开经营以后，开始出现专门从事进出口业务的服务企业，成为一般情况下我们所讲的进口商。

4. 内外贸兼营

内外贸兼营的例子中最为突出的是瑞典的“批发商和进口商联合会”，其成员包括进口商、批发商、代理商等。营业额约占瑞典进口总额的三分之二。其实这种类型的中间商是批发商和进口商的综合体，只不过对外以同一个名义进行业务活动。

本章小结

营销渠道是指产品从生产者手中传到消费者手中所经过的各中间商联结起来的通道。按流通环节的多少，可将分销渠道划分为直接渠道与间接渠道。根据商品在流通过程中使用中间商环节的多少，间接渠道又分为短渠道与长渠道。根据渠道的每个环节中使用同类型中间商数目的多少，分销渠道可分为宽渠道和窄渠道。影响渠道选择的因素包括市场目标、产品因素、市场因素、企业本身因素、中间商因素等。营销渠道的控制和管理是企业的一项重要管理工作，包括选择渠道成员、激励渠道成员和评估渠道成员等。中间商是处于生产者和消费者中间，参与商品交易，促进买卖行为发生和实现的具有法人资格的经济组织和个人，主要分为代理商与经销商，或者分为批发商和零售商等。

思考与练习

一、单项选择题

1．接受用户订货是一种（　　）。

A．直接渠道　B．间接渠道　C．长渠道　D．短渠道

2．区域代理制是很多家电企业采取的一种分销方式，它属于（　　）。

A．选择性分销　B．密集型分销

C．专营性分销　D．分散型分销

3．对产品实体具有控制力并参与产品销售协商的代理商是（　　）。

A．产品经纪人　B．制造商代表　C．采购代理商　D．佣金商

4．生产消费品中的便利品的企业通常采取（　　）的策略。

A．密集分销　B．独家分销　C．选择分销　D．直销

5．既不持有存货，又不参与融资或风险的商业单位是（　　）。

A．制造商代理　B．销售商代理　C．产品经纪人　D．佣金商

6．经纪人和代理商都属于（　　）。

A．批发商　B．零售商　C．供应商　D．实体分配者

二、多项选择题

1．影响分销渠道设计的因素有（　　）。

A．市场目标　B．产品因素　C．市场因素

D．企业本身因素　E．中间商因素

2．零售业一般分为有门市的销售形式和无门市的销售形式，属于无门市的销售形式有（　　）。

A．百货商店　B．邮寄　C．连锁店

D．自动售货　E．超级市场

3．通常企业对人们的日常生活必需品采用（　　）更为合适。

A．独家分销策略　　B．广泛性分销策略

C．选择性分销策略　　D．直接销售渠道策略

E．间接性销售渠道策略

4．批发商主要有哪些类型？（　　）

A．商人批发商　B．经销商　C．制造商销售办事处

D．经纪人或代理商　E．仓储商店

5．零售业一般分为有门市的销售形式和无门市的销售形式，属于有门市的销售形式有（　　）。

A．百货商店　B．邮寄　C．连锁店

D．访问销售　E．超级市场

三、判断题

1．判断一个渠道交替方案的好坏的标准是其能否产生较高的销售额和较低的成本。（　　）

2．宽渠道是指制造商同时选择两个以上的同类中间商销售产品。（　　）

3．长渠道是指生产者利用一个中间环节来销售产品。（　　）

4．间接渠道是指产品从生产者流向最终消费者的过程中不经过任何中间商转手的分销渠道。（　　）

5．批发交易市场属于初级市场。（　　）

6．中间商是指从事商品交易业务，在商品买卖过程中拥有产品所有权的中间商。（　　）

四、问答题

1．简述中间商的概念类型和作用。

2．如何确定销售产品的渠道长度？

3．如何实施对分销渠道的有效控制？

4．企业在互联网时代有哪些渠道决策？

5．分销渠道流程包括哪些内容？

参考案例分析

案例1：联想电脑的渠道建设

1998年以后，计算机厂商基于市场和用户需求的变化，渠道也发生变化。他们在经过前些年激烈的市场搏杀之后，市场格局已相对固定，除了产品策略和市场策略之外，厂商对渠道策略也进行了调整。

联想作为国内电脑市场的佼佼者，之所以能获得15.2%的市场份额，与联想的渠道实力是分不开的。传统渠道的理念中厂家和代理商、分销商之间的关系常常不外乎两种：买卖关系和合作伙伴关系。第一种关系比较简单，只是单纯的交易行为，双方责、权、利的约束性不

强，第二种合作伙伴关系更进一步，但许多情况下，都是不稳固的联盟关系，而且双方的关系是松散型的，缺乏一致的目标和利益，常常最后沦为“无疾而终”。为了进一步完善渠道政策和渠道的层次提升，联想提出了渠道的大联想计划，把厂商和经销商的关系提升为一体化的联盟关系。其中厂家作为原始产品的生产者和供应者，它通过渠道来出货，代理商则是厂家的销售队伍，作为厂家的一部分，跟厂家的生产部门、研发部门、制造部门一样，这种渠道相当于厂家的销售部门。以这种眼光来看待代理，联想在选择代理时会更加严格和慎重，代理商则会更有安全感和归属感。

在“大联想”的内涵方面，联想归纳为四个“纳入”，把代理商纳入联想的销售、服务、培训和分配体系，对于代理商进行统一设计、统一考虑。首先，在销售方面，联想通过渠道规划来进行，联想会分析在销售环节中寻找怎样的渠道，用户会喜欢什么样的渠道，每种渠道要准备什么样的条件、什么样的职责，具备什么样的权利和义务，就像一个单位的岗位责任制一样，渠道架构怎样、组成成员有哪些、成员的责任权利，都会统筹安排，这种规划会充分发挥每个代理商的特长，比如是更适宜做商用 PC，还是家用 PC 等等，不同的代理商都有自己的发展方向。其次，培训方面，联想成立了大联想学院对代理进行专业培训，培养代理的综合素质，如管理、营销、产品、技术等等。第三，分配上联想重新设计了新的分配体系，除了常规的销售奖励之外，联想还设立了包括返点、培训、形象支持等在内的合作伙伴奖、超过三年合作期的风雨同舟奖等等。第四，服务渠道方面，联想结合用户在售后服务方面的要求和变化、产品特点和现有代理商的销售渠道进行了调整。为了保证大联想机制的健全和这一计划的不断推进，联想还建立了一系列的监督、保障机制，成立了专门的大联想顾问委员会，从代理商中推选了近 30 家代表做顾问，他们分布在全国 28 个省份，都是当地的佼佼者，大联想渠道中的一些重大问题、前瞻性问题和亟待解决的问题都会在顾问委员会中讨论，厂家和代理商一起来商量和决定。除此之外，联想在每个季度进行代理商的意见调整，设立总经理接待日等等，这些都已形成制度。目前，联想 PC 在全国 200 多个城市拥有 2 000 多家经销商。未来联想 PC 将进一步完善其现在的渠道体系及其保障体系，提高渠道整体的专业化水准，使各种渠道进一步细化。

联想对直销问题的认识：渠道和时代也有很大的关系。直销能降低成本，因为高科技产业尤其是电脑技术更新比较快，价格下降得比较快。如果渠道长了，供货时间长了，成本就高，用户肯定不能够接受。中国的企业之所以在过去几年能够战胜国外的电脑企业，在中国市场上取得领先的地位，跟渠道短、运筹快有很大的关系。但现在对直销也要一分为二地看，尤其在中国更加值得我们来反思。假如用户要求提供能够马上就用的，马上就能够实现所需功能的最终产品，而不是中间产品，直销的方式可能又不适合。

任何竞争方式更主要的竞争是能提供用户感觉比较适合、比较好用的产品。如果是这样，用户所希望得到的更多的是知识服务，咨询购买一个什么样的电脑比较适合自己，这台电脑里面有什么样的功能、什么样的应用等等。所以，正是这样的一些变化，可能会带来渠道方面比较大的重新整合。为什么联想在现在推销 1+1 专卖店的形式，这个专卖店依然是代理销售的一种。不是自己来做，而是想发动代理商一起来做，是加盟方式。但是要制定出统一的形象标准、统一的销售产品、统一的服务、统一的价格、统一的布局、统一的管理。我们有

"六个统一"在这个渠道上面。从更深层次上面来讲，就是为了迎接 PC 产业从根本上发生变革的时候对于渠道新的要求。

资料来源：如何设计分销渠道．公文易文秘资源网2007-12-13 http://www.govyi.com

思考题：

1．从影响渠道设计的因素看，联想是如何为产品选择合适的销售渠道的？

2．联想有哪些类型的中间商？其作用是什么？

3．联想分销渠道的冲突主要有哪些形式？

4．Internet 对联想的分销渠道有哪些影响？

5．你认为分销渠道的发展趋势是什么？

案例 2：空调营销渠道模式比较

一、美的模式：批发商带动零售商

优势：降低营销成本，利用批发商的资金、充分发挥渠道的渗透能力。

弊端：渠道混乱。

二、海尔模式：以零售为主导

优点：渠道控制程度高，提高利润水平，占据卖场有利位置，服务深入终端，有利于品牌形象建设，经常和顾客接触，应变能力强。

弊端：需要耗费大量的资源，收效慢，管理难度大。

三、格力模式：厂商股份合作制

优点：节省大量资金，营销成本大幅降低，风险得以分散；消除了经销商之间的价格大战；解决了经销商在品牌经营上的短期行为。

弊端：如何规范股份制销售公司的管理；如何统一股东的发展方向；渠道利益分配不均；以单纯利益维系的渠道具有先天的脆弱性。

四、志高模式：区域总代理制

优点：借助代理商的力量迅速扩大销售额，快速募集资金。

弊端：不利于品牌建设，影响市场发展，销售不稳定。

五、苏宁模式：前店后厂

优点：制造商只抓生产，生产效率高，成本上有竞争优势。

弊端：制造商利润水平低，风险高。

各种模式比较：

（1）企业分工比较：从海尔到苏宁，制造商和经销商在市场营销工作中的责任逐渐转移，海尔模式中，制造商承担大部分工作职责，而苏宁模式恰恰相反，经销商成为主角。

（2）利润分配。

	渠道总和	制造商	批发商	零售商
海尔	59%	47%	4%	8%
美的	36%	24%	6%	6%
格力	37%	22%	11%	4%
志高	38%	15%	13%	10%
苏宁	29%	9%	0	20%

（3）权责分配。

	制造商		批发商		零售商	
	市场责任	毛利水平	市场责任	毛利水平	市场责任	毛利水平
海尔	最大	最高	很少	很低	很少	较高
美的	较多	较高	不多	较高	很少	一般
格力	中等	较高	较多	较高	少	最低
志高	较少	较低	最多	最高	少	较高
苏宁	最少	最低			最大	最高

（4）综合比较。

	渠道融资能力	管理能力	赢利水平	品牌价值	长期发展
海尔	依次降低	依次升高	依次降低	依次降低	依次降低
美的					
格力					
志高					
苏宁					

资料来源：http://www.ycxy.com/cn/jpkc 山东英才学院精品课程网《第九章营销渠道的选择与管理策略》2006-5-8

思考题：

课下搜集资料，结合本案例谈谈自己对这些企业不同渠道模式的感受。

实训训练

在教师指导下，由学生自由组合成4～6人为一组的调研小组，并确定负责人。根据所学习的分销渠道知识，调研某种品牌的手机采用了何种分销渠道模式，对营销活动的影响如何？

第十一章 促销策略

学习目标

知识目标

- 了解促销的含义、作用以及促销组合的含义、基本内容。
- 掌握确定促销组合时应考虑的因素以及制定促销预算的方法。
- 熟悉广告媒体的选择、广告效果的测量、制定企业广告促销方案的步骤。
- 了解人员推销的特点以及基本技巧。
- 理解公共关系的职能和企业公关策略，理解公共关系的含义、特点、作用和工作程序。
- 掌握企业营业推广的含义、特点以及营业推广的基本方式和控制方式。

技能目标

- 能够为企业推出的产品在节假日策划一个短期营业推广方案并进行效果评估。
- 能够熟悉人员推销流程，熟练掌握推销技巧，进行实地的人员促销。
- 能够分析和制定各种有效的促销策略。

引导案例

“霞飞”化妆品的促销策略

上海霞飞化妆品厂针对促销对象，设计了两种类型的促销组合：①以最终消费者为对象的促销组合。基本策略是：以塑造产品形象为目标的广告宣传活动为主，并辅之以一定的零售点营业推广活动。②以中间商为对象的促销组合。基本策略是：以人员促销为主导要素，配合以交易折扣和耗资巨大的年度订货会为主要特征的营业推广活动。霞飞在制定两种促销组合策略的基础上，对促销组合的几个方面都做了十分广泛而深入的工作。在广告方面，由厂长亲自监督实施历年的广告策划。广告费投入十分庞大，1991 年为 2 400 万元，占当年产值的 6%。广告内容的制作，除聘请著名影星参与外，还把强化企业整体形象作为重点，播映一部以“旭日东升”为主题的电视广告片，同时利用其中国驰名商标的优势，强调“国货精品”、“中华美容之娇”的品质。在广告媒体的选择方面，因其目标市场是国内广大中低收入水平的消费者，而电视在他们日常生活中占有重要地位，因而霞飞把 70%的费用用于电视广告，20%的费用用于制作各种形式的城市商业广告和霓虹灯、广告牌，其余 10%的费用用于其他形式的广告媒体。在人员推销方面，全厂产品的销售任务由销售科全面负责，该科建制占全厂总人数的十分之一。推销人员实行合同制，每年同厂方签订为期一年的合同。推销人员若不能完成销售指标，第二年不续签。推销人员的报酬实行包干制，无固定月薪收入，按销售实到货款提取0.5%的费用作为销售人员的工资。推销人员工作实行地区负责制，每一省区配1～3名推销人员。此外，还派出营业员进驻全国各大百货商店的专柜，提高推销主动性。在公共关系方面，霞飞每年大约投入120～150万元左右。主要公关活动有：①召开新闻发布会。例如，1990年霞飞在人民大会堂召开“霞飞走向世界”新闻发布会，会议地点本身就产生了不小的新闻效应。②举办和支持社会公益活动。如赞助“全国出租车优质服务竞赛”、上海“夜间应急电话网络”，特别值得注意的是，霞飞还针对女性对文艺活动的偏好，赞助华东地区越剧大奖赛。在营业推广方面，霞飞对零售环节采取一些常规性的推广活动，创新不大，对批发环节则集中了主要精力，主要使用两类推广手段：①经常性手段，如交易折扣、促销津贴等。②即时性手段，每年都举办隆重的订货会，既显示企业强大的实力，同时又进行感情投资。

资料来源：http://www.55xiaoshou.com，我爱销售网，2009-6-1.

促销策略是指企业如何通过人员推销、广告、公共关系和营业推广等各种促销方式，向消费者或用户传递产品信息，引起他们的注意和兴趣，激发他们的购买欲望和购买行为，以达到扩大销售的目的。企业将合适的产品、在适当地点、以适当的价格出售的信息传递到目标市场，一般通过两种方式：①人员推销，即推销员和顾客面对面地进行推销；②非人员推销，即通过大众传播媒介在同一时间向大量顾客传递信息，主要包括广告、公共关系和营业推广等方式。这两种推销方式各有利弊，相互补充。此外，目录、通告、店标、陈列、示范、展销等也都属于促销策略范围。一个好的促销策略，往往能起到多方面作用。如提供信息情况，及时引导采购；激发购买欲望，扩大产品需求；突出产品特点，建立产品形象；维持市场份额，巩固市场地位等。因此，制定好促销策略，是企业提高经济效益的必由之路。

第一节 促销组合

一、促销概述

促销是指营销者将企业及产品（品牌）的信息通过各种方式传递给消费者和用户，促进其了解、信赖并购买本企业的产品，以达到促销目标的营销活动。因此，其实质就是卖主和买主的信息沟通。促销在企业经营中的重要性日益显现，其作用具体来讲有以下几方面：①提供信息，疏通渠道；②诱导消费，扩大销售；③突出特点，强化优势；④提高声誉，稳定市场。

二、促销组合及其影响因素

促销的方式包含直接和间接两种，又可分为人员推销、广告、公共关系和营业推广四种。由于各种促销方式各有优缺点，因而在促销过程中常需将几种促销方式综合运用。所谓促销组合是指企业根据产品的特点和营销目标，综合各种影响因素，对各种促销方式的选择、编配和综合运用，形成整体促销的策略或技巧。确定促销组合实质上也就是企业如何在各促销工具之间合理分配促销预算的问题。一般来说，企业在将促销预算分配到各种促销工具时或在确定促销组合时，需考虑如下几个方面的因素。

（一）促销目标

企业在不同市场营销环境下，在不同的营销阶段，所确定的促销目标不同，因而选择的促销方式也不同。如企业促销目标是建立消费者对产品的了解和信任、树立企业形象，则促销组合应重点选择广告和公共关系；若企业促销目标转向迅速扩大产品销售量，则应更多地选择营业推广、人员推销和广告。

（二）产品的性质与类型

产品的性质与类型主要是指产品是生活消费品还是工业用品。一般来说，高技术含量的工业用品偏向采用人员推销，而生活消费品，由于技术含量相对较低、标准化程度高、市场面广、消费者人数多，从而宜于采用非人员促销。

（三）产品市场生命周期

在产品的投入期，企业的促销目标就是让消费者认识和了解产品，因此需要以广告宣传为主，辅之以人员推销并导入 CIS 策略。

在产品的成长期，销售量迅速增长，企业的促销目标是进一步引起消费者的购买兴趣，激发其购买行为，因此应以营业推广的方式着重宣传产品特点，以改变消费者使用产品的习惯，使其逐渐对产品产生偏好。如果企业想获得更多利润，则宜于用推销来取代广告和营业推广的主导地位，以降低成本费用。

在产品的成熟期，竞争对手日益增多，企业的促销目标主要是巩固老主顾，增加消费者对产品的信任感，保持市场占有率，因此，应尽可能多地运用公共关系宣传企业和产品，以提高企业和产品的声誉。同时，企业必须增加促销费用，运用赠品等促销工具比单纯的广告活动更为有效，因为这时的顾客只需要提醒式广告即可。

在产品的衰退期，企业的促销目标主要是使一些老用户继续信任本企业的产品，坚持购买。因此，促销方式应以营业推广为主，只用少量广告活动来保持顾客的印象即可，宣传活动可以全面停止，推销也可减至最小规模。

（四）市场性质

当企业向小规模本地市场促销时，应以人员推销为主；若是广泛的市场，如全国市场或全球市场，则应以广告和文字宣传为主；集中度高，渠道短，销售力量强，产品需经过示范、退换的市场，应采用人员促销策略。而产品销售分散、渠道多而长、产品差异性大、消费趋势已很明显、有必要快速告知消费者的市场，最好采用非人员促销策略。消费品市场买主多而分散，主要用广告宣传和营业推广吸引顾客；生产资料市场的用户少而销售额却大得多，应以人员推销为主。

（五）促销费用

一般来说，广告宣传的费用较高，人员推销次之，营业推广花费较小，公共关系推销的费用最少。企业在选择促销方式时，要根据企业的资金状况，以能否支持某一促销方式的顺利进行为标准，同时，投入的促销费用要符合经济效益原则。

（六）促销策略的选择

促销策略总体上可以分为推式策略和拉式策略两种，如图 11-1 所示。

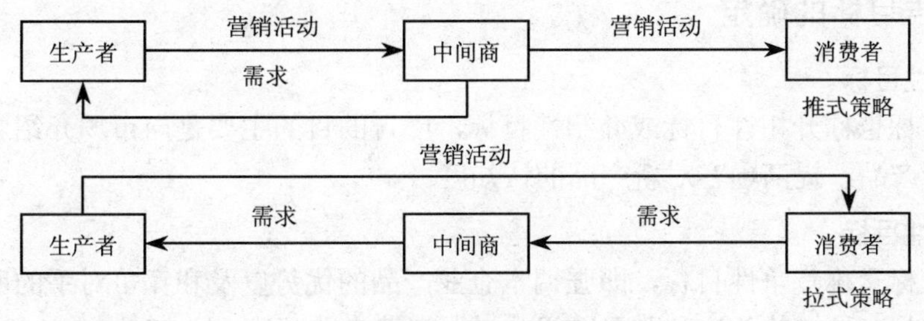

图 11-1 促销策略的形式

企业是选择推式策略还是拉式策略来创造销售，对促销组合也具有重要影响。推式策略主要运用人员推销的方式，把产品推向市场，即把产品从生产企业推向中间商，再由中间商推向消费者。适用范围包括：单位价值较高的产品；性能复杂，需要做示范的产品；根据用户需求设计的产品；流通环节较少，流通渠道较短的产品；市场需求集中的产品。拉式策略指企业主要运用非人员推销的方式把顾客拉过来，使消费者对本企业的产品产生需求，以扩大销售。适用范围包括：单位价值较低的日常用品；流通环节较多、流通渠道较长的产品；市场范围较广、市场需求较大的产品。

促销方式的选择，还应考虑不同类型的顾客的购买时间、竞争环境等因素。

第二节 广告策略

在确定企业目标市场和明确购买动机的前提下，广告策略的决策制定过程主要包括：明确广告目标（任务，mission）、确定广告费用（资金，money）、确定应传送的信息（信息，message）、确定应使用的媒体（媒体，media）、广告效果的测定（衡量，measurement）。

一、广告的概念和构成要素

广告（advertising）作为一种传递信息的活动，它是企业在促销中应用最广的促销方式。广告作为一种沟通方式，是指广告主为了推销其商品、劳务或观念，在付费的基础上，通过媒介向特定的对象进行的信息传播活动。广告具有传播面广、传递速度快、表现力强的特点。其作用包括：传递信息、沟通产需；创造需求、促进销售；树立形象、加强竞争；介绍知识、指导消费；树立企业信誉和产品形象；丰富生活、陶冶情操；为业务联系提供方便和支持。

一个典型的广告活动由五个要素构成。

（1）广告主，指发布广告的单位和个人。

（2）广告媒体，指传递信息的载体。

（3）广告费用，指广告主开展广告活动所必须支付的各种费用，包括广告调研费、设计制作费、广告媒体费、广告机构办公费，以及工作人员的相关支出等。

（4）广告受众，广告的对象，即接受广告信息的人。

（5）广告信息，指广告的具体内容。

二、广告目标的确定

1．告知性目标

告知性目标也称开拓性目标或介绍性目标，广告的目的主要是向市场介绍新产品，使潜在顾客了解新产品，提高顾客对新产品的认知度。

2．说服性目标

说服性目标又称竞争性目标，即强调本企业产品的优势以及和竞争对手的明显差异，以确保顾客对产品有足够的关注和购买欲望，说服消费者购买本企业产品。

3．提示性目标

提示性目标也称提醒性目标，其目的不是介绍新产品，而是以提醒老顾客继续购买本企业产品或使之确信自己的选择十分正确为目标。提示性目标不是劝说顾客购买本企业产品，而是要让顾客保持对产品的印象。

三、广告媒体的选择

（1）广告媒体的种类很多，不同类型的媒体有不同的特性。目前比较常用的广告媒体有以下几种。

1）报纸。其优点是发行量大、及时、对当地市场的覆盖率高、易被接受、易于长期保存、选择性强、制作容易、成本较低。缺点是感染力不太强、广告版面易被读者忽视、时效短、转阅读者少。

2）杂志。其优点是针对性强、选择性好、可信度高、具有一定权威性、读者稳定、转阅读者多、保存期长。缺点是阅读间隔时间长、易失去广告的时效性。

3）广播。其优点是制作简单，信息传播迅速、及时，传播范围广，选择性强，成本低。缺点是表现手法单一、信息传播转瞬即逝。

4）电视。其优点是视、听、动作紧密结合，直观、真实、感染力强，使人印象深刻，观众多，送达率高。缺点是绝对成本高、信息展露瞬间即逝、针对性较差。

5）互联网。其优点是传播范围广、传播力强、互动性和针对性强、费用较低。缺点是信任度较低、吸引力不够。

6）户外广告。其优点是较灵活，重复性强、易引人注意、成本低、竞争少。缺点是形式简单、创造力受限制、宣传范围小、不能选择宣传对象。

7）邮寄。其优点是对象明确、容易联络感情、提供信息全面、有灵活性、无同一媒体的广告竞争。缺点是成本较高、宣传面窄、不易引起注意、广告形象较差。

8）POP 广告。即焦点广告（point of purchase advertising），如购买时点广告，店头广告。这种广告现场促销效果好，被称作“销售场上的尖兵”。

此外，还有一些广告媒体，如电梯、电影、橱窗、车船、霓虹灯、商品包装等。

小资料

宝洁：驰名品牌的象征物，无懈可击的广告策略

宝洁号称“没有打不响的品牌”，而宝洁进攻市场最常用的武器就是广告。20 世纪 80 年代，宝洁首先给中国吹来广告风，当海飞丝的去头屑广告在电视上热播时，年轻人最时髦的话题就是海飞丝了。以后的很长一段时间里，只要在电视里出现了宝洁产品的广告，都会获得一群赶时髦的追风族。宝洁所取得的这么高的知名度，是建立在高成本广告投入的基础上的。据权威的市场调查公司统计，1999 年宝洁在中国投入的广告费超过 5 亿元，占中国日化领域广告费的 10%左右。远比同是跨国公司的联合利华高得多。如果宝洁广告的特征仅仅是狂轰滥炸，那它的广告策略称不上最佳，其效果最多是会让人烦。宝洁的广告策略自然有其他品牌不可比拟的精妙之处。

（1）宝洁的广告定位与产品定位浑然一体。众所周知，宝洁是世界上品牌最多的公司之一，这源自于宝洁的市场细分理念。宝洁认为，一千个消费者就有一千个哈姆雷特，从而可以归结出产品的一些不同点，用琳琅满目的品牌将不同偏好的消费者逐一击破。于是宝洁洗发水麾下有飘柔、潘婷、海飞丝三大品牌，洗衣粉系列有汰渍、碧浪，香皂市场有舒肤佳、玉兰油。然而，宝洁并不担心各种品牌在同一货架上的相互竞争，因为宝洁的广告已经明白无误地告诉了消费者该使用哪种品牌。

（2）宝洁广告极具说服力。其电视广告惯用的公式是“专家法”和“比较法”。宝洁先指出你面临的一个问题，比如头痒、头屑多，接着便有一个权威的专家来告诉你，头屑多这个问题可以解决，那就是使用海飞丝。用了海飞丝，头屑没了，秀发自然更出众。这就是“专家法”。“比较法”是指宝洁将自己的产品与竞争者的产品相比，通过电视画面，消费者能够很清楚地看出宝洁产品的优越性。

（3）宝洁的形象代言人与众不同。宝洁的竞争对手，比如联合利华一直聘请国际大腕级女名人作为形象代言人；丝宝邀请中国香港巨星郑伊健、谢霆锋作为风影的广告代言人。而宝洁的代言人通常是符合宝洁产品个性、气质定位的平民化广告新人。这类广告让广大消费者耳目一新，给他们带来了平和、亲近的感受。此外，平民化广告也起到了很好的暗示作用，使消费者对号入座，不知不觉中成了宝洁产品的“俘虏”。

（2）影响广告媒体选择的因素有以下几点。

1）产品的性质。不同媒体在表现商品特征的能力上有所差异，由于电视广告综合使用声音、图像、文字等表现手段，故几乎适合于所有产品；而其他媒体则各有长处，如染料的色彩能在彩色杂志上得到更准确的表现，音乐唱片广告则最好以广播为媒体。

2）消费者接触媒体的习惯。不同目标市场的消费者，对广告媒体有不同的接触习惯。企业选择广告媒体时，要研究分析并有针对性地选择目标市场消费者容易接受的广告媒体。如生产或销售儿童玩具的企业，一般不会选择在杂志上做广告，而只是选择在电视或电台上做广告。

3）媒体的传播范围。选择广告媒体必须使媒体传播范围与企业目标市场范围相一致。若产品行销全国，则应在全国性报纸、广播电台和电视台做广告，而不能选择在地方性报纸、电台和电视台做广告。

4）媒体的影响力。媒体的影响力主要指媒体权威性。权威性是指受众对媒体的信任程度。媒体的权威性对广告的传播效果有不可忽视的影响。一般来说覆盖域高的媒体权威性就高，做广告的效果就好。

5）媒体的费用。这是企业选择媒体类型时优先考虑的因素。由于不同广告媒体形象力不同、传播范围不同、可信度不同，收费标准也不同。一般来说，电视广告的费用高于广播，全国性报纸的广告费用高于地方性报纸。

(3) 广告的设计原则。广告效果，不仅取决于广告媒体的选择，还取决于广告设计的质量。高质量的广告一般遵循真实性、社会性、针对性、感召性、简明性、艺术性等原则来设计。

四、广告效果的测定

1. 广告沟通效果的测定

其内容一般包括：

(1) 对广告注意度的测定。这是指各种广告媒体吸引人的程度和范围，主要测定读者比率、收听率、收看率、点击率等。

(2) 对广告记忆程度的测定。这是指消费者对于广告的主要内容，如企业名称、产品名称、广告语等记忆程度的测定，由此检查广告主题是否鲜明、突出。

(3) 对广告理解度的测定。这是指消费者对于广告内容、形式理解度的测定，由此可以检查广告的设计和制作中存在的问题并加以解决。

(4) 对购买动机形成的测定。这是指了解广告与消费者购买动机形成之间的关系，进而研究广告在促销中的作用，为企业调整营销策略提供依据。

2. 广告销售效果的测定

广告沟通的效果不等于广告的销售效果，沟通效果良好不意味着就能提高销量。因此，越来越多的企业在关注广告沟通效果的同时，开始关注广告对企业销售的直接促进作用。在对广告的销售效果进行测定时，企业经常会将广告费用的增加与销售额的增加进行比较，其计算公式是

广告效果比率=销售额增加率÷广告费用增加率

由于影响销售增加的因素复杂，因此在对广告销售效果评价时，要对影响销售增加的因素进行充分分析。而且，值得一提的是，对广告销售效果的测定方法有很多，这里提到的计算方法仅是其中一种。

第三节 公共关系

小资料

宝洁公司危机公关处理

2006 年 9 月 14 日，新华社消息称，国家质检总局有关负责人证实，近日广东出入境检验检疫机构从来自日本宝洁株式会社蜜丝佛陀公司制造的 SK-II 品牌系列化妆品中检验出禁

用物质铬和钕。铬和钕是高致癌物质。消息公布后并未引起太大的反响，宝洁公司迅速作出了回应："SK-Ⅱ所有产品上市前都经过了公司内部严格的安全评估，并且在进入中国市场前都经过卫生部严格检验和注册，产品的安全和质量有充分的保障。SK-Ⅱ产品在生产过程中并未添加铬和钕成分。"

不久全国各大商场陆续对这些问题产品进行了下架处理。随后，全国各地消费者蜂拥退货。但宝洁公司却设置了很高的退货门槛：消费者必须持有卫生部指定医院出具的过敏凭证、购买凭据，并且所要退货产品所剩含量必须在 1/3 以上，同时需要填写一份内容为："尽管产品本身为合格产品，不存在质量问题，但本着对消费者负责的态度，我们决定为您做退货处理，经双方协议同意退款××元……"的协议书。这些苛刻的退货条款激起众怒，媒体一片哗然。

不久，上海工商部门要求问题 SK-Ⅱ产品撤柜并无条件退货。几日后又有三种 SK-Ⅱ品牌化妆品在上海被检出禁用物质，上海工商部门认定其退货协议违法。随后 SK-Ⅱ通过某跨国公关公司发表声明，决定暂停 SK-Ⅱ产品在中国的销售。几天以后宝洁中国公司网站被黑客攻击瘫痪数小时。事件被闹得沸沸扬扬，公众的愤怒也达到了顶点。

宝洁公司只抓表面问题，傲慢的态度，没有诚意的解决方式，击毁了消费者对其的好感与信心。如果宝洁当初能够迅速抓住问题的关键环节，直接与政府相关部门沟通，证明产品对人体无危害，便完全可以把危机控制在萌芽状态，避免后面发生的一系列问题。

资料来源：发现问题的本质与根源——http://news.mbalib.com/story/2008-05-04

一、公共关系的概念、特征和原则

"公共关系"又称公众关系，按照美国公共关系协会的理解"公共关系有助于组织（企业）和公众相适应"，公共关系包括设计用来推广或保护一个企业的形象及其品牌和产品的各种计划。也就是说，公共关系是指企业在从事市场营销活动中正确处理企业与社会公众的关系，以便树立品牌及企业的良好形象，从而促进产品销售的一种活动。其功能包括：沟通信息、促销和树立形象。

公共关系工作的对象是公众。所谓公众是指与工商企业经营管理活动发生直接或间接联系的社会组织和个人，主要包括顾客、供应商、新闻媒介单位、社区、上级主管部门和企业内部职工等。

公共关系的特征包括：①公共关系是一定社会组织与其相关的社会公众之间的相互关系；②公共关系的目标是为企业广结良缘，在社会公众中创造良好的企业形象和声誉；③公共关系的活动以真诚合作、平等互利、共同发展为基本原则；④公共关系是一种信息沟通，是创造"人和"的艺术；⑤公共关系是一种长期活动。

公共关系应遵循如下原则：真实性原则、平等互利原则、整体一致原则、全员公关原则。

二、公共关系的活动方式和工作程序

（一）公共关系的活动方式

（1）宣传性公关。企业可以向新闻媒体投稿传播企业及其产品的信息，或召开记者招待会、新闻发布会、新产品信息发布会，或邀请记者写新闻通讯、人物专访等。新闻媒体具有权威性，对社会公众有很大的影响力。因此，通过新闻媒体向社会公众介绍企业和产品具有很强的说服力，可以有效地提高社会公众对企业及其产品的认同感与接受程度。

（2）征询性公关。即通过电话建立起企业与顾客之间的联系，如设立专门的咨询电话，回答消费者提出的问题，同时听取各种意见，迅速作出反应。也可通过电话与消费者联系，主动征求消费者对产品的看法。这种双向沟通的形式，既给人留下很好的印象，同时也宣传了产品和企业。

（3）交际性公关。这类活动包括开业典礼、开工典礼、厂庆、周年纪念、有奖评优、知识竞赛、参观访问等。通过这些活动可以扩大企业的影响，加强同外界公众的联系，树立良好的企业形象。

（4）服务性公关。这是指以向公众提供各种实惠服务为特点，把社会组织形象与优质服务融合在一起，感化公众，在公众心中留下深刻难忘的印象，以具体实在的行动向公众证明其诚意。包括：售前、售中、售后服务，咨询服务，技术服务，信息服务。

（5）社会性公关。这类活动包括捐赠（慈善救济、福利活动、公共设施建设、教育事业、学术研究等）、赞助（体育赞助、文艺赞助、专题活动赞助、学生赞助等）、支持义卖、支持义演、开展环境保护工作、参与社区公益活动、维护社区安全等。这些活动，有助于提高企业的声誉和知名度，赢得社会公众的信任和支持。

（6）企业形象设计（CIS 或 CI）。企业形象设计是 Corporation Identification System 的英文缩写，原意是企业识别系统，意为一个社会组织用以区别于其他组织的各种图形、文字、风格等的综合体，其目的是展示产品特色、突出企业风格、宣传企业文化。主要类型有以下几点。

1）理念识别（MI）。包括机构的奋斗目标、经营宗旨等，机构的行为准则、经营方针等。目的在于从理想信念、企业文化、价值观念等思想上、精神上使本企业区别于其他竞争者。其外在表现形式可以包括广告词，如四川长虹“以产业报国，民族昌盛为己任”就反映了其作为民族产业的企业文化。

2）行为识别（BI）。包括企业的规模、管理、产品、服务、效益等。目的在于从行为举止、服务方式上使本企业区别于其他竞争者。如饮食业从点菜到上菜时间的规定，迎宾员鞠躬度数的规定等。

3）视觉识别（VI）。包括机构名称、商标、品牌、徽记、代表色、内外环境等。其目的在于从视觉上使本企业的产品、服务、形象区别于其他竞争者。其方法很多，包括设计独特的产品商标、颜色、款式、包装、企业的厂牌、厂名、员工的着装及佩戴的厂徽等。例如，提到柯达胶卷，人们就联想到明艳的金黄色。

（7）矫正性公共关系，又叫危机公关。企业经常会遇到一些个别事件，如消费者投诉、不合格产品引起的事故、对企业不利的信息传播以至造谣中伤等。这些事件的发生往往会使企业的信誉下降，产品销售额下跌。危机事件具有突发性、坏影响、较正难的特点。企业处理危机事件时应注意：冷静对待发生的事件，从最坏的角度考虑；迅速查明原因，尽快将事实的真相公布于众；实事求是，不故意隐瞒重要情节；短时间内提出解决问题的对策；派专人与新闻媒介联络；做好受害人的安抚工作；通过多种渠道，将处理结果公布，尽量挽回声誉。总之，应不惜一切代价将公众利益放于首位，挽回企业声誉。

（二）公共关系的工作程序

开展公共关系（公关）活动，其基本程序包括调查、计划、实施、检测四个步骤。

(1) 公共关系调查。公共关系调查是公共关系工作的一项重要内容，是开展公共关系工作的基础和起点。通过调查，企业能了解和掌握社会公众对企业决策与行为的意见。

(2) 公共关系计划。公共关系是一项长期性工作，合理的计划是公关工作持续高效的重要保证。在制定公关计划时，要以公关调查为前提，依据一定的原则来确定公关工作的目标，并制定科学、合理、可行的工作方案，如具体的公关项目、公关策略等。

(3) 公共关系的实施。公关计划的实施是整个公关活动的“高潮”。为确保公共关系实施的效果最佳，正确地选择公共关系媒介和确定公共关系的活动方式是十分必要的。

(4) 公共关系的检测。公关计划实施效果的检测，主要依据社会公众的评价来进行。公共关系活动评价标准包括：展露率（包括在不同媒体上出现的频率和次数）、理解率和销售增长率。

第四节 营业推广策略

一、营业推广的概念与特点

营业推广又称销售促进（sales promotion），是指企业在短期内刺激消费者或中间商大量购买某种或几种产品或服务的促销活动。

营业推广是能强烈刺激需求、扩大销售的一种促销活动。与人员推销、广告和公共关系相比，营业推广是一种辅助性质的、非正规的促销方式，虽能在短期内取得明显的效果，但它不能单独使用，常常需要与其他促销方式配合。营业推广这种促销方式的优点在于短期刺激需求效果明显。营业推广形式的局限性在于有贬低产品或品牌之意。具体来说，营业推广主要有以下几个特点。

1. 直观的表现形式

许多营业推广方式具有吸引注意力的性质，可以打破顾客购买某一特殊产品的惰性。它们告诉顾客说这是永不再来的一次机会，这对于那些精打细算的人来说是一种很强的吸引力，但这类人不会永远购买某一特定品牌的产品，他们是品牌转换者，而不是品牌忠实者。

2. 灵活多样，适应性强

企业可根据顾客心理和市场营销环境等因素，采取针对性很强的营业推广方法，向消费者提供特殊的购买机会。这些机会具有强烈的吸引力和诱惑力，能够唤起顾客的广泛关注，立即促成购买行为，在较大范围内收到立竿见影的功效。

3. 有一定的局限性和副作用

部分营业推广方式显现出企业急于出售产品的意图，容易造成顾客的逆反心理。如果使用太多或使用不当，顾客会怀疑此产品的品质及产品的品牌，或产品的价格是否合理，产生“推销的是水货”的错误感觉。

小资料

超限营销是指不间断的最大限度的营销创新。超限可理解为超越原有界限与局限，超限可分为营销思想超限、营销战略超限、营销策略或战术超限、营销技术超限、营销技巧超限五个层次。

例如，walkerman 随身听，属于一种营销思想上的超限。格兰仕的产业集中和低成本价格战的营销战略属于战略超限。舒蕾洗发水选择在终端发力，战胜保洁公司，则是一种具体策略超限。DELL 电脑的网络直销模式，从本质上讲其实是一种营销渠道策略超限，属于营销在技术层面上的创新。条形码、防伪标识等的运用，则是属于在具体营销技术方面的超限。而销售说词提取和销售技巧的提高，则是属于营销在具体技巧上的超限。

超限营销极为不易，其原因在于营销要突破原有思路和手法，往往要面临很大的思维惰性、惯性和创新风险。成功的超限营销必须具备一些基本条件，不同性质的企业在不同层面的超限所要求的条件有所不同。例如，企业电子商务（渠道超限）的产生，必须以互联网基础和企业信息化为条件。

二、营业推广的种类和具体形式

1. 针对消费者的营业推广形式

针对消费者的营业推广可以维持老顾客，增加新顾客。其方式有以下几种：

（1）附赠品。这是指顾客在购买某种产品时，赠送给顾客另一种产品，以刺激产品的销售。通常对价值较高的产品，可以赠送给顾客相关的价格相对较低的产品，以刺激高价格产品的销售。

（2）赠送样品。这是指企业专门拿出一部分产品作样品或专门生产样品，免费赠送给消费者使用。向消费者赠送样品或试用样品时，样品可以挨户赠送，在商店或闹市区散发，在其他商品中附送，也可以通过公开广告赠送，赠送样品是介绍一种新商品最有效的方法，费用也最高。

（3）优惠券。即给持有人一个证明，证明他在购买某种商品时可以免付一定金额的费用。

（4）减价优惠。即在商品包装或价签上注明减价若干。减价优惠可以是一种商品单装，也可以把几件商品包装在一起。

（5）退款优惠。这也属于一种减价的方式，但发生在消费者购买产品以后。即生产厂商接到消费者购买产品的证明后，将一部分钱款退还给消费者。

（6）趣味类促销。即顾客购买产品时，为其提供一个参与趣味活动的机会。

（7）以旧换新。即顾客在购物时，向卖方提供旧产品，同时购买同一品牌的新产品时，可享受一定价格折扣的优惠。

（8）现场陈列和示范表演。企业派人将自己的产品在销售现场当场进行使用示范表演，把一些技术性较强的产品的使用方法介绍给消费者。

2. 针对中间商的营业推广方式

针对中间商的营业推广的目的是鼓励批发商大量购买，吸引零售商扩大经营，动员有关中间商积极购存或推销某些产品。其方式有以下几种：

（1）折扣鼓励。即企业为争取批发商或零售商多购进自己的产品，在某一时期内可给予购买一定数量本企业产品的批发商一定的折扣。

（2）经销津贴。即根据各个中间商销售本企业产品的实际业绩，分别给优胜者以不同的奖励，如现金奖、实物奖、免费旅游、度假奖等。

（3）宣传推广补贴。即企业为促使中间商购进企业产品并帮助企业推销产品，还可以向中间商支付一定的推广津贴。

（4）陈列补贴。即企业分担一定的市场营销费用，如广告费用、摊位费用，建立稳定的购销关系。

（5）销售竞赛。即根据各个中间商销售本企业产品的实绩，企业分别给优胜者以不同的奖励，如现金奖、实物奖、免费旅游、度假奖等。

（6）展览会或博览会、业务会议。展览会等会议是同行间或渠道上下游间交流的重要平台，在展览会上能够达成买卖合同，对制造商品牌来说也是一种很好的宣传，所以，制造商往往对现场签订订货合同的中间商给予一定的优惠。

3．针对销售人员的营业推广形式

鼓励销售人员热情推销产品或处理某些老产品，或促使他们积极开拓新市场。其方式可以采用：销售奖金，如有奖销售、比例分成；培训进修，如免费提供人员培训、技术指导；会议交流；旅游度假等。

三、营业推广的决策过程

1．建立营业推广的目标

从产品所处的生命周期看，在产品投入期，营业推广的目标主要是为了缩短产品与顾客之间的距离，诱使目标消费者试用新产品、认知新产品。在产品成长期，营业推广的目标主要是鼓励消费者重复购买，刺激潜在购买者和增强中间商的接受程度。在产品成熟期，营业推广的目标在于刺激大量购买、吸引竞争品牌的消费者、保持原有的市场占有率。在产品衰退期，营业推广的目标是快速大量销售，尽可能地处理积压库存产品，加速资金周转。从营业推广的对象看，对于消费者来讲，营业推广的目标是鼓励现有消费者大量、重复、及时购买，同时吸引和培养新的消费群体。对中间商来讲，营业推广的目标是保证现有渠道的稳定，促使中间商维持较高的存货水平，刺激中间商积极销售产品。对于销售人员来讲，营业推广的目标是在鼓励维持现有产品销售的基础上，积极销售新产品，同时寻找更多的新顾客。

2．选择营业推广形式

企业在选用营业推广形式时应考虑以下几点：营业推广的目标、产品的类型、推广对象的特点、企业的竞争地位以及营业推广的预算等。

3．制定营业推广方案

在确定销售促进目标和方式后，接下来就是制定具体的促销方案。在制定这一具体方案时要作出如下几方面的决策：

（1）营业推广的激励规模。对销售促进对象的激励规模，要根据费用与效果的最佳比例来确定。

（2）营业推广的激励对象。刺激可以提供给任何人，或选择出来的一部分人，选择的正确与否直接影响销售促进的最终效果。

（3）营业推广的送达方式。企业营销人员必须研究通过什么送达方式促使激励对象参与才能达到理想的效果。

（4）营业推广的活动时间。活动什么时候开始、多长时间，要根据消费需求时间的特点结合总的市场营销战略来定。调查表示：最佳的频率是每季有三周的促销活动，最佳持续时间是产品平均购买周期的长度。

（5）营业推广费用的预算及其分配。促销是一项较大的支出，事先必须制定预算。

第五节　人员推销策略

一、人员推销的概念及特点

人员推销是指企业通过推销人员直接向顾客介绍、说服以及解答，促使顾客了解、偏爱本企业的产品，进而采取购买行为的一种促销方式。

人员推销的特点包括：信息传递的双向性、推销目的的双重性、推销过程的灵活性、协作的长期性。

人员推销的缺点主要表现在两个方面：①支出较大，成本较高。②对推销人员的要求较高。

二、人员推销的形式、对象、策略与步骤

（一）人员推销的基本形式

（1）上门推销。由推销员携带样品。说明书和订货单等走访顾客，推销商品。

（2）柜台推销。由营业员接待进入商店的顾客，推销商品。

（3）会议推销。利用订货会、展销会、厂商联谊会、新闻发布会等形式介绍和宣传产品，开展推销活动。

（二）人员推销的推销对象

推销对象是人员推销活动接受推销的主体，是推销人员说服的对象，主要有三种类型。

（1）向消费者推销。推销人员必须了解消费者的基本情况，进而了解消费者的购买欲望、购买能力、购买习惯等，还要掌握消费者的心理反应。

（2）向生产者推销。推销人员必须了解用户的基本情况和需求，掌握本企业产品的优势和特点，帮助用户解决实际问题，为用户创造价值。

（3）向中间商推销。推销人员必须了解中间商的业务特点、经营规模、经济实力以及他们在整个分销渠道的地位。此外，还要向中间商提供有关信息，给中间商提供帮助，建立友谊，扩大销售。

（三）人员推销的基本策略

在人员推销活动中，一般采用以下三种基本策略。

（1）试探性策略。推销人员在未了解到顾客需求的情况下，事先设计好能引起顾客兴趣、激发顾客消费欲望的推销语言，对顾客进行试探，观察顾客的反应，然后根据顾客的反应进行宣传、说服。

（2）针对性策略。推销人员已基本了解顾客需求，针对顾客需求进行有目的的宣传介绍，投其所好，促使顾客产生购买行为。

（3）诱导性策略。通过说服诱导顾客产生需求，促使顾客急切要求实现这种需求，再抓住时机介绍本产品能满足这方面的需求，从而诱导顾客购买产品。

（四）人员推销的步骤

（1）寻找潜在顾客。寻找潜在顾客有很多种办法，如地毯式访问法、连锁介绍法、中心开花法、个人观察法、广告开拓法、市场咨询法、资料查阅法等。

（2）事前准备。推销人员必须掌握三方面的知识：产品知识、顾客知识和竞争者知识。

（3）接近。包括如下几种方法：①产品接近法。推销员直接利用推销的产品引起顾客注意。这种方法适用于本身有吸引力、轻巧、质地优良的商品。②利益接近法。利用商品的实惠引起顾客的注意和兴趣。③问题接近法。④馈赠接近法。推销人员利用赠品来引起顾客的注意和兴趣。

（4）介绍。这是推销中重要的一步，介绍要注意通过顾客的视、听、触等感官向顾客传递信息，其中视觉是最重要的。在介绍产品时，要特别注意说明该产品可能给顾客带来的利益，要注意倾听对方的话语，以判断顾客的真实意图。

（5）处理异议。在面谈中顾客往往会提出各种各样的购买异议。这些异议可分为：①需求异议，顾客自以为不需要推销的商品。②财力异议。顾客自以为没钱购买推销品。③权力异议。顾客自以为无权购买推销品。④产品异议。顾客自以为不应该购买此种推销品。⑤价格异议。顾客自以为推销品价格过高。另外还有货源异议、推销人员异议、购买时间异议等。推销员应具有与持不同意见的顾客洽谈的语言能力和技巧，能解释、协商，随时有应对否定意见的措施和论据，但不要争辩。

（6）达成交易。在洽谈、协商过程中，推销员应随时给予对方能够成交的机会，还可以提供一些优惠条件，以尽快促成交易。

（7）售后追踪、服务。产品销售出去后，推销员应随时与顾客保持联系，解答疑问；帮助办理有关运输和商业信用等事项；听取顾客意见，处理好顾客的退货要求等条件；做好销售记录，追踪产品的售后情况，及时解决问题。

（五）人员推销的任务

（1）沟通。与现实的和潜在的顾客保持联系，及时将企业的产品及其他相关信息介绍给顾客，同时了解他们的需求，沟通产销信息，建立企业与顾客联系的桥梁。

（2）开拓。除了熟悉现有顾客的需求动向，还要尽力寻找新的目标市场，发现潜在顾客。

（3）销售。通过顾客的直接接触，运用推销的艺术和技巧，达成交易。

（4）服务。代表企业向顾客提供其他服务，如业务咨询、技术性协助等服务。

小资料

有一次，美国推销员帕特向某公司推销供其40层办公楼用的空调设备。他向董事会介绍了很多次，可一直未成交。后来董事会通知他介绍详细情况，最后拍板定案。帕特像以前那样介绍情况，与以往一样董事们反应很冷淡，并且还提出一些问题刁难帕特。他口干舌燥，心急如焚，脑门上渗出汗珠。当时他急中生智，没有直接回答董事长的问题，自然地换了一个话题，说道“今天天气热，请允许我脱掉外衣”，并掏出手帕认真擦汗。这引起了董事们的条件反射，都觉得闷热难熬，纷纷抱怨：怎么搞的，还不装空调，闷死了。20分钟后终于拍板成交。（购买空调不是强加给董事长的负担，而是变成了全体股东的内在需求）

三、人员推销的管理

1．推销人员的素质

人员推销既是信息沟通过程，也是商品交接进程，还是技术服务过程，推销人员素质决定了人员推销活动的成败。推销人员一般应具备如下素质：①态度热忱，勇于进取；②求知欲强，知识广博；③文明礼貌，善于表达；④富于应变，技巧娴熟。

2．推销人员的甄选与培训

（1）推销人员的甄选。企业甄选推销人员的基本标准主要有以下几种：①感召力，即善于从顾客角度考虑问题，并使顾客接受自己；②说服力，即让顾客感到自己的购买决策是正确的；③挑战力，即具有视各种疑义、拒绝或障碍为挑战的心理；④自我驱动力，即具有完成销售任务的强烈愿望。

企业甄选推销人员的途径有两种：①从企业内部选拔，即企业从内部职工中挑选推销人员。采用这种形式，由于被选人员对企业的内部情况比较了解，所以可以减少培训时间和费用，迅速充实推销人员队伍。②从企业外部招聘，即企业面向社会公开招聘推销人员。企业外部招聘推销人员的过程中，必须对应聘人员进行面试，以便深入地了解应聘者的情况，为推销人员的选拔提供依据。

（2）推销人员的培训。新的推销人员，特别是从社会公开招聘来的推销人员，必须经过一段时间的系统培训才能从事推销工作。企业原有的推销人员，也应每隔一段时间进行一次轮训，以便提高业务水平，适应企业发展与市场变化的需要。培训推销人员的方法很多，常采用的方法有三种：①讲授培训；②模拟培训；③实践培训。

3．推销人员的考核与评价

对推销人员的工作表现与工作业绩作出合理的评价，是企业分配报酬、调整沟通战略、改善人员推销工作的重要依据。

（1）考评资料的收集。包括推销人员的销售工作报告、企业销售记录、顾客及社会公众的评价和企业内部员工的意见。

（2）考评标准的建立。常用的推销人员绩效考核指标主要有以下两类：①基于成果的考核；②基于行为的考核。

（3）考评的方法。①横向比较法。将各个销售人员的绩效进行比较和排队。销售绩效的比较，应建立在各区域市场销售潜力、工作量、竞争环境、企业沟通组合等条件大致相同的基础上，比较的内容也应该是多方面的，除销售额外，销售人员的销售组合、销售费用、对净利润所作的贡献也要纳入比较的范围。②纵向比较法。把销售人员目前的绩效同过去的绩效相比较。这种比较方式可以完整地了解销售人员的长期销售业绩，既有助于全面客观地评价过去，也有助于更好地规划未来。

4．推销人员的奖励

推销人员的奖励方式主要有单纯薪金制、单纯佣金制和混合奖励制三种。

（1）单纯薪金制，也称固定薪金制，是指在一定时间内，无论推销人员的销售业绩是多少，推销人员获得固定数额报酬的形式。具体说来就是“职务工资+岗位工资+工龄工资”。

（2）单纯佣金制，指与一定期间的销售业绩直接相关的报酬形式，即按销售基准的一定比率获得佣金。单纯佣金制的具体形式又有单一佣金和多重佣金（累退制和累进制）、直接佣金和预提佣金之分。

（3）混合奖励制，指兼顾激励性和安全性的报酬形式。当然，混合奖励制有效的关键在于薪金、佣金和分红的比率。一般来说，混合奖励制中的薪金部分应大到足以吸引有潜力的推销人员；同时，佣金和分红部分大到足以刺激他们努力工作。

混合奖励制的常用形式有：薪金+佣金；薪金+分红奖励；佣金+分红奖励；薪金+佣金+分红奖励；薪金+佣金+分红奖励+期权。

除了上述三种奖励形式以外，还有特别奖励，即在正常奖励之外所给予的额外奖励，包括经济奖励和非经济奖励。非经济奖励包括给予荣誉、表扬记功、颁发奖章等。特别奖励的具体形式有业绩特别奖、销售竞赛奖等。

本章小结

本章主要论述了企业的广告、公关、营业推广、人员推销等促销策略。广告策略包括广告目标、广告媒体、影响广告媒体选择的因素。公共关系的活动方式包括：宣传性公关、征询性公关、交际性公关、服务性公关、社会性公关、企业形象设计（CIS 或 CI ）、矫正性公共关系。营业推广的决策过程包括：建立营业推广的目标、选择营业推广形式、制定营业推广方案。人员推销的基本形式有：上门推销、柜台推销、会议推销。人员推销的推销对象主要有：向消费者推销、向生产者推销、向中间商推销。在人员推销活动中，一般采用试探性策略、针对性策略、诱导性策略。人员推销的步骤包括：寻找潜在顾客、事前准备、接近、介绍、处理异议和售后追踪。

思考与练习

一、单项选择题

1．促销工作的核心是（　　）。

A．出售商品　　　　B．沟通信息

C．建立良好关系　　　　　　　　　　　　　　D．寻找顾客

2．对单位价值高、性能复杂、需要做示范的产品，通常采用（　）策略。

A．广告　　　B．公共关系　　　C．推式　　　D．拉式

3．与一定期间的销售业绩直接相关的报酬形式是（　）。

A．单纯薪金制　　B．特别奖励制　　C．混合奖励制　　D．单纯佣金制

4．一般来说，人员推销有上门推销、柜台推销和（　）三种形式。

A．宣传推销　　B．会议推销　　C．协作推销　　D．节假日推销

5．收集推销人员的资料是考评推销人员的（　）。

A．核心工作　　B．中心工作　　C．最重要工作　　D．基础性工作

6．开展公共关系工作的基础和起点是（　）。

A．公共关系调查　　　　　　　　B．公共关系计划

C．公共关系实施　　　　　　　　D．公共关系策略选择

7．一般日常生活用品，适合于选择（　）做广告。

A．人员　　B．专业杂志　　C．电视　　D．公共关系

二、多项选择题

1．促销的具体方式包括（　　）。

A．市场细分　　B．人员推销　　C．广告　　D．公共关系

E．销售促进

2．在人员推销活动中的三个基本要素为（　　）。

A．需求　　B．购买力　　C．推销人员　　D．推销对象

E．推销品

3．广告最常用的媒体包括（　　）。

A．报纸　　B．杂志　　C．广播　　D．电影

E．电视

4．公共关系的活动方式可分为（　　）。

A．宣传性公关　　B．征询性公关　　C．交际性公关　　D．服务性公关

E．社会性公关

三、问答题

1．简述推式策略与拉式策略的特点及适应的情况。

2．促销有哪些作用？

3．人员推销与非人员推销相比，其优点表现在哪些方面？

4．企业公共关系有哪些作用？

5．试述怎样选择广告媒体。

6．试述企业如何进行营销推广的控制。

7．简述促销组合各要素的特点。

8．简述营业推广的类型及每类的具体形式。

参考案例分析

雅芳：促销策略大转折

一、雅芳的新营销战略

20 世纪 70 到 80 年代，面临着顾客不稳定、销售队伍也开始出现不稳定的情况，雅芳新的董事长兼总裁詹姆斯·E. 普雷斯顿的降价策略，不但降低了利润，也增加了成本。接着，普雷斯顿又将目光转向了雅芳的促销策略。

第一步就是雅芳削减广告支出。这其中的部分原因是面临三次威胁性收购活动不得不降低成本。普雷斯顿决定恢复广告预算案，这项费用要通过减少各种促销活动尤其是优惠来挤出资金。

革新促销策略的第二步，就是开始通过直接邮寄目标进行销售。雅芳所进行的调查显示，它的顾客中居中间数的多为 45 岁并且家庭平均收入在 30 000 美元以下的女性。普雷斯顿相信，运用邮寄目录的方法能够吸引更年轻并且家庭收入更高的顾客。

根据雅芳公司的计划，推销员向公司上报那些不活跃顾客的名单。公司会向这些顾客发送多达 1 000 000 份的目录。他们可以直接从公司订货，也可以向推销员要求订货。如果他们向公司要求订货的话，雅芳会付给销售代理 20%的佣金，相当于正常佣金的一半。这样一来，订单会直接邮寄给顾客，而不是由销售代理向顾客发送。

雅芳通过印有“雅芳—— 都市中最流行的时尚品牌”口号的印刷品宣传广告活动来支持目录行动。广告中说，公司为广大顾客提供免费索取目录的电话，索取者就会被分给就近的销售代理，这些销售代理会由于顾客给公司的订单而收取佣金。当目录数量不断增加的时候，目录内容也在不断扩展。截至 1994 年，雅芳不仅经营化妆品和香水，其业务还扩展到经销休闲服装和家居服装。

在革新促销策略的第三个阶段，雅芳于 1993 年在电视上播放了系列广告，这些行动是 1988 年以来一直都没有采取过的。这些新广告鼓励女性顾客通过免费电话购买雅芳的产品。雅芳运用印刷媒体的活动来支持广告活动。分析家预计雅芳在 1993 年将 34 000 000 美元花在了广告宣传上，这些资金是通过在全公司范围内降低成本以及削减奖励销售活动中经费挤出来的。雅芳还打算花费 70 000 000 美元，用于美国本土以外的广告宣传。与之相比，1992 年只花了 35 000 000 美元。

此外，雅芳还在继续进行一项重要的公关活动——杰出女事业家奖。从 1987 年开始，雅芳就设立奖金奖励那些克服重重困难在事业上取得成功的女性。雅芳会在由 1 200 名企业家、商业界人士和传媒代表参加的庆祝午餐上为 5 名得奖者颁发奖金。

二、雅芳在促销中面临的挑战

时至 1994 年，雅芳的促销策略很显然已经站不稳脚跟了。雅芳所面临的一个问题就是它同时在尝试两项举措。雅芳精品活动不断推出以电话为手段联系目录邮寄的直销活动；同时，“理德”（Leadership）活动正在推行多层销售，通过对推销员根据他们吸收的人员的业绩进行奖励来增加销售量。“理德”活动在那些出色的业务员离开之后就逐渐不行了。许多观察家认为，雅芳于 1993 年大力推行的直销方式，第一次把雅芳从销售中剥离了出来。

玫琳·凯（Mary Kay）曾尝试运用直接邮寄目录的方法，但目录上所提供的产品与销售人员提供的产品有所不同，而且它还要根据目录的销售付给当地推销员佣金。观察家还认为在雅芳公司“单飞”之前，必须树立一个更广泛的形象以便能靠自己的形象，而不是靠推销员来吸引顾客。

到了1996年，雅芳公司的促销策略又回到了以雅芳小姐为特色的老路上。尽管雅芳小姐已经有几十年未在电视上露面了，消费者仍然习惯于听到雅芳小姐来访时悦耳的门铃声。雅芳最近的广告避开了对高科技润肤霜的着重介绍，而是再次转向全力推动雅芳小姐的宣传攻势。现在的雅芳小姐每人都备有目录，她们还将长期代表公司形象。

促销方面的一个重大挑战就是在21世纪来临之际，让雅芳小姐能继续长盛不衰。因此，担任雅芳30 000 000美元广告宣传的女主角应该是像贝基（Becky Dyroen Lancer）这样的现代女性，她是兼职为雅芳工作的一名奥运会游泳选手。

可是，“lady”这个词语现在本身含有几种不同的含义，到底有多少现代女性适合做雅芳小姐呢？

由于越来越多离职的白领管理人员和专业人员加入到直销行列，雅芳也在试图将这一批新生力量纳入它的销售队伍。根据直销委员会的统计，美国参加直销的人员在1990～1994年间上升了34%。

最后，雅芳应该把国际市场的销售放在一个重要位置。雅芳在拉丁美洲、太平洋地区和西欧的业务占整个公司销售额的64%。而且，1994年雅芳将它第一款全球发售的香水Far Away推出以来，它在国外市场的成绩还在不断提升。

资料来源：熊银解、王晓梅、朱永华．现代企业管理．武汉：武汉理工大学出版社，2006.

思考题：

1. 雅芳新的策略是如何改变促销业务组合的？新的促销业务组合中的各要素是如何相互配合的？

2. 雅芳发起目录、印刷媒体和电视广告活动的目的是什么？

3. 雅芳通过新的销售方式应该传达什么广告信息？你认为它应该采用什么样的方式来表达并实践这种含义？你将如何衡量新方法推行后的效果？

4. 参与杰出女企业家奖的公益活动对雅芳来说合适吗？

5. 在国外市场上，雅芳公司是应该坚持它原有的个人销售策略，还是采用针对美国国情设计的更新的策略？

实训训练

在教师指导下，由学生自由组合成4～6人为一组的产品推广小组，并确定负责人。根据所学习的促销组合知识及四种主要的促销组合策略，结合当地市场实际，为某一产品的市场导入设计促销组合方案，并组织实施。

第十二章

市场营销组织与方案

学习目标

知识目标

- 了解市场营销部门的演变。
- 了解制定市场营销方案的原则。
- 熟悉市场营销部门的组织形式及其优缺点。
- 掌握市场营销方案书的结构与内容。

技能目标

- 能够初步为一个现实的营销目标制订营销方案。

引导案例

从2004年起，红塔集团的营销中心明确4个营销大区和下属33个营销区的第一责任者为市场营销经理（红塔集团称之为“市务经理”），而不是销售经理或业务经理，责成营销大区及下属各区以品牌建设带动产品销量恢复性增长，并按总部的品牌定位、推广策略和推广路径的总体方案，结合各区特点制定具体的实施方案和计划，展开有组织的市场营销和品牌建设。仅仅3年时间，红塔山品牌销量从30万大箱迅速增长到100万大箱。

资料来源：李颖生，鲁培康．营销大变革：开创中国战略营销新范式．北京：清华大学出版社，2009.

第一节　市场营销部门的组织

市场营销部门是企业内部为实现企业的目标，发挥市场营销职能，并由有关人员协同配合的、有机的、协调的组织。各个市场营销部门均有其明确的职能分配和人员分工，并按照其营销职能履行职责和行使被授予的相应的权力，整个营销部门形成协调的整体，以保证营销活动有序而合理地进行。需要说明的是：只要为顾客着想的、以顾客为中心的部门就是营销部门，这是广义的理解，这样的企业就是现代营销企业。而专职从事营销策划与销售及客户服务的部门是狭义的营销部门。本章的论述主要是基于专职营销部门。

一、市场营销部门的演变

市场营销部门的发展是随着营销观念的变化而发展的。

（一）简单的销售部门

一般来说，简单的销售部门只适合需求比较单一、选择性较小且同质性较高的产品。20世纪30年代以前，需求大于供给，企业以生产为中心，生产什么就销售什么，生产多少就销售多少。企业在组织设置上以生产部门为主，企业的规划和目标由生产部门和财务部门制定。销售部门无权决定产品的种类、规格、数量等，其职能只是销售生产出来的产品。

（二）兼有附属职能的销售部门

20世纪30年代西方资本主义世界经济大萧条后，产品严重过剩，市场竞争日趋激烈，越来越多的企业认为要积极地向可能的顾客推销和促销商品，开始重视市场调研、广告宣传及其他促销活动，这些营销工作逐渐成为销售部门专门的职能工作，企业也开始聘请一些有专门经验的营销人员来从事和负责这类营销工作，但这些营销工作在销售部门中是辅助性的。

（三）独立的营销部门

随着市场环境的变化和竞争的进一步加剧，市场调研、新产品开发、顾客服务、广告宣传及其他非人员推销活动越来越重要，于是负责非人员推销的独立的营销部门应运而生。此时，营销部门和原来的销售部门是平行的相互独立、密切配合的职能部门。

（四）现代营销部门

营销部门和销售部门相互合作的过程中，由于其相互独立、相互平行以及追求各自部门的利益，常常互不信任，难以协调一致。销售部门从短期利益考虑问题，侧重于销售定额的实现；营销部门多着眼于长期目标的实现，通过制定和实施产品规划、营销策略来满足市场的长期需要。在解决营销活动和销售活动的冲突过程中，营销部门与销售部门被合并，形成了现代营销部门，即由营销经理领导的负责市场调研、产品规划、市场推广、产品销售、顾客服务等全部营销工作的营销部门。

（五）现代市场营销企业

在经营活动中，越来越多的企业认识到，一个企业市场营销工作的成败不仅仅取决于营销部门的努力，其他职能部门也要承担一定的营销责任，要与营销部门相互配合和协调。即企业所有的部门的工作都是“为顾客服务”，都要为顾客着想，都要积极参与到“发现顾客需求并满足顾客需求”的市场营销工作中。当企业把这种理念作为整个企业的经营指导思想并真正付诸实施时，企业也就成了现代市场营销企业。

小资料

尽管企业的其他部门和营销部门一样都在围绕着企业的共同目标开展工作，但由于营销部门与其他部门的具体目标不一致，有时就产生了营销部门与研发部门、工程技术部门、采购部门、生产部门、财务部门等各种职能部门间的矛盾。如研发部门热衷于有挑战性的技术问题，营销部门强调的是能满足市场需求的技术；工程技术部门较注重技术质量、产品工艺流程、生产和产品的标准化，采购部门追求通过采购品种少、批量进货来实现低成本采购，生产部门希望能够均衡的运转和标准化的生产，而营销部门更重视产品品种、规格的多样化。因此，营销部门与其他各部门间应从全局的角度来考虑问题，要相互沟通，相互了解对方的业务知识，从而缩小和解决矛盾。

二、市场营销部门的组织形式

随着市场营销部门的发展，其组织形式也在不断地发展和完善。常见的市场营销部门的组织形式主要有以下五种类型。

（一）职能型营销组织

职能型营销组织是最古老、最常见的市场营销组织形式。这种组织形式按照市场营销各种职能来设置市场营销部门，如市场部、销售部、广告部等。这些部门的部门经理在营销总经理的领导下开展工作。职能型营销组织具有管理层次少、便于管理的特点，适合产品品种少、经营地区情况差别不大的企业。其缺点在于没有对任何一种产品或市场负完全责任的人，并且各个部门都在强调各自的重要性，要求获得比其他部门更多的预算和更高的地位，因而造成营销总经理协调方面的困难。

（二）产品管理型营销组织

该组织形式又叫品牌管理型组织，是在职能型营销组织的基础上为每一种产品或品牌设置专门的产品经理或品牌经理的组织形式。如在总产品（品牌）经理下设置几个产品线经理，产品线经理下面设几个具体产品经理，分层管理。产品（品牌）经理的作用是制定产品（品牌）营销计划和竞争战略，监督计划的实施并纠正实施过程中的偏差；进行销售预测，收集市场对产品的反应信息，发起改进产品和开发新产品行动以适应市场需求；进行产品促销策划；激励销售人员销售和中间商经营该产品或品牌的兴趣，努力获取他们的支持等。

这种组织形式的优点是灵活性较大，当企业进入新的产品领域时，增加一个新的产品部门即可；各类产品责任明确，便于销售人员掌握与产品相关的技术和销售技巧，产品成长较快，市场反应较快；产品经理能够将市场营销组合的各种要素较好地协调一致起来；由于有产品经理专管，可减少较小品牌受到忽视的情况发生。但这种组织形式也存在一些缺陷，如缺乏整体观念，各个产品部门间为保持各自产品的利益产生部门冲突；产品经理未必能获得足够的权威，需要努力争取广告部门、生产部门、财务部门及其他部门的配合与支持，容易产生部门冲突；产品经理任期通常较短，产品的营销计划缺乏长期连续性。除此之外，还容易出现因不同产品的销售地域重叠，销售人员与服务对象重叠，造成工作重复、营销成本高的状况。

（三）地区型营销组织

地区型营销组织是按照地理区域来组织市场营销力量的一种组织形式。除设置市场部门、调研部门、策划部门等市场营销职能部门外，按照地理区域范围的大小，分层次地设置地区性经理，并设置一名负责整个市场的销售经理。这种组织形式有利于各地区部门对地区市场有更深入的认识，从而制定出有效的营销计划，对市场作出快速的反应，帮助产品迅速进入和占领各地市场。它适合生产达到一定规模，产品种类较少，具有广泛的地域性市场的大型企业。为了使整个市场营销活动更为有效，地理型组织通常都是与其他类型的组织形式结合起来使用。

（四）市场管理型营销组织

市场管理型营销组织是在市场细分的基础上，按照市场的不同划分建立市场营销组织。当可以按照顾客购买行为、产品偏好等方面的不同，把顾客划分为不同消费者群时，设立市场管理型营销组织是比较合适的。

市场管理型营销组织结构与产品管理型营销组织结构基本相同，只是产品部门换成了市场部门，产品经理换成了市场经理。市场经理的职责是分析市场动向和确定为所辖市场提供的产品，制订市场营销长期计划和年度计划等。该种组织形式最突出的优点是企业按照顾客的需求开展营销活动，有利于产品销售和市场开拓。其缺点是缺乏整体观念和易产生部门冲突，这点与产品管理型营销组织类似。

（五）产品—市场管理型营销组织

产品—市场管理型营销组织，是一种在营销组织中同时设置产品经理和市场经理的组织形式，形成一个矩阵式结构。产品经理负责产品的销售和盈利问题，为产品寻找更广泛的用途；市场经理不仅仅推销产品，更从长远地角度开展工作，开发适应市场需要的产品，不断开拓市场。这种营销组织适合生产多种产品并向多个市场销售的企业。

这种组织形式可以克服产品经理对不同的目标市场了解不够深入、市场经理对种类繁多的产品了解不够充分等缺陷，能够较好地发挥各种专业人员的知识技能。不足之处在于双重领导，易产生一些问题。例如，市场利润与市场份额之争的问题；按照产品还是按照市场组织销售队伍的问题；在特定市场上的产品价格由谁制定的问题等。此外，也造成了管理成本较高的问题。

企业在构建营销部门的组织形式时，会受到宏观环境状况、企业市场营销观念、企业本身所处的发展阶段及业务经营范围与特点等因素的影响，其市场营销部门的组织形式与名称存在差别。但为了更好地实现企业目标，营销部门的结构应当具有自身的协调性、与外部市场和内部其他部门的整体协调性，并具有合适的管理幅度与管理层次，才能构建一个高效的市场营销组织体系。

三、市场营销部门的组织活动

在明确了市场营销部门的组织形式后，下一步应该明确市场营销部门应该进行的活动。其活动主要包括以下内容，见表 12-1。

表 12-1　市场营销活动的内容

项 目 部 门	内　　容	协 调 部 门	备　注
市场部	市场调查与分析；市场的细分、市场的选择、市场定位、营销组合策划、制定营销战略、策划书的撰写、产品组合策划；产品价格策划、产品渠道策划、产品促销策划、媒体组合策划、品牌营销活动策划、企业发展策划；与销售部、客服部协调工作等	财务、销售、公关、产品、客服、物流	
销售部	制订具体渠道计划、负责渠道的开发（联系、谈判、签约）、渠道商品物流、商品回款、终端建设、店面的管理、理货员的指导、市场信息的搜集、反馈	财务、市场、公关、客服、物流	
客服部	制订客户服务计划，前期营销事务的咨询、中期营销事务的协调、售后营销事务的处理、现场危机的处理、客户投诉的反馈与处理	销售、财务、公关、商品部	
公关部	负责制订公关计划、积极搜集各类公关信息、组织开展各类公关活动、对公关效果进行调查、反馈	经理办公室、公关部、市场部	

第二节　市场营销方案制定

市场营销方案是营销组织对某种产品或品牌如何开展市场营销活动所做的安排。它是在全面、深入地调查与分析企业营销环境，科学预测市场需求的基础上，结合企业的资源与优势加以制定的。它是对企业在一定时期内的市场营销任务与目标以及实现目标的战略或策略、方法和步骤的明确规定和详细说明。

一、制定市场营销方案的原则

（一）整体性原则

市场营销方案并不是单独制定的，它是企业战略计划在营销领域里的具体化，必须能够保证企业总体任务和目标的实现。此外，企业间的各个部门是相互联系、相互影响、相互制约的，在制订营销方案时，要全盘考虑、统筹安排，使营销方案与其他部门的方案协调一致。

（二）可行性原则

市场营销方案所规定的任务、目标、量化指标、基本步骤与具体程序等，必须是可行的、可操作的。营销方案应当建立在对环境进行深入、全面的市场调研，并结合企业的资源状况的基础上，即营销方案应当是企业主客观条件能够达到的。

（三）灵活性原则

市场营销方案是对未来某时期营销活动的安排，是相对稳定的。而市场却存在许多难以预料的不确定性因素。因此，在制订营销方案时，要留有一定的余地，能在内外部的环境发生变化时加以修订或调整。还要根据对未来的预测和判断，对可能出现的几种主要情况做好预案，使营销方案具有灵活性。

（四）经济性原则

制定的营销方案要符合经济性原则，尽可能地以较少的投入获得较大的营销效果。

（五）重点突出，表述准确

在市场营销方案中，要突出关键性问题，并要规定得具体明确。能够量化的指标要有具体的量化标准，对不能量化或者不易量化需要用语言表述的目标与任务，应当表述准确，避免因歧义引起的执行偏差。

二、营销方案书的内容与结构

一份规范的市场营销方案书，在形式上包括封面、概要、目录、方案具体内容、封底；在内容上包括八个部分，见表 12-2，并因管理者提出的使用要求不同而详略不一。基本内容一般以小标题的结构形式表示出来。

表 12-2 市场营销方案书的内容

组成部分	内容
概要	简述营销方案的目标及建议
背景或现状	提供市场、产品、竞争、分销以及其他环境要素的背景资料
机会和问题分析	概述主要的机会和威胁、优势和劣势，以及产品或品牌面临的问题
目标	确定财务目标和营销目标
营销战略	描述为实现计划目标而采用的主要营销方法
实施方案	说明每个营销环节做什么、谁来做、什么时候做、需要多少成本，即将营销战略具体化
损益预测	描述营销方案所预期的财务收益情况
控制	说明如何对营销方案进行监控

（一）方案概要

方案概要是对整个方案中心内容的概述，概括说明该方案制定的背景、目标、任务和建议事项，起统领和介绍的作用，以便于阅读者能够迅速地把握该方案的要点。

（二）营销现状分析

这是营销方案正文的第一部分，主要提供与目前营销状况相关的各种背景资料，包括目前的市场状况、产品状况、竞争状况、分销状况以及宏观环境状况。

1．市场状况

市场状况描述市场规模及成长状况，近几年的总销售量及各细分市场的销售量，不同地区或细分市场的分布及变化情况，提供顾客需求、品牌认知、消费观念和购买行为方面的趋势分析。

2．产品状况

产品状况列出过去几年每一产品的销售额、销售量、价格、利润等方面的数据资料。

3．竞争状况

竞争状况描述市场上主要竞争者的基本状况，包括竞争者的规模、目标、市场份额、营销战略和策略、营销组合及其他情况，并分析其意图。

4．分销状况

分销状况列出每一分销渠道的销量与变动情况，描述每个分销商的分销能力、信用状况、合作意愿及变化情况，以及对他们进行有效激励的条件。

5．宏观环境

宏观环境描述宏观环境因素，包括经济、政治、法律、人口、技术、文化等的状况及变化趋势，分析它们对企业市场营销活动的影响。

（三）机会与问题分析

可采用 SWOT 框架来识别企业面临的机会（Opportunities）与威胁（Threats）、认识企业各个领域的优势（Strengths）与劣势（Weaknesses），并根据对它们的分析识别面临的问题。

（四）目标

目标是整个营销方案中最基础的要素，是营销活动所要达到的最终结果。它包括财务目标和营销目标。财务目标主要包括利润、投资报酬率、现金流等方面的目标；营销目标主要包括销售额、销售量、单价、市场占有率、市场增长率、分销网络覆盖面、产品和品牌知名度与美誉度等方面的目标。财务目标应当与营销目标相统一，必须能够转换为营销目标；这些目标必须是量化的、有层次的，要对员工有挑战性和刺激性，并且是通过努力可以实现的，而且要有完成的期限。

在某些企业的营销方案中，方案目标是放在营销现状分析之前的。

（五）营销战略

营销战略是对如何实现营销方案的主要途径和方法所作的说明。在调研分析的基础上，从可供选择的营销战略中，选择更适合的营销战略。市场营销战略主要包括目标市场战略、市场营销组合策略和营销预算三个部分。

1．目标市场战略（市场细分、目标市场选择、市场定位）

该部分首先阐明选择什么样的细分市场作为目标市场，目标市场的基本状况是什么样的，如谁是目标顾客、市场容量与盈利潜力、目标顾客的需求特点及购买行为特征、企业对目标顾客需求的满足程度等。其次，在上述分析的基础上阐述进入市场的最佳方式以及产品或品牌的市场定位。

2．营销组合策略

营销组合策略是在分析目标市场并进行市场定位的基础上，为实现预期目标，整合企业内外一切营销资源，制定包括产品、价格、渠道和促销四个因素的最佳组合方案。

3．营销预算

营销预算说明执行有关营销战略所需的费用、用途和理由。

（六）营销行动方案

营销行动方案就是营销战略的具体化，即说明要做什么、谁来做、谁是负责人、什么时间做、怎样做、需要多少成本、达到什么要求等。通常企业会把行动方案按时间顺序列出，并明确每项行动的日期、行动内容、参加人员及负责人、费用等。营销行动方案内容要具体明确、条理清晰、一目了然，也可借助表格或图形表达，以便于理解、执行和控制。

（七）损益预测

损益预测就是根据目标、战略和行动方案编制预计的损益表，包括收入和支出两个部分。在收入栏中列出预计的销售量、平均价格；在支出栏中列出生产成本、储运成本及各项营销费用。收入与支出的差额为预期利润。经上级管理部门审查批准或者修改批准后，它就成为相关部门进行采购、组织生产、配备人力资源、进行营销管理、支出营销费用等的依据。

（八）营销控制

这是营销方案的最后一部分。它是对营销方案的执行过程和进度如何管理做的说明。通常，较高一级的管理者按照周、月或者季，定期审核下级部门的执行情况，了解各阶段的进展情况，对未达到目标或标准的部门要求其解释原因和制定改进措施。

有些营销方案的控制部分还包括备选方案和应急预案。在应急预案中，要简明扼要地列举可能发生的各种意外、发生的概率以及危害程度，提出应对措施，包括预防措施与善后处理措施。

本章小结

本章主要介绍了市场营销部门的组织形式和市场营销方案的制订两部分内容。市场营销组织经历了五个发展阶段，从只具有简单的销售功能演变为一个复杂的功能群体。市场营销部门的组织形式受到宏观环境、企业市场营销观念、企业发展阶段、业务范围与特点等因素的影响，常见的营销部门的组织形式有职能型营销组织、产品管理型营销组织、地区型营销组织、市场管理型营销组织和产品—市场管理型营销组织。一份规范的市场营销方案书，在形式上包括封面、概要、目录、方案具体内容、封底；在内容上包括八个部分：方案概要、营销现状分析、机会与问题分析、营销目标、营销战略、营销行动方案、损益预测、营销控制。

思考与练习

一、名词解释

市场营销组织　市场营销方案　市场营销企业

二、单项选择题

1．最古老、最常见的市场营销组织形式是（　　）。

A．职能型营销组织　　B．产品管理型营销组织

C．地区型营销组织　　D．市场管理型营销组织

2．下列不属于制定市场营销方案的原则的是（　　）。

A．整体性原则　　B．可行性原则

C．技巧性原则　　D．灵活性原则

三、问答题

如果一个企业的市场营销工作中缺少市场营销方案的制订，会出现什么情况？

参考案例分析

耐克（Nike）公司注册成立于1968年，在全球范围内从事鞋类、服装、运动设备、配饰产品的设计、开发和营销。经过四十多年的发展，现已成为全球著名的体育用品制造商。耐克采用的是虚拟生产的商业模式，即将生产环节外包，通过优良的产品设计和卓越的营销手法来控制市场。

根据2007年6月份最新公布的公司财务年报，耐克公司的年营业收入达到163亿美元，增长9%，净收入达15亿美元，增长7%，每股净收益达到2.93美元，增长11%，这是一个创纪录的结果。但是作为一个股票公开上市的公众公司，增长是永远的压力。耐克的董事长和首席执行官迈克·帕克（Mark Parker）却充满自信：耐克现在正面临着前所未有的发展机遇，我们具有将关于消费者的洞察力转化为优势产品的独特能力，这正是耐克成为全球行业领袖的重要原因。

帕克的自信源于耐克的营销组织变革。2006年8月，耐克品牌总裁Charlie Denson宣布耐克将进行营销组织和管理变革，以强化耐克品牌与新兴市场、核心产品以及消费者细分市场的联系。实施这一变革，使耐克从以品牌创新为支撑的产品驱动型商业模式，逐步转变为以消费者为中心的组织形式，通过对关键细分市场的全球品类管理，实现有效益的快速增长。

耐克为此强化了四个地区运营中心，新设立了五个核心产品运营中心。四个地区运营中心是：美国、欧洲、亚太、中东及非洲。五个核心产品运营中心是：跑步运动、足球、篮球、男士训练、女士健康。这是一个矩阵式的管理，目标是把企业的资源向关键区域、核心产品集中，抓住企业最大的市场机会。与传统的矩阵管理不同，关键是要实现跨地区、跨部门的协同。实际上，耐克公司已经有成功的经验，正是采用这种协同矩阵的管理方式，耐克公司组建了一支专门的队伍，将公司足球用品市场的经营额从1994年的4 000万美元扩大到今天的15亿美元。Charlie Denson说：通过这种方式，我们可以更好地服务于运动员，更好地加深与消费者的联系，更好地扩大我们的市场份额，实现有效益的增长，增强我们的全球竞争力。比如中国的篮球运动市场，就由亚太区运营中心和全球篮球运营中心协同开拓。

（资料来源：倪海清．耐克的营销组织变革．中国营销传播网，2007-09-18.）

思考题

1．你是怎样看待矩阵式的组织结构的？

2．该案例给了你哪些启示？

实 训 训 练

1．通过实地参观企业，帮助学生感性认识企业营销部门的组织形式以及各市场营销部门的职能、营销部门之间的关系以及营销部门同其他职能部门间的关系。

2．假定你所在的学校是你所熟悉的某产品准备开拓的市场之一，请给该产品制定一份可行的营销方案。

第十三章

市场营销执行与控制

学习目标

知识目标

- 理解营销执行的五个工作内容。
- 理解市场营销方案实施过程中存在的问题。
- 理解营销控制的概念、步骤、类型。

技能目标

- 能够有效地实施一个营销方案，并进行监督和评估。

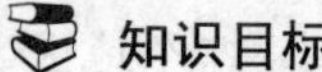

引导案例

海尔集团将对营销人员的控制称为“三 E 管理”，即管理到每个营销人员（Everyone）每一天（Everyday）的每一件事（Everything）。海尔集团下属的某公司，虽然仅有四十多名驻外营销人员，但其总部的营销管理人员却多达四名，这四名营销管理人员的任务就是对营销人员的全部营销过程进行控制。每天早晨八点钟，总部的管理人员都要打电话对大多数营销人员进行检查，看他们是否准时到达指定客户或工作地点开展营销工作；每天傍晚五点至六点，营销人员都要准时与总部管理人员联系，汇报当日工作，包括到什么地方，拜访什么客户，商谈什么问题，解决了什么问题，还存在什么问题，需要公司提供何种帮助，客户的姓名、地址、电话，以及明天的工作计划等。总部管理人员将汇报的所有信息记录在公司的“日清单”上。公司总部将根据汇报的信息，定期或不定期进行抽查，调查汇报信息的真实性。营销人员每天也要填写“日清单”。营销人员回公司报销、述职时，管理人员要对照“日清单”核定票据的真实性，然后才予以报销。

海尔公司对营销人员进行全过程管理的“三 E 管理”，起到了下列五大作用：①它使所有营销人员的工作都处于受控状态，使很多企业管理人员常常感叹的营销人员“将在外，君命有所不受”的状态彻底改观；②人都是有惰性的，有些营销人员取得一点小小的成绩后，业绩难以再提高，往往是惰性使然，由于采取“三 E 管理”，营销人员时时感受到工作的压力，这种压力可以变为动力，可以克服惰性，当然也有助于营销人员提高销售业绩；③“三 E 管理”通过营销人员记“日清单”，不断反省自己，总结经验教训，从而使营销人员的工作能力大大提高，每天都有进步；④通过“三 E 管理”，总部掌握了营销人员的销售进展情况，使公司能够在营销人员最需要的时候向他们提供最及时的销售支持；⑤公司通过分析“日清单”，能够掌握市场总体状况，能够及时调整营销政策和营销思路。

资料来源：百度百科——销售漏斗管理 http://baike.baidu.com/view/1513470.html?tp=1_01

第一节　市场营销执行

现代管理学之父彼得·德鲁克认为，计划等于零，除非它变成工作。制定市场营销计划或方案仅仅是市场营销管理工作的开始，仅仅涉及营销活动是什么和为什么的问题，而营销执行则是涉及在什么时间、什么地点、谁来做以及怎样做的营销活动具体实施工作。市场营销执行就是企业为了实现营销目标，将市场营销方案转换为具体的营销活动的过程。

一、市场营销执行的工作内容

执行企业市场营销方案主要包括做好相互联系的五个方面的工作。

1．制定具体行动计划

具体行动计划指的是营销方案实施的具体安排，包括人员配备、目标分解、资源分配、时间要求等。在制订营销方案中，包括制定战略性的营销方案和战术性的营销方案。战术性的营销方案，也称为营销行动方案，它与营销执行中的具体行动计划是不同的。营销执行中的“具体的行动计划”是营销战术方案即营销行动方案的具体化和细则化，有具体确切的时间表，任务和责任落实到了个人或小组，具有更强的操作性。

2．做好组织上的保障工作

在营销活动实施过程中，组织上的保证是必不可少的。实施营销活动的组织的结构及其功能的发挥，对营销活动的实施效果影响巨大。一般而言，在组织保障方面，以下的两个因素发挥的作用比较突出。

（1）明确的人员分工与责权分工。要将营销活动的具体实施任务分配给具体的部门和人员，并使各个部门和每个人员明确其工作职责与权限。

（2）各部门及成员间的协同工作。为了高效地完成营销活动任务，相关部门和人员之间要通过正式的组织联系和有效信息沟通，在相互协调和配合的基础上发挥各自的功能与优势。

3．建立健全、科学的绩效考评制度。

健全、科学的绩效考评制度，会对各营销部门以及营销人员的行为产生积极的引导作用和激励作用，影响营销人员工作的积极性、主动性，进而影响营销执行的效果。

4．做好人力资源保障工作。

营销计划的具体实施是由具体的人来进行的。执行营销计划的人员的知识层次、技能层次与素质层次对营销活动的效果与成败起着至关重要的作用。因此，要做好对人员的选拔、培训、激励和考核工作，一方面要做到人尽其才，把合适的人安排到相应的岗位上，另一方面，通过完善的激励制度激发执行人员的工作积极性。

5．建设企业文化

企业文化指的是企业在生产经营活动中形成的本企业的价值观、作风、传统习惯、行为规范、规章制度以及文化活动和文化设施等的总和。企业文化一旦形成，便具有相对的稳定性与连续性，对企业经营思想和领导风格，对员工的工作态度、作风及凝聚力均起着决定性的作用。因此，塑造和强化企业文化是营销方案执行过程中必须重视的一环。

小资料

营销计划有效执行的保障

一、制度保障

（1）基础性管理制度：①绩效考核制度。将营销计划要达到的目标与营销人员的绩效考核联系起来，由此来规范营销人员的行为，促使其围绕营销目标展开，保证计划落到实处。②部门协作制度。围绕计划，重点解决好各部门间的协作关系，在部门间确立合同关系，明确责权利。另外也可以采取项目小组的形式，提高计划的运作效率。比如新产品开发业务涉及市场、生产、技术、供应等部门，一方面要确立市场部在开发过程中的领导关系，另一方面可通过责任书的确认使其他部门都能按要求完成各环节的工作。

（2）职能性管理制度：重点是提高营销计划实施效率的管理制度，如营销推广管理制度、区域管理制度、渠道管理制度、销售业务管理制度等，这些制度一方面为销售人员提供了开展工作的规范，另一方面为衡量销售人员的工作成效提供了标准，另外管理制度还影响着销售人员的思想意识和行为模式，其根本点都是围绕着营销计划的有效执行展开的。

二、流程保障

（1）围绕营销计划的关键业务内容优化运作流程。关键业务流程的优化甚至重组对计划的有效实施有重要作用。

（2）通过重组业务流程，调整部门结构。一些关键业务流程如研发流程、推广流程、计划流程、订单处理流程等，其运作效率的高低反映了整个组织结构和部门职能是否合理。

三、权限保障

（1）各部门业务职能的落实：营销计划的有效执行很大程度上取决于各部门能否充分发挥各自的职能，计划实施一定要赋予各职能部门相应权限，否则将影响到执行效率。

（2）总部和分部间的权限分配：总部应强化专业方面的权限，而分部则应加强针对性方面的权限，使计划在执行中能够得到很好的整体配合。

（3）各项业务活动的权限分配：对计划的业务内容进行合理分配，各职能部门明确对应的工作内容，主要应解决业务开展过程中的决策权限。

四、资源保障

（1）配备为达成计划目标所需的各种资源。有些计划项目分配到的资源往往并不能保障计划的实现，而且有的企业在面对销量下滑的状况时，往往不能坚持按计划进行，而会把费用倾斜到能立即提升销量的项目上，比如渠道返利促销。但这只是一种短期行为，不会带来根本的帮助。

（2）对关键项目提供资源保障。有的企业计划实施深度分销，但在区域市场只派驻了少量人员以致根本无法实现。因此在计划实施中，一定要通过制度对关键项目进行确定，并结合绩效考核，通过政策加以保障。

二、市场营销执行中易出现的问题及其原因

1. 营销方案脱离实际，以及执行营销方案时出现偏差

在营销方案实施的过程中，如果出现行动不畅、收效甚微的情况，就要反思营销方案是否脱离了实际情况、执行者对营销方案的理解或执行是否有偏差。

营销方案通常是由高层的专业计划人员制定的，有可能出现以下的情况：由于专业计划人员不了解营销方案实施过程中的具体环节和可能出现的具体情况，造成营销方案脱离实际，可操作性不强；营销方案过于笼统，失去了应有的指导意义；营销方案的预案性不强，不能准确预见可能出现的问题，不能发挥应有的应对意外事件的指导作用；营销方案缺乏一定的弹性，使执行人员根据具体情况进行调整的余地不大。

2. 营销计划缺乏制度保障

营销计划不仅是一种方法体系，同时也应该是一种制度体系，也就是说计划一旦执行，就必须按照相应的要求来加以保障。现实中很多企业在实施营销计划时，并没有落实到具体的制度上，一方面营销人员找不到开展工作的规范，无法衡量自身业绩的好坏，另一方面部分人员只是满足于现状，不能按要求开展工作。

3. 营销方案长期目标与短期目标协调不当

完整的营销方案通常包括长期营销目标和短期营销目标。在营销执行中，营销方案长期目标与短期目标被重视的程度是不一样的。由于许多营销部门把短期目标的实现作为评估业绩、决定薪酬与奖励的依据，实施营销方案的营销人员就更为重视短期内营销任务的完成情况及营销业绩的实现情况，更倾向于选择短期行为，如夸大宣传、价格虚高等。这些短期行为会影响长期营销目标的实现。

4. 执行过程缺乏整合和协调

执行过程中缺乏统一的协调，没有一个领导部门来推动整个计划的进行，各部门各自为战，这在很大程度上缘于营销组织架构不合理。如果各部门只注重自身职能工作，对计划整体执行缺乏综合管理，各部门的专业优势就难以转化为企业的整体优势。

企业内部沟通渠道不通畅，不同部门对营销计划理解不同，对实施效果的衡量标准不统一。

营销方案的实施是要依靠营销管理人员与营销终端的营销人员来完成的，如果营销方案制定者与实施者沟通不够或者沟通不及时，就有可能出现方案实施者不能完整、正确地理解营销方案意图的情况，出现理解上的偏差或执行上的偏差，影响营销目标的实现。

5. 营销计划缺乏过程管理，缺乏具体明确的实施细则

计划执行时只重视结果而不重视达成结果的过程。计划执行过程中最受关注的往往是一些硬指标，如销售额、铺货率等，但其他一些软指标如市场价格体系、市场秩序、与竞争对手的对比等往往被忽视。缺乏对执行过程系统的管理，就算达到了硬指标，但软指标中存在的问题会对企业造成根本性的伤害。

营销方案虽然有些内容是比较详细的，但它仍然是原则性的和纲领性的。如果没有在结合现实市场状况的基础上，依据营销方案制定更为具体、切实可行而又富于操作性的实施细则，则缺乏具体的执行依据，在理解和执行方面就会带有一定的随意性，从而影响预定营销目标的实现状况，甚至陷入困境。

6．计划执行缺乏绩效考核约束

绩效考核是企业的基本管理制度，其他职能性的管理制度都要在此基础上发挥作用。营销计划执行过程是营销管理职能在起作用，而要充分发挥这些职能，就必须将绩效考核制度与营销计划的完成效果结合起来，这样营销人员才可以对自己的绩效进行评估，否则执行将缺乏规范性。但在实际运作中，甚至往往发生绩效考核制度与营销计划目标相左的情况，使计划形同虚设。

7．业务流程不合理

执行过程中业务流程过于复杂，业务运作效率低下，使营销计划的时效性无法体现。

执行过程中审批环节过多，一方面造成市场机会丢失，另一方面影响营销人员的积极性、主动性和灵活性。

小资料

遭遇变革阻力

变革性的营销方案，在执行上很可能会遇到阻力，如因沟通不够、不及时或不被人们所理解，产生观念上的抵触；因触及了某些部门、某些人员的利益，或者因人们的“惰性”、“恋旧情结”而遭到营销执行人员的抵制。

第二节 市场营销控制

一、市场营销控制的概念

市场营销控制是市场营销管理部门对营销执行情况和效果进行检查与评估，了解计划与实际是否一致，找出两者之间是否存在偏离及造成偏离的原因，并采取修正措施，使全部营销活动向着实现预定目标进行的营销管理活动。

一般而言，营销活动的第一步是制订营销方案，随后是营销方案的执行与控制。营销方案是对未来某段时期营销活动的安排；营销执行是按照营销方案开展营销活动；营销控制不仅是对营销方案中的营销目标的执行情况进行检查、评估、纠正偏差，也是在不断检查和判断营销方案的合理性和对内外部环境的适应性，在必要的时候，要根据环境的变化修正营销方案或制定新的营销方案。

二、营销控制的步骤

按照工作的先后程序，营销控制工作可分为五个步骤。

（一）确定控制目标

确定控制目标，即确定控制对象。企业通常要控制营销业务的执行过程和执行效果，涉及计划、人员、职能等。在确定了控制的范围后，要根据具体需要有所侧重。

（二）确定衡量标准

在确定了控制目标后，就要确定衡量标准。衡量标准是衡量营销活动过程和结果的尺度。

衡量标准应满足两个基本条件：①它应当是具体的、量化的，使营销控制具有可操作性。利润额、销售量、市场占有率、顾客满意度等指标都应当具体明确。②衡量标准必须符合营销目标、企业自身状况和市场环境状况。企业应当根据实际情况制定衡量标准，不能盲目照搬。

（三）收集营销信息

信息的收集在营销控制工作中是很重要的。信息收集最基本的内容和方法是收集营销活动中的原始资料，如企业内部的各种业务报告、报表和原始账单，企业外部的市场动态、竞争者相关信息、顾客意见以及宏观环境状况等。另外，还可以采用直接观察法，通过定期不定期地深入营销活动现场来获取所需信息。企业在营销控制中，对于营销信息收集方法的选取应根据实际需要而定。

（四）评估营销业绩

在收集信息后，检查营销方案执行情况与营销方案是否一致。如果能按期完成营销任务、实现营销目标或超越营销目标，要总结经验，予以推广；如未达到控制标准、未实现预期目标，要查找原因。

（五）及时纠正偏差

在查找到营销方案执行偏离营销方案的原因后，要积极与各方面协调，制定解决方案，及时加以纠正。这是营销控制最关键的环节。

三、市场营销控制的类型

被誉为“现代营销学之父”的美国著名市场营销学家菲利普·科特勒博士认为，市场营销控制的类型主要包括四种（表 13-1）：年度计划控制、盈利能力控制、效率控制、战略控制。

表 13-1　市场营销控制的类型

控制类型	主要负责人	控制目的	方法
年度计划控制	高层管理人员，中层管理人员	检查计划目标是否实现	销售分析，市场份额分析，费用—销售额比率分析，财务分析，市场基础的评分卡分析
盈利能力控制	营销审计人员	年度计划控制	盈利情况：产品、地区、顾客群、细分片、销售渠道、订单大小
效率控制	直线和职能管理者，营销审计人员	年度计划控制	效率：销售队伍、广告，促销和分销
战略控制	高层管理者，营销审计人员	检查公司是否在市场、产品和渠道等方面正在寻求最佳机会	营销效益等级与社会责任评价评核和营销审计，营销杰出表现，公司道德与社会责任评价

（一）年度计划控制

年度计划控制的目的是为了确保年度计划中制定的销售、利润、营销及其他目标的实现。中高层营销管理人员按照年度计划目标检查营销绩效情况，在必要时采取修正行动，以确保营销计划的实现。

年度计划控制一般包括销售分析、市场份额分析、市场营销费用率分析、财务分析、营销系统参与者态度追踪五个方面。

1. 销售分析

销售分析是指根据年度营销计划中的销售目标来衡量和评估实际的销售情况。主要采取两种方法。

（1）销售差异分析法。销售差异分析法评估影响销售的各个因素，如价格、销售量等，对销售绩效的不同作用。在找到了造成实际销售状况与销售计划目标之间差异的最主要因素后，要进一步分析该因素没有达到控制标准的原因。

（2）地区销售分析。地区销售分析是找到某种产品在某地区造成实际销售额与计划销售额之间差距的最主要的原因并进一步分析，从而提出该地区的某些产品销售能够达标的措施。

2．市场份额分析

通过对市场份额的分析可得知，相对于竞争者，企业的绩效如何、竞争地位如何。对销售额的分析是做不到这一点的。市场份额的增加或减少，是衡量企业在市场竞争中领先或者落后的依据。分析市场份额，主要有以下四种方法。

（1）分析总的市场份额。即分析企业的销售额或销售量占整个行业的销售额或销售量的百分比。

（2）分析服务市场份额。即分析企业的销售额占所服务市场的总销售额的百分比。如某休闲服装企业的销售区域是华北地区，其服务市场份额就是该企业的销售额占华北地区休闲服装销售额的百分比。

（3）分析相对市场份额（相对于三个最大竞争者）。这是指企业的销售额占最大的三个竞争者的销售额总和的百分比。相对市场份额高于33%的企业是竞争力较强的企业。

（4）分析相对市场份额（相对于最大竞争者）。即分析企业的销售额占最大竞争者的销售额的百分比。

在做了以上的一种或几种市场份额分析后，企业要综合内外部环境状况，及时发现具有威胁性的市场份额变动的发生，查找原因，制定对策，以保持或增加市场份额。

3．市场营销费用率分析

市场营销费用率分析是对营销费用占销售额百分比的分析。营销费用是营销控制的重要内容，是要确保在实现营销目标时，没有过多的支出。营销费用率主要包括销售队伍费用与销售额的比率、广告费用与销售额的比率、促销费用与销售额的比率、营销调研费用与销售额的比率、营销管理费用与销售额的比率。若这些比率的波动超过控制标准，就要认真查找和分析原因，并及时采取控制措施。

4．财务分析

财务分析就是对资本净值报酬率及相关的各种要素的分析。企业营销人员应当进行全面的财务分析，以确定如何盈利和在什么地方盈利。市场营销费用率的分析要放在总体的财务构架中进行分析。

5．营销系统参与者的态度追踪

营销管理人员在进行营销控制时，还应不断地、及时地了解顾客、中间商和其他营销系统参与者的态度。在顾客、中间商和其他营销体系参与者对本企业和产品的态度发生变化时，能够及时了解，较早地采取应对措施，争取主动。

企业可以通过建立营销体系成员意见系统、营销体系成员调查等方式来追踪营销体系成员的态度状况。

（二）盈利能力控制

盈利能力控制是采取措施排除或削弱妨碍获利的因素的营销管理活动。很显然，不同的产品、不同的销售区域、不同的销售渠道、不同的顾客群、不同的订货规模等给企业带来的盈利状况是不同的，企业应当对这些关系到盈利多少的因素进行分析，以便于帮助营销管理者判断哪些产品或营销活动应当继续、扩大、收缩或取消。

盈利能力分析的主要步骤如下。

1. 确定职能性费用

将损益表中的各项营销费用转换为营销职能费用，包括广告宣传费用、产品销售费用、市场调研费用、产品保证费用、仓储与运输费用、开账单和收款引起的费用、营销人员的工资和营销机构的办公费用等。目的是衡量市场营销成本，因为它关系到企业利润。

2. 将功能性费用分配给各个营销实体

按照所选取的分析目标，如产品、地区、渠道或市场等，将上一步骤所确定的职能性费用分配给每一分析目标相应的各种职能。

3. 编制各分析目标的损益表

编制损益表的目的是通过财务报表，把握成本指标和盈利指标。盈利指标如下：

$$销售利润率=（本期利润/销售额）\times 100\%$$

$$资产收益率=（本期利润/资产平均额）\times 100\%$$

$$净资产收益率=（税后利润/净资产平均余额）\times 100\%$$

$$资产周转率=（产品销售收入净额/资产平均占用额）\times 100\%$$

4. 确定最佳改正方案

通过分析，找出影响盈利的因素，剔除妨碍盈利的因素，在综合考虑之后采取最佳改正方案。

小资料

对营销计划执行过程的评估

（1）目标评估：对执行过程的综合目标、硬性目标和软性目标完成程度进行评估，随时掌握计划实施进度。

（2）过程评估：对销售人员的工作方式和效率进行评估，了解销售工作中存在的问题，为销售人员提供销售指导。

（3）投入产出评估：对计划执行效率进行评估，同时衡量计划带来的效益，并对这种效益所体现的价值进行判断。

（4）推广效果评估：对执行过程中销售人员在营销战术的创造性方面进行评估，衡量现行推广方式所起的作用，并评估推广方式的价值，以及有无可能在更大范围内进行推广。

（5）执行政策评估：对销售人员执行计划的到位程度进行评估，一方面了解销售人员对计划的认同程度，另一方面了解销售人员对计划重点有无把握，同时评估政策是否有助于业务活动的开展。

（6）竞争对比评估：对竞争对手的营销工作进行评估，重点是树立标杆，将计划各环节与竞争对手进行对比，找到真正的差异或差距，进一步提高计划针对性。

（三）效率控制

如果盈利分析的结果显示效益不佳，就要寻找在销售队伍管理、广告管理、促销管理、分销管理等方面更有效的管理方法，即解决在这些环节的管理效率问题。

1. 销售人员效率

各级销售经理应掌握反映本地区销售人员工作效率的主要指标的状况，并加以分析。这些主要指标包括：

（1）每个销售人员平均每天的销售拜访次数。

（2）每次销售拜访平均需花费的时间。

（3）每次销售拜访的平均收益。

（4）每次销售拜访的平均成本。

（5）每 100 次销售拜访的订货百分比。

（6）每一定期间开发的新顾客数量。

（7）每一定期间丧失的老顾客数量。

（8）销售成本占销售额的百分比或销售成本占总成本的百分比。

2. 广告效率

尽管无法精确地掌握广告带来的效益究竟有多少，但企业至少应当掌握以下统计资料：

（1）每一媒体类型、每一媒介工具触及每千名购买者的广告成本。

（2）顾客对每一媒体工具注意、联想和阅读的百分比。

（3）顾客对广告内容和效果的意见。

（4）广告前后对产品、品牌态度的衡量。

（5）受广告影响而引起的询问次数。

为了提高和改进广告效率，企业管理者可以采取以下的步骤：①做好产品定位；②明确广告目标；③预试广告信息；④利用计算机指导广告媒体的选择；⑤寻找和运用较佳的媒介；⑥进行广告效果测定等。

3. 销售促进效率

激发顾客产生购买兴趣和试用产品的销售促进方法是多种的。为了提高销售促进的效率，营销控制部门应对每一促销活动及销售影响做好统计与分析，如由于优惠而增加的销售的百分比、每一元的销售额中包含的商品陈列成本、赠券回收率、因示范引起的询问次数等。

4. 分销效率

分销效率控制是对包括终端在内的销售渠道中的各类成员发挥的作用和潜力、分销系统的布局和结构以及改进方案、物流系统中的存货水平、仓库位置、运输的方式与路线等进行控制的管理活动。通过对这些因素的分析与改进，寻求最佳的仓库位置、最经济的运输方式与路线，达到提高存货流转速度的目的。

效率控制的目的在于提高人员推销、广告、销售促进和分销等市场营销活动的效率，以合理的成本获取尽可能多的收益。

（四）战略控制

战略控制是对整体营销效益进行全面分析与评价，找出营销绩效与战略目标及绩效标准的差距，分析偏差产生的原因，采取措施纠正偏差，以确保市场营销战略与企业目标、市场营销环境相协调的管理活动。

由于市场营销环境复杂多变，在实施市场营销战略过程中，营销管理部门应当定期对整个营销活动进行全面的检查、分析与评价，在必要的时候调整营销战略并修改营销方案，以确保营销战略的环境适应性与有效性。

在进行营销战略控制时，一般主要采取两种方法：营销绩效等级评定和营销审计。

1．营销绩效等级评定

营销绩效等级评定是从顾客哲学、整合营销组织、足够的营销信息、战略导向和工作效率五个方面所做的营销绩效考评。以这五个方面为基础编制营销效益等级评核表，由部门营销经理或其他经理填写，最后综合评定。根据评定的结果及相应的分析，查找问题，并据此制定修正计划，以使战略与企业目标、环境状况相适应。

2．营销审计

营销审计是对一个公司或一个业务单位的营销环境、目标、战略和活动所作的全面的、系统的、独立的和定期的检查，目的是发现企业营销活动中的问题和可能的市场营销机会，以提出企业营销的行动计划，改善企业的营销运作，提高企业的营销业绩。

（1）营销审计的基本步骤。营销审计是定期进行的争取在问题没有出现之前就发现并纠正的管理过程，其范围涉及企业全部主要的营销活动。营销审计活动包含一系列有秩序的诊断步骤。

1）由企业高级管理人员和营销审计人员一起拟定营销审计协议，包括审计目标、范围、资料来源、报告形式及时间、地点安排等。

2）在审计协议的基础上制定详尽的审计计划。

3）按照制定的审计计划调查和收集各种资料。除从企业营销部门收集情况和意见外，还必须访问顾客、中间商及其他有关机构，以保证资料的全面性、真实性和审计结果的客观性。

4）根据调查结果拟定营销审计报告，对发现的问题提出改进建议。

（2）营销审计的主要内容。主要包括以下几点：

1）营销环境审计。包括对宏观环境和微观环境的检查与分析。宏观环境主要包括经济环境、自然环境、人口环境、技术环境、社会文化环境、政治环境；微观环境，也叫任务环境，主要包括市场、顾客、竞争者、中间商、供应商、公众。

2）营销战略审计。营销战略审计的内容包括对企业使命、营销的目的与目标、营销战略的审计，即考察企业使命、营销目标与目的、营销战略对当前和预测的环境的适应性。

3）营销组织审计。营销组织审计主要是评价企业的营销组织在执行营销战略方面的保障能力和对营销环境的适应能力。

4）营销系统审计。营销系统审计主要包括对营销信息系统、营销计划系统、营销控制系统和产品开发系统的考察。

5）营销职能审计。主要包括对产品、价格、渠道、促销四种营销组合要素的评价。

6）营销生产率审计。营销生产率审计主要包括盈利率分析和成本效益分析，目的是检查各营销单位的盈利状况与营销活动的成本效益。

本章小结

本章主要介绍了营销执行与营销控制方面的内容。要执行好市场营销方案，就要制订具体行动方案、做好组织上的保障工作、建立健全科学的绩效考评制度、做好人力资源保障工作、建设企业文化。这五个方面是紧密联系的。在营销执行中，有可能会遇到营销方案脱离实际、执行偏差、营销方案长期目标与短期目标协调不当、缺乏具体明确的实施细则、遭遇变革阻力等情况，需要引起营销人员的重视。为了保证营销执行与营销方案相一致，检查营销方案对环境的适应性，要对营销活动进行控制。营销控制的步骤是确定控制目标、确定衡量标准、收集营销信息、评估营销业绩、及时纠正偏差。其主要类型包括年度计划控制、盈利能力控制、效率控制、战略控制。

思考与练习

一、名词解释

市场营销组织控制市场营销审计

二、单选题

1．营销控制最关键的环节是（　　）。

A．确定控制目标　　B．收集营销信息

C．及时纠正偏差　　D．确定衡量标准

2．下列哪一项不属于营销职能审计的范畴（　　）。

A．产品　　B．价格　　C．技术　　D．促销

三、思考题

1．怎样合理确定营销费用？

2．怎样提高企业的营销执行力？

参考案例分析

海尔的“OEC”管理法

海尔集团创建于 1984 年，20 年来，海尔集团已由一个亏空 147 万元的集体小厂，发展成为 2008 年全球营业额 1 190 亿元的中国第一品牌，并在全世界获得越来越高的美誉度。2008 年，

海尔品牌价值高达803亿元。2008年3月，海尔第二次入选英国《金融时报》评选的“中国十大世界级品牌”。2008年6月，在《福布斯》“全球最具声望大企业600强”评选中，海尔排名13位，是排名最靠前的中国企业。2008年7月，在《亚洲华尔街日报》组织评选的“亚洲企业200强”中，海尔集团连续五年荣登“中国内地企业综合领导力”排行榜榜首。据中国最权威市场咨询机构中怡康统计：2008年，海尔在中国家电市场的整体份额达到26.2%以上，依然保持份额第一，尤其在高端产品领域，海尔市场份额近30%，其中，海尔在白色家电市场上仍然遥遥领先。海尔在智能家居集成、网络家电、数字化、大规模集成电路、新材料等技术领域也处于世界领先水平。“创新驱动”型的海尔集团致力于向全球消费者提供满足需求的解决方案，实现企业与用户之间的双赢。

在创新实践中，海尔探索实施的“OEC”等管理模式引起国际管理界高度关注。

“OEC”管理法，即英文“Overall、Every、Control and Clear”的缩写。其内容为O-Overall（全方位）、E-Everyone（每人）、Everything（每件事）、Everyday（每天）、C-Control（控制）、Clear（清理）。“OEC”管理法也可表示为“日事日毕、日清日高”，即每天的工作每天完成，每天工作要清理并要每天有所提高。

OEC管理模式的具体运用包括“一核心”、“三原则”、“四阶段”、“九个控制要素”。

1．一个核心

市场不变的法则是永远在变，根据变化的市场不断提高目标。

2．三个基本原则

（1）闭环原则——凡事要善始善终，都必须有PDCA循环原则，而且要螺旋上升。

（2）比较分析原则—— 纵向与自己的过去比，横向与同行业比，没有比较就没有发展。

（3）不断优化的原则——根据木桶理论，找出薄弱项，并及时整改，提高全系统水平。

3．PDCA四阶段。

PDCA分别指P-PLAN（计划）、D-DO（实施）、C-CHECK（检查）、A-ACTION（总结）。

①P阶段。满足用户要求并以取得最佳经济效果为目标，通过调查设计试制，制定技术经济指标、质量目标、管理项目，以及达到这些目标的具体措施和方法。②D阶段。按照所制订的计划和措施付诸实施。③C阶段。在实施了一个阶段之后，对照计划和目标，检查执行的情况和效果，及时发现问题。④A阶段。根据检查的结果，采用相应的措施，或修正改进原来的计划或寻找新的目标，制定新的计划。

4．九个控制要素

九个控制要素可以用5W3H1S来概括。5W是why（目的）、what（标准）、where（地点）、who（责任人）、when（进度）等；3H是指how（方法）、how much（数量）、how much cost（成本）；1S是safety（安全）。

案例：1999年7月中旬，美国洛杉矶地区的气温高达40多度，连路上也少有人在这么热的天气里走动。一次，因运输公司驾驶员的原因，运往洛杉矶的洗衣机零部件多放了一箱，这件事本来不影响工作，找机会调回来即可，但美国海尔贸易有限公司零部件经理丹先生不这么认为。他说：当天的日清中就定下了要调回来的内容，哪能把当日该完成的工作往后拖呢？于是丹先生冒着酷暑把这箱零部件及时调换了回来。

资料来源：孟娟．“日事日毕、日清日高”——海尔的 OEC 管理模式”．《商业文化》，2006（4）

思考题：

1．你怎样看待丹先生的行为？

2．很多企业反映“海尔的管理模式到我们企业根本就落实不下去，员工受不了如此严格的管理”。你认为这种情况产生的原因有哪些？

实训训练

邀请企业专业人士做关于营销执行与营销控制方面的专题报告，通过专题报告和企业人士与学生的互动环节，加深学生对营销执行和营销控制的认识。

第十四章

体育营销

学习目标

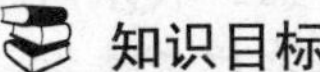

- 理解体育营销的内涵、特点。
- 掌握体育营销的主要方式和体育市场营销的策略。

技能目标

- 会运用体育营销的相关理论，结合企业的实际进行体育营销方案的制订。

三星——体育营销的典范

三星从1990年贴着三洋公司标牌的代工者，一跃发展为如今的世界高端品牌，体育营销可谓功不可没。

一、TOP计划——三星体育营销最高策略

TOP 计划是奥林匹克全球合作伙伴计划的简称。1988 年，三星成为汉城奥运会的本地赞助商。从此，三星开始积极支持现代奥林匹克运动。1997 年，三星成为奥运会的 TOP 赞助商。从1998年长野冬奥会， 2000年悉尼奥运会，2002年盐湖城冬奥会，再到2004年雅典奥运会，三星从未缺席。此外，三星还是2006年冬季奥运会和2008年北京奥运会无线通讯装置的赞助商。

二、支持群众运动、注重整合传播——三星本土化营销策略

致力于体育、打造品牌，三星深谙利用各种适当途径将品牌形象立体化的诀窍。回顾三星在中国本土从事体育营销的历程：2000年，三星赞助“迎奥运”万人长跑；2002年世界杯期间，三星独家赞助中国球迷拉拉队；2003年，三星赞助中国代表团出征世界大学生运动会；2005年，三星冠名纪念“申奥”成功两周年的“迎奥运”万人长跑活动等。我们发现这些活动有一个共同特点，即都融入了浓重的民族色彩，更加贴近了中国民众，极具亲和力。三星在中国本土体育营销的这种理念和其品牌形象与体育精神的吻合，获得了消费者最大程度的认可，从而其品牌忠诚度得到提升，三星的产品在中国的市场占有率也全面提高。

三、赞助体育竞技——三星继续引领体育营销潮流

三星连续五届赞助 WCG（World Cyber Games）世界电子竞技大赛，推动 WCG 成为今天的电子竞技“奥运会”。在给公众带来理念更新和生活改变的同时，三星也获得了品牌营销的巨大成功。WCG 的时尚、活力、动感等特质为三星品牌注入了新活力，为三星的品牌精神增加了新内涵，并通过年轻的电子竞赛参与者以及 WCG 的受众人群得到传扬。

简言之，三星体育营销的成功之处在于：发现趋势，培育市场。

审视三星的“奥运营销”、“群众赛事营销”、“电子竞技营销”现象时不难发现，三星电子的体育营销所取得的非凡成功，源于三星电子对体育营销的准确把握。具体体现在三星电子已经把对体育的追求、对体育文化的理解融入到其产品中，并将高质量的产品与奥林匹克“更高、更快、更强”的精神完美结合。三星将企业品牌目标以及产品、技术与引领风尚的体育赛事深度融合，并通过广告、公关等手段将其品牌文化和品牌特征广泛传播。而三星也在持续的体育营销策略下获得了长足的发展。

资料来源：朱小明，张勇．体育营销[M]．北京：北京大学出版社，2006.

第一节　体育营销概述

毋庸置疑，体育运动在当今社会生活中正扮演着越来越重要的角色。电视的普及和传播技术的进步，打破了体育比赛的时空局限性，大大地增强了体育对社会的影响力。体育营销对于推动现代企业的发展具有越来越重要的作用。大多数知名跨国公司都将体育营销作为其亲近消费者、提高品牌知名度与影响力、进军全球市场的必要手段。

一、体育营销的内涵与特点

在我国，体育营销还处于初级阶段，体育营销还没有构建起非常成熟的理论体系，但随着时间的推移，人们对体育营销的认识和理解在不断深化。

小资料

美国学者马修 •D.尚克指出：“体育营销是把体育营销原理和过程专门运用到体育产品和那些借助于体育来营销的非体育产品上的营销活动。”

另一位美国体育市场营销学者布伦达 •G.皮兹则认为：“体育营销是指为一种体育或体育公司产品的生产、定价、促销、渠道等设计和实施的活动过程，其目的在于满足消费者的需求或欲望，并达成公司目标”。

1．体育营销的内涵

从字面来看，体育营销可以理解为“与体育有关的营销”。对“与体育有关的营销”大体上有两方面的理解：①将体育本身作为产品营销。一支球队和它的运动员、一场赛事、一次运动会，都可视为营销学意义上的产品，因为它们都能满足人们的某种需要和欲望。②以体育为载体的其他产品的营销。比如我们在许多的体育赛事中，都能看到赞助商的身影，以及它们的产品、品牌的展示。

归纳起来，体育营销是将市场营销学的原理、方法运用于体育产品经营，或以体育活动为载体进行非体育产品的推广和品牌传播的一种市场营销活动。

通过体育营销以上两方面的理解可看出体育营销的三重含义：

（1）体育营销的组成元素包括赞助方、体育赛事和观众，缺少任何一方的体育营销都不能成为成功的体育营销。

（2）体育营销是围绕赞助而展开的，赞助能将运动项目形象与企业品牌形象有机结合起来。

（3）赞助是开展体育营销的首要因素，但仅有赞助是不够的，在与运动项目或组织建立联系后，企业不仅要从营销传播技术的角度去营造品牌，更重要的是要从全新的品牌视角进行品牌价值的营造、管理。

小资料

北京现代基于足球运动的体育营销，是建立在公益营销、文化营销、热点营销基础上的品牌营销，注重的是长期的品牌建设。对北京现代来说，宣传企业品牌、提升品牌形象、提高销售业绩是体育营销的三大目的。

2．体育营销的特点

可以说，体育营销最集中地体现了品牌推广手段的所有优越性，因而也最具魅力、最受企业的欢迎。

（1）体育赞助的效果自然，易于被接受。体育赞助实质上是一种软广告，但是由于广告并不单独出现，因而商业性及功利性不像硬广告那么明显，它能缓解人们对商业广告的抵触情绪，可以改善和加强企业与公众之间的关系，能够给企业带来良好的经济效益和社会效益。这里的软广告是指广告主并不直接介绍商品、服务，而是通过在报纸、杂志、网络、电视节目、电影等宣传载体上插入带有主观指导倾向性的文章（特定的新闻报道、深度文章、付费短文广告、案例分析等）、画面、短片，或通过赞助社会活动、公益事业等方式来达到提升广告主企业品牌形象和知名度，或促进广告主企业销售的一种广告形式。硬广告是指直接介绍商品、服务内容的传统形式的广告，通过刊登报刊、设置广告牌、电台和电视台播出等进行宣传（区别于软广告）。调查显示，可口可乐公司全球38%的消费者购买其饮料的主要原因是因为可口可乐是奥运会的指定饮料。依靠体育赞助取得不凡业绩的例子举不胜举。

（2）体育营销的沟通对象面广量大、针对性强。体育本身就是一种世界性语言，它打破了信仰、文化、语言和种族等种种障碍，加强了社会、企业与消费者的联系。在重大比赛现场，观众动辄成千上万；赛事直播，媒体受众更是不计其数。据调查，全世界大约 35 亿人收看了 1996 年亚特兰大奥运会的转播。即使一些地方性的赛事，只要组织得好，观众也会十分踊跃，因此非常有利于企业与目标对象进行有效的沟通，快速提升品牌价值，达到事半功倍的效果。

小资料

“体育，拥有改变世界的力量。”这句前南非总统曼德拉的经典名言，高度概括了体育的魅力。作为民族体育运动领先品牌之一，安踏是最早发现了体育用品市场的巨大潜力并采用体育营销手段的企业之一。从 1999 年签约代言人开始，安踏就名列同行业前茅，也真正开始了与国际领先品牌在中国市场上的争夺之战。

（3）体育营销最大的特点就是公益性。可以说，体育是人类共同的事业。赞助体育、进行体育营销的市场运作，其观众吸引力、品牌渗透力和影响力，是普通广告所不能达到的。阿迪达斯赞助德国青少年开展街道篮球运动，还在40个国家赞助举办街道篮球全国锦标赛，并赞助举办世界街道篮球锦标赛，俨然成为世界青少年街道篮球的总后台。可口可乐公司通过在100多个国家和地区的比赛选拔了1600名少年，邀请他们到1998年法国世界杯赛场上充当护旗使者和场边球童。我国（包括香港、台湾地区）就有11个小朋友圆了世界杯梦。可口可乐公司对体育公益事业的赞助，无疑为美化企业自身形象抹上了重重的一笔彩绘。

二、体育营销的主要方式

从国际经验来看，企业一般通过赞助、冠名、体育节目广告投放、体育明星代言、场馆赞助等方式进行体育营销。这种将企业营销与体育赛事结合的营销方法集受众广泛、融合运动理念和公益价值高等特点于一体，能快速提升品牌知名度、树立形象和改善客户关系，最终扩大产品销量，为企业创造效益。体育营销一般以以下几种方式开展。

1．参与组织或赞助体育赛事

企业可以直接参与组织或者自行发起组织一些体育活动。例如，江苏春兰集团发起的春兰杯围棋赛；福建安踏鞋业组织安踏极限运动精英赛等。这一类体育营销形式的特点是企业的营销目标与该体育活动有很密切的联系。例如，安踏希望能够在年轻消费群中树立起个性、时尚的品牌形象，而极限运动正好能体现这方面的特点。另外，由于一般来说这一类体育赛事的影响范围不大，所以费用相对较低。但是这些体育活动如果能够运用得当，企业能获得的回报却会比较高。这是因为关注这些赛事的人群的特征集中度相当高，企业对于这种活动的组织使企业的品牌信息能够非常准确地传达到特定人群中。这种精确寻找特定人群的作用正是企业宣传中一直追求的，如安踏选择的极限运动，虽然不是人人皆知，但是在安踏的目标消费群——追求个性与展现自我的年轻人中，却有非常高的知名度和美誉度。因此，这种方式正在受到一些经营细分市场的企业的追捧。

小资料

体育营销是奇瑞2009年营销的策略之一。2009年8月8日晚，“2009年朝阳轿车轮胎杯”首届中国车手王中王争霸赛正式比赛在杭州黄龙体育中心上演。奇瑞汽车作为赞助商，为比赛提供了特技表演车以及赛事专用车。本次赛事在表演中使用刚刚上市的奇瑞QQme以及奇瑞家族的另一款产品QQ6，进行特技的表演；在赛事方面，选用了技术含量最高的A3作为专用车。奇瑞通过赞助拉力赛、中国车手王中王争霸赛，更好地把奇瑞这个品牌通过赛事平台展现出来。

2．投资运动团队

企业投资运动团队是一种比较好的体育营销方式。例如，华硕赞助中国国家击剑队；小天鹅冠名2008年奥运会的奥运之星女子足球队；蒙牛冠名《城市之间》等。这种方式比赞助体育赛事费用低，但是企业名称的媒体曝光程度却不会相差很多，而且由于这种对运动团队的赞助一般会持续至少一年以上，因此可以获得一种长期的宣传效果，巩固受众的记忆。

我国的很多企业都是通过赞助足球俱乐部获得了在当地甚至全国的知名度，而国内著名家电企业海尔集团在进入澳大利亚市场时也是采用这种方式，赞助了当地最好的一支篮球队——墨尔本老虎队。海尔集团形象的代言人墨尔本老虎队的队长、10号球员安德鲁·盖茨，是澳大利亚最辉煌的篮球运动员，在澳大利亚可以说是家喻户晓。老虎队披着印有海尔LOGO的“战袍”一路征战，随着球队的出色战绩海尔也逐渐为当地消费者所熟悉和认同，存在于人们内心的外来品牌的影响也随之慢慢淡去。海尔因此获得了良好的品牌认知度。

小资料

2009年11月10日，澳雪国际在广州长隆酒店召开新闻发布会，宣布成为中国国家游泳队赞助商，在未来四年的时间里，澳雪国际将全力支持中国游泳队备战2010年第16届亚运会。澳雪国际旗下澳雪、雪湖湾、可德琳品牌的沐浴露、洗发水、洗衣液、柔顺剂、牙膏等产品同时成为2010年第16届亚运会中国国家游泳队专用产品。澳雪国际与“中国水军”的结合，是澳雪国际体育营销的重要举措。澳雪国际希望通过中国国家游泳队在国内外赛场上的完美表现，进一步扩大品牌影响力和知名度。

3．聘请体育明星作为形象代言人

聘请体育明星作为形象代言人是指由知名度高、形象良好的体育运动员出任赞助商的企业代言人、产品代言人，将明星的形象放置在赞助商的各种广告、宣传资料、促销品、打折券，以及明星的运动用品上，利用名人效应扩大企业、产品的竞争力。

2006年8月14日，中国知名体育品牌李宁与NBA巨星奥尼尔在北京签约。前者花了1 000万美元获得了奥尼尔在中国国内的代言权。李宁与奥尼尔的联手，使中国体育用品企业借助体育明星提升品牌价值的营销达到了一个全新高度。

小资料

安踏是中国体育用品企业中第一个聘请形象代言人的企业。1999年，安踏以每年80万元的费用与乒乓球运动员孔令辉签约。这一行动被认为是疯子般的举动。而正是当年的大胆主动，通过当时极具影响力的乒乓球王子孔令辉说出的“我选择，我喜欢”，安踏慢慢将品牌形象渗透到消费者的心中，从而也开始了与中国乒乓球协会长达数年的合作，与作为国球的乒乓球运动结下了不解之缘。安踏与中国乒乓球协会的合作，揭开了安踏体育营销的帷幕。

4．将企业产品作为体育活动指定用品

企业产品作为体育活动的指定用品是体育营销的方式之一，是企业产品被体育组织、广大运动员、承办机构、体育爱好者、体育观众所认识、喜欢的重要途径。从1991年的北京亚运会开始，消费者开始亲身体验某项赛事指定商品的价值，当年从T恤衫到电器产品，从饮料到办公用品，只要是能够贴上熊猫盼盼商标的产品（被指定为运动会商品）无一例外销售火爆。如今，随着各种产品种类的不断出现，成为体育活动指定用品的商品种类越来越多，我们能够听说的产品类型基本都有产品成为指定用品。这种以产品直接参与体育活动的目标正在渐渐由介绍产品转向展现品牌。

产品被赛事指定供应的好处是：创造了企业公关宣传的有利契机；企业品牌的无形资产得到增值；企业产品容易被各类参与体育活动的组织、个人认识并形成消费。企业产品在体育活动期间形成了较为稳定的市场空间。

体育活动的指定产品可以由赛事赞助商提供，也可以由赛事合作伙伴提供，还可以由专门的产品指定商提供，这三者是有区别的。赛事指定产品商的层次低于赛事赞助商，比如农夫山泉是“奥运会中国代表团指定饮用矿泉水”。像这样的赛事供应商，一般与赛事没有直接联系，相对赞助商来说地位没有那么高，不一定是赛事直接需要的商品。而有些比赛用品指定供应商，例如南非世界杯的比赛用球“JABULANI”是由阿迪达斯设计开发的，并由中国企业生产的，意为“普天同庆”。这是产品质量的有力证明，阿迪达斯可以借助赛事影响力提高企业、品牌知名度和美誉度。

小资料

2008年北京奥运会赞助商

UPS、海尔集团公司、搜狐公司、内蒙古伊利实业集团股份有限公司、青岛啤酒股份有限公司、北京燕京啤酒股份有限公司、香港电台、广州日报报业集团、中央电视台、阿迪达斯

奥林匹克全球合作伙伴

可口可乐、源迅 atosorigin、通用电气 GE、强生、柯达、联想、麦当劳、宏利 manulife、欧米茄 OMEGA、松下、三星、VISA

北京2008合作伙伴

中国银行、中国网通、中国石化、中国石油、中国移动通信、大众汽车、ADIDAS 阿迪达斯、强生、中国国际航空公司、中国人保财险、国家电网

独家供应商

长城葡萄酒、金龙鱼、歌华特玛捷票务有限公司、梦娜、贝发文具、华帝燃具、亚都、士力架巧克力、千喜鹤、思念食品、泰诺建、皇朝家私、史泰博、AGGREKO、SCHENKER

供应商

泰山、曙光、英孚、爱国者理想飞扬、水晶石科技、元培、德尔、奥康、立白、普华永道、大运、首都信息、优派克、微软（中国）、国誉、新奥特、盟多

5．在体育赛事期间进行公关促销活动

利用体育活动进行营销，对于企业来说，操作的难度相对较低，一般只需要按照正常的企业促销活动程序进行策划与执行。但是要注意的是，由于体育活动公益性强而商业性弱，如果企业不能找到一条合适的线索将产品、品牌与体育活动联系起来，就会发生促销对象不明确、信息传递失去准星的情况，从而造成企业资源的浪费。

所谓事件营销，是指企业通过策划、组织和利用具有新闻价值、社会影响以及名人效应的人物或事件，吸引媒体、社会团体和消费者的兴趣与关注，以求提高企业或产品的知名度、美誉度，树立良好品牌形象并最终促成产品或服务的销售的手段和方式。由于这种营销方式具有受众面广、突发性强，在短时间内能使信息达到最大、最优传播的效果，为企业节约大量的宣传成本等特点，近年来越来越成为国内外流行的一种公关传播与市场推广手段。

企业在体育赛事期间进行公关促销活动的方式主要有以下几种。

（1）普通消费者的公关活动。赞助商可在赛场内或赛场周围设立展厅、接待处，陈列用于观赏或试用的产品，提供咨询，还可利用赛前或中间休息时间举办抽奖、趣味竞赛、文体表演等活动。

（2）特殊对象的公关活动。赞助商可在赛场内或赛场周围设立接待处，接待重点客户、经销商等 VIP。VIP 可享有贵宾档次的包厢，可在赛场主要入口拥有专门停车位、可独立召开新闻发布会或记者招待会，在出席招待会、宴会时在贵宾席入座。这些被统称为“礼遇权”。

（3）媒体的公关活动。赞助商与媒体协商后，在赛事期间其企业名称、商标、主要产品、领导人活动（如出席开幕式、闭幕式、授奖等）可在电视、报纸等媒体上取得一定曝光时间和次数。这是公关活动中最易量化、最易评估效果、最受赞助商欢迎的公关权益。

此外，企业还可以采用赞助媒体或购买广告时段、冠名赞助媒体的体育节目和赞助参与体育赛事采访的媒体和记者等体育营销方式，取得良好的曝光率和收益，塑造赞助商专业、敬业的企业形象。

无论是哪种体育营销形式，都涉及投入的人、财、物等资源问题，在选择体育营销形式时，人财物是约束条件。如果资金雄厚，可以采用整合营销传播，多种体育营销形式组合运用，比如可以赞助、冠名、指定产品、软文营销等协同启动，构成强大的攻势；如果财力有限，可以选择其中一项，融入事件营销的操作元素，四两拨千斤。无论哪种体育营销策略，并不是花钱买知名度那么简单，其间从策划到执行要经历大量的曲折与坎坷，必要的财力支持是保证。

第二节　体育营销策略

体育营销的本质特征是基于“体育”，进而“营销”，其战略意义在于形成品牌差异化，从而建立竞争优势。一个企业必须根据目标市场、品牌和定位战略，整合多种营销方式，才能有效开展体育营销。

一、体育赛事的选择策略

体育营销首先要根据企业的定位合理选择体育赛事，切入目标消费群，在经济效益和社会效益两个方面获得收益。

1．选择的体育赛事要符合自身品牌的辐射范围

地方性的品牌可以考虑赞助其所在地方有影响的小型赛事，而想成为世界品牌的大型企业，可以考虑世界杯或奥运会。同时，企业在选择赛事的时候，要对赛事进行评估，既要了解赛事带来的经济效益，同时还要了解赛事的社会效益，即赛事的社会影响力和感召力、受众对赛事的认识和熟悉程度、受众对赛事品牌的价值评价、受众对赛事报道主流媒体的关注度、主流媒体在行业中的影响力等。

小资料

2009 年 11 月 5 日在上海佘山高尔夫球场举行的汇丰冠军赛，吸引了世界排名前十的选手参加，使得此次比赛升格为世锦赛。而 5100 西藏冰川矿泉水作为此次比赛唯一的一家中国品牌赞助商，再一次站在了世界最高级别的赛场上。这是 5100 西藏冰川矿泉水连续第 4 个年

头赞助此项比赛。公司一开始就将企业的目标定位于“向全世界提供品质最好的水”，并与众多的高端体育赛事进行了合作。此外，5100 还连续 3 年投入到青少年高球比赛以及各地举办的夏令营、冬令营的赛事中，为促进体育赛事的发展作出了积极的贡献。作为国内目前最高端的饮用水品牌，5100 西藏冰川矿泉水还频繁出现在重要的场合，如 2009 年全国两会、博鳌论坛等。最引人注目的是，5100 成为新中国六十周年国庆观礼台指定用水。通过体育营销，5100 西藏冰川矿泉水将品牌牢牢地锁在了高端。

2．选择体育赛事要从自身经济能力和品牌特色出发

企业既可以选择奥运会、世界杯、F1 等当今世界最具影响力的赛事，也可以选择像万人长跑、娱乐篮球等大众参与广泛的赛事。比如，汽车企业对体育赞助对象是有选择性的，它们最关注的赛事主要有三大类：①大众性体育赛事，比如奥运会、全运会、世界杯、洲际杯等；②汽车竞技类赛事，如 F1 大赛、拉力赛、越野赛等，这些赛事展示了品牌的技术实力；③高档休闲运动赛事，如高尔夫、网球等，这些赛事体现了品牌的文化品位。在中国市场，奔驰、宝马专注于高尔夫、网球、F1 等高端体育赛事，而北京现代的定位是大众品牌，体育营销的核心自然是百姓最热衷参与的足球运动。

总之，借助体育营销，将企业和产品品牌的定位、文化等要素渗透到体育当中，从而通过体育的魅力、影响和高关注度，使品牌与目标消费群之间形成一种坚固的联系，从而更好地塑造企业形象。

二、体育营销的传播策略

体育营销中企业要对传播主线进行规划，以维持品牌形象的稳定性、整体性、持续性。体育传播是一个延续的过程，企业找准自身品牌定位后，要维持在消费者心目中形成的稳定形象。例如，农夫山泉公司和国家体育总局主办了“农夫山泉阳光工程”。该工程面向贫困地区的基础体育事业，从 2002 年到 2008 年北京奥运会开幕，为期 7 年，农夫山泉每年捐赠价值达 500 万元的体育器材。农夫山泉的这个活动获得了全国新闻媒体一系列的宣传和赞扬，体育营销赋予了农夫山泉健康积极的、富有亲和力的品牌内涵。农夫山泉是借助 1998 年世界杯足球赛发展起来的，多年来，该企业一直走体育营销之路，把体育营销真正作为企业的指导思想，长期地、持续地、整体地贯彻，市场占有率不断提升。

企业在进行体育营销时，不仅要维持企业品牌的稳定性还要针对确定项目或赛事进行传播主线的长期规划。体育营销与事件营销不同，它具有持续性、间接性和公益性的特点，提倡精神文化层面的宣传，淡化了商业色彩。如果商业性太强烈，广告表现方式太直接，容易引起消费者的反感。有些企业在体育营销的广告中直接推销产品，产品与赛事的结合非常牵强，如“看奥运会，穿××牌牛仔裤”等，就难以将消费者对运动的热情转移给产品，甚至会产生负面效果。不同企业应该定制属于自己的体育传播主线，并维持其连贯性、专一性。

小资料

联想奥运营销的传播主线规划非常明确。2004 年 3 月 26 日联想召开签约发布会后就全面使用联想与奥运的组合标志；联想在 TOP 发布会上的核心传播主题为“让世界联想中国”；

发布会之后，联想确定了“卓越更超前”的核心品牌形象；2004年8月，联想在受众中大力灌输联想作为奥运全球合作伙伴所彰显的品质、技术和实力；进入2005年，联想完成对IBM全球PC业务的并购，联想的传播主线为“让世界一起联想”，与“同一个世界、同一个梦想”的口号相契合，逐渐超脱“物质”和“技术”层面，向精神层面升华、发展。

三、整合营销策略

按照整合营销理论创立者舒尔茨的解释，整合营销是以客户、以市场为导向的营销理念，其最基本的目标是：通过制定统一的架构来协调营销推广计划，运用最有效地接触方式达到“一种形象、一个声音”的营销效果，以获取营销协同优势，最大限度地发挥营销资源的效用。

体育营销是一项系统工程，关系到企业的品牌定位、产品开发、渠道运作以及推广活动。体育营销需要进行资源的有效整合，企业对赛事投入赞助费之后，还要采取一系列相关营销活动，从文化、公益、社会热点等角度，运用广告、促销、公关活动等多种手段，整合各种资源，在一定时空内形成品牌的热潮，产生轰动的效应。

1. 选好接触点，打好体育营销组合拳

体育营销不是广告、攻关、市场活动等某一单项推广行为所能实现的，但也绝对不是各种营销手段全都用上。体育营销关注的是如何通过最有效的受众接触点与受众沟通。它考虑不同受众的心理和群体特征，利用最有效的营销推广手段组合，实现以最低成本获得最大的影响力。

（1）利用关键事件，运用公关力量。企业可以利用签约仪式、新闻发布会、开幕式等机会，充分运用攻关力量，将关键事件做成企业的盛大节日。李宁公司在2004年专门举办了“李宁”奥运装备新闻发布会，邀请众多媒体参加并广泛报道，在奥运会前期形成了强势的宣传效应。

（2）选择最能影响受众的媒体。媒体包括电视媒体、平面媒体、电台、户外、网络媒体等。目前，媒体环境变化多端，信息传播过程中来自各方面的噪声也明显增加，任何缺乏吸引力的传播信息、缺乏策略的接触点选择，都会淹没在平庸的营销海洋中。

因此，在体育营销的运作中，选择最合适的、性价比最高的接触点进行传播是一种艺术。电视媒体为体育营销中的重中之重。在一汽大众的体育营销中，电视媒体始终占有重要地位。一汽大众将央视五套的高档栏目和热点赛事作为其重要的体育营销传播载体。2004年，一汽大众在雅典奥运会电视转播中投放了广告，并有效利用了欧洲杯这一顶级赛事的热度，结合宝来、高尔夫、捷达三款产品的广告宣传，进行了欧洲杯特约播映。同期，一汽大众还举办了宝来车主足球赛，放大了赛事的传播效果。在第49届世界乒乓球锦标赛和苏迪曼杯羽毛球赛事前后，一汽大众在CCTV-5的两大高端栏目《体育新闻》和《体育世界》中投放广告，预报收视热点，有效利用了中国的“小球热”，广泛覆盖目标受众，提升了品牌知名度，并借助赛事赞助、特约播映等体育营销方式，提升了品牌的美誉度和顾客的忠诚度。

（3）促销手段的配合。通过开展一些知识竞赛、游戏比赛、趣味体育比赛活动，配合企业的赞助、冠名等活动，进一步提升企业形象和销售业绩。

另外，在广告宣传上，可采取“分散性”的宣传策略。比如，中国体操队、射击队、跳水队和乒乓球队这四只队伍是李宁公司的常年赞助对象。在雅典奥运会上，李宁还赞助了西班牙男子篮球国家队、女子篮球国家队和法国体操队。这样可以有效避免比赛结果可能对赞助商造成的负面影响。

小资料

雅典奥运期间，联想的“笔记本进演播室”推广策略非常成功。其形式是将带有联想与奥运五环组合标志的联想笔记本在直播室进行展示，配合央视三套节目在奥运期间播放，并辅以三条联想电视广告的滚动播出，11 个平面广告的刊登，以及全国各地多达 1 768 次的促销活动，形成了非常出色的整体营销局面。

2. 整合营销组织

在营销组织的整合方面，负责企业沟通、推广的职能部门，将公关、广告、活动、品牌建设、对外合作等诸多资源整合在一起集中管理，统一规划调度。企业推广部门与各产品、各业务部门保持紧密联系，将产品推广纳入到企业推广计划中进行整合管理。这种体系在横向上保证了企业推广部门内部人、财、物各种资源的顺畅，保证了各种营销手段可以非常方便地整合在一起，便于发挥协同效应；在纵向上保证了与各业务部门的顺畅联系和协调，将各种优势资源集中起来为体育营销策略所用，为体育营销的成功提供组织保障。

同时，企业可以组织公关、广告、影视制作、市场策划、体育营销等外部合作伙伴，致力于双赢、合作、共同成长，可以节省开支，对企业体育整合营销带来好处。

四、中小企业的体育营销策略

大型体育赛事赞助，对企业的实力要求较高，中小企业应尽量利用大型赛事的影响力，灵活选择体育营销策略。

1. 借势策略

企业赞助跟体育赛事紧密相关的人群或事件，借助体育赛事的影响力提升自身品牌。如雪花啤酒在世界杯期间，和“球迷世界杯栏目”合作，提出了“啤酒爱好者的正式合作伙伴”的口号。

2. 合作策略

企业可与国外参与过奥运项目的企业进行合作；与本企业的上下游企业或者同类产品企业合作；或者与目标消费者相同的其他厂家联合。例如，在雅典奥运会中，当地建筑企业的规模都很小，于是它们联合起来以获取参与承接奥运场馆工程的资格。另外，康师傅在推出补充性运动饮料——康师傅“劲跑×”的推广活动中，拉来了高晋国际作为联合赞助商。高晋国际旗下的产品包括曼秀雷敦摩擦膏和新碧防晒等系列，其目标消费群以“运动一族”和酷爱户外运动的人为主，这些人也属于康师傅“劲跑×”的目标顾客。

总之，并不是每一家企业都适合采取体育营销策略。企业应该为自己量身定制体育营销策略，树立企业品牌形象。在体育营销这个有序的系统战略中，企业只有选择符合自身品牌定位的赛事、传播主线，有效整合资源，才能充分发挥体育营销的优势，从中获得丰厚的回报。

本章小结

本章主要介绍了体育营销的特点、方式、策略等内容。体育营销具有效果自然、易于被接受、沟通面广、公益性的特点。体育营销的方式主要包括参与组织或赞助体育赛事、投资运动团队、聘请体育明星作为形象代言人、企业产品作为体育活动指定用品、在体育赛事期间进行公关促销活动等。体育营销的策略包括合理选择体育赛事，切入目标消费群；规划传播主线，维持品牌形象的稳定性、整体性、持续性；进行体育资源的整合营销；中小企业可以采用借势和合作等灵活的体育营销策略。

思考与练习

一、名词解释

体育营销　整合营销

二、多项选择题

1．体育营销具有（　　）的特点。

A．公益性　B．经济性　C．赞助性　D．公开性

2．中小企业在体育营销中可以采用（　　）策略。

A．合作　B．品牌　C．营销组合　D．借势

3．在体育赛事的选择中企业要考虑（　　）

A．品牌的辐射范围　B．经济能力　C．品牌特色

D．经济效益　E．社会效益

三、问答题

1．体育营销的主要方式有哪些？

2．阐述体育营销策略的内容。

参考案例分析

安踏体育营销策略

2009年6月23日，由中国奥委会和安踏体育用品有限公司共同举办，题为“彼此激励，共同成长”的现代奥林匹克运动诞生纪念暨双方合作关系发布庆典，在国家奥林匹克体育中心隆重举行。安踏正式宣布成为中国奥委会合作伙伴，在未来4年间，安踏将以“2009~2012年中国奥委会体育服装合作伙伴”和“2009~2012年中国体育代表团合作伙伴”的身份，为中国体育健儿出征的包括2010年温哥华冬奥会、2010年广州亚运会、2012年伦敦奥运会等在内的11项重大国际综合性运动会提供冠军装备。这是安踏继1999年签约孔令辉开创形象代言人营销，2003年起赞助多项国内顶级联赛开创专业赛事营销之后，体育营销策略和投入手笔的再次升级。安踏牵手中国奥委会，既昭示着以安踏为代表的中国本土品牌的强势崛起，也标志着本土品牌的体育营销再创新标杆。

一、营销策略

安踏始终致力于将超越自我的体育精神融入每个人的生活，为中国最广大人群提供专业的体育产品和服务，促进全民健身运动的普及与发展。与中国奥委会携手，安踏产品和

服务有了更高的平台与更强大的支撑，品牌凝聚力将进一步提高。奥林匹克的精神跟安踏品牌所体现的精神是紧密相结合的，安踏将借助中国奥委会提供的平台，与中国市场的广大消费者进行积极沟通，推进与消费者的良性互动，进一步提升企业的竞争能力和品牌的国际影响力，最终实现奥林匹克运动、公众、安踏的三赢局面。安踏的奥林匹克战略设置，不仅包括为 11 项奥林匹克国际赛事提供冠军装备，还包括将开展一系列奥林匹克推广活动，让体育爱好者和运动爱好者，以及所有公众都能够有机会更深刻地体悟奥林匹克运动，体验体育运动的精神和精彩。

二、营销手段

伴随 2010 年第 16 届亚运会的临近，由国内知名体育运动品牌安踏与中国奥委会合作共同主办的“中国光芒 由你闪耀—— 安踏 2010 年亚运会中国代表团领奖装备设计大赛”全面展开。此次安踏设计大赛是安踏与中国奥委会共同开展一系列旨在促进奥林匹克运动与中国体育发展的宣传推广活动的第一项重大活动。

本次“安踏 2010 年亚运会中国代表团领奖装备设计大赛”以“中国光芒—由你闪耀”为主题，分为海选、入围赛、总决赛三阶段的比赛。参赛选手们通过将作品及创意说明上传到大赛的官方网站完成作品的提交，而经评审选出 50 名选手进入围赛阶段后，这些选手还将通过决赛及系列巡展活动对作品进行修正。安踏最终将以获胜者的设计方案为蓝本，为 2010 年亚运会中国代表团提供领奖装备。大赛将面向全球征集中国体育代表团领奖服设计方案，最终选定的设计方案将有可能成为中国体育健儿在 2010 年广州亚运会领奖台上的运动着装。

中国奥委会合作伙伴、国内领先的体育品牌安踏主办的安踏设计师沙龙在北京星光现场隆重开幕。作为论道中国体育装备设计的一次盛会，百名设计师到场，探讨 2010 年亚运会中国体育代表团领奖装备设计的方向，实现了全民参与中国体育装备的设计总动员，此次安踏设计师沙龙作为设计大赛中重要的一个组成部分，召集了设计业内的权威设计师展开了“论道中国体育装备设计”高峰论坛。随着 2010 年亚运会的临近，这似乎成为中国奥委会、当下体育运动品牌及设计行业最为关注的话题。安踏希望通过此次与设计界专业人士的高度互动和思想碰撞，实现设计理念和技术上的创新，为中国体育品牌参与打造中国体育代表团领奖装备贡献自己的力量，为打造“代表中国”的安踏品牌内涵注入活力。

三、营销效果

作为中国体育市场最具影响力的专业品牌，安踏多年来保持了持续的高速增长，是体育用品行业“中国制造”升级为“中国创造”的典型代表。安踏拥有庞大的市场基础和独特的品牌亲和力。其广泛的用户群体正是中国民间体育运动的爱好者和积极参与者，这是中国体育事业蓬勃发展的根本动力与基石。

安踏与中国奥委会的携手，一方面有助于安踏全力投入群众体育的普及与推广，另一方面，也使广大民众对安踏品牌的内涵和精神有了更深入的理解和认识，极大地提高了安踏品牌的知名度与美誉度。此次合作既昭示着中国体育用品品牌的强势崛起，代表了民族品牌伴随中国体育健儿在国际赛场上赢取最高荣耀的民心所向，也将开创中国奥林匹克事业与民族体育用品品牌深度合作、强强联手的新时代。

资料来源：http://sports.sohu.com/20091028/n267809086.shtml

思考题：

1．安踏的体育营销的内容结构有哪些？

2．试调查并分析我国中小企业如何利用体育营销策略为自己服务？应注意哪些问题？

实训训练

试就你了解的一家企业的体育营销策略进行分析和评价。

要求：说明目的、时间、组织者、动用资源、效果、分析等。

第十五章

门店营销

学习目标

知识目标

- 理解门店营销的基本概念，门店开发的原则、门店开发的业态选择和市场形态选择。
- 掌握商圈调查的因素、方法和步骤。掌握特许经营的基本知识。
- 理解门店命名策略，掌握门店橱窗的设计。
- 掌握门店动线设计和←货架←摆放技术，会进行商品陈列生动化设计。
- 理解门店的服务营销的内涵，掌握服务营销的策略及基本要求。可以进行门店服务规范的操作。

技能目标

- 会进行门店橱窗的设计。
- 会进行商品陈列生动化设计。
- 会进行门店服务规范的操作。

引导案例

中国餐饮业的业态创新

一、家常菜为主的大众餐馆类业态。这一业态类型的餐馆目标市场定位为普通工薪阶层，菜单和菜式大众化、家常化，价格较低，菜量大、上菜速度快，能够满足百姓的日常饮食需求。这类餐馆在北京星罗棋布，多分布在交通便利，流动人口多或居民区、机关企事业团体较为集中的地区。

二、满足快节奏生活的快餐类业态。此类业态可分为中式快餐和西式快餐，中式快餐以价格便宜、菜品简单、简洁实惠为特点；西式快餐则因食品可口、服务快捷、环境个性化、营销手段新颖等特点而深受年轻人和儿童的喜爱。

三、满足商务宴请需要的高档正餐类业态。此类业态也可以分为中式正餐和西式正餐。中式正餐主要是指具有鲜明菜系特征的高档次餐馆，分为国有老字号和新兴的民营餐馆。餐馆是中国饮食文化的代表和集大成者，无论是操作技艺、菜式，还是服务、环境都体现了较为浓郁的民族性和历史性，具有深厚的传统文化内涵。新兴的民营餐馆以服务周到、菜品多样、环境高档、促销灵活的特点吸引了许多高档消费群体。西式正餐主要以高层次、高收入群体为主，环境典雅、服务细致，是喜欢西餐人士的最佳选择。

四、依托星级饭店的饭店类餐饮业态

五、张扬个性的主题类餐饮业态。人们求新、求异的心态培育出一批极具个性的主题餐厅，这些餐厅或怀旧、或浪漫、或消闲、或运动、或冷酷、或激情，成为白领阶层聚会交友放松消遣的绝佳场所。

六、自由选择的自助类餐饮业态。自助餐厅类同于自选超市，消费者可以根据自己的喜好，对所有的菜品自由选择，随意享用，较受年轻人的欢迎。

七、浪漫轻松的休闲类餐饮业态。这类餐厅菜品很少，而以经营饮料、点心、小吃、零食为主，主要以休闲环境为卖点。

八、餐饮娱乐相结合的娱乐类餐饮业态。现代生活中人们已不仅仅局限于对餐饮的单纯需要，多彩的视听享受也赋予了餐厅更广泛的内涵。最典型的属“大铁塔”，一张门票包含了餐饮、音乐、舞蹈、表演的所有服务项目，让人们在就餐的同时，享受到舞蹈、音乐等声、光、色、味的一体享受。目前北京较为火爆的当属“量贩式 KTV”，其自由性和价格魅力成为人们闲暇时光的流行选择。

九、以规模取胜的餐饮街类业态。经营者抓住餐饮消费从众心理，在商气深厚的地区扎堆经营，逐渐形成了目前颇具规模的“餐饮一条街”。食街上各餐馆各有所长、价格有高有低、菜品丰富多样、可以满足各种口味需求。另外，在各大商场内形成的餐饮美食广场也与此类同。

十、移动消费的餐饮类业态。目前的餐饮企业大多以座店经营为主，为满足人们快节奏的生活方式，移动服务和移动消费的移动餐饮业态已应运而生。肯德基在北京推出的汽车餐厅无疑是餐饮业态的一个新亮点。汽车餐厅可谓是没有餐桌的餐厅，只要驾车人将车开到肯德基的窗口，就会在车内完成点单、取令、结算的过程，大大节省了消费者的购物时间。另外，食品外送服务也是移动消费的重要组成部分。移动消费市场潜伏着巨大的商机，代表了餐饮业重要的发展方向。

资料来源：http://eat.veryeast.cn/eat/14/2005-2/23/2005223925.htm

第一节　门店营销概述

随着社会经济的发展，许多企业经营的载体是门店形式的。门店既是经营的窗口也是服务的窗口，既是展示商品的窗口，也是展示理念的窗口。

一、门店营销的概念

在当前，只要是经营，就牵扯到营销。门店作为经营的载体，成为消费者经常光顾的场所，门店营销也成为消费者经常听到的词语。

门店营销指的是企业门店在商圈调查的基础上，针对目标消费群的需求，为商圈内的目标消费者提供所需要的商品或服务，并进行有效宣传和信息传播的营销行为。

从这个概念，我们可以作出以下理解：

从主体角度看：门店营销的主体是门店或者以门店为经营载体的企业。

从客体角度看：门店营销主要是为自己经营的商品或市场推广活动而进行营销，其主要目的就是带来较大的营业额。

从门店营销的范围看：门店营销的消费者群要根据门店经营的性质和店铺规模大小决定。门店的经营空间范围以商圈为界线。

二、门店营销的特点

门店营销的特点和门店所在的行业以及门店经营的商品属性有很大关系。由于门店多数处于零售业、服务业、餐饮业领域，所以我们概括其特点有如下几点：

1. 被动性与主动性相结合

商业或服务业、餐饮业领域的门店，传统实行坐地经营方式，就是被动地等客上门，这是门店本身属性决定的。所以门店营销主要集中在门店内外，而给消费者的反应就是促销，实质是门店营销不得已而进行的“推”的策略。由于对消费者需求及其变化的反应措施比较被动，给门店充分满足消费者需求带来了困难，也是门店管理的弱点。而门店的应对策略就是主动性策略。门店可拜访周边大客户，到周边社区进行调查，了解社区需求，还可以同商圈内企业采取战略合作。此外门店可以开展网络营销、电话营销，施行配送上门服务。

2. 范围有限性

同制造商不同，销售商的门店受商圈限制明显，所以其营业额的80%来自于商圈内，而商圈外零散的消费者，占比较少，可见门店营销的范围主要是商圈内顾客。如果强力外推商圈外营销，不但成本高昂，营业效果不见得很好。

3. 体现行业及商品属性

门店经营受所属行业的影响明显。零售业的营销强调商品陈列与促销的配合。餐饮业强调口味与价格促销。服务业强调品牌与内容的水平。同时，生鲜超市的特色是新鲜干净。而家具建材商店营销体现家具款式、环保、色彩等特色。

4. 服务特性

无论门店在所属行业不同，在门店营业过程中，都包含了服务的内容。所以服务营销成为门店营销的重要一环。服务的质量高低，体现了门店管理水平、营销水准的高低。

5. 营销消费一体性

在门店经营过程中，许多产品或服务的销售同消费是一个过程，在提供服务营销的同时，顾客消费行为也在同时发生，这一特点在餐饮业或服务业表现明显。比如，在门诊部，病人接受按摩治疗的同时，门诊的服务营销（治疗的过程）也在进行。消费者在饭店就餐，也是饭店产品营销的过程。

三、门店营销的内容

1. 门店营销的准备

门店营销是一个系统化的工程，从前期的调查、策划，到中期的执行、监督，再到最后的评价、考核需要作充分准备。有的放矢，计划周密，操作规范，才可保证营销的成功。

2. 门店的陈列营销

在许多门店里，销售的是商品。商品除质量、价格、品种外，还有商品的包装和陈列。商品陈列的规范、及时，生动，具有艺术特色，对门店来说是重要的营销内涵。也能满足消费者审美需要，给顾客带来愉悦的感受。

3. 门店的促销营销

门店促销的方式很多。它是门店营销活动最经常使用的营销手段。门店促销包括广告、引厂进店、价格调整、节日公关、活动策划、借势营销、会员发展等手段。

4. 门店的服务营销

门店是提供商品或服务的场所，而提供服务的同时，也是提供一种文化、提供一种礼仪、提供一种境界，一种以消费者为中心的服务理念。在商品同质化的今天，服务成吸引消费者的重要法宝。

四、门店营销的作用

任何营销都有一定的目的，而目的的达成实现则是通过门店营销的作用。门店营销的作用主要有以下几点：

1. 宣传品牌的作用

门店可以是一个企业，也可以是企业经营的场所，是企业对外的窗口。门店承担着对外宣传的任务，门店或企业的经营活动对于品牌的宣传、推广有极大促进作用。营销做得好，可以扩大品牌的无形资产，做得不好会损害品牌的价值。

2. 刺激消费的作用

门店的主要任务之一就是销售，而销售的完成需要一些刺激消费的手段。于是门店营销中的降价、赠送、捆绑销售、会员服务、广告、人员促销等促销手段得以应用，直接刺激了消费需求的增加。

3. 完善管理的作用

门店要做到顾客盈门，必须做好充分的准备、履行自己的承诺，同时在商品的管理上狠下工夫。而做到这几点须以良好的管理为前提，这就要求门店必须加强管理，使门店的规章制度落到实处，使每一处服务准确到位。

4. 丰富陈列的作用

门店营销的重要功能之一是使商品陈列多样化、艺术化、生动化。商品既是门店营销的对象，也是门店营销的工具。门店做好营销工作，必须基于商品陈列和门店布局的艺术性和生动化。

5. 提升服务的作用

门店营销主要基于平时的认真负责和活动的践行承诺。平时的日常经营活动包括介绍商品、理货、咨询服务、收银、售中售后服务等，要求必须提升服务水平。而门店采取的一系列促销活动，庆祝活动等，往往伴随着某些承诺。如降价优惠、赠送物品、vip 会员服务等。这些都必须按质保量地实现，否则将大大影响企业品牌。

五、门店营销的准备工作

门店营销不同于制造商企业的营销，它是结合了商业地产营销与商业、餐饮业、服务业营销的产物。它是以门店为固定地点，结合门店周边环境、根据消费者的不同以及行业特色开展的特色营销，每个店的商圈不一样，营销的内容也不一样。所以，门店营销必须做好布局策略、业态选择、商圈调查、门店选址、店面设计等前期工作。

（一）做好门店布局

1．明确开发新店的原则

开店原则主要包括：以经济效益为开店的关键问题，也是首要问题。必须进行充分的市场调查，并写出市场调查报告。研究城市开发规划，预测其对店铺未来经营的影响。聘请专业机构进行开店布点规划。作好房租、煤水电气、物流采购等财务规划。这里面要充分考虑佣金、押金、租金、订金、赔偿金等问题。必须搞清楚物业的产权状况，科学地签订房产使用权等合同。

2．新店的布点策略

开店布点是开店计划的具体执行，在开发新店的计划中，必须对开店布点提出明确的要求。主要包括年度开店数、再开店范围界定、设店条件制定、商业区选择、立地选择及零售网络联结等方面。

开店布点顺序指各项立地条件的优先顺序。主要有三种顺序：全面布点、中心放射及包围布点等。

（二）门店的业态选择

在开发新店时，是保持原有业态扩展还是多种业态扩展。由于业态不同，在经营上有不同的要求，所以企业在业态经营上要谨慎对待。

我们已知的商业零售业态选择有：见本书渠道一章。

餐饮业和服务业企业则是另外一种业态划分方法。如餐饮业的业态选择有：适合流动人员购买的快卖店、快速就餐的快餐店、特色食品专卖店、酒楼、饭店等正餐店和休闲餐饮为主的休闲店等。服务业的门店业态由于提供的是“软”的服务，是专项内容、专业技能服务，可以说是专业店。

小资料

快餐店应设在流动人口密集的地方；洗染店应该在固定人口密集的地方设店；出售大众日用品和副食品的超市不宜设在闹市区，而应设在居民区或交通方便的几个居民区的交汇处；仓储式超市或会员式超市，一般应设在城乡结合部。国外的购物中心，尤其是大型或超级购物中心，都远离市区，设在城乡结合部或城郊。而我国则是市区为主，郊区为辅，这与我国的居民消费水平、交通工具及交通状况有一定关系。如世界最大的单体商业超级购物中心（SHOP PING MALL）北京金源时代购物中心就设在北京的世纪城居住区，其面积达 68 万平方米，它的开业被称为 2004 年我国最大的商业事件。

（三）开店市场形态选择

开店市场形态是对门店所处的周边环境的概括性总结，是现实存在的门店经营商业环境类型的划分方式。开设店面的市场形态主要有以下几种：

(1) 独立式区域。这在都市中较为少见，但在郊区及小镇最多，其特色为可放置较大型而醒目的招牌，并且可设停车场和较具弹性的活动空间，但是必须具备独立吸引客源的能力。

(2) 商业街。此类商店大部分位于商业区的街道上，形态上可能会与许多他种商店一起营业。如餐饮、精品店、服饰品等。此类商店有可能租或购买整栋大楼，或商业大楼的一二楼层，也可以与其他相关行业共同承租店面分担使用。店与店之间以墙壁加以分隔，公交车停靠站较多，是下班以及节假日人潮聚集的地点之一。其特色为缺少停车空间且顾客多半以骑车及步行方式光临。

(3) 百货大楼、购物中心。如较具规模的开放式购物中心，其缺点是无法设立明显的独立招牌，但拥有较为固定的客源，节假日的人较多，因此交易次数较高，营业额也会相对随之提升。

(4) 大专院校。这类连锁店大部分设于学校内，主要顾客均来自于学生及教职员工，营业时间和学校上课时间也相适应。

(5) 交通枢纽。主要指机场、车站、码头等为旅客服务的场所。由于客源量大，有固定的客源，顾客群初步可认为以中、老年龄层居多，且淡旺季分明。需权衡店面面积较少、客源流量大、停留时间短等。多采取招投标方式取得经营权，且必须考虑产品与店铺组合的市场影响程度。

(6) 写字楼。底商多半设立于地下或最初几层，以吸引大楼本身及过往人为主，但店铺必须配合大楼外观及与管理委员会协商，来规划店面，因属商业区域，故店面面宽为重要。

(7) 医院。速度、品质、卫生等是医院内店面的常规。因拥有固定客源，较不易产生同业竞争的情形，但需考虑产品配合顾客导向的需求问题。

(8) 军区。由于军人无法常常擅离营区，生活上较为枯燥乏味，此类商店对设施的品质保养及水准定位较难控制，另外在产品的运送方面，也应列为考虑重点。

(9) 公园、动物园、博物纪念馆、游乐区、古迹区。此类地点是封闭式的商业区形态，仅节假日呈现巅峰营业状况，因此淡旺季区别大，而且多半以儿童市场为主，强调家庭组合的产品较符合此一特定性诉求。

(10) 特殊地点。此外尚待开拓的市场形态包括加油站、购物区、多功能休闲功能区、批发市场等。

（四）商圈调查

1. 商圈

商圈指商店的有一定地理界限的销售范围，这个界限以商店所在地为中心，沿一定距离形成不同层次的吸引顾客的区域。任何一家商店都有自己特定的商圈。商圈由核心商业圈、次级商业圈和边缘商业圈构成。

为了门店选好地址、提高开业以后经营的成功概率以及了解顾客群的分布范围必须对预计的门店商圈层次进行调查活动。商圈调查的意义在于它是门店成功的必要条件。

2. 商圈调查的内容与步骤

(1) 门店商圈调查分析的内容。主要包括城市规划、人口状况、消费水平、交通便捷度、市政基础配套、竞争者、商圈饱和度等诸多因素重。

（2）商圈调查的基本流程。包含以下几个方面：宏观上要对各种权威性的统计数字与资料的分析；实施对特定区域的市场调查；通过市场调查，筛选出具体的目标地点；对具体的地址要进行详细调查，做出优劣、适合性的具体评价；根据土地房产的优劣顺序，对该房产的每个必要条件做出确认。

（3）商圈调查报告。商圈调查报告是对某一个预开店铺或已经开发的店铺的商圈进行调查所形成的为经营决策提供依据的书面报告。它是商圈调查结果的具体体现。商圈调查报告的具体内容包括以下几部分：调查的背景、调查的目的、商圈调查的内容与因素、商圈调查的方法与资料处理方法、报告的结果、结论与建议。

（五）门店选址

门店选址应考虑的因素见表 15-1。

表 15-1　门店选址考虑的因素

选址条件	商业环境因素	城市结构因素	城市特点，如产业结构、政府机构、历史沿革、自然环境、风土人情、文化氛围等
			城市规划，如土地征用规划、市政设施规划等
			城市公共设施现状
			交通条件，包括公路、铁路状况，车站设施及交通主管部门等
		消费结构因素	人口现状及动态，包括人口密度、人员构成、人口布局、人口的未来增减
			人均收入、消费水平
			生活方式、消费习惯、追求的生活方式、休闲及购物倾向等
		商业结构因素	城市的商业结构
			商业的集中化程度及趋向，如商业街、购物中心等
			行业竞争关系，如地区间竞争、地区内竞争
	店铺选址因素	位置条件	邻近条件，包括附近的商业情况、道路情况、交通情况等
			用地条件，包括地理环境、法规条件等
		相对条件	与竞争店的竞争及互补效应
		潜力条件	商圈与购买力，包括购买频率、购买时间、采购距离等

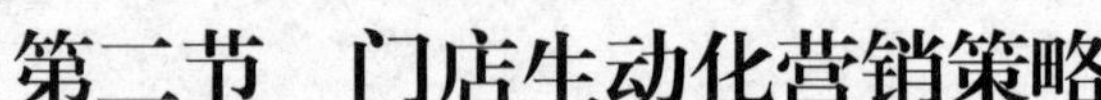

第二节　门店生动化营销策略

门店的生动化营销策略主要指门店布局设计的原则、门店的命名策略、商品的艺术化陈列、橱窗策略等。

一、门店设计原则

门店设计与布局应当遵循以下原则或要求：

1．醒目，刺激消费者的原则

门店开设的目的是消费，而消费的前提是进店，进店前提是先关注店铺，而关注店铺的前提是店铺给消费者以刺激。达到醒目刺激顾客的手段很多，通过刺激给消费者以愉快的感觉。如爽口的店名，醒目新颖的店名字体，简洁明快的标示，有特色的大门，宽敞的店前广场，五颜六色的条幅等。

2. 方便顾客的原则

方便顾客主要包括以下几点内容：

从交通往来角度讲：方便顾客到达、离去和寻找店铺。

从交通工具停放角度讲：停车场要宽畅方便，进出入畅通无阻，收费要合理。

从进入店铺角度讲：店门外不能有任何障碍物，让顾客能顺利方便地进入商店。

从顾客购买商品的角度讲：让顾客在店内能够方便地接触到所有商品，店内所有商品的摆放都能让顾客看得见，摸得着，不论高处、低处的商品，不用服务人员的帮助，可以自如地取放商品。(仓储式商场例外)。

3. 促进消费的原则

促进消费就是尽量延长顾客在店内的停留时间，尽量提高客单量。到门店购买商品的消费者，即时性购买的比例占 70%～80%。商店提供丰富的商品、新鲜的商品，会大大刺激顾客的消费欲望。顾客在货架前停留的时间越长，购买商品的可能性就越大。

4. 创造良好的购物环境，使消费者快乐的原则

店铺是一个取得顾客好感，让顾客留下美好回忆的空间。尽可能利用售卖空间，制造一个良好的、有独特个性的购物环境，这样留给消费者的是满意、满足和快乐，加大顾客回头概率。

5. 安全性原则

门店是人口聚集的地方，也是货物、资金、设备集中的地方，一旦出现安全事故，损失是严重的。店铺设计应侧重于安全事故的防范和安全撤离。这里的安全事故主要包括倒塌、火灾、毒气、疾病、地震等。

二、店铺命名

一个好的店铺外观和招牌，将为企业带来荣耀和利益。世界著名的企业索尼、可口可乐就是典型的例子。盛田昭夫将“SONY”作为公司生产的所有产品的注册商标，并将公司名称由“东京通讯工业公司”改为“SONY”公司，这一名称使 SONY 公司财运亨通，而且也成为消费者爱不释手的名牌商标。又如我国著名的餐饮连锁企业品牌“九头鸟”和“九头鹰”，由于品牌与招牌“九头鸟”和“九头鹰”容易混淆就打起官司。店铺命名的原则是：①店铺命名时的易读、易记原则；②暗示商店经营属性原则；③启发店铺联想原则；④支持店标原则；⑤适应市场环境原则；⑥受法律保护原则。

三、门店动线设计与货架、柜台摆放

在对店铺的内部进行布置之时要考虑的因素有很多，其中最重要的就是柜台的摆放方式，它决定了顾客的流动方式。顾客流动线路就是动线，而动线走向与货架门店货架摆放是相辅相成的。门店现场营销的主要内容之一就是动线设计。其原则是方便顾客购买、节省顾客时间，便于商品选择，促进销售，方便商品的运输和保管。

（一）货架摆放

1. 岛屿式

此类布置是指柜台以岛屿的形式分布，用柜台围成闭合式，中央设置货架，可设置成正方形、长方形、圆形、三角形等多种形式。这种形式一般用于出售体积较小的商品种类，它

可以充分利用营业面积，在保证顾客流动的前提下，布置更多的卖场面积。采取不同的岛屿形状，能够装饰和美化零售店卖场；此外，岛屿式布置的柜台周边较长，陈列商品较多，便于顾客观赏、选购，顾客流动较灵活，视野开阔。

2．斜角式

这种类型即是将柜台、货架等设备与营业场所的柱网成斜角布置。斜向布置能使室内视距拉长而造成更为深远的效果，使室内既有变化又有明显的规律性，使卖场获得良好的视觉效果。

3．沿墙式

此类是指柜台、货架等设置沿墙布置，由于墙面大多为直线，所以柜架也成直线布置。这是普遍的设计形式。采取这种布置方式，其售货柜台较长，能够陈列储备许多的商品，有利于减少售货员，节省人力，便于售货员互相协作，并有利于安全管理。

4．陈列式

这种类型是把卖场敞开布置，形成一个商品展览出售的营业场所，售货员与顾客没有严格界限，在同一面积内活动。它利用不同造型的陈列设备，分类分组，随着客流走向和人流密度变化而灵活布置，使厅内气氛活泼。它的特点是便于顾客参观选购商品，充分利用营业面积，疏散流量，也有利于提高服务质量，是一种适应性很强的设计形式，也正被越来越多的连锁店经营者所采用。

（二）动线设计

门店的动线（通道）是顾客在卖场内购物行走的路线。门店的动线可分为直线式动线和回形式动线两类。

1．直线式动线

直线式动线也被称为单向动线。这种动线的起点是门店的入口，终点是门店的收款台。顾客依照货架排列的方向单向购物，以商品陈列不重复、顾客不回头为设计特点，它使顾客在最短的线路内完成商品购买行为。

2．回形式动线

回形动线又称环型动线，动线布局以流畅的圆形或椭圆形按从右到左的方向环绕店铺的整个卖场，使顾客依次浏览商品，购买商品。在实际运用中，回形动线又分为大回形和小回形两种线路模型。

（1）大回形动线。这种动线适合于营业面积在1600平方米以上的门店，顾客进入卖场后，从一边沿四周回形浏览后再进入中间的货架。它要求卖场内一侧的货位一通到底，中间没有穿行的路口。

（2）小回形动线。它适用于营业面积在1600平方米以下的门店。顾客进入门店卖场，沿一侧前行，不必走到头，就可以很容易地进入中间货位。

除了大小回行动线外，我们应注意动线的局部设计：根据门店面积设计主动线和副动线的宽度；动线必须相连并不能出现死角；出入口的动线应有明确的指示标志；收银台前的动线应联系纵横两个方向。

四、生动化商品陈列

（一）橱窗陈列

在现代商业活动中，橱窗既是一种重要的广告形式，也是装饰商店的重要手段。一个构思新颖、主题鲜明、风格独特、方法脱俗、装饰美观、色调和谐的商店橱窗，与整个商店建筑结构和内外环境构成的立体画面，能起到美化商店和市容的作用。橱窗设计的基本要求：

商店的橱窗充分利用背景装饰，及时管理陈列商品和方便顾客观赏。橱窗的规格应与商店整体建筑和店面相适应。

橱窗底部的高度，一般从离地面 80～130cm，成人眼睛能看见的高度为好，所以大部分商品可从离地面 60cm 的地方进行陈列，小型商品从 100cm 以上的高度陈列。电冰箱、洗衣机、自行车等，大件商品可陈列在离地面 5cm 高的部位。

橱窗陈列要反映出连锁店的经营特色，使媒体受众看后就产生兴趣，并想购买陈列的商品。

季节性商品要按目标市场的消费习惯陈列，相关商品要相互协调，通过排列的形状、层次、顺序、底色以及灯光等来表现特定的诉求主题，营造一种气氛，使整个陈列成为一幅具有较高艺术品位的立体画。

要有一定的“艺术美”。橱窗实际上是艺术品陈列室，通过对产品进行合理搭配，来展示商品美。它是衡量连锁企业经营者的文化品位的一面镜子，是体现连锁企业经营环境文化、经营道德文化的一个窗口。顾客对它的第一印象决定着顾客对商品的态度，进而决定着顾客的进店率。

（二）货架陈列

研究货架陈列我们以商品陈列的“磁石”理论进行说明。“磁石”理论的关键在于“磁石”商品。所谓“磁石”商品，就是商品对顾客的吸引力的一种形象化说法。虽然门店经营的品种以大众日常生活必需品为目标，但其中不同商品类型、品种由于种种原因构成对顾客不同程度的吸引力。根据这种吸引力的不同，可以分为不同的系列，相应给予以不同的位置安排，这就是磁石理论。以下是第一磁石到第五磁石商品的类型。见表 15-2。

表 15-2 磁石商品类型划分

1. 第一磁石商品（沿着主通道） （1）消费量大的商品 （2）消费频率高的商品 （3）主力商品 （4）进货能力强的商品
2. 第二磁石商品（主通道沿线穿插），都应具备第一磁石商品特征 （5）前沿品种 （6）引人注目的品种 （7）季节性品种（时令性品种）

（续）

3．第三磁石商品（端架），部分具备第一磁石商品特征
（8）特价品 （9）即将大众化的厂家、商店商标品种 （10）季节性商品（时令性品种） （11）厂商促销品种（新产品）
4．第四磁石商品（每一陈列架上一到两种）
（12）贴有醒目提示的商品 （13）廉价品 （14）有意识大量陈列的品种 （15）新闻媒介广告宣传品
5．展销性品种（陈列在显眼、必经之地）
（16）低价展销品种 （17）非主流品种

另外，需要说明多层门店的商品布局陈列。多层门店的商品布置一般是：一层经营食品、化妆品、百货及妇女流行饰品等；二层、三层、四层经营时装、鞋帽、针织用品；再往上经营家电用品、文化用品、工艺品等；最上层安排各种风味小吃店、餐厅；屋顶则经营花卉、园艺、排档等，并设有广场花园，供顾客休息、饮茶、娱乐等。

（三）生动化陈列

1．终端生动化陈列

生动化陈列一般指的就是终端生动化陈列，其含义就是在产品的零售点上，通过对环境规划、气氛营造、商品陈列等有效途径的强化，使企业的产品在零售点更加能够吸引消费者光临，刺激消费者的购买欲望，最终促进消费者购买，实现整体销售的迅速提升。

2．生动化陈列的目的

产品生动化陈列的目的有五点：

刺激冲动性购买，强化扩张消费；扩大产品陈列空间，避免缺货；维持产品的新鲜，整洁美观，维持商品的良好形象；提高客户与公司的销量及利润；树立品牌形象，增加品牌价值。

具体的最好陈列地点是：顾客流量最大的地方，接近最强的竞品。

3．生动化执行之要领

先进先出，注意生产日期，尤其是促销包装优先上架。

货架上：将旧产品置于眼或肩高度、端架上及前端。

落实清洁整理。

维持产品及公司的设备、资产及促销品的清洁。

移开非公司产品及损坏品，损坏品根据公司规定回收。

注意各品项产品的供求平衡。

同包装在一起，同口味在一起。

销量大的在前，销量小的在后。

小包装在上，大包装在下。

旧货在上，新货在下，先进先出。

第三节 门 店 促 销

门店促销是指以门店为促销场所，以门店经营中的产品、服务或理念为对象，对品牌大力宣传或给予顾客一定利益回馈的营销行为。目前市场上的各类门店促销活动，如果从形式和模式上来划分类别，可以笼统地将它们分为常规促销模式和非常规促销模式（主题促销）。

一、常规促销

常规促销是门店通常采用的一种促销模式，内容万变不离其宗，一般就是优惠销售、免费试用装、赠品。当然活动形式和花样可以不断变换。做出新意，其实就是常规促销的最高境界。

二、非常规促销

非常规促销模式（又称主题促销），也是门店经常采取的一种促销活动。此类促销活动一般都先由厂家来确定活动方案、主题、规模、形式，然后由门店负责执行或厂商自行实施。非常规促销活动的次数不多，操作规模较大，在消费者中的印象也较深，能对市场的长期销量走向产生深刻影响，因此一旦厂家拿出一套较具可行性的操作方案，许多门店都愿意跟随，配合参与营销。

（一）非常规促销的特征

（1）指导性。操作非常规促销活动时，通常有活动方案提出者对门店在方案操作、程序、规模、媒体传播等方面给予全面指导。

（2）主题性。非常规促销活动一般都希望在消费者心中留下深刻印象，因此，活动操纵者都会在整个活动中提出一个有吸引力的活动主题及口号，以引起更多人的关注。如某厂家主题活动中提出的“补钙需要‘钙保险’”。

（3）时效性。非常规促销活动都会有一定的活动期限，“过期不候”的时效性也是非常规促销活动吸引受众眼球的一个重要特征。

（二）非常规促销的应用范畴

适合操作群体：大中小企业及门店。

适合操作周期：适合阶段性促销活动，具有一定的间隔周期，通常以月、季、半年、年为间隔。

适合操作场所：大面积户外场所或大卖场为主，也可按促销网点的形式来全面布局。

（三）非常规促销活动注意事项

开展非常规促销活动的程序相对来说要比常规促销复杂得多，门店还需要从费用、场地选择时的谈判、促销队伍、售后服务、媒体互动、促销物料支持等方面综合考虑。

在做非常规促销活动之前，门店要弄懂近段时期消费者在想什么，表现出什么的购买偏好，所接受的消费及促销信息多为哪些方面的内容等等。

针对消费者所想，提出符合他们口味的促销活动主题更能动人心弦。

针对购买偏好，制定具有附加利益、满足消费者偏好和喜好的促销优惠措施，可以赢得消费者一颗长期信赖的心。

针对目前流行或雷同的促销信息，在促销形式和主题内容上进行创新，才有可能形成一股崭新的传播力。

在进行非常规促销时，还应随时观察市场动态及竞品动态，并根据竞品的促销拦截推出应对措施。

三、供应商促销和零售商促销

促销还可以从促销方层面上划分：供应商促销和零售商促销。两者促销的执行地点都是在企业门店，所以都属于门店促销范畴，但两者有一定区别。

（一）供应商促销

供应商促销指供应商在一些指定的零售商店或超级市场上出售的商品，包装上贴上特殊优惠或折扣标志、赠品或者优惠价之类的促销活动。

供应商向门店支付的费用往往直接与他们的商品促销有关，那么，支付费用的促销方法使供应商在促销自己的商品时获得了一定的主导权，尤其是在门店的促销计划和活动策划还不精细和熟练时，卖场促销主导权更主要地掌握在供应商手中。

通常供应商希望展开的促销方式有：

（1）对特别销售协助供货（附带退货条件）。

（2）对集中区域的商业广告宣传。

（3）明确在广告中进行品牌宣传时的广告费用；承担重点进行商品展示时的援助资金。

（4）门店的广告宣传素材（照片和原画插图）。

（5）计划销售实施的大幅度让价。

（二）零售商促销

零售商促销形式灵活多样，由于它经常在销售现场实施，针对性强，直接刺激了现场购买，是门店常用的宣传促销手段。目前较常见的主要有以下几种：

（1）有奖销售。买得越多，中奖机会越大。

（2）买一赠一。赠品可是同种商品，或系列产品，也可是不相关的其他商品，但赠品的价值一般低于购买品。

（3）销售折让。买得越多越便宜，以刺激大量购买。

（4）让利销售。主要是对落后、过时的商品或厂家直销商品让利，注意各分店要协调行动，保持价格一致，以免相互拆台。

（5）返还贷款。每日或节假日选择一名幸运顾客，或每月每季度选择一天作为幸运日，返还购物的货款，刺激顾客购买欲。

（6）发放优惠卡。主要针对购买数量达到一定金额的顾客，持卡购物可享受一定比例的价格优惠。优惠卡在门店的各分店同样有效。

(7) 现场展示。对新产品，在商店内设专柜现场展示其功能，介绍使用方法，激发消费者对新产品的兴趣。

(8) 免费品尝或试用。对新包装、新口味的食品可让顾客免费品尝，而其他新产品则可免费试用，以此鼓励顾客使用新产品，进而产生购买欲望。如许多门店的美容专柜、香水柜台等都进行免费试用。

(9) 以旧换新。门店必须与厂家联合才能完成，即对一店出售的某种商品以旧换新，差价较大的可由顾客补交一些价款。

(10) 交易印花。由门店统一印制，在售货时赠给顾客，顾客将印花积累到一定数量时，可凭此向任何一家分店领取一定数额的现金或实物。

(11) 特价包装，实际是一种销售折让方式，即在包装上注明包装内的商品部分免费。

第四节　门店服务营销

一、门店服务营销概念

1. 服务

服务没有一个统一的概念，一般认为服务是指通过提供必要的手段和方法，满足接受服务对象需求的“过程”。即服务是一个过程，在这个过程中服务的供应者，通过提供任何必要的手段和方法，满足接受服务对象的需求。服务具有服务产品的无形性、不可分离性、差异性、不可贮存性、缺乏所有权、与营销紧密结合等特点。

2. 门店服务营销

门店服务营销是门店在充分认识满足顾客需求的前提下，为充分满足顾客需要在营销过程中所采取的一系列活动。而门店的服务营销则主要体现在识别顾客、提升服务水平、知识咨询、和售前、售中、售后服务方面。

二、门店服务理念

门店服务的理念很多，有很多不同的文字表述。比如，沃尔玛的“天天平价”；苏宁的“苏宁电气，真诚永远”；物美超市的“发展民族零售产业，提升大众生活品质”的经营理念；家乐福的经营理念为 5 条：“一次购足、超低售价、货品新鲜、自助选购、免费停车”。但最基本的门店服务理念就是“顾客第一，服务至上”。而要做到顾客第一，必须做到识别顾客、细分顾客、把握需求与关注、特色与专项服务、评估顾客等精细化营销。

三、门店服务营销策略

门店服务营销策略的内容很多，包括确定目标顾客、强化基本素质、提升服务手段、化解矛盾危机策略等。

(一) 科学确定目标顾客策略

门店服务营销要注重服务的效率、效益。注重效率指的是精选顾客，根据 ABC 原理，积极寻找A类和B类顾客，并进行针对性服务。注重效益指的是门店营销不能把精力或时间浪费到不能带来效益的顾客上。这里需要注意的就是顾客的选择要科学，方法不当可能造成品牌受损的严重后果。

（二）抓住“顾客关注”策略

作为门店服务营销的重要环节，“顾客关注”工作质量的高低，将决定后续环节的成功与否，影响门店服务营销整体方案的效果。以下就“顾客关注”介绍九项原则：

1. 获得一个新顾客比留住一个已有的顾客花费更大

门店在拓展市场、扩大市场份额的时候，往往会把更多精力放在发展新顾客上，但发展新的顾客和保留已有的顾客相比花费将更大。新顾客的期望值普遍高于老顾客。这使发展新顾客的成功率大受影响。不可否认，新顾客代表新的市场，不能忽视，但我们必须找到一个平衡点，而这个支点需要每家门店不断地摸索。

2. 除非你能很快弥补损失，否则失去的顾客将永远失去

每个门店对于各自的顾客群都有这样那样的划分，各客户因而享受不同的客户政策。但门店必须清楚地认识到一点，即每个顾客都是我们的衣食父母，不管他们为门店所作的贡献是大或小，我们应该避免出现客户歧视政策，所以不要轻言放弃客户，退出市场。

3. 不满意的顾客比满意的顾客拥有更多的“朋友”

竞争对手会利用顾客不满情绪，逐步蚕食其忠诚度，同时在你的顾客群中扩大不良影响。由于人们容易发泄不满的弱点，不满意的顾客比满意的顾客拥有更多的“朋友”。

4. 畅通沟通渠道，欢迎投诉

有投诉才有对工作改进的动力，及时处理投诉能提高顾客的满意度，避免顾客忠诚度的下降。畅通沟通渠道，便于门店收集各方反馈信息，有利于市场营销工作的开展。

5. 顾客不总是对的，但怎样告诉他们是错的会产生不同的结果

顾客不总是对的。“顾客永远是对的”是留给顾客的，而不是门店的。门店必须及时发现并清楚了解顾客与自身所处立场有差异的原因，告知并引导他们。当然这要求一定营销艺术和技巧，不同的方法会产生不同的结果。

6. 尊重顾客的选择权利

不论什么行业和什么产品，即使是专卖，我们也不能忽略顾客的选择权。市场是需求的体现，顾客是需求的源泉。不能因为顾客选择其他品牌而对顾客出言不逊。

7. 倾听顾客的意见，以了解他们的需求

为客户服务不能是盲目的，要有针对性。门店必须倾听顾客意见，了解他们的需求，并在此基础上为顾客服务，这样才能事半功倍，提高客户忠诚度。

8. 让顾客相信自己的产品或服务，自己必须相信

门店在向顾客推荐新产品或是要求顾客配合进行一项合作时，必须站在顾客的角度，设身处地考虑。如果自己觉得不合理，就绝对不要轻易尝试。你的强迫永远和顾客的抵触在一起。

9. 不要忽视自己的顾客

市场竞争是激烈的，竞争对手对彼此的顾客都时刻关注。门店必须对自己的顾客定期沟通了解，解决顾客提出的问题。忽视你的顾客等于拱手将顾客送给竞争对手。

以上九点都是简单的原则，如果门店能遵循上述原则，将会有事半功倍的效果。当然，没有不变和永恒的真理。随着市场的变化及工作经验的不断积累，相信更多精辟、实用的“顾客关注”法则会应运而生，“顾客关注”工作也将推向更新的高度。

（三）做好服务营销步骤策略

（1）互动沟通——构建服务平台。

（2）消费认知——塑造专业品质。

（3）销售未动，调查先行。

（4）前期预热，营造活动气氛。

（5）中期控制，体现活动权威。

（6）后期宣传，强化活动效应。

服务营销是企业营销管理深化的内在要求，也是企业在新的市场形势下竞争优势的新要素。服务营销的运用不仅丰富了市场营销的内涵，而且也提高了企业门店面对市场竞争的综合素质。针对企业竞争的新特点，注重产品服务市场细分，服务差异化、有形化、标准化以及服务品牌、公关等问题的研究，是当前企业竞争制胜的重要保证。

（四）强化服务人员素质策略

1. 营业员基本素质要求

（1）品行端正、诚实、正直。卖场除规章制度的监督制约外，还必须加强门店员工的品行修养。营业员应自洁自律、廉洁奉公，自觉抵制各种精神污染。

（2）良好的服务意识。树立“一切以顾客为中心”的服务意识，能设身处地站在顾客的立场为顾客着想，热情适度，耐心周到，真诚服务；对待顾客，一视同仁。

（3）敬业乐业的精神。勤业精业，是职业道德的关键环节，也是敬业乐业的落实。

（4）较丰富的商品知识。营业员必须熟悉商品的使用方法，主动展示商品，才能促进顾客购买。同时营业员还应该对历史、地理、宗教、交通以及本土的风景名胜和国外的一些风俗习惯等方面的知识，有不同程度的了解和掌握。

（5）较强的语言表达能力。营业员在汉语表达上要能做到以普通话为标准，发音准确，音调适中、音质好，表达流畅，用词准确简洁，便于理解和进一步交流反馈。

（6）精神饱满，举止得体。在工作岗位上，要注重仪容仪表，按照商场的规定着装，保证服装的整齐干净、仪表的规范与优美，整体形象要有一定清新、大方和亲切的感觉。

**小资料**

1. 营业员服务准则

①为消费者服务、对消费者负责，文明经商、礼貌待客，不冷落、顶撞顾客，主动热情、耐心周到；②严格执行商品供应政策、价格政策，不私自搭配商品、不随意涨价和变相提价；③维护商业信誉，明确标价、保质保量；④坚守岗位，遵守劳动纪律、柜台纪律和店规店章；

⑤保持良好的柜容柜貌，整洁、商品陈列丰满、衣着要干净大方；⑥接受监督，欢迎批评、有错即改，不护短、不包庇。

2．营业员文明服务规范

①顾客进店，主动招呼、不冷落人；②顾客询问，详细答复、不讨厌人；③顾客挑选，诚实介绍、不欺骗人；④顾客少买，同样热情、不讽刺人；⑤顾客退换，实事求是、不埋怨人；⑥顾客不买，自找原因、不挖苦人；⑦顾客意见，虚心接受、不报复人；⑧顾客有错，说理解释、不指责人；⑨顾客伤残，关心帮助、不取笑人；⑩顾客离店，热情道别、不催促人。

资料来源：杨春，《商场·超市服务规范指南》，2005

2．营业员接待礼仪规范

（1）营业员的迎宾礼仪。接待礼仪最重要的是态度亲切、以诚待人。面带微笑，使进来的客人感觉亲切且受到欢迎。当客人进来时，坐在位子上的营业员要立刻起身迎接，表现尊重客人。要亲切地说“欢迎光临”。此外，最重要的是用心，千万不能心口不一。比如顾客来临仍坐在位子上，或坐着向客人说“欢迎光临”等，都是没有诚意的行为。

在商场上“顾客至上”是不变的原则，所以在交换名片、传送商品给客人时应双手接、递以示尊重。

无论客户是何种身份，都应视其为贵宾而诚挚款待，不要厚此薄彼，以怀疑的眼光看人或用外观穿着来衡量别人，并作为是否隆重接待的依据。让每个上门的顾客感觉到受重视及舒适，是接待的最高艺术。

（2）营业员的接待礼仪。营业员想要有效率且专业化地接待您的客户，在服务态度上应注意：

1）口齿清晰、音量适中，最好用标准普通话，但若客人讲方言（如闽南话，客家话），则在可能的范围内应配合客人的方便，以增进相互沟通的效果。

2） 要有先来后到的次序观念。先来的客人应先给予服务，对晚到的客人应亲切有礼地请他稍候片刻，不能置之不理，或本末倒置地先招呼后来的客人，而怠慢先来的人。

3） 在营业场所十分忙碌，人手又不够的情况下，记住当接待等候多时的顾客时，应先向对方道歉，表示招待不周恳请谅解，不宜气急败坏地敷衍了事。

4） 亲切地招待客人到店内参观，并让他随意自由地选择，最好不要刻意地左右顾客的意向，或在一旁唠叨不停。应有礼貌地告诉顾客：“若有需要服务的地方，请叫我一声”。

5）如有必要应主动对顾客提供帮助，若客人带着大包小包的东西时，可告诉他寄物处或可以暂时放置的地方。下雨天可帮助客人收伞并代为保管。

6）顾客有疑问时，应以专业、愉悦的态度为客人解答。不宜有不耐烦的表情或一问三不知。细心的营业员可适时观察出客人的心态及需要，提供好意见，且能对商品作简短而清楚的介绍，和以有效率的方式说明商品特征、内容、成分及用途，以帮助顾客选择。

7）不要忽略陪在客人身旁的友人，应一视同仁一起招呼，或许也能引起他们的购买欲望。

8）与顾客对谈的用语宜用询问、商量的口吻，不应用强迫或威胁的口气要顾客非买不可，那会让人感觉不悦。当顾客试用或试穿以后，宜先询问客人满意的程度，而非只一味称赞商品的优越性。

9）营业员在商品成交后也应注意服务品质，不宜过于现实，以为拿了钱就了事，而要将商品包装好，双手递给顾客，并且欢迎下次再度光临，最好能送客人到门口或目送客人离去，以表示期待之意。

10）即使客人不买任何东西，也要保持一贯亲切、热诚的态度谢谢他来光顾，才能留给对方良好的印象。也许下次客人有需要时，就会想到你并且再度光临，这就是“生意做一辈子”的道理！

（五）化解投诉危机策略

顾客投诉的原因很多：产品质量有问题、营业人员态度差、消费者找不到产品、有广告没货、收银错误、安全性差、店内受伤、保安不力、财产损失等。

应对策略是：接待人员要耐心听取顾客投诉；根据情况决定是否认错；始终持冷静的心态；向顾客表示同情，给予特别关心；不能借故离开，应把顾客问题记录下来；提出一些解决建议和解决时间；如果顾客有过错，应策略性提醒；尽量立即为客户解决问题；不在权限范围，及时向上级反映等。

本 章 小 结

本章主要论述了门店营销的基本概念、原理。门店开发的原则、门店开发的业态选择、市场形态选择；商圈调查的因素、方法和步骤；门店命名策略、门店标志设计、门店橱窗的设计；门店动线设计和货架摆放技术，商品陈列生动化设计；门店的服务营销的内涵，服务营销的策略及基本要求；门店服务规范的操作；磁石理论的理解及其应用等主要内容。

思考与练习

一、填空题

1．门店营销的原则是：（　　）、（　　）、（　　）、（　　）、（　　）。

2．商圈调查的商业环境因素包括：（　　）、（　　）、（　　）、（　　）、（　　）。

3．主题促销的四大特征是指：（　　）、（　　）、（　　）、（　　）。

4．生动化陈列的五点要领主要包括：（　　）、（　　）、（　　）、（　　）、（　　）等。

5．企业做好服务营销的步骤有：（　　）、（　　）、（　　）、（　　）、（　　）、（　　）。

二、问答题

1．门店营销的原则与特点有哪些？

2．门店营销应做好哪些准备？

3．门店命名的原则是哪些？

4．橱窗设计的技巧有哪些？

5．如何进行商品生动化陈列？

6．营业员接待顾客分为几个步骤？

7．营业员常用的服务规范有哪些？

参考案例分析

福奈特的店面形象设计

众所周知，法国和意大利是世界时装的发源地，但很少有人知道他们对服装的清洗与护理技术也是世界一流的。FORNET（福奈特）就是源于法国的高质快速干洗系统，它让中国人不出国门就能通过中国福奈特洗衣服务有限公司享受来自法国的全新的洗衣服务。福奈特是法语组合词“FORNET”的中文音译。“FORT”是指有力、非常；“NET”是干净、整洁的意思，组合起来表示非常干净，“T”字母为了读音方便省略了。无论在那里，福奈特都向顾客表达着一种美好的意愿——为了干净。

福奈特的马蹄莲标志是其形象的表现，它已经遍布全国20多个省市自治区，其品牌已经在消费者心中根深蒂固。“FORNET”品牌色的创意来源于太平洋小岛未被污染的海水颜色，给人以清新、纯净的感受。字母“O”中富有动感的橘黄色深浅搭配，赋予了标志主体生命与活力。店面中大量的玻璃装饰，意在体现其通透的视觉效果。福奈特的每个加盟店都采用前店后厂的店面布局，采用通透式经营的工作车间。这种看得见、摸得着的明档操作加上高档而干净的设计风格，让顾客随时感受到福奈特的魅力。

案例分析：

FORNET（福奈特）是源于法国的高质快速干洗系统。他们的字母组合起来表示非常干净，而且无论在那里，福奈特都向顾客表达着一种美好的意愿——为了干净。福奈特的马蹄莲标志是其形象的表现，赋予了标志主体生命与活力。这种设计风格，让顾客随时感受到福奈特的魅力。我国的店铺设计过程中，必须从营销的角度，赋予标志以生命、传达美好的意愿，表达美好的事物，给人美的享受，这样才会打动消费者。

（资料来源：王吉方，《连锁经营管理》，首都经济贸易大学出版社，2007年5月）

思考题：

1．本案例给我国门店设计者的启示有哪些？

2．搜集伊尔萨、荣昌洗衣店的资料，同福奈特进行对比分析，说明他们的不同。

实 训 训 练

1．去几家零售门店观察营业员服务的状况，并比较服务的优劣。

2．10人为一组，以小组为单位，对本市的大型百货、大型超市、大型专卖店调研，搜集货架摆放、动线设计、商品陈列的资料，并写出分析报告，提出建议或学习体会。

第十六章

市场营销的新发展

学习目标

知识目标

- 理解掌握绿色营销的含义、来源内容及其特点。
- 理解掌握服务营销的含义、特点、规范，以及员工的基本素质要求。
- 理解掌握文化营销的内涵、特征与策略。
- 理解掌握关系营销的内涵、结构、特征与技巧。
- 理解掌握体验营销的定义、类型与方法。
- 理解掌握文化营销的内涵、特征与策略。

技能目标

- 在营销活动中，能够贯彻绿色营销、服务营销、关系营销、体验营销、文化营销、整合营销的理念。
- 在企业经营活动中，能够为顾客讲解市场营销发展的新理念。

宝洁：包装和产品创新

消费品巨人宝洁公司绿色营销在产品、包装上的主要体现。

宝洁今年宣布其可持续发展的措施包括到2012年计划削减碳足迹至40%。(碳足迹是指通过温室气体的产生量来衡量人类活动对环境的影响，以二氧化碳为单位来计算)，该公司还宣布在未来五年内计划在减少对环境的影响下创造至少200亿美元的销售总额。《金融时报》(Financial Times)报道说，那些产品对环境的影响将比其之前的产品对环境的影响降低10%。

像丰田汽车一样，宝洁公司的营销目标不仅是针对绿色消费者，而且包括主流消费者。绿色消费者当然会购买绿色产品，因为那是他们的一项核心消费需要。宝洁公司可持续发展部的总监怀特(Peter White)分析说："但是，假如你的产品方便了主流消费者，同时不要求他们做出让步，那么他们就会以可持续发展的方式来消费你的产品"。"公司要把环保要求和实际利益结合起来，以争取赢得普通消费者的支持。举例来说，宝洁的更环保更浓缩的产品均设计为轻巧携带型的，而节能清洗运动可以帮助客户节省支出。"

以营销实力出名的宝洁公司，可以依靠其营销的努力来赢得主流消费者。

营销工具之一是利用产品包装。宝洁公司通过减小包装的尺寸来实现绿色营销。自 2007 年秋天起，宝洁开始更换其在北美价值 40 亿美元的全部液体洗涤剂组合，换成双强度洗涤剂包，是常规尺寸的一半大小。“该项目被宣传为一个环境的突破，因为它减少了 44%的用水和 22%的包装。”销售小瓶的浓缩产品是一种营销新趋势，宝洁公司正是顺应了这一趋势。宝洁公司的另一种营销工具是，通过沟通来影响消费者使用产品的方法。

宝洁在英国和美国举行的一系列宣传活动中，使用了一个简单的标语：“常用 30 度水洗，期望相同的结果。”

消费者给予了行为改变的认可，“绿色营销就是寻找这样一个双赢局面的有效手段。”谈到双赢的局面，宝洁公司已向其宏大的绿色目标前进了。而财务数据看上去也很不错。去年利润上升 19%达到 103 亿美元。绿色目标和商业目标都满足了。

资料来源：JET MAGSAYSAY《世界经理人》杂志　2008-09-11

第一节　绿色营销

一、绿色营销的含义和来源

1. 绿色营销的含义

所谓绿色营销是指企业在生产经营过程中，将企业自身利益、消费者利益和环境保护利益三者统一起来，以此为中心，对产品和服务进行构思、设计、销售和制造。另外，还指企业以环境保护为经营指导思想，以绿色文化为价值观念，以消费者的绿色消费为中心和出发点的营销观念、营销方式和营销策略。它要求企业在经营中贯彻自身利益、消费者利益和环境利益相结合的原则。

2. 绿色营销观念

英国威尔斯大学肯·毕提（Kenpeattie）教授在其所著的《绿色营销——化危机为商机的经营趋势》一书中指出：“绿色营销是一种能辨识、预期及符合消费的社会需求，并且可带来利润及永续经营的管理过程。”绿色营销观念认为，企业在营销活动中，要顺应时代可持续发展战略的要求，注重地球生态环境保护，促进经济与生态环境协调发展，以实现企业利益、消费者利益、社会利益及生态环境利益的协调统一。从这些界定中可知，绿色营销是以满足消费者和经营者的共同利益为目的的社会绿色需求管理，以保护生态环境为宗旨的绿色市场营销模式。

小资料

目前，西方发达国家对于绿色产品的需求非常广泛，而发展中国家由于资金和消费导向上和消费质量等原因，还无法真正实现对所有消费需求的绿化。以绿色食品为例，英国、德国绿色食品的需求完全不能自给，英国每年要进口该食品消费总量的 80%，德国则高达 98%。这表明，绿色产品的市场潜力非常巨大，市场需求非常广泛。

3．绿色营销的来源

绿色营销只是适应二十一世纪的消费需求而产生的一种新型营销理念，也就是说，绿色营销还不可能脱离原有的营销理论基础。因此，绿色营销模式的制定和方案的选择及相关资源的整合还无法也不能脱离原有的营销理论基础，可以说绿色营销是在人们追求健康（HEALTH）、安全（SAFE）、环保（ENVIOROMENT）的意识形态下所发展起来的新的营销方式和方法。经济发达国家的绿色营销发展过程已经基本上形成了绿色需求—— 绿色研发—— 绿色生产—— 绿色产品—— 绿色价格—— 绿色市场开发—— 绿色消费为主线的消费链条。

二、绿色营销管理内容

绿色营销管理包括以下五个方面的内容。

（一）树立绿色营销观念

绿色营销观念是在绿色营销环境条件下企业生产经营的指导思想。而绿色营销观念却在传统营销观念的基础上增添了新的思想内容。

企业营销决策的制定必须首先建立在有利于节约能源、资源和保护自然环境的基点上，促使企业市场营销的立足点发生新的转移。

企业与同行竞争的焦点，在于保护生态环境的最佳营销措施，是企业实现长远经营目标的需要，它能形成和创造新的目标市场，是竞争制胜的法宝。

与传统的社会营销观念相比，绿色营销观念注重的社会利益更明确定位于节能与环保，立足于可持续发展，放眼于社会经济的长远利益与全球利益。

（二）制定绿色营销计划。

实施绿色营销战略是与企业的长期发展规划和战略分不开的。企业对于绿色营销的实施和开展必须要有充足的准备，以便为绿色营销提供必要的条件。这些都建立在企业深入地进行目标市场调研的基础之上，将企业产品和品牌进行合理的市场定位，分析潜在市场容量和潜在顾客购买能力，对绿色营销资源有效整合，发挥绿色营销独特的作用，扬长避短，实现绿色营销的综合效益最大化。

（三）设计绿色产品

产品策略是市场营销的首要策略，企业实施绿色营销必须以绿色产品为载体，为社会和消费者提供满足绿色需求的绿色产品。所谓绿色产品是指对社会、对环境改善有利的产品，或称无公害产品。这种绿色产品与传统同类产品相比，至少具有下列特征：

1）产品的核心功能既要能满足消费者的传统需要，符合相应的技术和质量标准，更要满足对社会、自然环境和人类身心健康有利的绿色需求，符合有关环保和安全卫生的标准。

2）产品的实体部分应减少资源的消耗，尽可能利用再生资源。产品实体中不应添加有害环境和人体健康的原料、辅料。在产品制造过程中应消除或减少“三废”对环境的污染。

3）产品的包装应减少对资源的消耗，包装的废弃物和产品报废后的残物应尽可能成为新的资源。

4）产品生产和销售的着眼点，不在于引导消费者大量消费而大量生产，而是指导消费者正确消费而适量生产，建立全新的生产美学观念。

（四）制定绿色产品的价格

价格是市场的敏感因素，定价是市场营销的重要策略，实施绿色营销不能不研究绿色产品价格的制定。一般来说，绿色产品在市场的投入期，生产成本会高于同类传统产品，因为绿色产品成本中应计入产品环保的成本，主要包括以下几方面：

（1）在产品开发中，因增加或改善环保功能而支付的研制经费。

（2）在产品制造中，因研制对环境和人体无污染、无伤害而增加的工艺成本。

（3）使用新的绿色原料、辅料而可能增加的资源成本。

（4）由于实施绿色营销而可能增加的管理成本、销售费用。

但是，产品价格的上升会是暂时的，随着科学技术的发展和各种环保措施的完善，绿色产品的制造成本会逐步下降，趋向稳定。所以，企业营销绿色产品不仅能使企业盈利，更能在同行竞争中取得优势。

（五）绿色营销的渠道策略

绿色营销渠道是绿色产品从生产者转移到消费者所经过的通道。企业实施绿色营销必须建立稳定的绿色营销渠道，策略上可从以下几方面努力：

（1）启发和引导中间商的绿色意识，建立与中间商恰当的利益关系，不断发现和选择热心的营销伙伴，逐步建立稳定的营销网络。

（2）注重营销渠道有关环节的工作。如绿色交通工具的选择、绿色仓库的建立、绿色装卸、运输、贮存、管理办法的制定与实施。

（3）尽可能建立短渠道、宽渠道，减少渠道资源消耗，降低渠道费用。

（六）搞好绿色营销的促销活动

绿色促销是通过绿色促销媒体，传递绿色信息，指导绿色消费，启发引导消费者的绿色需求，最终促成购买行为。绿色促销的主要手段有以下几方面：

（1）绿色广告。通过广告对产品的绿色功能定位，引导消费者理解并接受广告诉求。在绿色产品的市场投入期和成长期，通过量大、面广的绿色广告，营造市场营销的绿色氛围，激发消费者的购买欲望。

（2）绿色推广。通过绿色营销人员的绿色推销和营业推广，从销售现场到推销实地，直接向消费者宣传、推广产品绿色信息，讲解、示范产品的绿色功能，回答消费者绿色咨询，宣讲绿色营销的各种环境现状和发展趋势，激发消费者的消费欲望。同时，通过试用、馈赠、竞赛、优惠等策略，引导消费兴趣，促成购买行为。

（3）绿色公关。通过企业的公关人员参与一系列公关活动，诸如发表文章、演讲、影视资料的播放，社交联谊、环保公益活动的参与、赞助等，广泛与社会公众进行接触，增强公众的绿色意识，树立企业的绿色形象，为绿色营销建立广泛的社会基础，促进绿色营销业的发展。

（七）积极实行绿色服务

随着经济的不断发展，服务已经由原来的营销辅助功能转为创造营销价值的主要营销功能。而针对绿色营销而开展的绿色服务更是必不可少，它将为绿色营销最终价值的实现发挥极其重要的作用。随着近些年企业服务意识的加强，普通产品营销企业在服务上已经开通了具有划时代意义的绿色服务通道，极大地方便了消费者与产品供应者之间的沟通，不但解决了顾客的后顾之忧，也为企业信息的收集和传输建立了渠道。而绿色营销更应该建立绿色服务通道。这一通道的建立将执行如下几项功能：一是传播绿色消费观念，减少绿色消费误区；二是真正从专业化的角度解决消费者在绿色消费中出现的问题，指导消费者进行纯绿色消费；三是实现绿色产品价值再造。通过绿色服务，减少资源浪费、节约物质消耗、减少环保成本、实施资源综合利用，实现绿色产品在绿色服务中价值最大化。

（八）绿色管理

企业在对外推行绿色观念的过程中，也要将绿色观念融入企业的生产经营管理活动中。目前，国际比较通行的做法是“5R”原则：研究（Research），就是把环保纳入企业的管理决策中来，重视对于环保的研究及相关的环境对策；消减（Reduce），通过采用新技术、新工艺、新材料，减少或消除有害废异物的排放；再开发（Rediscover），积极进行科研活动，变普通产品为绿色产品，积极创造绿色品牌；循环（Recycle），对废旧产品进行回收处理，循环利用；保护（Reserve），积极参与环境整治活动，培养员工环保意识，树立企业绿色形象。

企业通过绿色管理原则，建立绿色发展战略，实施绿色经营管理策略，制定绿色营销方案，才能加快企业绿色企业文化的形成，推动企业绿色技术、绿色生产，生产出满足公众绿色需求的产品，实现社会和企业经济的可持续发展。

绿色营销观要求企业家要有全局、长远的发展意识。企业在制定企业发展规划和进行生产、营销的决策和管理时，必须时刻注意绿色意识的渗透，从“末端治理”这种被动的、高代价的对付环境问题的途径转向积极的、主动的、精细的环境治理。在可持续发展目标下，调整自身行为，从单纯追求短期最优化目标转向追求长期持续最优化目标，将可持续性目标作为企业的基本目标。

第二节 关系营销

关系营销是自 20 世纪 70 年代起，由北欧的一些学者提出并发展起来的，是指通过履行承诺，建立、保持、加强客户关系并使其商品化的做法。关系营销已经完全突破简单的企业与消费者之间的关系，延伸到供应商、中间商及其他与企业直接、间接联系的社会团体、政府职能部门及个人等各方面。

一、关系营销与传统营销的区别

（1）传统营销的核心是交易，企业通过诱使对方发生交易并从中获利；而关系营销的核心是关系，企业通过建立双方良好的互惠合作关系而获利。

（2）传统营销仅涉及目标市场，而关系营销涉及的范围较广，如顾客、供应商、分销商、竞争对手、银行、政府及内部员工等。

（3）传统营销只关心如何生产，如何获得顾客；而关系营销强调充分利用现有资源，强调保持现有顾客，因此其运行围绕“关系”展开，以求得关系各方面的协调发展。

二、关系营销的作用

1. 关系营销有助于企业营销成本降低

首先，关系营销能帮助企业在内部营造一种全民参与、全员营销的氛围，这将极大地减少企业的营销费用；其次，关系营销强调的是以顾客为中心，最大限度地满足顾客需求，有助于建立良好的客户关系；第三，关系营销有利于降低交易成本。关系营销不仅能帮助企业减少收集信息、谈判、协调、行为的控制和检查等经营活动所需的时间，还能通过企业间的协调降低单位成本而降低价格。

2. 关系营销有助于企业间的合作

在传统市场营销中，企业间只有残酷的竞争，这种关系既不利于经济的发展，也不利于企业的壮大。而关系营销能够加强企业间的协调与合作，这种关系不仅能帮助企业拓展市场范围，扩大市场份额，还能增强企业的应变能力和抵御风险的能力。

3. 关系营销有助于建立并维持与顾客的良好关系

在竞争日趋激烈的今天，企业要想发展、壮大，就必须有大量忠实的顾客。要想拥有忠实的顾客，就必须和顾客建立良好的关系。关系营销能帮助企业更加深入地研究顾客、更好地了解顾客需求、更好地满足顾客需求，进而和顾客建立良好的关系。良好的顾客关系就可以使顾客成为企业忠实的顾客。忠实的顾客既可以帮助企业将产品和服务传播出去，又能帮助企业稳定市场份额，稳固市场地位。

4. 关系营销有利于企业优化资源配置

一个企业的资源是有限的，关系营销能够使每个企业发挥自身优势，共享资源，分摊费用，能快速地将产品推向市场。另外，关系营销能够使企业充分利用现有的人力、物力、财力及信息资源，有助于新产品研发费用的降低和研发周期的缩短。

三、顾客关系营销策略的实施

1. 树立以顾客为中心的经营理念

顾客是企业生存发展的基础，市场竞争的实质就是争夺顾客。企业要有效地实施顾客关系营销策略，首先要树立“顾客就是上帝”的经营理念，企业的一切政策和行为都必须以顾客的利益和要求为导向，并贯穿到企业生产经营的全过程。

追求利润是商品经济条件下企业发展的基本动因。但在买方市场条件下，顾客选择的自由度越来越大，在市场上讨价还价的能力越来越强。企业渐渐失去其交易主导地位而接受顾客的引导和支配，顾客越来越在市场交易中占上风。在这种形势下，企业要实现自己的利润目标，必须顺应时代的发展趋势，所生产的产品和提供的服务必须得到市场的认可与接受，也就是必须有顾客需要，有顾客喜欢，有顾客购买和使用。只有赢得顾客信任与好感的企业，才可能较好的获得自己的利润。所以，从企业的政策和行为的基本导向来说，要把顾客放在第一位。正如美国企业公共关系专家加瑞特（Paul Carrett）所说：“无论大小企业都必须永远按照下述信念来计划自己的方向，这个信念就是，企业要为消费者所有，为消费者所治，为消费者所享。”

2. 了解顾客的需要，提高顾客满意度

了解顾客的需要是企业提高顾客的满意度的前提。顾客导向型观念的企业必须从顾客的观点出发来定义顾客的需要。顾客的需要可以分为五种类型：说出来的需要（如顾客想要一辆昂贵的汽车）；真正的需要（如顾客所需要的这辆汽车，开起来很省钱，而其最初的价格却不低）；没有说出来的需要（如顾客想要获得的优质服务）；满足后令人高兴的需要（如顾客买车时，获得一份道路图）；秘密需要（如顾客想被他的朋友看成是识货的人）。企业要了解消费者的这五种需要，必须进行深入的消费者调查，必须有敏感的反应。设计者应该先知道顾客的需要与选择，然后设计产品和服务。虽然这看起来有些麻烦，但却可以换取顾客的感激之情。专业化市场营销的核心就在于能比竞争者更好的满足顾客的需求。因此，企业要提高顾客的满意度，主要是在产品销售过程中扩大服务范围，提高服务质量，通过向顾客提供超过服务本身价值和超过顾客的期望值的“超值服务”，从而树立良好企业形象、塑造知名品牌，以满足消费者的感性的消费需求。

3. 科学地进行顾客关系管理，培养顾客忠诚度

要提高顾客满意度，建立顾客对企业和产品品牌的忠诚，企业必须以“顾客为中心”来管理他们的价值链以及整个价值让渡系统。在关系营销模式下，企业的目标不仅是要赢得顾客，更重要的是维系顾客，保持顾客比吸引顾客对扩大企业利益更见成效。而保持顾客的关键在于使其满意、高兴或喜悦。但是，这并不意味着企业必须对其所有的顾客实行同样的营销手段，才能达到这种目的，因为企业所面临的市场是不同的，他们对企业的产品和服务的要求和期望值不同。企业必须对不同的细分市场或不同的顾客，采取不同的营销策略和营销投入。菲利普·科特勒认为，这种投入必须在区分与顾客之间的五种不同程度的关系前提下进行的。这五种不同程度的关系：一是基本型，销售人员把产品销售出去就不再与顾客接触；二是被动型，销售人员把产品销售出去并鼓动顾客在遇到问题或有意见时给企业打电话；三是负责型，销售人员在产品销售后不久打电话给顾客，检查产品是否符合顾客的期望，销售人员同时向顾客寻求有关产品改进的各种建议，以及任何特殊的缺陷与不足；四是能动型，企业销售人员不断给顾客打电话，给顾客提供有关改进产品用途的建议或关于有用的新产品信息；五是伙伴型，企业不断地与顾客共同努力，寻求顾客合理开支的方法或帮助顾客更好地进行购买。大多数企业在市场规模很大且企业的单位利润很小的情况下，实行基本型营销。在顾客很少而边际利润很高的情况下，大多数企业将转向伙伴型市场营销，建立长期、稳定的关系，把客户当作自家人对待。选择哪种类型，绝大部分依赖于企业对顾客终生价值与为吸引和维系这些顾客所要求的成本的对比估计。

4. 关系管理

增加顾客的转移成本是维系顾客的间接手段。对于影响企业未来的主要顾客，必须制定直接、有效的关系管理计划。具体措施是：选择关系营销客户、优质的产品、完善的服务和及时的双向信息交流。

5. 开展个性化营销

个性化营销也称为定制营销，是指根据不同顾客的个性化需求提供特色产品和服务的营销活动。飞速发展的现代科学技术能够使企业大规模、高效率地生产非标准化或非完全标准化的个性化产品。另外，科学技术也使得企业的经营成本大幅降低，企业有能力同时接受大批顾客的个性订单，并进一步实现以销定产。个性化营销最大的好处就是通过提供个性化产品和超值服务满足顾客需求，提高顾客的忠诚度，保持良好的顾客关系。

6．利用各种现代化手段进行沟通

（1）利用个人沟通。所谓个人的沟通就是指通过营销人员与顾客的密切交流增进友情，强化关系。如市场营销经理可以邀请客户的主管经理参加各种活动，密切双方关系；逢年过节的问候与祝福；私人间的相互帮忙等。需要注意的是，尽量避免企业过分依赖特定的营销人员，个人沟通的最终目的是实现企业亲密度的增强。

（2）开展数据库营销。数据库营销就是指利用企业经营过程中收集、形成的各种顾客资料，经分析整理后作为制定营销策略的依据，并作为保持现有顾客资源的重要手段。数据库营销可以帮助企业收集大量的顾客资料，有助于个性化营销的开展和顾客关系的管理。另外，数据库营销可以帮助企业分析顾客需求行为，了解和评估顾客的价值。

（3）利用因特网。企业可以考虑通过互联网建立并保持良好稳定的客户关系。一方面，企业可以通过互联网给顾客提供一些免费的产品或服务；另一方面，企业还可以开展富有创意的在线营销。如在线游戏、猜谜和设计竞赛等营销手段。通过成本低、效果好的在线营销不但可以制造卖点，留住老顾客，而且还可以获取许多潜在客户的资料。

第三节　体验式营销

著名的美国未来学者阿尔夫·托夫勒 20 世纪 70 年代在其名著《未来的冲击》一书中最早提出了“体验经济”，他认为在经历了农业经济、工业经济、服务经济等浪潮后，体验经济将是最新的发展浪潮。

体验营销策略根据消费者对体验不同层次不同方面的诉求可分为五类：感官体验营销策略、情感体验营销策略、思考体验营销策略、关联体验营销策略和行动体验营销策略。

1．感官体验营销策略

促使顾客产生美好感觉的手段就是对其进行感官刺激，也就是感官营销。五种感官是指视觉、听觉、嗅觉、味觉和触觉。感官营销的总体目标就是通过感官刺激让人感受到愉快、兴奋、美感以及满意。就像 Hyatt 的一则广告一样：“我们相信五种感官不仅仅能够感受刺激，更能享受快乐！”

小资料

汰渍产品的广告中展示了一座座积雪盖顶的山峦形象，而山脊上处处都是芬芳的四季常青的植物，草地上开满了野花，色彩鲜明、生动，让人心旷神怡。广告以“空气中的新鲜味道”为标题，许诺“现在使用新的汰渍山泉系列，您可以把野外清新纯净的气息带回家”。宝洁甚至在平面广告中加入采用摩擦发出香味的方法让顾客在购买产品之前先有所体验。宝洁为了营造山顶早晨的清爽体验作出了一系列努力。这次汰渍的感官广告最终取得了多重的感官体验效果。

感官营销的目的就是充分利用五种感觉为消费者提供美的享受和刺激。只要管理得当，感官营销能创造强大的感官体验，而这种体验能实现公司和产品差异化，激励顾客以及为顾客带来价值。

2. 情感体验营销策略

美国的巴里·费格教授认为“形象与情感是营销世界的力量源泉”。情感是人的需要是否得到满足时所产生的一种对客观事物的态度和内心体验。当商品所传达的情感与消费者内心的情感产生共鸣时，它能增强消费者的购买欲望，促使购买行为发生。情感体验营销就是基于这一点，寻找消费活动中导致消费者情感变化的因素，掌握消费态度形成规律，以及如何在营销活动中采取有效的心理方法来激发消费者积极的情感以促进营销活动顺利进行的一种营销方式。

小资料

最为经典的是“南方黑芝麻糊”的营销活动。策划者跳出黑芝麻糊医药滋补作用的圈子，将芝麻与情感挂钩，采用情感体验营销策略。

黄昏，麻石小巷，挑着货担的母女走进了幽深的小巷，小油灯悬在担子上，晃晃悠悠。小男孩挤出深巷，吸着飘出的香气，伴着木屐声、叫卖声和民谣般的音乐声，走到担子边。画外音：“小时候，一听见芝麻糊的叫卖声，我就再也坐不住了……”小男孩一口气吃完了大碗芝麻糊，并将碗底舔得精光。大嫂爱怜的又给他添了一勺，轻轻地抹去他脸上的残渣。小男孩笑了，脸上露出感激和满意。画外音：“一股浓香，一缕温情。”至此，“南方黑芝麻糊，抹不去的记忆”这个情感体验的主题就在一个独特的意境中充分地体现出来。

小资料

比如2002年养生堂推出的“尖叫”饮料。现在已从去年强攻的主流市场悄无声息地退出了。究其原因，情感体验设计的失败是不容忽视的。“尖叫”对准的目标人群是现代都市里的年轻人，这些年轻人从大学毕业刚刚走上工作岗位，他们有着太多的压力——就业的压力、住房的压力、生存的压力，各式各样的压力让他们喘不过气来。养生堂推出的全新的“情绪饮料”希望能给这些年轻人一个发泄的管道。“尖叫”，按照养生堂的本意是朝着时尚、年轻的方向进行情感定位的，但它在做系列广告和宣传时，更多的是一种情绪的宣泄。在当前社会经济转型的过程中，人们心态浮躁，情绪容易激动也可以说是常态，在部分新生代消费者中出现极端的消费行为也并不足怪。但是心理学家解释：一般而言，中国消费者对待自己的情绪本能上有一种“控制”的需要，因此需要的是积极的、健康的释放，而不是“尖叫”所带来的宣泄，这也是为什么“脉动”“激活”能够成功的原因。

在这愈发冷淡的科技时代，情感变成了一种稀有资源。情感的影响力，心灵的感召力，正是我们营销人员可以利用的力量。一件能触发情感体验的产品，是能让人记住的产品，因为好的品味或好的业绩只能维持瞬间，而一种好的情感则可以长时间地延续下去。如果将产品与情感利益挂起钩来，企业将会成为市场上的成功者。

3．思考体验营销策略

思考体验营销的本质就是要鼓励消费者创造性地思考某公司及其品牌。思考体验营销适用广泛的产品和服务。随着人们重新思考旧有认识和期望，思考营销能够将公司的重大“转型”传递给社会大众。思考营销的目的是促使消费者产生创造性思维。为了达到这一目的，管理人员可采用指导或联想营销方法，了解消费者的知识结构和他们关注的问题。要想让消费者进行思考最重要的原则就是要让人出乎意料，激发兴趣，有时再加点挑衅，以创意的方式引起顾客的兴趣、对问题集中的或分散的思考，为顾客创造认知和解决问题的体验。

4．行动体验营销策略

行动营销策略就是为消费者创造各种各样的体验机会，包括身体体验、长期行为模式体验、生活方式体验以及与人互动的体验等等。

小资料

北京一家电脑专卖店，在母亲节当天举行了一项电脑贺卡表心意的活动，免费提供电脑、彩色打印机和软件，参加者自行发挥创意，绘出各式各样的母亲节贺卡，以表达对母亲的敬爱。此项活动为消费者提供了一个与人互动的体验机会，以母亲节绘制贺卡为主题，给参与者留下了难以忘记的美好回忆，并对这家电脑专卖店产生了与众不同的印象。

美国、德国的一些时装店推出了一项形象咨询与设计服务。这些时装店或化妆店聘请几名形象设计专家，他们根据顾客性格、气质、身体、容貌、爱好和经济条件等具体情况，为顾客做参谋，出主意，提出建议或指导，告诉他们整体形象打扮方案，很好地促进了各类化妆品和服装的销售。这是一种很成功的生活方式体验，消费者切身感受到了专业指导带来的美的享受和更适合自己的生活方式的体验。这不但培养了消费者的审美观，同时也让他们对各类化妆品和服装有了更明智的购买决策。

以上两例都是成功的行动体验营销的例子。行动体验营销如果运用得当，将会产生很大的收获，因为它往往会促使消费者不假思索的行动。局限于理智的营销活动往往会不及行动体验营销的作用。行动体验超出了感觉、情感、认知的范围，更多是人际互动。企业可以通过观察消费者，通过他们的行为或生活方式展示出的自我认识和价值观来有计划地设计体验营销。

5．关联体验营销策略

关联营销使个体与品牌所体现的社会、文化背景相关联，它超出个人感官、情感、认知和行动的范畴。关联营销常常产生感官、情感、认知和行动体验。然而，这只是次要的，主要目的是建立消费者和品牌社会意义之间的关联。无论是真实存在、想象存在还是暗含存在，每种情况下个体都会通过购买和使用品牌与其他个体发生联系。因此关联营销的本质是通过品牌使个体与他人、个体与群体和整个文化相关联。

小资料

在中国的传统节日“春节”的促销中，可口可乐公司推出的新春广告片，可谓“中国文化味儿十足”。泥娃娃、春联、四合院、红灯笼、鞭炮……一切充满传统节日色彩的元素以木偶动画片的形象表现出来，极具观赏性。片中的大红塑料瓶装可口可乐自然融入其中，恰到好处。对联、红包、泥娃娃抱大鱼等都是春节的吉祥物，因此，泥娃娃阿福成为新春广告片的主角，而泥娃娃手中的大鱼被可口可乐所替代。由此可见，可口可乐对于中国市场的重视已经从内到外全方位展现。它使用关联营销，通过可口可乐品牌与中国春节文化的紧密关联，将可口可乐打造成春节深受人们欢迎的饮品。

当然，在进行关联体验营销时一定要注意不同国家和地区的文化差异，否则，不但不会带给顾客好的关联体验，还极有可能造成消费者的心理抵触。

关联营销给消费者提供的深刻体验源自于社会文化意义的相互影响和消费者对社会地位的需求。关联营销最重要之处，是选择合适的参照群体以便能为消费者创造一种与众不同的社会地位，使其乐意成为这一群体或文化的一部分。

纵观全球市场，越来越多的企业开始实施体验营销：惠普公司在收购康柏之后，提出了21 世纪的新型营销战略—— 全面客户体验；微软 2001 年推出性能最佳和最可靠的操作系统Windows XP，其中 XP 就是“Experience”的意思；耐克公司也顺应潮流，从“我知，我能”变为“Just do it！”，强调耐克产品能给消费者更多的行动体验。

在体验经济时代，爱他（她）—— 就折磨他（她）。让他（她）投入、让他（她）付出、让他（她）参与，体验营销—— 与客户共同创造价值。可见，体验营销作为一种营销新理念，是一种能很好地迎合顾客心理和情感需求的营销手段，企业只有顺应这一趋势，大力实施体验营销，才能塑造出能与顾客进行心灵沟通的品牌，才能构筑维系自身持续发展的竞争优势。

第四节　整合营销

一、整合营销的含义

（一）整合营销的概念

21 世纪 90 年代，企业在市场竞争中，技术、产品、营销手段趋向于同质化，在这种情况下，美国西北大学教授舒尔兹等著名市场专家提出了整合营销的理论。

整合营销是以企业由外向内的战略为基础，以整合企业内部、外部的资源为手段，以消费者为中心而重组的企业行为。舒尔兹教授认为，整合营销是一种适用于所有企业信息传播及内部沟通的管理体制，这种传播与沟通就是尽可能与其潜在的客户和消费者以及一些公共群体，如雇员、立法者、商家、传媒和公关公司、金融团体保持一种良好的积极的关系。

整合营销的关键在于真正重视消费者行为反应，与消费者建立良好的双向沟通，通过双向沟通，双方建立长久的一对一的关系营销，以满足消费者需要的价值为取向，确定企业高水平的营销策略，协调不同的传播手段，利用不同的传播工具的优势，树立品牌竞争优势，提高消费者对品牌的忠诚度，达到提高市场占有率和市场份额的目的。

（二）整合营销的特征

在整合营销活动中，厂商一切以消费者为中心，凡是与消费者相关的活动均纳入营销体系，使传播的空间扩大。因此，当代整合营销的特征如下：

（1）在整合营销中，消费者处于核心地位。

（2）对消费者深刻全面地了解，是以建立资料库为基础的。

（3）整合营销的核心工作是培养真正的“消费者价值”观，与那些最有价值的消费者保持长期的紧密联系。

（4）以本质上一致的信息为支撑点进行传播。企业不管利用什么媒体，其产品或服务的信息一定得清楚一致，即向消费者传播的是“一个观点，一种声音”。

（5）以各种传播媒介的整合运用为手段进行传播。凡是能够将品牌、产品类别和任何与市场相关的信息传递给消费者或潜在消费者的过程与经验，均被视为可以利用的传播媒介。

（三）整合营销的思路

整合营销就是一体化营销，其基本思路如下。

（1）以整合为中心。着重以消费者为中心并把企业所有资源综合利用，实现企业的高度一体化营销。整合既包括企业营销过程、营销方式以及营销管理等方面的整合，也包括对企业内外的商流、物流及信息流的整合。

（2）讲求系统化管理。整体配置企业所有资源，企业中各层次、各部门和各岗位，以及总公司、子公司，产品供应商与经销商及相关合作伙伴协调行动，形成竞争优势。

（3）强调协调与统一。企业营销活动的协调性，不仅仅是企业内部各环节、各部门的协调一致，而且也强调企业与外部环境协调一致，共同努力以实现整合营销。

（4）注重规模化与现代化。整合营销十分注重企业的规模化与现代化经营。规模化能使企业获得规模经济效益，为企业有效地实施整合营销提供了客观基础。整合营销同样也依赖于现代科学技术、现代化的管理手段，现代化可为企业实施整合营销提供保障。

目前，中国经济发展迅猛，企业和市场规模不断扩大，同样存在着产品、技术、制造、营销手段同质化的问题，而且比西方国家有过之而无不及，模仿现象严重。创造差异化，特别是创造营销和传播的差异化以赢得更多的消费者对企业来说就更显得重要和迫切，于是，整合营销及其理论在中国的先进企业较快地得到应用。

整合营销正在冲击、影响和动摇着传统营销。

二、整合营销与传统营销的区别与联系

（一）传统营销和整合营销的区别

传统营销以4P’S理论为核心，即产品（Product）、价格（Price）、渠道（Place）、促销（Promotion），而整合营销强调的是4C’S理论，即消费者（Consumer）、成本（Cost）、方便（Convenience）、沟通（Communication）。传统营销 4P’S 重视的是产品导向，企业根据自身的生产能力、目标利润设计产品，确定价格，制定目标销售量和利润，通过企业主控的销售通路进行一定程度的促

销。传统营销是一种由内向外的营销，企业的经营哲学可以理解为“请消费者注意”。

4C’S是整合营销所倡导的，其中心思想可以理解为以下几点。

（1）把产品（Product）搁到一边，加紧研究消费者的需要与欲求（Consumer Wants and Needs），销售那些消费者想购买的产品，真正重视消费者。

（2）不要过多去考虑企业定价（Price）策略，而应去了解消费者要满足自己的需求与欲求所要付出的成本（Cost）。

（3）企业不要太多考虑产品的销售通路（Place），应该多多地设计、策划如何能给消费者带来方便（Convenience），让消费者很方便的购物消费。比如便利店开进社区就是为消费者节省时间。

（4）暂时放下促销（Promotion），应多多考虑怎样与消费者进行沟通（Communications）。

可见，整合营销与传统营销的根本区别在于：企业的经营哲学由“请消费者注意”转变为“请注意消费者”了。

（二）整合营销与传统营销的联系

整合营销与传统营销的联系表现为一种互补关系。

在传统营销观念中，营销是一种商业功能，“营销是每个人的工作”。这些行为受到一个战略营销计划的指导，而且这个战略和企业的营销策略紧密联系。过去的营销研究往往要提供消费者的需求信息，因为这和企业的产品种类有关。产品的特性应该最大限度地满足消费者的需要，在某种程度上，这能够取得更高的利益或价值，如果再通过广告的手段就能够获得更高层次的满足。

但传统的营销观念，即便是执行得很好，有时也会碰到困难。如竞争性产品的定位往往十分相似，这给消费者带来的感觉是很多产品都能满足他们的需求。对很多公司来说，细分市场常常太过宽泛，定位也太过普通。协调工作仅仅成了促销活动。

当我们回想传统营销的功能时，我们会发现它的缺点和整合营销主题碰巧相对应。整合营销能捞回因为传统观念而失掉的机会。要系统地看整合营销，更准确地说，我们要用进化的眼光而不是革命的眼光来看待这个问题。

企业战略是整合营销的开始。有了战略，就开始进入营销阶段。营销是取得战略目标的一种手段。营销所要做的是如何让战略开好头，重要的一步是让战略扎根在消费者的心中。品牌概念也会引发消费者的思考，这种概念不仅是产品特征的定位，从某种角度来说，它就是一种产品，是界定消费者如何体验产品的理念。整合营销也就成了不断反馈的一个环，营销管理成为一个核心商业过程。它已经不再是一整套功能行为，其目的是使消费者和产品之间却建立起紧密的联系。

可见，整合营销与传统营销之间存在一种互补关系，整合营销可以弥补传统营销的不足。

三、我国企业开展整合营销的对策与措施

（一）革新企业的营销观念

要树立大市场营销的观念；要树立科学化、现代化营销观念；要树立系统化、整合化营销的观念。

（二）加强企业自身的现代化建设

企业要建立现代经营体制；要建立现代经营机制，包括企业的利益机制、决策机制、动力机制、约束机制等；要实现经营管理设施现代化；要具有现代化的经营管理人员；加强组织建设，改善管理体系，注意企业的规模化，以及企业其他方面的合理化建设。

（三）整合企业的营销

对企业内外部实行一体化的系统整合；整合企业的营销管理；整合企业的营销过程、营销方式及营销行为，实现一体化；整合企业的商流、物流与信息流，实现三流的一体化。

（四）借鉴国外的先进经验

我国企业要积极学习国外企业的先进的经营管理经验，特别是跨国公司的经营管理，跨国公司的整合营销，如CIMS系统、MRP-II系统等，先进的跨国经营管理、先进技术手段管理等，为我国企业开展整合营销服务。

经济发展的脚步从来没有停过，我们应该在充分了解、利用现有的整合营销的基础上，不断学习新的理论知识，了解新的经济动态，改进自己的营销观念，使自己不落后于时代的潮流，才能立于不败之地。

第五节 文化营销

营销是一种使命，这种使命就是希望它能通过我们的战略、策略真正地来满足我们用户的需求，来给我们用户的需求得到最大的回报。营销绝对不是一种技巧，而是一种人格在里面。现代营销已经走进了文化营销的时代。

一、文化营销的内涵与理解

文化营销是企业从战略层面逐步延伸到战术层面的充分利用企业文化的内涵和精髓并结合目标市场上的消费者认同的各类文化，而为自己的产品或企业品牌进行的各类营销活动。

现代营销已经走进了文化营销的时代。主要是因为以下几点。

(1)当前企业在营销中碰到了很多难题：①我们的产品投入越来越大而市场的份额越来越小；②我们的产品周期越来越短而竞争对手模仿的速度却越来越快；③产品的销量越来越多而企业利润越来越少；④企业的营销网络越来越全而库存风险越来越大；⑤销售的管理越来越细而内部的问题却是越来越多；⑥很多经理的学历越来越高而忠诚度却越来越低；⑦销售的费用越来越大而销售的业绩却越来越低；⑧品牌的知名度越来越高而顾客的忠诚度却越来越低；⑨销售的渠道越来越多而商家却越来越傲慢。针对这种问题，如果就事论事地去处理，可能会解决一些具体问题，但新问题会不断出现。如果从文化营销的高度去解决这些问题，就可能抓住了整个营销的脉搏。

（2）市场也呼唤着文化营销。原因主要是现代的市场变了，顾客变了，人民的物质需求已经变成了一种文化需求。现在人们已经从温饱走向更高的文化需求层次，顾客已经不仅仅是买一种产品，而是在买一种文化。

（3）现在企业营销过程中的绿色营销概念，也是文化营销的一种。目前，绿色的浪潮席卷全球，许多国家的消费者都愿意进行绿色消费。企业文化是一个企业的经营者、领导者提出的一种理念或价值观，它已经不仅仅是企业内拢人心、外树形象的最高境界的文化手段，而已经成为企业全体员工最高境界的竞争手段和营销理念。

二、文化营销的作用

近年来，随着市场竞争的日趋激烈，企业营销手段不断发展。其中借助以企业形象、品牌形象、产品形象等为核心组成的形象力来展开的营销活动——形象营销，已越来越受到企业界的青睐。而形象营销是企业文化营销的核心。

1．为你的企业找准定位

有效的形象营销是建立在准确的形象定位的基础之上的。而准确的形象定位又是以准确的战略定位为前提的。企业必须清楚要把自己的主力用在哪里，需要专注，有焦点，应把资源集中放在培养核心竞争力、开发核心产品上，发展出自己的流程和技术，并且把品质标准提升到世界水准，到国际上竞争。只有企业的自我认知清楚，战略定位明晰，才能确立准确的形象定位。

2．为你的产品打造光环

“变革大师”佐治亚州大学教授罗伯特·戈连比耶夫斯基说过，“企业革新关键在于价值观重塑”。在买方市场下，仅有好的产品是不够的，形象营销的生命力就在于，通过为产品打造光环，来提高产品及企业的竞争力。即：竞争力=产品＋光环。企业通过形象营销，可以将产品营销提升为品牌营销，将单品营销发展为系列营销，将产品形象营销提升为企业形象营销，并进而以企业形象营销带动产品营销，最终提高企业的市场竞争力。

3．为你的品牌寻找捷径

从企业、品牌、商标三者形象的互动关系角度来看，“三位一体”战略的实现途径大体有以下三种。

（1）商标、品牌形象主导型。对于因历史等原因拥有著名商标、品牌，但企业名称却与商标、品牌互不相干时，企业可将三者的名称统一起来，以商标在消费者心目中的形象来带动企业形象和品牌形象的提升。

（2）企业形象主导型。如果企业具有较高的知名度，可将企业名称应用于品牌及商标上，以此带动品牌及商标形象的提升。如一些拥有金字招牌的“老字号”企业，在进行产品和品牌开发时，可重点考虑对金字招牌这一无形资产的挖掘和利用。

（3）同步培育型。对于一些专业化经营的新公司而言，可在公司成立伊始，即将企业、品牌、商标三者统一起来，同步培养，共同提升。近些年在国内市场涌现出来的著名品牌，有相当一部分属于这一类型。在中国，一个成功的企业，最重要的一点，就是它的品牌。

三、文化营销策略

1．增加营销活动的知识含量

知识经济时代，知识也是一种重要的消费资源，在营销活动中，要尽量使消费者从中学到更多的知识，使消费者感到同样的付出收到了更多的收益，从而有助于销售。

2．挖掘产品文化内涵，注重与消费者形成共鸣的观念价值

随着物质生活的日益丰富，消费者在购买商品时已不仅只考虑其使用价值，而更加关注商品所带来的观念价值。

小资料

“金利来”打出：“男人的魅力”的广告，体现出一种成熟、持重与高雅，正符合了高薪阶层成功的品味，因此获得了这部分消费者的市场。显然，在知识经济时代，企业在销售商品的同时应更注重商品与服务背后的文化内涵，注意与消费者的价值取向形成共鸣。

3. 形成与消费者结构层次上的营销关系

营销关系分为三个层次：①财务层次，即以价格折扣、回扣、奖励等形式拉拢顾客；②社交层次，即与顾客建立友谊或各种社交关系；③结构层次，即本企业产品与客户在技术结构、知识结构、习惯结构上吻合，从而建立起稳固的营销关系。只要建立起了结构层次上的营销关系，客户就成了企业长期、忠实的消费者。

4. 培训顾客和有针对性的销售

产品的技术含量越高，就越需要用知识去赢得顾客，让顾客了解如何使用产品以及所能得到的收益。在高技术含量和智能化产品的营销中，常常以培训顾客为媒介，让更多人了解使用知识、明白使用收益，从而扩大市场份额。

5. 文化营销以网络交易为手段

知识经济时代，市场营销的另一个重要特点就是信息网技术介入商品流通环节，从而导致新的营销手段即网络化营销的出现。网络营销是一种符合知识经济时代要求的方便、快捷、有效的营销方式，其优势显而易见，它集声音、影像和文字信息于一体，具有及时性和互动性，能够提供给顾客及时充分的商品信息，并同时实现顾客与企业之间的直接沟通。可以预见，越来越多的企业和个人将会走进互联网络，网络交易无可置疑地将会成为知识经济时代的一种极为重要的交易方式。

本章小结

本章是理论性比较强的一章，主要研究了以下内容：绿色营销的含义、来源、内容及其特点；服务营销的含义、特点，规范，以及员工的基本素质要求；文化营销的内涵、特征与策略；关系营销的内涵、结构、特征与技巧；体验营销的定义、类型与方法；文化营销的内涵、特征与策略等，提出在营销活动中，树立绿色营销、服务营销、关系营销、体验营销、文化营销、整合营销的理念。

思考与练习

一、填空题

1. 在绿色营销中，目前国际比较通行的“5R”原则是：______、______、______、______、______。

2. 服务的一体化营销包括：＿＿＿＿＿、＿＿＿＿＿、＿＿＿＿＿三部分。

3. 关系营销的对象除消费者外，还包括＿＿＿＿、＿＿＿＿、＿＿＿＿、＿＿＿＿、＿＿＿＿等。

4. 情感体验营销的类型包括＿＿＿＿、＿＿＿＿、＿＿＿＿、＿＿＿＿。

5. 整合营销就是一体化营销，其基本思路就是＿＿＿＿＿、＿＿＿＿＿、＿＿＿＿＿、＿＿＿＿＿。

6. 在进行文化营销时，打造、发展企业品牌的途径有三条：＿＿＿＿＿、＿＿＿＿＿、＿＿＿＿＿。

二、名词解释

绿色营销	服务营销	关系营销
体验营销	文化营销	整合营销

三、思考题

1. 什么是整合营销？整合营销有哪些特征？
2. 简述整合营销沟通的步骤。
3. 简述绿色营销的含义、来源内容及其特点。
4. 营业员工的基本素质要求有哪些？
5. 请说明文化营销的内涵、特征与策略。
6. 如何把握关系营销的特征与技巧。
7. 简述体验营销的定义、类型与方法。
8. 简述文化营销的内涵与策略。

参考案例分析

科龙：中国市场整合营销传播的先驱

对科龙这个品牌，企业对它的定位是：科技创新先锋、高质量的中高档品牌。核心消费群是收入比较高（月收入 3 000 元以上）、受教育程度较高的 25～40 岁之间的白领阶层。科龙品牌的内涵是：科技导向、技术领先、不断创新；品牌个性是：理想、时尚、专业、有品位；品牌形象是：锐意进取、敢于创新、时尚感强、追求高品位。这个品牌的广告语以及企业的广告语是“梦想无界、科技无限”。

那么，要塑造和提升科龙这个品牌，并达成促进科龙产品（空调、冰箱）销售量上升的目的，应如何整合媒体呢？

举一个例子。一个有生活规律的消费者，他早上醒来，梳妆中会打开收音机，收听到某某电台一则科龙集团赞助社会“龙腾”科技基金的报道；跟着是出门骑车上班，在市中心的繁华街道，这个消费者看到了科龙空调、科龙冰箱科技形象的巨幅户外广告；中午饭后午睡前，这个消费者看一下报纸，看到一则科龙集团的“科技精品大放送”的全国促销活动广告；晚上在家，饭后他又看到科龙集团重奖科技功臣的电视专题报道，这样，尽管每家媒体同时在传播其他各种各样的信息，但科龙的信息是连贯的，是科技的信息，并且科学地整合了各种媒体、各种时间段，并突出了“科技”这个主题，这样一来，消费者就会对“科龙”这个品牌以及“科技”这个形象，产生情感上的认同，从而激发购买科龙产品的欲望和动机，这也是整合营销传播抓住消费者、打动消费者的核心问题。科龙集团营销传播部是目前中国企业最完善的，也是第一个整合的营销传播部门，是具有真正意义的整合营销传播系统，这个系统吸收了西方国家的先进理论，同时又结合了中国市场实际，科学运作。这个部门的整合营销传播在中国市场已显现效果。

科龙集团是中国目前唯一一家拥有两个国家级驰名商标（容声、科龙）的企业，也是拥有较多著名品牌（容声、科龙、华宝、三洋科龙）的企业，这家企业目前实施多品牌运作，从企业的角度讲，单一的品牌也许有利于节省资源，将资源集中使用，合力去推一个品牌，提升一个品牌。但在发达国家成熟的家电行业，他们认为一个家电品牌的市场占有率超过 25%就不太正常，许多跨国大企业如松下、丰田、本田、宝洁等等，都有多个成熟的国际著名的品牌，日本松下电器产业株式会社就有 National、Panasonic、乐声等多个品牌，这表明单一品牌或商标并不利于企业经营的差异化，多个品牌有利于企业的经营、发展和赢利，而科龙集团目前拥有几个著名品牌，只要策划有方、传播科学，就十分有利于差异化的经营战略拓展。

最近，国家有关部门公布 2008 年中国品牌价值报告，科龙品牌价值为 96 亿元，在最有价值品牌中居第八，这家集团旗下的容声品牌价值为 56 亿元，在最有价值品牌中位居第 14，这两个品牌价值均比上一年有大幅度增长，两个品牌合计价值达到 152 亿元，在中国最有价值品牌中名列第五，这说明科龙集团实施整合营销传播的战略是成功的。

科龙的整合营销传播也是为切合多品牌运作的需要，为多品牌策略提供新的思路，整合营销传播部门将资源整合起来，合理地规划传播资源，以点带面，突出重点，如此，资源省了，账好算了，更重要的就是可以根据多品牌的战略，按不同品牌战略发展方向，做好各品牌的规划、策略、管理和传播。

思考题：

1．简要说明科龙空调的整合营销策略，并分析它对我国企业的品牌营销的启示。

2．现在很多大企业基本都在采用整合营销策略，在这种情况下，企业营销的下一步出路应该怎么走？

实训训练

联想集团是我国著名的 IT 企业，2004 年收购 IBM 的 pc 业务，成为名副其实的跨国集团，其后品牌整合营销迅速展开，请搜集联想最近 5 年来的营销举措，分析其整合营销的亮点及我们应学习的地方。

参 考 文 献

[1] 菲利普·科特勒．营销管理——分析、计划、执行和控制[M]．梅汝和，梅清豪，等译．上海：上海人民出版社，2001．
[2] MJ 埃策尔，BJ 沃克，WJ 斯坦顿．新时代市场营销[M]．13 版．北京：企业管理出版社，2004．
[3] 姜含春．市场营销学[M]．北京，中国农业大学出版社，2008．
[4] 吴宪和．市场营销学[M]．大连：东北财经大学出版社，2007．
[5] 谭蓓．市场营销[M]．北京：中国经济出版社，2008．
[6] 封展旗．市场营销案例分析[M]．北京：中国电力出版社，2008．
[7] 谭云明．传媒经营管理新论[M]．北京：北京大学出版社，2007．
[8] 钱晓文．当代传媒经营管理[M]．广州：中山大学出版社，2008．
[9] 秦波．国际市场营销教程[M]．北京：清华大学出版社，2007．
[10] 董璐．媒体营销数字时代的传媒动力学[M]．北京：北京大学出版社，2009．
[11] 卢泰宏，朱翊敏．实效促销 SP[M]．北京：清华大学出版社，2003．
[12] 熊银解，王晓梅，朱永华．现代企业管理[M]．武汉：武汉理工大学出版社，2006．
[13] 申光龙．整合营销传播战略管理[M]．北京：中国物资出版社，2001．
[14] 刘昱．经典营销案例新编[M]．北京：经济管理出版社，2008．
[15] 钱旭潮，王龙，韩翔．市场营销管理[M]．北京：机械工业出版社，2008．
[16] 刘治江．市场营销学——知识、技能与应用[M]．北京：经济管理出版社，2008．
[17] 刘洋，乐为，王晓萍．市场营销习题、案例与实训[M]．北京：科学出版社，2008．
[18] 郭国庆．营销学原理[M]．北京：对外经济贸易大学出版社，2008．
[19] 李怀斌，周学仁．市场营销学[M]．大连：东北财经大学出版社，2007．
[20] 屈冠银．市场营销理论与实训教程[M]．北京：机械工业出版社，2008．
[21] 陈宝玉，李颖，郑予捷．市场营销导论[M]．北京：清华大学出版社，2006．
[22] 王吉方．广告原理与实务[M]．北京：机械工业出版社，2009．
[23] 刘伟光，周专强．市场营销实务[M]．北京：中国电力出版社，2008．
[24] 许春燕，孟泽云．新编市场营销[M]．北京：电子工业出版社，2009．
[25] 吴勇．市场营销[M]．2 版．北京：高等教育出版社，2008．
[26] 姚丹，鲍丽娜．市场营销实训教程[M]．大连：东北财经大学出版社，2009．
[27] 郭国庆．市场营销学通论[M]．北京：中国人民大学出版社，2008．
[28] 黄标虎．市场营销原理与操作[M]．北京：北京交通大学出版社，2008．
[29] 刘勇．体育市场营销[M]．2 版．北京：高等教育出版社，2007．
[30] 朱小明，张勇．体育营销[M]．北京：北京大学出版社，2006．
[31] 高凤荣．市场营销基础与实务[M]．北京：机械工业出版社，2007．